사회복지행정론

허 만 형

도서출판 대영문화사

머리말

사회복지행정을 바라보는 관점은 두 가지다. 하나는 사회복지학의 관점이고, 다른 하나는 행정학의 관점이다. 사회복지학의 관점에서 사회복지행정은 사회복지의 거시적 실천 방법에 해당된다. 이에 반해 행정학의 관점에서 사회복지행정은 응용 행정학의 한 분야다. 관점은 다르지만 행정력을 통해 사회복지의 목적을 달성하려는 학문 분과라는 점에서 본질은 같다.

사회복지행정을 바라보는 관점이 다르면 책의 내용도 달라질 가능성이 있다. 사회복지학의 관점에서 사회복지행정론을 저술하면 개별지도와 집단지도 같은 미시적 실천 방법에 대비되는 거시적 실천 방법에 치중함으로써 행정학 개론서처럼 집필될 가능성이 높고, 행정학의 관점에서 사회복지행정론을 저술하면 사회복지의 내용에 치중함으로써 사회복지 개론서처럼 집필될 가능성이 있다.

이 책은 양자의 균형을 최대한 유지하는 관점에서 집필되었다. 총 4부 16장으로 구성된 이 책의 제1부는 사회복지행정의 개념과 역사에 관해 소개했고, 제2부에서는 사회복지행정의 목적을 다루는 정책이론에 대해 소개했으며, 제3부에서는 사회복지행정의 목적을 달성하기 위한 수단으로서 행정관리에 대해 소개했다. 마지막으로 제4부에서는 사회복지 프로그램 관리기법과 평가에 대해 소개했다.

이 책은 다음 몇 가지 특성을 가지고 있다. 첫째, 사회복지행정 이론을 단절적 관점이 아닌 연속적 관점에서 집필했다. 사회복지행정은 사회환경과 영향을 주고받으면서 그 위치와 범위를 설정한다는 관점에서 제1편이 쓰여졌고, 사회복지행정은 무엇을 위한 행정이며 그 추구하는 바가 무엇인지에 대한 이론으로 제2편이 구성되었다. 사회복지행정의 목적을 달성하기 위해 다양한 자원을 동원하고 관리한다는 관점에서 제3편 행정관리를 편성했고, 사회복지행정의 목적이 달성되는 과정을 통제하고 지원하며 조정하는 이론을 중심으로 제4편 프로그램 관리기법을 구성했다.

둘째, 사회복지정책이론을 사회복지행정의 틀 속에 넣어서 집필했다. 행정은 정책과 관리로 구성되어 있으며, 정책은 목적을 다루는 영역이고 관리는 수단을 제공하는 영역이다. 따라서 정책을 논하지 않고 관리만을 강조하면 목적이 표류할 가능성이 높아지고, 정책만 논하고 관리를 소홀히 하면 탁상공론이 될 공산이 크다. 따라서 이 책에서는 사회복지정책과 사회복지행정관리를 함께 다뤘다.

셋째, 사회복지행정과 사회환경과의 관계에 비중을 두고 집필했다. 최근 주변 환경은 사회복지행정의 패러다임을 바꿀 정도로 그 변화가 크다. 고령화와 세계화라는 추세 변화와 더불어 신자유주의와 신공공관리라는 주변 학문의 패러다임 변화는 사회복지행정에도 영향을 미치고 있다. 정부 중심의 행정관리에서 거버넌스 중심의 행정관리 또한 사회복지행정의 주변 학문의 변화다. 이 책에서는 이러한 주변 환경과 인접 학문과의 관계에서 사회복지행정이 어떻게 영향을 주고받는지에 대해서도 함께 제시했다.

넷째, 지구촌 어디를 가든 지식정보화의 물결로 넘쳐나고 있다. 이 물결은 사회복지행정에도 영향을 미쳐 이 분야의 변화를 이끌고 있다. 사회복지행정의 의사결정 구조도 변하고 조직 내 커뮤니케이션 유형도 달라지고 있다. 사회복지행정도 전자정부라는 큰 틀의 일부로 이해하지 않을 수 없는 시대를 살아가고 있다. 이 책에서는 지식정보화 사회에 부응하는 관점에서 행정이론도 아울러 소개했다.

끝으로 이 책은 2004년 법문사에서 출판된 사회복지행정론을 출발점으로 하여 최선 자료를 보강하고 수정을 가해 전혀 새로운『사회복지행정론』으로 나왔음을 이 자리를 빌려 밝히고자 한다. 끝으로 자료 정리와 색인 작성 등에 많은 도움을 준 중앙대학교 대학원 이정철 군에게 고마움을 전한다.

2012년 1월
허만형

차 례

제 2 편 사회복지행정에서의 정책이론

제 3 편 사회복지 행정관리

제 4 편 사회복지 프로그램 관리

제 1 편

사회복지행정의 기초

제 1 장 사회복지행정의 개념
제 2 장 사회복지행정의 역사
제 3 장 사회복지행정과 환경

제 1 장 사회복지행정의 개념

제 1 절 사회복지행정의 개념

1 사회복지와 행정

사회복지의 본질은 휴먼 서비스(human services)다. 휴먼 서비스는 사람을 돕는 것(helping people)을 의미한다(Mehr, 2000). 도움은 물질적인 것일 수도 있고, 정신적인 것일 수도 있다. 휴먼 서비스를 제공한다는 것은 필요한 사람에게 물질이나 마음을 전하는 것을 말한다. 필요한 사람에게 물질이나 마음을 전함으로써 개인은 좀 더 행복해질 수 있고, 사회는 좀 더 건강해질 수 있다. 사회복지는 필요한 사람에게 물질과 마음을 전함으로써 건강한 시민과 건강한 사회를 만들고자 하는 휴먼 서비스다.

행정의 본질은 서비스의 제공에 있다. 서비스 제공 주체가 전문가 개인이 아니라, 국가나 지방자치단체, 혹은 공공기관일 때 사회복지행정이라고 지칭한다. 서비스 제공 주체가 전문가인 경우에는 전문성 제고를 통해 서비스의 질을 높일 수 있지만, 국가나 지방자치단체가 서비스 제공 주체인 경우에는 행정조직, 인력, 그리고 예산이 동시에 조화롭게 움직일 수 있는 여건이 갖춰져야 소기의 목적을 달성할 수 있다. 그러므로 국가나 지방자치단체, 혹은 공공기관이 주체가 되어 필요한 사람에게 빠르고 정확하게 전달하는 하는 것이 행정이다.

행정이 제공하는 것은 복지와 같은 서비스일 수도 있고, 질서 유지를 위한 규제일 수도 있다. 사회에는 서비스가 필요한 경우도 있고, 규제가 필요한 경우도 있다. 행정은 서비스나 규제의 대상을 오차 없이 분류해 필요한 만큼 서비스를 전달하거나 통제하는 관리 시스템(management system)이며, 사회복지행정은 서비스 제공이 중심이 되는 행정이다.

사회복지행정은 사회복지와 행정이 만나는 영역이다. 휴먼 서비스를 본질로 하는 사회복지와 포괄적 서비스 제공을 본질로 하는 행정이 바람직한 상태에서 서로 만나게 되면 여러 가지 효력이 발생한다. 적은 물질로 더 많은 사람에게 만족감을 줄 수 있을 뿐만 아니라, 주어진 물질을 많은 사람에게 공평하게 나눠 줄 수도 있다. 전자는 능률성(efficiency)이고, 후자는 형평성(equity)이다. 사회복지와 행정이 만나 시너지 효과가 발생되면 휴먼 서비스를 형평성의 관점에서 능률적으로 제공할 수 있다는 의미다.

사회복지행정을 이해하기 위해서는 휴먼 서비스의 내용은 물론 행정의 기술에 대해서도 알고 있어야 한다. 사회복지를 모르는 상태에서 사회복지행정을 접하게 되면 내용을 모르고 전달이라는 기교에만 치중하는 우를 범할 수 있고, 행정을 모르는 상태에서 사회복지행정을 접하게 되면 내용은 알지만 전달 방법을 몰라 방향 감각을 상실하게 되는 우를 범할 수 있다. 둘 중에서 하나에 대한 이해가 부족하면 사회복지와 행정이 만나 얻을 수 있는 형평성과 능률성을 최적화시킬 수 없다.

사회복지행정은 행정이론만으로 구성될 수 없으며, 사회복지 실천만으로도 구성될 수 없다. 사회복지방법론의 한 영역이라는 면만을 강조할 수도 없고, 행정의 한 실무영역이라는 면만을 강조할 수 없다는 의미다. 휴먼 서비스라는 사회복지 시각과 행정지원이라는 행정의 시각이 조화를 이룰 수 있어야 [그림 1-1]에서처럼 사회복지행정

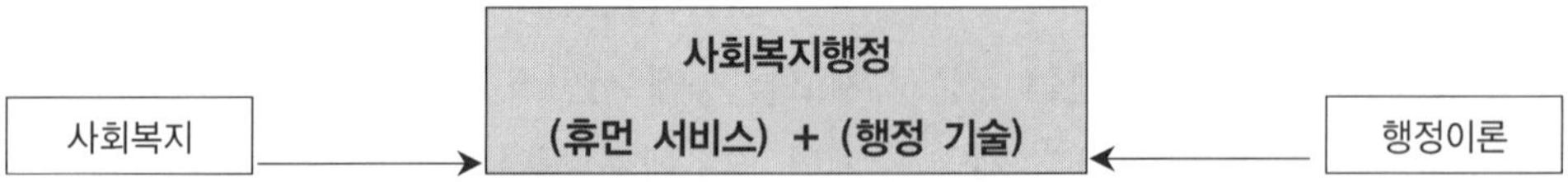

그림 1-1 사회복지, 행정이론, 그리고 사회복지행정

이 제자리를 잡을 수 있다.

2 사회복지학에서 사회복지행정

사회복지학은 사회복지의 내용을 결정하는 사회복지 프로그램 영역과 사회복지의 현실 적용 기술을 결정하는 사회복지 실천 영역으로 나눠 설명할 수 있다. 사회복지 프로그램은 누구에게 무슨 서비스를 제공할 것인지를 다루는 이론으로 구성되어 있고, 사회복지 실천은 어떤 방법으로 필요한 서비스를 제공할 것인지를 다루는 이론으로 구성되어 있다. 이 두 영역이 접목되어 현장에 적용될 때 사회복지는 그 효과가 나타난다.

휴먼 서비스를 본질로 하는 사회복지 프로그램은 세 분야로 나뉜다. 공공부조(public assistance), 사회복지 서비스(social welfare services), 그리고 사회보험(social insurance)이 그것이다. 저소득층에 제공되는 국민기초생활보장과 의료보호가 공공부조에 속하고, 아동과 노인뿐만 아니라 장애인과 여성에게 제공되는 복지 서비스가 사회복지 서비스로 분류되며, 노령이나 질병과 실업과 산업재해라는 사회적 사고에 대한 보장 프로그램으로서 국민연금과 국민건강보험, 그리고 고용보험과 산재보험이 사회보험으로 분류되는 사회복지 프로그램이다.

사회복지 실천은 클라이언트에게 필요한 서비스를 효과적으로 제공하는 이론을 중심으로 구성되어 있는 분야다. 사회복지 실천 영역은 미시적 실천, 중범위적 접근, 그리고 거시적 실천 분야로 나뉜다 (Zastrow, 1992). 미시적 실천은 흔히 임상사회복지(clinical social welfare)로 지칭되는 분야로서 다양한 상담 서비스가 그 중심에 있고, 서비스 제공 주체는 사회복지 전문가다. 사회복지는 지역사회를 중심으로 제공되기도 하며, 이것은 중범위적 접근으로 지칭된다. 거시적 실천은 국가나 지방자치단체, 그리고 사회복지기관이 중심이 되어 필요한 휴먼 서비스를 제공하는 분야로 사회복지행정이 그 중심에 있다.

사회복지학에서 바라본 사회복지행정은 사회복지 실천의 한 영역에 속한다. 사회복지행정은 사회복지 실천 중에서도 거시적 실천에 해당되는 분야다. 사회복지 전문가가 주체가 되어 문제를 가지고 있는 한 개인이나 그룹을 대상으로 휴먼 서비스를

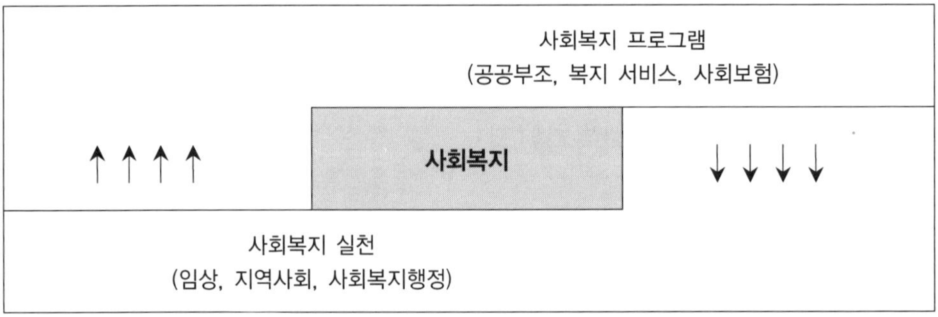

그림 1-2 사회복지학과 사회복지행정

제공하는 영역이 아니라, 국가나 지방자치단체, 그리고 다양한 사회복지기관에서 행정 지원을 통해 문제 해결을 시도하는 분야가 사회복지행정이다.

사회복지 프로그램과 사회복지행정을 포함하는 사회복지 실천이론은 별개로 분리되어 있지 않다. [그림 1-2]에서 화살표로 표시한 바와 같이 접목되어 있을 뿐만 아니라 끊임없이 교류하는 상호보완적 성향을 가지고 있다. 양질의 사회복지 프로그램이 존재한다고 하더라도 필요한 클라이언트에게 전달할 수 없으면 무용지물일 수밖에 없고, 고급 실천 기술을 가지고 있다고 하더라도 프로그램이 없으면 내용 없는 빈 껍데기에 불과하기 때문이다. 두 영역의 끊임없는 교류가 전제되어야 사회복지가 추구하는 휴먼 서비스의 궁극적인 목적을 달성할 수 있다.

3 행정학에서 사회복지행정

행정은 국가의 살림살이를 다루는 영역이다. 국민의 세금으로 마련된 예산으로 국민이 필요로 하는 서비스를 제공하는 영역이 행정이다. 행정학도과 응용 영역으로 나눠 접근할 수 있다. 행정이론 영역에는 정책이론과 관리이론이 있다(Overman, 1984). 정책이론은 국가가 해야 할 일이 무엇(what)인지를 다루는 영역으로서 정책분석, 정책형성, 정책집행, 그리고 정책평가로 세분화된다. 관리이론은 국가가 정책과정에서 결정된 목표를 어떻게(how) 달성해 나갈지를 다루는 영역으로서 조직이론, 인사관리, 재무관리 등으로 세분화된다. 행정학은 이처럼 [그림 1-3]과 같이 목적을 다

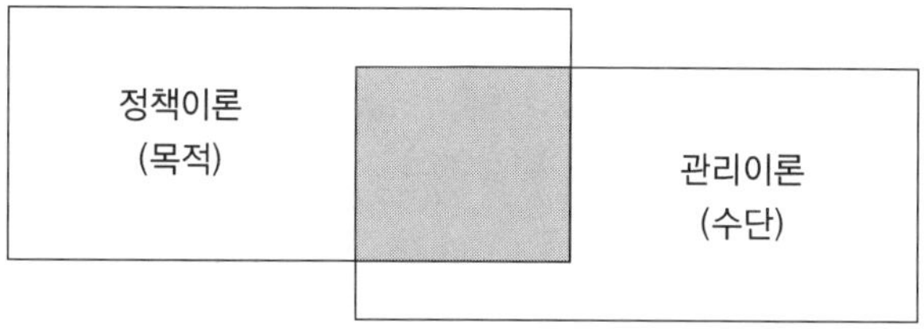

그림 1-3 행정의 이론 영역: 정책이론과 관리이론

루는 정책과 수단을 다루는 관리 영역으로 분류된다.

행정의 양대 산맥 중 하나인 정책이론은 목적 지향적(goal-oriented)인 성격을 가지고 있고, 관리이론은 수단 지향적(means-oriented) 성격을 가지고 있다. 목적이 결정되면 수단이 수반되어야 목표 달성이 가능하다는 점에서 목표와 수단은 밀접한 관계를 가지고 있다. 예컨대, 건강한 실버사회의 구현이라는 목적이 정해지면 건강한 실버사회를 구현하기 위한 다양한 지원이 마련되어야 소기의 목적을 달성할 수 있다. 다양한 지원이 곧 수단에 해당된다. 행정은 이처럼 목적과 수단을 동시에 제공해야 한다.

정책과 관리는 고유 영역도 가지고 있을 뿐만 아니라 서로 구분하기 어려운 공동 영역도 가지고 있다. [그림 1-3]에서 음영으로 표시한 부분이 공동 영역이다. 사회복지의 목적을 달성하기 위해 인적 자원과 물적 자원을 동원하고 관리하는 과정이 필수적이다. 이 과정에 대해 정책이론에서는 정책집행의 관점에서 접근하고, 관리이론에서는 인사관리와 예산관리의 관점에서 접근을 한다. 이처럼 공동 영역이 존재한다는 것은 목적과 수단은 배타적 관계가 아니라 상호보완 관계라는 것을 의미한다. 수단 없는 목적은 공론에 불과하고, 목적 없는 수단은 의미를 상실할 수밖에 없다(허만형, 1994).

행정이론은 이론으로서 머물지 않는다. 행정은 생활의 일부다. 행정은 일상생활을 지배한다고 말할 정도로 시민생활에 영향을 미친다(황윤원, 1999). 지구촌 어디에서든 누구나 출생에서부터 교육을 받는 기간을 거치고 취업을 하여 정년을 맞아 노년기를 보내다가 사망에 이르기까지 행정의 틀 속에서 삶을 살아간다. 삶은 타인과 더불어 사는 과정이기 때문에 더불어 사는 규범을 지키도록 하기 위해 행정이 역할을 수행하고 있고, 삶의 과정에서 경제적으로나 사회적으로 다양한 위기에 직면하게 되면 행정이 개입하여 문제 해결을 시도한다. 행정은 이처럼 삶의 현장과 밀접한 관계를 가지고 있기 때문에 현장성을 중시하는 현실 학문에 속한다.

행정학은 정책이론과 관리이론을 중심으로 형성되어 있는 순수이론만을 다루는 학문 분과가 아니다. 시민들의 일상생활과 밀접하게 연계된 국가행정이라는 현실을 다루는 학문 분과로서의 특성을 가진다. 따라서 행정학에서는 행정이론을 접목시킬 현장이 중요한 역할을 한다. 그 현장에는 입법부, 사법부, 행정부를 포함하는 정부기관이 있고, 중앙행정 부처뿐만 아니라 지방자치단체도 있고, 공익을 목적으로 하는 공기업과 단체도 있다.

국가와 지방자치단체와 공기업이 일상적으로 수행하는 현장 업무는 다양하다. 일일이 나열할 수 없을 정도로 다양하지만 그 사례를 제시하면 [그림 1-4]와 같다. 행정이 다루는 문제는 환경 문제도 있고, 교통 문제도 있으며, 조세 문제도 있다. 행정은 교육 문제도 다루고, 문화 문제도 해결하고 있으며, 보건의료 문제를 다루기도 한다. 그리고 행정이 다루는 문제 중에는 사회복지 문제도 당연히 있다.

사회복지행정은 행정이론을 바탕으로 사회복지 문제를 효과적으로 해결하기 위해 형성된 분야다. 행정이론이 빈곤 문제를 해결하기 위한 수단으로서 역할을 하기도 하고, 노인이나 장애인 문제를 해결하기 위한 수단으로서 역할을 하기도 한다. 휴먼 서비스의 성격을 가지는 사회복지 문제의 본질이 무엇인지를 파악해 문제 해결을 위한 정책이나 프로그램을 제시하기도 하고, 프로그램의 집행을 위해 예산과 인력을 확보하기도 하며, 필요한 서비스를 원하는 시민에게 전달하기도 한다.

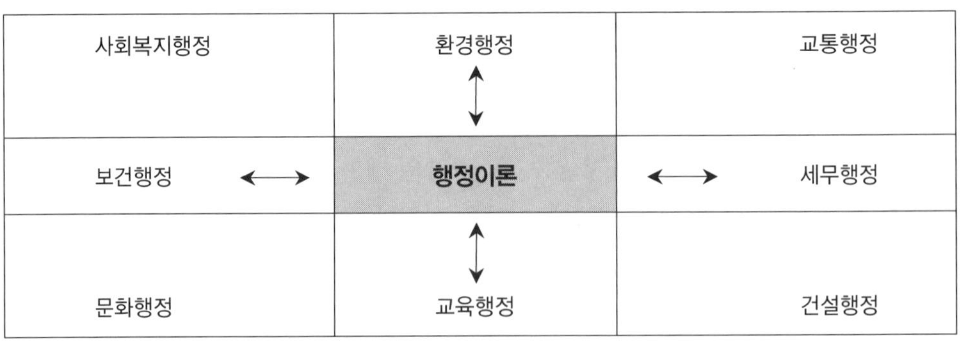

그림 1-4 행정이론과 사회복지행정

행정학의 관점에서 행정을 서비스 행정과 규제행정으로 분류할 경우 사회복지행정은 대표적 서비스 행정에 속한다. 서비스 행정은 자격 요건을 갖춘 시민에게 현물이나 현금을 제공하는 행정으로서의 성격을 가지는 반면에 규제 행정은 시민의 행동이나 활동에 대한 제재를 가함으로써 공익을 추구하는 성격을 가지고 있다. 따라서 행정학의 관점에서 본 사회복지행정은 사회복지 프로그램으로 표현되는 서비스를 행정이론의 틀에 실어 필요한 시민에게 제공하는 과정이라고 설명할 수 있다.

4 사회복지행정의 개념

사회복지학의 관점에서 바라본 사회복지행정과 행정학의 관점에서 바라본 사회복지행정은 다르지 않다. 사회복지학의 관점에서는 사회복지의 거시적 실천 영역이 사회복지행정이고, 행정학의 관점에서는 행정력을 기반으로 사회복지의 목적을 달성하고자 하는 응용행정학 영역이다. 사회복지학에서는 행정 기술을 기반으로 사회복지의 목적을 달성한다는 입장이고, 행정학에서는 행정력을 통해 사회복지의 목적을 달성한다는 입장이다.

사회복지행정은 <표 1-1>에서와 같이 사회복지학의 관점에서든 행정학의 관점에서든 서비스 유형에 대한 표현 방식이 휴먼 서비스와 포괄적 서비스이고, 목적을 달성하기 위한 수단에 대한 용어가 행정 기술과 행정력일 뿐이지 그 본질은 다를 바 없다. 따라서 사회복지행정은 행정 기술, 혹은 행정력을 기반으로 휴먼 서비스 제공이라는 사회복지의 목적을 효과적으로 달성하기 위한 거시적 실천, 혹은 응용행정 영역이라고 개념을 정리할 수 있다.

사회복지행정의 개념을 바탕으로 사회복지행정에서 다뤄야 할 내용을 정리할 수

표 1-1 사회복지행정의 개념

분류	사회복지학	행정학
분야	거시적 실천 방법	응용행정
종류	휴먼 서비스	포괄적 서비스
수단	행정 기술	행정력

표 1-2 사회복지행정의 내용

분류	사회복지행정		
영역	사회복지행정의 기초	사회복지 정책이론	사회복지 관리이론
성격	사회복지 환경 영역	목적 지향적 영역	수단 지향적 영역

있다. 사회복지행정의 범위는 휴먼 서비스 제공이라는 사회복지의 목적에 필요한 다양한 행정 기술을 습득하는 내용으로 구성되어야 한다. 내용을 기초로 <표 1-2>와 같이 사회복지행정의 영역을 세 가지로 나눌 수 있다.

첫째, 사회복지행정을 이해하기 위해서는 사회복지행정과 연계되어 있는 분야를 알고 있어야 한다. 지식정보화 사회로의 구조 개편과 가족구조 변화가 행정 영역에서 휴먼 서비스의 제공 방식을 어떻게 변화시키는지에 대해 알아야 한다. 산업사회에서 지식정보화 사회로의 전환과 더불어 사회복지행정의 패러다임이 변할 수밖에 없고, 대가족에서 핵가족으로 가족구조가 변화함에 따라 사회복지행정의 접근 방법도 달라질 수밖에 없기 때문이다. 사회복지행정을 이해하기 위해서는 이 같은 기초 지식이 전제되어야 한다.

둘째, 사회복지의 목적을 달성하는 데 필요한 지식을 활용할 수 있어야 사회복지행정의 효율성을 높일 수 있다. 사회복지행정에서는 사회복지 목적을 달성하는 데 필요한 지식을 사회복지 정책이론으로 지칭하고 있다. 국가나 지방자치단체에서 무엇을 해야만 시민들을 빈곤의 고통에서 벗어나게 하며, 질병의 공포에서 헤어나게 할 수 있는지에 대한 결정이 바로 사회복지정책 영역에서 해야 할 일이다. 이처럼 사회복지정책의 성격은 목적 지향적일 수밖에 없다.

셋째, 사회복지의 목적을 달성하기 위해 필요한 수단이 제공되어야 한다. 조직도 필요하고, 전문인력도 필요하며, 예산도 확보되어야 한다. 목적 달성에 필요한 조직, 인력, 그리고 예산과 같은 것이 사회복지관리다. 관리는 이 세 가지 수단의 확보에 머물지 않는다. 이 세 가지 자원이 목표 달성을 향해 움직일 수 있도록 끊임없이 지원해야 하며, 통제도 해야 한다. 사회복지 서비스가 지향하는 질적 목표를 달성할 수 있도록 유도하는 일도 수행해야 한다. 사회복지관리는 목적을 효과적으로 달성하기 위한 수단 지향적인 영역이다.

5 사회복지행정과 유사 개념

사회복지행정의 개념에 대한 이해를 돕기 위해 유사 개념과 비교해 정리할 필요가 있다. 유사 개념을 파악함으로써 사회복지행정과 유사 개념 간의 관계도 아울러 이해할 수 있다. 사회복지행정의 유사 개념으로는 사회사업행정, 사회복지 실천, 사회복지정책, 사회복지관리를 제시할 수 있다.

1) 사회복지행정과 사회사업행정

사회복지행정과 사회사업행정의 유사점과 차이점을 분석하기 위해서는 사회복지와 사회사업에 대한 이해가 선행되어야 한다. 사회사업은 미시적 사회복지 영역이고, 사회복지는 거시적 사회복지를 의미한다. 미시적 사회복지는 사람과 사람 사이의 관계 정상화를 기초로 삶의 질을 제고하고자 하는 휴먼 서비스로 구성되어 있다. 전문가에 의한 상담 서비스를 통해 부모와 자녀, 학생과 교사, 그리고 환자와 의사 등의 관계 정상화를 추구하기 위한 다양한 서비스가 미시적 사회복지, 즉 사회사업에 속한다. 거시적 사회복지는 국가나 지방자치단체와 같은 공공기관이 사회복지 문제를 가지고 있는 인구집단 전체를 대상으로 다양한 휴먼 서비스를 제공함으로써 관계 정상화를 추구하는 영역이다. 사회사업은 사회복지기관이 중심이 되어 사회복지 문제 해결을 위해 제공되는 휴먼 서비스로 그 범위가 좁지만, 사회복지로 그 범위를 넓힐 경우 사회사업뿐만 아니라, 국가나 지방자치단체가 중심이 되어 제공되는 서비스까지도 포함된다.

사회복지행정과 사회사업행정도 같은 맥락에서 비교할 수 있다. 사회사업행정은 사회복지기관이 그 중심에 있으며, 사회복지행정은 사회복지기관뿐만 아니라 국가나 지방자치단체까지도 행정의 중심권에 위치해 있다. 사회사업행정은 사회복지기관이 클라이언트에게 양질의 서비스를 제공하기 위한 제반 활동으로 정의할 수 있고 (Zastrow, 1992), 사회복지행정은 사회복지기관을 포함하는 국가나 지방자치단체가 사회복지의 욕구를 가지고 있는 사회구성원에게 서비스를 제공하기 위한 제반 활동으로 정의할 수 있다.

사회사업행정은 [그림 1-5]에서와 같이 그 중심에 사회복지기관이 있는 기관 중심

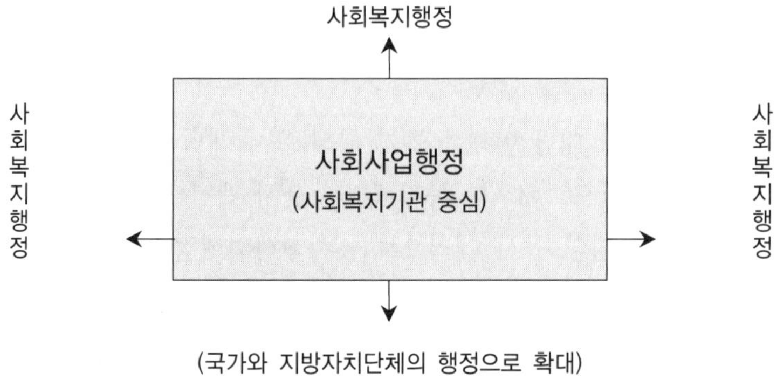

그림 1-5 사회복지행정과 사회사업행정

의 행정(agency-based administration)이다. 사회복지행정은 기관 중심의 행정뿐만 아니라 국가와 지방자치단체가 사회복지 문제를 해결하기 위해 수행하는 제반 활동을 포함하고 있다. 사회복지행정은 광의의 개념이고, 사회사업행정은 협의의 개념이다.

2) 사회복지행정과 사회복지 실천

사회복지 실천은 개인, 집단, 지역사회, 그리고 전체 사회가 개별 구성원 간의 관계 정상화를 통해 정상적인 기능 수행을 하도록 지원하는 분야다. 사회복지 실천의 대상이 개인일 경우 개별사회사업(casework)이 되고, 가족과 집단일 경우에는 집단사회사업(group work)이 되며, 지역사회를 대상으로 하는 경우 지역사회 조직사업(com-

표 1-3 사회복지행정과 사회복지 실천

영역	범위	실천 분야
사회복지 실천	개인	개별사회사업
	가족과 집단	집단사회사업
	지역사회	지역사회 조직사업
	사회 전체	사회복지행정

munity organization)이 되고, 사회 전체를 대상으로 하면 사회복지행정(social welfare administration)이 된다(Morales & Sheafor, 1992).

사회복지행정은 <표 1-3>에서와 같이 사회복지 실천의 한 분야로서 사회 전체를 대상으로 개인과 사회가 정상적인 기능을 수행하도록 지원하는 역할을 한다. 개인이나 집단을 대상으로 지원을 하는 분야가 아니라, 사회 전체를 대상으로 지원하는 역할을 수행하기 때문에 거시적 실천 영역으로 지칭되기도 한다.

3) 사회복지행정, 사회복지정책, 사회복지관리

사회복지행정은 사회복지 문제를 해결하기 위해 국가나 지방자치단체, 그리고 사회복지기관이 수행하는 제반 활동을 의미한다. 사회복지행정은 "무슨(what)" 사회복지 문제를 해결할 것인지에 대한 결정을 하는 사회복지정책 분야와 그 사회복지 문제를 "어떻게(how)" 해결할 것인지를 다루는 사회복지관리 분야로 나뉜다. 사회복지정책과 사회복지관리는 각각 사회복지행정의 한 영역에 속한다.

사회복지행정은 <표 1-4>와 같이 목적을 다루는 사회복지정책과 수단을 다루는 사회복지관리로 분류된다. 사회복지정책과 사회복지관리 모두 사회복지행정을 구성하는 분야로 자리잡고 있다. 사회복지행정을 과정론적 관점에서 보면 정책과 관리는 끊임없이 교류하는 성향이 있다. 먼저 목표를 다루는 정책형성이 이뤄진다. 정책형성 후에는 정책 목표가 달성되도록 지원(support)과 통제(control)를 동시에 수행하는 관리활동이 시작된다. 행정은 이처럼 정책과 관리 모든 과정을 포함하는 개념이다. 사회복지 문제를 다루는 사회복지행정에서도 정책과 관리는 목표와 수단이라는 관점에서 끊임없이 교류하는 성향을 가진다.

표 1-4 사회복지행정, 사회복지정책, 사회복지관리

영역	관심 대상	분야
사회복지행정	목적	사회복지정책
	수단	사회복지관리

제 2 절 사회복지행정의 연구 범위

사회복지행정의 연구 범위를 이해함으로써 사회복지행정에서 다뤄야 할 내용을 구체적으로 파악할 수 있다. 엄격하게 말하면 스스로 연구 범위를 설정할 수 있으면 해당 분야에 대한 이해 수준이 어느 정도 확보되어 있다고 말할 수 있다. 사회복지행정도 마찬가지다. 사회복지행정의 연구 범위는 사회복지학 관점과 행정학 관점에서 동시에 접근할 수 있다. 사회복지행정이 휴먼 서비스를 본질로 하는 사회복지와 서비스의 효과적 제공을 본질로 하는 행정의 결합으로서 성격을 가지기 때문이다.

1 사회복지학 관점에서 사회복지행정 연구 범위

1) 사회사업과의 관계에서 사회복지행정의 연구 범위

사회복지학 관점에서 사회복지행정의 연구 범위는 협의로도 설정이 가능하고 광의로도 설정이 가능하다. 협의의 사회복지행정은 사회사업행정으로 범위가 좁아지며, 그 연구 범위도 사회복지기관행정으로 한정해서 논할 수밖에 없다. 사회복지기관이 사회복지의 목적을 달성하기 위해 하는 제반 활동을 사회사업행정이라고 정의할 수 있다. 광의의 사회복지행정에는 사회복지기관행정뿐만 아니라 국가나 지방자치단체에서 사회복지와 관련해 수행하는 제반 활동을 포함한다. 사회사업행정과 사회복지행정은 서비스의 효과적 전달이라는 본질에서는 차이가 없다. 다만 전자는 사회복지기관이고 후자는 기관뿐만 아니라 국가와 지방자치단체를 포함한다고 하는 범위 설정에서 차이가 있을 뿐이다.

사회복지기관은 사회복지 제공에 중요한 역할을 수행하지만 규모로 보면 국가나 지방자치단체에서 제공하는 사회복지가 더 크고 넓다. 사회복지기관은 운영에 필요한 예산을 국가나 지방자치단체에서 지원받고 있다는 현실을 감안하면 사회복지기관의 역할은 더욱 좁아지는 것이 현실이다. 따라서 사회복지행정을 협의로 정의하고 연구 범위를 좁게 할 경우 국가나 지방자치단체에서 제공되는 사회복지를 배제한 채

연구가 진행된다는 결과를 초래한다.

사회복지행정은 행정력을 바탕으로 다양한 사회적 문제를 가진 사회구성원에게 서비스를 제공하는 영역으로 개념을 정의할 경우 광의의 사회복지행정을 바탕으로 연구 범위를 설정해야 한다. 사회복지행정의 중심에 있는 행정력은 기관뿐만 아니라 국가나 지방자치단체로부터도 나오기 때문이다. 따라서 사회복지행정의 연구 범위는 사회복지기관뿐만 아니라 사회복지 업무를 수행하는 국가 및 지방자치단체를 포함한다.

2) 사회복지 실천과의 관계에서 사회복지행정의 연구 범위

사회복지 실천이라는 관점에서 사회복지행정은 기능이나 기술을 의미한다. 사회복지 실천이라는 관점에서 사회복지행정은 사회복지기관이나 정부에서 결정한 사회복지정책이나 프로그램을 충실하게 전달하는 기능과 기술에 불과하다는 사실을 알 수 있다. 그러나 사회복지 실천이라는 관점에서 사회복지행정의 범위를 설정할 수는 없다. 실천 과정에서 사회복지 프로그램이나 정책에 문제가 발견되면 그 내용을 새로운 모습으로 재정리해야 한다. 따라서 사회복지행정은 사회복지 실천처럼 기능이나 기술만으로는 설명할 수 없다. 행정 기능과 행정 기술에 프로그램과 정책 영역이 동시에 포함되어야 사회복지행정이 추구하는 목표를 달성할 수 있다.

3) 사회복지학의 관점에서 사회복지행정의 연구 범위

사회복지학의 관점에서 보면 사회복지행정의 범위가 넓어지고 있음을 알 수 있다. 초기에는 사회복지기관 중심으로 시작했지만 이제는 사회 전체를 대상으로 하는 국가와 지방자치단체까지 사회복지행정의 대상이 되고 있다. 사회복지행정은 사회복지 실천을 바탕으로 하는 단순한 행정 기술의 차원은 아니다. 행정 기술에 더해 정책 문제를 다룰 수 있는 영역까지 이해할 수 있어야 비로소 사회복지의 목적을 효과적으로 달성할 수 있다.

2 행정학 관점에서 사회복지행정 연구 범위

행정학 관점에서 사회복지행정의 연구 범위는 행정의 본질이 되는 행정 기술, 혹은 행정력의 범위를 설정하는 데 용이하다. 행정력의 범위는 행정학의 역사와 그 궤를 함께한다. 행정학은 1887년 윌슨(Woodrow Wilson)이 쓴 논문 「행정연구(The Study of Administration)」로부터 연구가 시작되었다는 사실을 감안하면 초기 행정학자들은 정치로부터 행정을 분리시키는 연구가 중심일 수밖에 없었다. 정치적 역동성으로부터 행정의 안정성 확보가 중요한 연구 주제였으며, 연구 범위도 관리 중심의 행정일 수밖에 없었다. 그러나 정치로부터 행정 완전한 분리는 가능하지 않다는 현실 인식에서부터 관리 중심의 행정에서 관리와 정책을 포함하는 행정으로 연구 범위가 확대되기 시작해 최근에 이르고 있다. 따라서 행정의 연구 범위를 정책과 관리로 설정하고 있는 것이 일반적인 추세다(Overman, 1984).

1) 사회복지행정과 POSDCoRB

정치로부터 행정을 분리시켜 행정학의 연구 범위를 설정한 가장 대표적인 학자는 귤릭(Luther Gulick)이다. 그는 행정의 연구 범위를 간단명료하게 "포스드코브(POSDCoRB)"라는 말로 설명했다. 귤릭은 그의 논문 「조직이론에 관한 소고(Notes on the Theory of Organization)」를 통해 이같이 주장했으며, 그 당시가 1937년이었다. POSDCoRB는 행정의 연구 분야를 의미하는 Planning, Organizing, Staffing, Directing, Coordinating, Reporting, 그리고 Budgeting의 머리글자를 따서 만든 조어다. 후일 이 단어는 행정학의 전문 용어로 자리잡혔다. 귤릭은 행정학의 연구 범위는 7개로 설정하고 있다.

기획(Planning)은 기관이 추진해야 할 일의 방향 설정과 일의 내용을 결정하는 기능을 의미한다. 현실 문제 해결을 위해 해야 할 일과 미래에 해야 할 일을 설계하는 내용을 중심으로 형성된 것이 기획이다.

조직(Organizing)은 업무를 체계적으로 집행하기 위해 권위 체계를 확립하고 전문 분야로 나누는 기능이다. 추진해야 할 업무를 체계적으로 분업화시키고, 분업화된 업무를 수행할 틀을 제공하는 분야가 조직이다.

인사(Staffing)는 업무를 추진할 인력을 동원하고 관리하는 기능을 의미한다. 전문 인력을 충원하고 훈련시켜 적절한 조직에 배치해 조직이 추구하는 목적을 달성할 수 있도록 하는 분야가 인사다.

지휘 감독(Directing)은 기관의 목표 달성을 효과적으로 할 수 있도록 지휘하고 감독하는 기능을 의미한다. 기관을 위해 정책을 결정하고, 결정된 정책이 목표 달성을 할 수 있도록 하는 기능까지 포함하고 있다.

통합 조정(Coordinating)은 분업화된 조직의 업무를 관계가 있는 것끼리 상호 연계시켜 기관의 목표를 효과적으로 달성할 수 있도록 하는 기능을 의미한다. 분업과 통합 조정이 원활하게 되어야 조직은 분파주의를 극복할 수 있을 뿐만 아니라 효과적으로 목표를 달성할 수도 있다.

보고(Reporting)는 기관에서 무슨 일이 일어나고 있으며, 목표 달성은 어느 정도로 추진되고 있는지에 대한 커뮤니케이션 기능을 의미한다. 보고가 조직의 신경망 구실을 할 수 있어야 바른 정보에 접할 수 있으며, 조직의 방향을 바로 설정할 수 있다.

예산(Budgeting)은 기관의 물적 자원을 동원하고 관리하는 역할을 하는 기능을 의미한다. 조직이 필요한 예산을 확보하고, 확보된 예산을 업무 분야로 분배함으로써 조직이 현실적으로 목표 달성을 하는 데 기여하는 분야다.

귤릭의 POSDCoRB는 버나드(Chester I. Barnard)에 의해 수정되었다. 1938년에 출판된 그의 저서『행정의 기능(*The Function of the Executive*)』을 통해서였다. 조직이 기획안에 따라 인적 자원과 물적 자원을 동원하고, 조직의 신경망을 가동해 지휘 감독을 수행해 차질없이 업무를 추진하더라도 계획된 목표가 항상 달성되는 것은 아니다. 조직이 추구하는 목표가 어느 정도 달성되었으며, 기대한 효과가 어느 정도 나타났는지를 파악하는 기능을 행정은 가지고 있어야 한다. 버나드는 이 기능을 평가(Evaluating)라고 지칭했다. 그는 POSDCoRB에 평가의 기능을 추가해 포스드코비(POSDCoRBE)로 재정립했다.

평가(Evaluating)는 기관의 계획된 목표(planned goal)와 달성된 목표(achieved goal)를 비교하는 기능을 의미한다. 계획된 목표가 달성되었다고 하더라도 기대한 효과가 나타나지 않을 수도 있기 때문에 평가의 최종적인 귀결점은 정책 효과(policy effect)에 있다. 생산적 복지를 실현한다는 전제 하에 저소득층 10만 명에게 직업훈련을 시킨다는 계획을 세웠을 경우 10만 명에게 직업훈련을 시켰는지를 중심으로 평가하는 경우를 계획된 목표와 달성된 목표를 비교분석하는 것이고, 직업훈련을 받은 후 몇 명이 취업을 하여 경제적으로 자립을 달성했는지를 중심으로 평가하는 것이 정책 효과 분석이다.

2) 사회복지행정과 정책 · 관리 모형

행정을 정치로부터 분리하려는 시도는 1951년 라스웰(Harold Lasswell)이 러너(David Lerner)와 『정책학(*Policy Sciences*)』이라는 책을 내놓으면서부터 새로운 전기를 맞았다. 그 후 행정학자들에 의해 정책연구가 시작되었으며(Quade, 1975; deLeon 1981), 정책이 행정연구의 중요한 주제로 등장하기 시작했다. 최근에는 행정의 영역을 정책과 관리로 나눠 연구 범위를 설정(Overman, 1984)하기에 이르렀다. 따라서 행정학적 관점에서 사회복지의 연구 범위를 설정할 경우 사회복지정책과 사회복지관리로 나뉜다.

사회복지정책은 사회복지의 목적을 달성하기 위해 무엇을 할 것인가를 결정하는 영역으로서 POSDCoRB의 관점에서 논의할 경우 planning으로 지칭되는 기획의 기능, directing으로 지칭되는 지휘 감독 기능 중에서 의사결정과 관련된 기능, 그리고 evaluating으로 지칭되는 평가 기능이 여기에 속한다.

사회복지관리는 사회복지의 목적을 달성하기 위해 수단을 제공하는 영역으로서 POSDCoRB의 관점에서 논의할 경우 organizing으로 지칭되는 조직 기능, staffing으로 지칭되는 인사 기능, directing으로 지칭되는 지휘 감독의 일부 기능, coordinating으로 지칭되는 통합 조정 기능, reporting로 지칭되는 보고 기능, 그리고 budgeting으로 지칭되는 예산 기능이 여기에 속한다.

3) 행정학에서 사회복지행정 연구 범위

행정학의 연구 범위가 POSDCoRB에서 POSDCoRBE로, 그리고 POSDCoRBE에서 정책과 관리로 발전해 왔다. 행정학의 발전 과정에 기초해 사회복지행정의 범위를 설정할 경우 <표 1-5>에서와 같이 POSDCoRBE를 정책과 관리로 대분류하고, 정책과 관리에 속하는 영역을 구체적으로 정리함으로써 문제 해결을 할 수 있다.

행정학은 발전을 거듭해 정책이론 영역에서는 의사결정이론이 중심이 되어 정책형성(policy formulation)이 자리를 잡았고, 정책 과정의 한 분야로 정책집행(policy implementation)이 새롭게 등장했으며, 평가는 정책분석 이론과 더불어 더욱 정제된 모습으로 발전해 정책분석평가 영역을 형성했다. 관리 영역에서는 조직, 인사, 예산이론은 경영학, 사회학 이론을 수용하면서 더욱 풍부하게, 그리고 새로운 모습으로 발전

표 1-5 행정학에서 사회복지행정의 범위

영역	POSDCoRBE 관점에서의 기능	분야
사회복지정책	기획(Planning) 기능	기획과 정책일반이론
	지휘 감독(Directing)에서의 의사결정 기능	정책형성 및 정책집행
	평가(Evaluating) 기능	정책분석 및 정책평가
사회복지관리	조직(Organizing) 기능	조직
	인사(Staffing) 기능	인사
	지휘 감독(Directing)에서의 관리 기능	관리일반이론
	통합 조정(Coordinating) 기능	조직이론 및 관리일반이론
	보고(Reporting) 기능	문서관리 및 MIS
	예산(Budgeting) 기능	예산관리

했다. 지휘 감독은 관리 일반이론으로 자리를 잡았고, 통합 조정은 관리이론과 조직이론으로 흡수되었으며, 보고는 문서관리와 행정정보 체계(PMIS)로 발전했다.

3 사회복지행정의 연구 범위

사회복지학과 행정학 관점에서의 연구 범위를 결합해 사회복지행정의 연구 범위를 설정할 수 있다. 사회복지행정을 중심으로 두 학문 분과를 결합시키면 크게 세 가지 영역이 있음을 알 수 있다. <표 1-6>에서처럼 사회복지행정의 기초이론, 사회복지정책이론, 그리고 사회복지 관리이론으로 나눠 영역을 설정할 수 있다.

사회복지행정의 기초 이론은 사회복지행정을 이해하기 위한 내용으로 구성되어 있다. 사회복지행정의 개념, 휴먼 서비스라는 특수성에 근거한 사회복지행정의 가치, 사회복지행정의 역사, 그리고 사회복지행정의 인접 학문과 주변 환경에 대한 이해를 중심으로 사회복지행정의 기초 이론이 구성되어 있다.

사회복지 정책이론은 <표 1-6>에서처럼 사회복지정책에 관한 일반이론, 사회복지 정책분석, 사회복지 정책형성, 사회복지 정책집행, 그리고 사회복지 정책평가로 나뉜다. 사회복지 문제의 본질을 파악해 문제 해결 방법을 제시하고, 다양한 자원을 동원해 문제 해결을 시도한 후에 문제가 어느 정도 해결되었는지를 평가하는 과정이 사

표 1-6 사회복지행정의 연구 범위

영역	주제	내용
사회복지 행정의 기초	사회복지행정의 개념	개념, 유사 개념, 성격, 가치
	사회복지행정의 역사	사회복지행정의 역사, 사회복지 행정이론의 발전
	사회복지행정과 환경	지식정보화, 사회복지 거버넌스, 신자유주의와 신공공관리
사회복지 정책이론	사회복지정책 일반이론	기획, 의사결정, 정책 과정, 프로그램 개발
	사회복지 정책분석	개념, 모형, 방법, 과정
	사회복지 정책형성	개념, 모형, 방법, 과정
	사회복지 정책집행	개념, 모형, 방법, 과정
	사회복지 정책평가	개념, 모형, 방법, 과정
	의사결정 지원 시스템	개념, 구축 방안, 운영 방법
사회복지 관리이론	사회복지관리 일반이론	과학적관리론, 인간관계론, 행태론적 접근법, 생태론적 접근법, 관리과학, 문화적 접근법
	사회복지 전달 체계	개념, 이론, 실제, 평가
	사회복지 조직이론	개념, 이론, 조직구조, 리더십
	사회복지 인사관리	개념, 과정, 계급제와 직위분류제, 사회복지 전담공무원, 동기이론, 수퍼비전
	사회복지 예산관리	개념, 편성이론(품목별 예산, 성과주의예산, 기획예산, 영기준예산), 비영리조직 마케팅
	사회복지행정 정보시스템	개념, 개발 과정, 종류, 전자정부와 사회복지 정보시스템
	사회복지 프로그램관리	Gantt Chart, PERT, MBO

회복지정책이다.

사회복지 관리이론은 <표 1-6>에서와 같이 수단을 제공하는 이론으로 구성되어 있다. 내용은 사회복지관리에 관한 일반이론, 사회복지 조직이론, 사회복지 인사관리, 사회복지 예산관리, 그리고 사회복지 프로그램 관리기법으로 세분화된다. 사회복지가 추구하는 목적을 달성하기 위해 조직력과 인력과 예산이 동원되어야 하고, 이들을 체계적으로 관리할 수 있어야 정책이 지향하는 목적을 달성할 수 있다.

4 사회복지행정의 편제

1) 사회복지행정의 과정

사회복지행정의 연구 범위는 이 책의 전개 방법을 설정하는 데 기초가 되었다. 연구 범위에서 제시한 내용과 같이 사회복지행정의 기초, 사회복지 정책이론, 사회복지 관리이론으로 나눠 책의 편제를 구성할 경우 영역 간의 연계성을 설명하기가 용이하지 않다. 사회복지행정도 흐름을 가진다. 그 흐름에 따라 전개하기로 했다.

사회복지행정의 흐름은 [그림 1-6]에서와 같이 사회복지행정 기초로부터 시작한다. 사회복지행정의 개념과 성격은 끊임없이 사회환경과 인접 학문의 영향을 받는다. 사회환경과 인접 학문의 영향을 받아 사회복지정책이 만들어진다. 정책은 그 자체로는 큰 의미를 가지지 못한다. 집행 수단이 제공되어야 소기의 목적을 달성할 수 있다. 집행 수단으로 구성되어 있는 사회복지관리 영역이다. 정책과 관리의 상호관계를 통해 정책 효과가 발생한다고 하더라도 그것으로 끝이 아니다. 기대한 정책 효과에 미치지 못하는 부문이 있는지 평가해야 한다. 이 단계를 사회복지 평가로 설명할 수 있다. 사회복지 평가는 원래 정책 과정의 마지막 단계이지만 여기에서는 행정 과정의 역동성(dynamics)을 부여하기 위해 사회복지관리 뒤에서 다루기로 했다. 이상의 사회복지행정 과정을 동적으로 표시하면 [그림 1-6]과 같다.

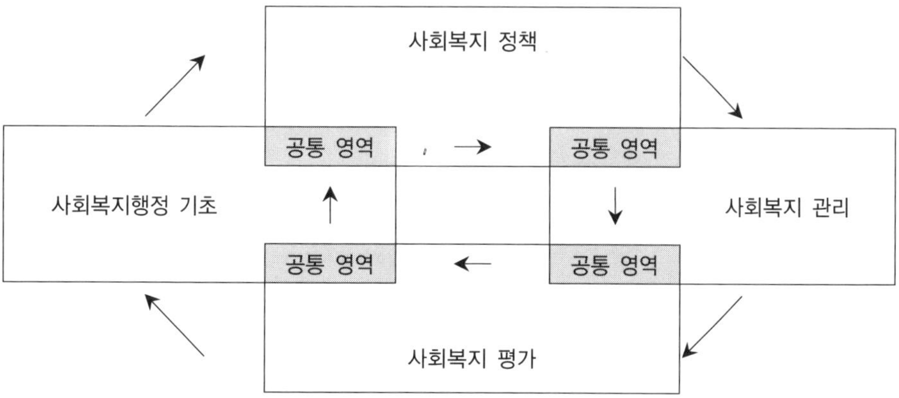

그림 1-6 사회복지행정의 과정

2) 사회복지행정의 편제

사회복지행정은 단절적인 성격을 가지는 것이 아니라 행정 과정과 과정을 이어주는 연속성을 가진다. [그림 1-6]에서 제시된 연속성을 기초로 사회복지행정의 영역을 구체적으로 정리하면 <표 1-7>과 같이 16개 장으로 나눌 수 있다. 제1편 사회복지행정의 기초에서는 사회복지행정의 개념, 역사, 환경과 같은 3개 장으로 나뉜다. 제2편에서는 사회복지정책과 기획이론에서 시작해 의사결정 지원 시스템까지 4개 장으로 세분화해 논의한다. 제3편에서는 사회복지관리 일반이론에서 사회복지행정 정보시스템까지 6개 장으로 나눠 논의한다. 끝으로 제4편에서는 프로그램 관리와 평가를 중심으로 사회복지행정의 새로운 패러다임까지 논의한다.

사회복지행정의 기초는 제1편에서 다룬다. 사회복지행정의 개념, 사회복지행정의 역사, 그리고 사회복지행정과 환경으로 구성했다. [그림 1-7]과 같이 사회복지행정을 둘러싸고 있는 사회환경과 인접 학문의 환경이 사회복지행정에 미치는 영향을 중심

표 1-7 사회복지행정의 편제

영역	주제
제1편 사회복지행정의 기초	제1장 사회복지행정의 개념 제2장 사회복지행정의 역사 제3장 사회복지행정과 환경
제2편 사회복지행정에서의 정책이론	제4장 사회복지정책과 기획이론 제5장 사회복지행정과 정책분석 제6장 사회복지행정과 정책형성 및 집행 제7장 의사결정 지원시스템
제3편 사회복지 행정관리	제8장 사회복지관리 일반이론 제9장 사회복지 전달 체계 제10장 사회복지 조직이론 제11장 사회복지 인사관리 제12장 사회복지 예산관리 제13장 사회복지행정 정보시스템
제4편 사회복지 프로그램 관리와 평가	제14장 사회복지 프로그램 관리 제15장 사회복지 평가 제16장 사회복지행정의 새로운 패러다임

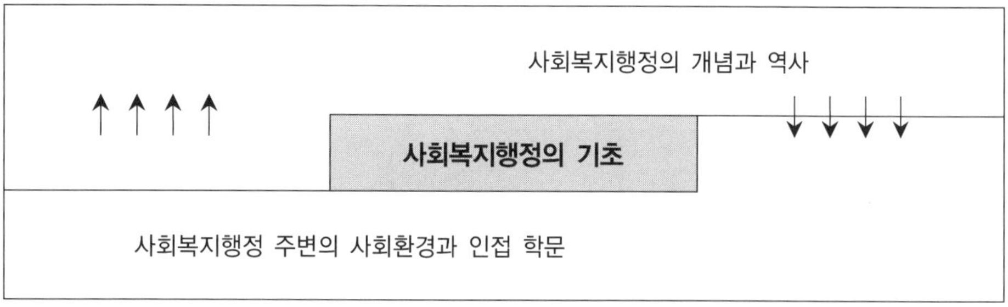

그림 1-7 사회복지행정의 기초에서 다룰 방향

으로 제1편 사회복지행정의 기초가 구성되어 있으며, 전개 방식도 상호간의 영향을 중심으로 형성되어 있다.

사회복지행정에서의 정책이론은 제2편에서 다룬다. 사회복지정책과 기획이론, 사회복지행정과 정책분석, 사회복지행정과 정책형성 및 집행, 그리고 의사결정 지원시스템으로 구성했다. 사회복지 정책이론뿐만 아니라 사회복지정책이 지식정보화 사회를 어떻게 수용해 나가야 할지에 대해서도 논의한다. 사회복지 평가는 정책이론에 포함되는 분야이지만 행정의 모든 과정을 거친 다음에 평가를 할 수 있기 때문에 마지막 장에서 논의하기로 한다. [그림 1-8]과 같이 사회복지정책이론이 의사결정 지원시스템(Decision Support System: DSS)과 어떤 방식으로 맞물려 지식정보화사회의 사회복지정책을 추진해 나갈 것인지를 중점적으로 다룬다.

제3편에서는 사회복지관리를 다룬다. 사회복지관리에는 사회복지관리 일반이론, 사회복지 전달 체계, 사회복지행정 조직이론, 사회복지 인사관리, 사회복지 예산관리,

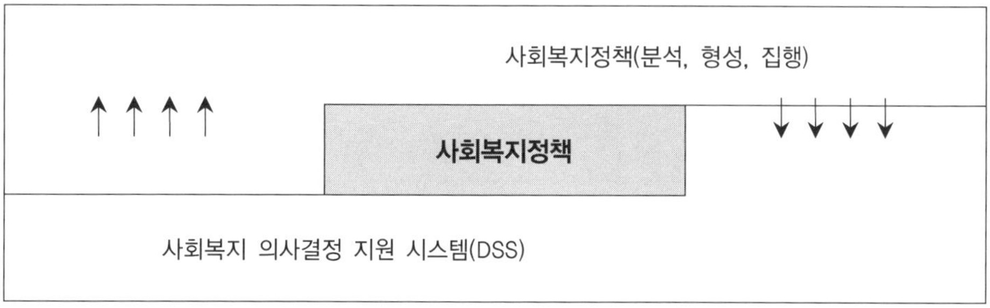

그림 1-8 사회복지정책에서 다룰 방향

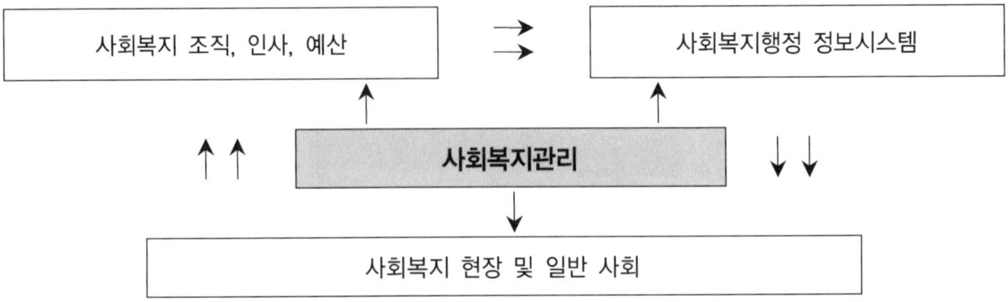

그림 1-9 사회복지관리에서 다룰 방향

그리고 사회복지행정 정보시스템으로 구성되어 있다. [그림 1-9]와 같이 사회복지관리도 동적인 과정을 가지고 있다. 사회복지관리의 중심이 되는 조직, 인사, 예산이 사회복지행정 정보시스템과 접목되어 사회복지 현장 및 일반 사회에 그 효과가 발생되도록 한다. 여기서 끝나지 않고 사회복지 현장과의 접목을 통해 필요한 조직, 인력, 그리고 예산은 다시 동원하는 연속적인 기능을 사회복지관리는 가지고 있다.

제 4 편에서는 행정 과정의 마지막 단계인 사회복지 평가를 다룬다. 사회복지 평가는 사회복지 프로그램관리, 사회복지 평가, 사회복지행정의 새로운 패러다임으로 나뉘어 있다. 사회복지 평가에서 다룰 내용도 [그림 1-10]과 같이 동적인 관점에서 구성했다. 프로그램관리와 평가는 그 자체만으로는 큰 의미가 없다. 평가로부터 교훈을 찾아서 학문적으로는 사회복지 행정이론을 풍요롭게 하는 데 기여해야 하고, 현실적으로는 사회복지 문제 해결에 큰 역할을 수행할 수 있어야 한다. 따라서 평가에 이어 사회복지행정의 새로운 패러다임을 제시하면서 책을 마무리짓고자 한다.

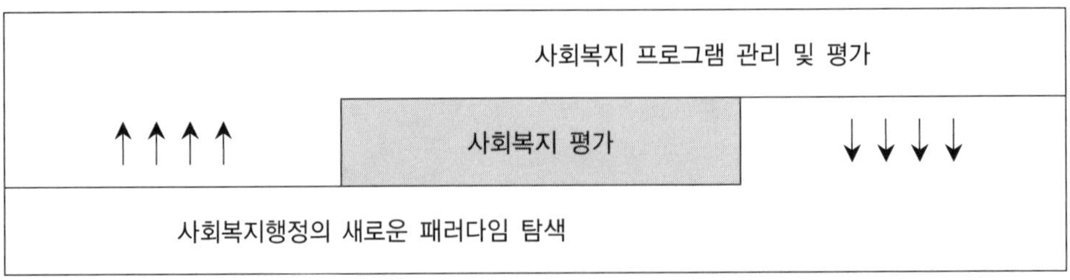

그림 1-10 사회복지평가에서 다룰 방향

제 3 절 사회복지행정의 성격과 가치

1 사회복지행정의 성격

사회복지행정은 사회복지와 행정이 결합해 형성된 학문 분과다. 사회복지행정은 휴먼 서비스로서의 본질과 서비스의 효과적 제공으로서의 본질이 결합해 형성되었듯이 사회복지행정의 성격도 사회복지학의 관점과 행정학의 관점이 융합되어 다듬어진다. <표 1-8>과 같이 사회복지학의 관점에서 사회복지행정의 성격은 서비스 행정, 휴먼 서비스 행정, 그리고 대인 서비스 행정과 같이 세 가지로 구체화시킬 수 있다. 행정학 관점에서 사회복지행정의 성격은 공익 중심 행정, 지원 행정, 그리고 재분배 행정으로 그 성격을 규명할 수 있다.

표 1-8 사회복지행정의 성격

관점	사회복지행정의 성격
사회복지학 관점	서비스 행정
	휴먼 서비스 행정
	대인 서비스 행정
행정학 관점	공익 중심 행정
	지원 행정
	재분배 행정

1) 서비스 행정

정부기관이 시민에게 제공하는 행정의 내용을 중심으로 접근하면 행정은 규제 지향적 행정(regulation-oriented administration)과 서비스 지향적 행정(service-oriented administration)으로 나뉜다. 사회복지행정은 필요한 시민에게 서비스를 제공하는 성격을 가지고 있는 행정이다. 반면에 규제 지향적 행정은 시민의 행동을 감시하고 통제하는 성격을 가지고 있는 행정이다. 사회복지행정은 규제행정과는 달리 빈곤이나 질병으로 고통받는 개인이나 가정을 대상으로 생활 지원이나 의료 지원 등을 제공하는 서비스 행정으로서의 성격을 가진다.

2) 휴먼 서비스 행정

행정이 제공하는 서비스의 성격도 다양하게 나타난다. 사회복지와 같이 개인이나 가정을 주요 대상으로 하는 서비스가 있고, 환경정책처럼 사회를 대상으로 하는 서비스가 있다. 사회복지는 개인과 가정을 대상으로 제공하는 휴먼 서비스를 본질로 하고 있으며, 휴먼 서비스는 풍요롭고 건강한 삶을 누릴 수 있도록 사회구성원을 돕는 것을 의미한다(American Public Human Services Association). 사회복지행정은 휴먼 서비스를 제공하는 행정 영역으로서의 성격을 가진다.

3) 대인 서비스 행정

행정에서 제공되는 서비스의 효과 발생 범주에 따라 대인 서비스 행정과 대(對)사회 서비스 행정으로 나뉜다. 궁극적인 효과 발생이 개별화되어 나타나는 것이 대인 서비스 행정이고, 개별화되지 않고 사회화되어 나타나는 것이 대사회 서비스 행정이다. 대표적인 대인 서비스 행정은 사회복지행정과 교육행정이고, 대표적인 대사회 서비스 행정은 환경행정이다.

사회복지행정에서 제공되는 서비스는 최종적으로는 개별화되어 그 효과가 나타나는 대인 서비스 행정으로서의 성격을 가진다. 사회복지행정이 대인 서비스 행정의 일종이라고 하여 행정의 효과가 개인이나 가정에서 끝나는 것은 아니다. 개인과 가정을 건강하게 함으로써 밝고 건강한 사회를 건설하도록 한다는 이상을 가지고 있다.

4) 공익 중심의 행정

행정이 산출하는 이익의 성격을 중심으로 분류할 경우 행정은 공행정과 사행정으로 나뉜다. 공행정은 공익을 산출하고, 사행정은 이윤을 창출한다. 사회복지행정은 공익 중심의 행정으로서의 특성을 가진다. 사회복지행정은 국가나 지방자치단체, 그리고 공공기관이 중심이 되어 서비스를 제공할 경우에는 공공행정(public administration)의 범주에 속하며, 공익적 성격을 가진다. 순수한 민간기관이 사회복지를 제공한다고 하더라도 사회공동체의 삶을 지원하는 활동이기 때문에 사행정이라고 말할 수 없다. 따라서 사회복지행정은 서비스 제공 주체가 누구이든 공익 중심의 행정으로서 성격을 가진다.

사회복지행정은 때로는 민간이 출연해 사회복지기관을 설립하고, 그 기관을 중심으로 사회복지를 제공하기도 한다. 사회복지기관을 공식적으로 설립할 경우 비영리법인으로서의 성격을 가지기 때문에 당연히 그 기관이 제공하는 서비스도 공익의 성격을 가지며 공익 중심의 행정이라고 설명할 수 있다.

사회복지가 순수한 민간기관에서 제공될 경우에도 민간 활동의 한 영역이기 때문에 사행정(private administration)이라고 말할 수 없다. 제공되는 서비스의 성격이 영리를 목적으로 하는 것이 아니기 때문이다. 따라서 사회복지행정은 영리를 목적으로 하는 사행정과는 구분되며, 사회 공동체적 삶에 대한 지원 차원에서 이뤄지는 한 그것이 비록 민간기관에서 행해진다고 하더라도 사행정이라고 말할 수 없고 공익 중심이 된다.

5) 지원 행정

행정을 관리라는 관점에서 접근하면 채찍과 당근으로 나뉜다. 채찍은 통제로 귀결되며, 당근은 지원으로 귀결된다. 상벌관리가 채찍과 당근으로 설명하기에 편리한 내용이다. 조직의 목적을 달성하기 위해 벌칙과 같은 채찍을 수단으로 사용하는 행정은 통제 중심의 행정이고, 승진이나 승급과 같은 당근을 수단으로 사용하는 행정은 지원 중심의 행정이다. 사회복지는 조직 내부관리라는 관점에서 보면 채찍보다 당근에 가까운 지원 행정으로서의 성격을 가진다.

6) 재분배 행정

행정이 제공하는 프로그램을 유형별로 분류하면 분배행정(distributive administration), 규제행정(regulatory administration), 자체규제행정(self-regulatory administration), 그리고 재분배행정(redistributive administration)으로 나뉜다(Anderson, 1979). 사회복지행정은 재분배행정으로서의 성격을 가진다.

분배행정은 특정의 개인이나 집단에게 대규모의 국가 지원을 제공하는 성격을 가지는 행정이다. 도산 위기에 처한 기업을 대상으로 공적 자금을 투입하거나 농어촌을 살리기 위한 방안으로 대규모 자금을 투입하는 것과 같은 행정이 분배행정이다. 규제행정은 공익이라는 차원에서 개인의 자유를 제한하는 행정을 의미한다. 공정거래를 위해 가격을 통제하는 일과 자동차 배기가스를 제한하는 것과 같은 행정이 규제행정에 속한다. 자체 규제행정은 규제집단이 공익과 그들 자신의 이익을 보호하기 위해 개인의 자유를 제한하는 행정을 의미한다. 의료 서비스나 법률 서비스를 제공하는 집단이 더 나은 서비스를 제공하기 위해 소정의 자격을 갖춘 개인에게만 서비스를 제공하도록 시장 진입을 제한하는 것과 같은 행정을 의미한다.

재분배행정은 일부 사회구성원에게 부, 소득, 재산, 그리고 권력이 집중되어 있는 현상을 완화함으로써 사회구성원 모두에게 고루 돌아가게 하는 행정을 의미한다. 사회복지 프로그램, 누진세율 적용, 저소득층에 대한 세제 혜택을 제공하는 행정이 대표적인 재분배행정이다. 사회복지행정은 재분배행정으로서의 성격을 가진다.

2 사회복지행정의 가치

사회복지행정이 추구하는 목적을 가치(value)라고 한다. 무엇을 위해 사회복지행정이 존재하며, 최종적으로 추구하는 바가 무엇인지를 파악하기 위해 사회복지행정의 가치를 논의할 필요가 있다.

행정이 추구하는 가치는 대립적인 두 개념의 조화에 있다. 행정은 한편에서는 형평성(equity)을 추구하고, 다른 한편에서는 능률성(efficiency)을 추구하고 있다. 행정은 어느 하나의 가치에 치중하는 것이 아니라 이 두 가치를 조화시켜 나가야 하며, 사회복지행정에서도 예외는 아니다.

사회복지행정의 가치는 세 가지로 묶어서 설명할 수 있다. 분배적 가치, 성장적 가치, 그리고 중도적 가치가 그것이다. 분배적 가치는 사회구성원에게 고르게 나눠지도록 하는 행정의 가치를 의미하고, 성장적 가치는 사회 전체의 부의 규모를 키우는 데 중점을 두는 행정의 가치를 의미한다. 중도적 가치는 그 중간자적 입장에 놓인 가치를 의미한다.

사회복지행정의 가치 체계는 [그림 1-11]과 같이 설명할 수 있다. 분배적 가치로서의 성격을 갖는 가치는 형평성이고, 성장적 가치로 대표되는 것은 능률성이다. 능률성은 효율성으로 번역되기도 한다. 분배와 성장의 중도적 가치로 설명할 수 있는 것은 접근성(accessability), 책임성(responsibility), 그리고 대응성(responsiveness)이다.

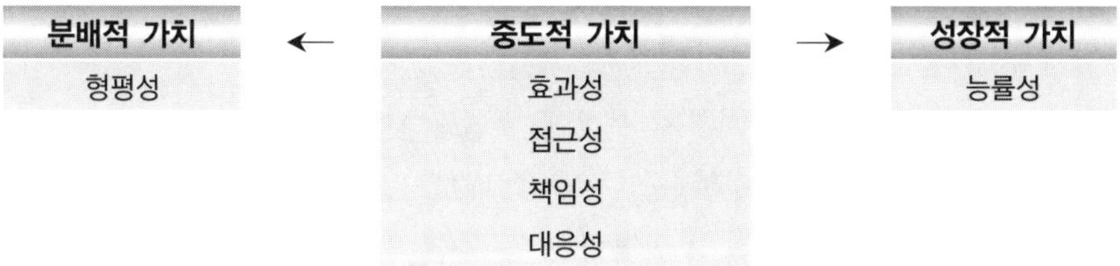

그림 1-11 사회복지행정의 가치 체계

1) 형평성

형평성은 공평성(fairness)과 유사한 의미를 가진다. 같은 상황에 있는 사람에게 유사한 수준의 대우를 하는 것을 형평성이라고 말한다. 소득 수준이 비슷한 사람에게는 비슷한 수준의 사회보험료를 부담하도록 하거나 비슷한 수준의 세금을 납부하도록 하는 것은 형평성의 한 사례다. 또한 소득 수준이 비슷한 빈곤층에게 비슷한 수준의 생계비를 지원하는 것도 형평성의 예로 제시할 수 있다.

형평성은 비슷한 상황에 처해 있는 사람에게 비슷한 대우를 함으로써 제고할 수 있다. 사회 정의에 대해 많은 연구 업적을 남긴 롤스(John Rawls)는 그의 저서 『정의론(*A Theory of Justice*)』에서 비슷한 출발선상에서 출발을 할 수 있도록 함으로써 형평성을 제고할 수 있다고 주장한다. 궁극적으로는 사회구성원에게 인간이 가지고 있는 원래의 지위(original position)을 회복시켜 줌으로써 형평성 있는 사회를 만들 수 있다. 롤스는 이러한 사회를 정의로운 사회로 보고 있다.

사회복지행정이 추구하는 가치는 형평성이어야 한다. 사회구성원이 가지고 있는 어려움의 수준을 파악해 어려움의 수준이 비슷한 개인이나 가정에게는 비슷한 수준의 서비스를 제공하고, 좀 더 어려운 사회구성원에게는 더 많은 배려를 하는 정신으로 사회복지행정을 집행할 때 형평성 있는 사회를 구현할 수 있을 것으로 본다.

2) 능률성

효율성이라고도 한다. 경제적 효율성과 같은 의미를 가지고 있는 것이 능률성이다. 더 적은 비용으로 행정 서비스를 제공하는 의미를 가지고 있는 가치 개념이 능률성이다(Lee & Johnson, 1977). 능률성은 최적의 비용으로 최대의 효과를 추구하는 성향을 가지고 있기 때문에 경제성(economy)이나 생산성(productivity)과 유사한 개념으로 알려져 있다.

능률성은 측정 가능하다. 사회복지 분야에서 인구 1명을 자립시키는 데 들어가는 비용을 추계함으로써 능률성을 측정할 수 있다. 대도시 시민의 경제적 자립정책의 능률성과 중소도시 시민의 경제적 자립정책의 능률성을 비교해 설명할 수도 있다.

사회복지행정도 자원이 제한될 수밖에 없는 현실에서 능률성의 전제 하에서 집행해야 한다. 사회복지행정에서는 사회적 형평성을 제고하기 위한 가치가 우선시되어야 한다고 해서 능률성을 고려하지 않아도 된다는 의미는 아니다. 사회복지행정을 집행하는 과정에서 다양한 절약 모형을 개발하고 실천함으로써 능률성을 높일 수 있다. 사회복지의 능률성을 제고함으로써 주어진 예산으로 더 많은 시민이 혜택을 볼 수 있는 길이 열린다.

3) 효과성

효과성은 의도하거나 기대한 것과 같은 소망스런 상태가 나타나는 성향을 의미한다. 행정가는 주어진 행정활동을 수행하면서 집행 후 소망스러운 상태를 기대한다. 집행 후에 나타나는 소망스런 상태를 효과성이라고 말한다.

효과성은 능률성과는 약간의 차이가 있다. 능률성은 빈곤층의 경제적 자립에 들어가는 비용을 중심으로 측정할 수 있지만 효과성은 주어진 행정을 집행한 후에 실질적으로 경제적 자립을 달성한 사람이 몇 명이나 되며 그 비율은 어느 정도인가를 중심으로 측정한다.

사회복지행정은 효과성의 전제 하에 집행되어야 한다. 주어진 예산을 가이드라인에 따라 필요로 하는 사람을 위해 집행했다는 사실보다는 주어진 행정 서비스를 받고 어느 정도가 행정이 추구하는 근본적인 목적에 도달할 것인지를 고려하며 집행해야 한다. 사회복지행정에서 효과성을 제고하는 길을 모색함으로써 사회복지 문제가 해결될 수 있는 길이 열린다.

4) 접근성

행정을 통해 제공할 수 있는 서비스가 아무리 많다고 하더라도 활용 가능한 서비스가 있다는 사실을 아무도 모르면 소용이 없다. 접근성은 필요한 서비스가 있다는 사실뿐만 아니라, 어떤 경로를 거쳐 다가가면 그 서비스를 제공받을 수 있다는 성향을 의미한다. 사회복지행정은 서비스 지향적 행정으로서 특성을 가지기 때문에 접근성이 더욱 중요한 가치로 고려되고 있다.

사회복지행정에서 접근가능성을 높일 때 더 많은 사람이 서비스를 활용할 수 있고, 기대한 효과를 이끌어낼 가능성이 높아진다. 따라서 접근성은 사회복지행정의 형평성과 효과성을 제고할 수 있는 유용한 도구가 된다.

5) 책임성

책임성은 행정의 목적 달성에 충실하게 임했으며, 집행 과정에서 법을 준수했는지를 묻는 행정의 가치다. 책임성을 제고하기 위해 정보가 공개가 되어야 하며 정보에 대해 시민이 접근할 수 있어야 한다(Gordon, 1982). 사회복지행정 과정에서 복지가 추구하는 목적 달성에 충실히 임했으며, 법이 준수되었는지를 분석함으로써 책임성을 평가할 수 있다.

사회복지행정에서 책임성이 제고되면 합목적성과 합법성을 향상시킬 수 있다. 또한 자격 있는 복지 수혜자가 복지 혜택을 받도록 함으로써 복지의존성(welfare dependency) 문제나 복지 남용(welfare abuse) 문제를 어느 정도 해결할 수 있다.

6) 대응성

대응성은 시민의 요구에 부응하는 행정을 수행했는지를 묻는 사회복지행정의 가치다. 대응성을 제고하기 위해서는 먼저 시민의 요구가 무엇이며 어느 정도까지 제공해야 하는가에 대한 기준이 설정되어야 한다. 다음으로는 서비스에 대한 접근성이 보장되어야 한다. 무엇보다도 서비스를 제공하기 위한 자원이 확보되어 있지 않으면 사회복지행정의 대응성을 높일 수 없다(Gordon, 1982).

사회복지행정 과정에서 시민의 요구에 부응하는 행정을 수행함으로써 행정의 책임성을 높일 수 있다. 시민의 요구에 부응한다는 합목적성이 바로 사회복지행정 책임성의 한 축을 담당하고 있기 때문이다.

제 2 장 사회복지행정의 역사

제 1 절 미국

미국 사회복지행정은 사회사업과 같은 시기에 시작된다. 자선사업을 좀 더 효율적으로 실시할 필요성을 느낀 시점이 사회사업행정의 시작이었다. 사회사업행정으로 출발한 사회복지행정은 1920년대 후반 대공황으로 대량실업의 발생과 1935년 사회보장법의 제정과 더불어 민간 영역에서 국가행정의 한 영역으로 그 범위가 넓어지게 된다. 정부기관에서 사회복지 업무를 추진하게 됨으로써 사회복지행정의 역사는 행정학과 공동운명체로서 발전하게 된다. 사회복지행정의 역사는 사회복지의 역사와 행정학의 역사와 더불어 발전했다는 사실을 알 수 있다.

시대적 배경을 바탕으로 미국 사회복지행정의 역사를 정리하면 <표 2-1>과 같이 8단계로 설명할 수 있다. 이 책에서는 ① 감성적 · 교리 중심적 사회사업행정, ② 과학적 자선행정, ③ 과학적 관리론 중심의 사회복지행정, ④ 인간관계론 중심의 사회복지행정, ⑤ 행태론 중심의 사회복지행정, ⑥ 관리과학 중심의 사회복지행정, ⑦ 정책이론 중심의 사회복지행정, ⑧ 행정정보시스템 중심의 사회복지행정으로 발전 단계를 정리해 논의하기로 한다.

역사는 흐름을 가지고 발전을 하기 때문에 정확한 시점을 지적해 발전 단계를 논할 수가 없다. 하나의 흐름이 끝나고 다른 흐름으로 이어지는 것이 아니라, 흐름은 사슬처럼 이어지는 특성을 가진다. 사회복지행정의 역사도 마찬가지다. 한 이론이 발전하는 과정에 다른 이론이 탄생되고, 새로이 출현한 이론이 개화기에 접어들 즈음에 또 다른 이론이 출현하는 성향을 가진다.

1 감성적 · 교리 중심적 사회사업행정

사회복지행정의 역사는 사회복지학뿐만 아니라 행정학의 발전 과정과 그 궤를 같이 한다. 두 학문 분과는 19세기 말 산업혁명의 물결이 전 유럽으로 확산되어 미국으로의 인구 이동이 급속히 진행되던 시대적 배경 속에서 태동했다. 1850년을 전후로 하여 두 학문 분과가 태동되기 시작했으나 이 시기에는 서로 만나지 못한 채 각자의 길을 걷고 있었다.

산업혁명이 만개한 1800년대 중반 신대륙으로의 인구 이동은 새로운 문화에 대한 적응과 정착이라는 시대적 과제를 만들어냈다. 적응과 정착 문제의 해결을 위해 선교 활동이 앞장서게 됨으로써 종교 중심적 사회사업이 형성되기 시작했다. 1860년 남북전쟁이 발발하고, 노예가 해방되자 해방된 노예의 사회 적응 문제가 대두되었다. 이 문제는 이민자의 사회 적응 문제와 겹쳐 자원봉사와 자선사업이 민간에서 설립한 기관을 중심으로 더욱 활기를 띠게 했다. 사회사업의 초기 모습은 이처럼 자선과 자원봉사의 씨앗으로부터 태동했다(Huff, 2002).

발전 정도를 보면 이 시기 자선기관의 행정은 사회사업행정, 혹은 사회복지행정이라고 명명할 수준은 아니었다. 자선기관(charity organization)이 행정이론의 틀을 가지고 사회복지행정 활동을 시작한 것이 아니라, 자선이라는 이념성이 행정 업무 수행의 기초가 되었을 뿐이었다. 종교 이념의 실현이 중요한 과제였지 조직관리가 목표는 아니었다. 효율성을 창출하는 자선사업이 아니라, 종교적 신념을 바탕으로 한 자선사업이었다는 의미다.

자선사업 현장에서는 어디서든 종파적(sectarian) 관점에 따라 감성적(sentimental) 접근을 시도했고, 다분히 교리 중심적(dogmatic) 모습을 띠고 있었다(Leiby, 1978). 관리의 효율성을 중심으로 하는 사회복지행정이 공식적으로 출범하기 이전의 이 시기를 감성적 · 교리 중심적 사회사업행정이 실시되던 시기로 설명할 수 있다.

2 과학적 자선행정

사회사업기관은 1900년을 전후해 급속히 성장하기 시작했다. 1898년에는 컬럼비아 대학교에 사회사업대학(Columbia University School of Social Work)이 문을 열었고, 1912년에 이르기까지 미국의 154개 도시에 자선기관이 설립될 정도로 민간 영역에서 사회사업이 활발하게 전개되었다. 자선기관의 수가 늘어나고, 원조해야 할 클라이언트가 늘어나자 좀 더 효율적으로 기관을 관리하고, 좀 더 효과적으로 클라이언트에게 접근할 필요성을 느끼게 되었다.

사회사업기관에서는 기관의 효율성을 높이기 위한 관리이론을 탐색하기 시작했다. 이 시기에 민간 영역에서는 과학적 관리운동이 확산되고 있었다. 따라서 민간사업가가 중심이 되어 운영하던 자선사업기관에서는 이 시대에 풍미하던 과학적 관리운동과의 접목을 시도하게 된다. 이렇게 됨으로써 사회사업과 행정학이 서로 조우하는 계기를 맞는다.

당시 미국에서는 유럽으로부터의 이민자가 급증함으로써 사회가 안정을 찾지 못하고 있었다. 남북전쟁의 와중에 정치가 불안한 상황에서 안정적으로 미국을 이끌고 나갈 힘의 추진체가 필요하게 되었다. 이 같은 시대적 배경을 바탕으로 윌슨(Woodrow Wilson)의 논문, 「행정연구(The Study of Administration)」(1887)가 발표되었다. 행정학의 태동을 알린 이 논문은 행정을 정치로부터 분리시킴으로써 엽관제의 폐해를 줄이고, 정권이 바뀌더라도 행정을 안정적으로 수행해 나가야 한다는 것이 요지였다. 행정학에서는 이 논문을 행정학의 기원으로 간주한다.

산업혁명의 확산은 사상 초유의 관리운동을 태동시켰다. 산업혁명으로 급속히 늘어난 각종 공장의 생산성을 향상시키기 위해 인력의 통제 방식이 필요해졌다. 근로자를 최대한 활용함으로써 짧은 시간에 더 많은 상품을 생산할 수 있도록 하는 이 운동의 선두에 선 사람이 테일러(Frederick W. Taylor)였다. 테일러는 『과학적 관리론(*Principles of Scientific Management*)』(1911)를 저술함으로써 과학적 관리론을 행정학뿐만 아니라 사회복지행정의 영역에도 잡게 된다. 공장에서의 작업을 여러 단계로 쪼개어 분업을 추진하고, 최소 단위로 분업화된 작업을 일선 근로자들이 담당하게 함으로써 같은 동작을 반복하는 방식으로 생산성 향상을 추진했다.

기관의 효율적 관리와 클라이언트에 대한 효과적인 지원에 목말라 하던 자선기관은 과학적 관리론을 수용하게 된다. 자선기관은 과학적 관리론이라고 칭하지 않고 과학적 자선(scientific charity)이라는 이름으로 기관관리에 활용하게 됨으로써 행정이론과 만나게 되고, 과학적 자선행정이라는 초기 사회사업행정이 그 모습을 드러내게 된다. 사회사업과 행정 분야가 만나 과학적 자선행정이 다듬어진 모습을 [그림 2-1]과 같이 설명할 수 있다. 이 그림은 사회사업, 행정학, 그리고 과학적 관리운동이 접목되어 과학적 자선이라는 사회복지행정을 탄생시켰음을 보여 준다.

과학적 자선행정은 교리 중심적 행정에서 탈피해 세속적(secular)이고 합리적(rational)이며 경험적(empirical) 관리 방식을 도입해야 한다는 점을 강조한다(Leiby, 1978). 교리 중심의 관리 방식에서 벗어나 과학성(science)과 효율성(efficiency) 중심의 관리를 지향한다는 점이 테일러의 『과학적 관리론』의 영향을 받았다. 윌슨의 「행정연구」로부터 영향을 받은 흔적도 아울러 찾아볼 수 있다. 행정의 안정을 위해 정치로부터 행정이 분리되어야 한다는 것을 주장하며 시작된 행정연구와 효율성을 담보로 교리로부터 관리를 분리하려는 과학적 자선은 동일 선상의 노력으로 간주할 수 있기 때문이다.

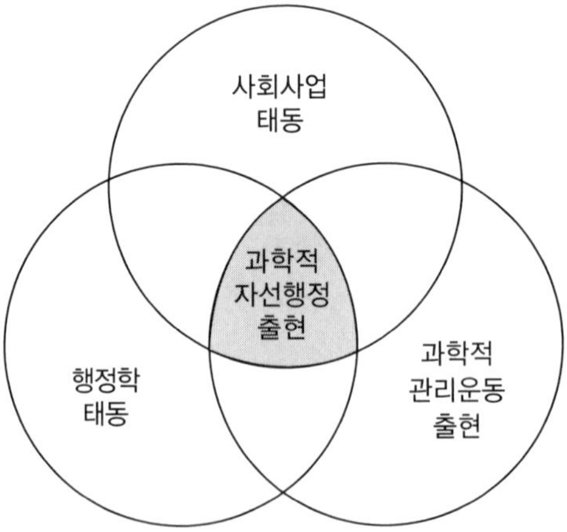

그림 2-1 과학적 자선행정

3 과학적 관리론 중심의 사회복지행정

과학적 자선행정은 1920년 대공황이 발발하면서 새로운 발전의 전기를 맞이했다. 대공황으로 대량실업 문제가 발생하자 민간 중심의 자선사업만으로는 문제를 해결할 수 없었다. 주정부와 지방정부는 자선기관에 대한 지원에 그치지 않고 자선기관에 대한 지휘 감독 기능을 수행하게 되었다. 국가의 적극적 개입만이 실직 문제를 해결하고, 사회를 안정적으로 끌고 갈 수 있다는 케인스 경제이론에 무게가 실리기 시작했다. 이 같은 시대적 상황을 배경으로 루스벨트(Frankline D. Roosevelt) 대통령이 집권해 사회보장법(Social Security Act)이 제정된다.

사회보장법의 제정은 다음 세 가지 관점에서 사회복지행정의 역사에 큰 영향을 미쳤다. 첫째, 민간 중심의 사회사업이 국가 중심의 사회복지행정으로 그 범주가 넓어지는 계기를 마련해 주었다. 따라서 사회복지행정의 연구 범위는 미시적 차원의 기관 중심 행정이 아니라 거시 차원의 국가행정으로 넓어지게 되는 계기를 맞는다(Huff, 2002). 둘째, 교육을 받은 사회사업가가 연방정부, 주정부, 그리고 지방정부 공무원으로 진입함으로써 민간 자선기관에서 실시한 실천모형이 공공행정에 영향을 주기 시작했다(Huff, 2002). 이렇게 됨으로써 행정에 사회복지 이념이 유입되는 계기를 맞게 된다. 셋째, 사회보장법의 제정은 사회복지학이라는 학문 분과와 행정학의 본류(main stream)가 만나게 되는 계기도 제공했다. 사회복지가 국가행정의 틀 속으로 합류함으로써 사회복지라는 하나의 사회 현상도 행정학자들의 연구 대상이 되었을 뿐만 아니라, 사회복지행정의 효율성 향상을 위해 행정이론이 사회복지학과 접목되기 시작했다.

행정학의 흐름을 보면 1920년 당시에는 과학적 관리론이 중심이 되던 시기였다. 이 관리 경향은 1930년대 중반까지 이어졌다. 대표적인 학자로 관리학의 아버지라 불리는 테일러(Frederick W. Taylor)를 필두로 하여 페이욜(Henri Fayol)과 같은 산업공학자를 들 수 있다. 페이욜은 최초로 관리이론을 집대성한 『산업행정일반(*Administration Industrielle et Generale*)』을 불어로 저술했다(George, Jr., 1972). 귤릭(Luther Gulick)은 그의 논문 「조직이론 소고(Notes on the Theory of Organization)」에서 POSDCoRB 개념을 확립함으로써 과학적 관리론에 크게 기여했다. 행정학의 연구 분위기가 무르익자 1939년에는 미국행정학회(American Society for Public Administration)가 창립되기에 이르렀다.

과학적 관리론이 행정학의 주류로 자리를 잡고 있던 당시 사회복지기관과 사회복지를 담당하던 공공기관에서는 과학적 관리론이 지향하던 효율성과 사회복지 이념이 추구하던 인본주의적 정신이 자주 충돌을 빚었다. 특히 엄격한 회계관리의 지침이 사회복지의 방향성에 걸림돌이 되기도 했다(Huff, 2002).

4 인간관계론 중심의 사회복지행정

과학적 관리론에 이어 1930년대 중반부터 인간관계론이 출현했다. 1930년대 중반에는 대공황과 같은 큰 시대적 변화는 없었다. 조직의 능률성이 행정의 최대 관심사였다. 공공 분야에서 사회복지 프로그램이 지속적으로 확대되는 추세에 있었고, 사회복지를 전공한 전문 인력이 정부기관에 지속적으로 유입되었다. 특기할 만한 사실은 최저임금(minimum wage) 제도가 1938년 공정근로기준법(Fair Labor Standards Act)의 제정으로 확립되었다는 사실이다. 이 같은 제도 확립은 사회복지행정의 관점에서 보면 사회사업행정에서 사회복지행정으로 자리를 잡아가고 있다는 신호로 간주할 수 있다.

과학적 관리론이 조직의 효율성 향상에는 크게 기여했지만 이를 능가하는 관리이론에 대한 탐색과 더불어 과학적 관리론에 대한 비판도 제기되었다. 무엇보다도 조직의 구성원은 생산성 향상을 위한 도구에 불과하다는 과학적 관리론의 인간관은 사회복지기관뿐만 아니라, 과학적 관리론을 수용하고 있는 민간기업으로부터도 비판을 받기 시작했다. 인간을 기계와 같이 단순한 생산성의 도구로 본다는 점이 휴먼 서비스 제공의 효율성을 높이고자 하는 사회복지행정의 전문가들로부터 비판의 대상이 되었다(Huff, 2002).

인간관계론은 1933년 메이요(Elton G. Mayo)가 『사업사회인간문제론(*The Human Problems of An Industrial Civilization*)』을 저술하면서 본격적으로 연구되기 시작했다. 인간은 싫증을 잘 내는 감성적 동물이기 때문에 작업환경에 변화를 줌으로써 생산성 향상에 기여할 수 있다는 이론을 주장했다. 버나드(Barnard,

1938)는 조직에는 공식적 조직과 비공식 그룹이 존재하며, 비공식 그룹에 대한 관리를 통해 생산성을 향상시킬 수 있다는 이론을 주장했다.

5 행태론 중심의 사회복지행정

인간관계론은 사회심리학과 접목되면서 행정학의 행태론적 접근법(behaviorism)으로 거듭나게 된다. 1940년대에서 1960년대에 이르는 20여년 동안 이 같은 노력이 활발하게 전개되었다. 인간은 무엇을 위해 일하며, 무엇을 갈구하는가에 대한 답변을 구하기 위한 많은 학자의 노력이 사회복지행정에도 영향을 미쳤다. 특히 인간 행동에 대한 관심이 행정학에서 높아질 무렵인 1955년에 미국에서는 미국사회사업가협회(National Association for Social Workers)가 창립되었다.

머슬로(Abraham H. Maslow)가 대표적인 학자다. 그는 인간은 욕구 충족을 위해 일을 한다고 주장했다. 머슬로의 대표적인 저서는 1954년 출판된 『동기와 개성(*Motivation and Personality*)』이다. 이 책에서 그의 이론을 구체화시켰다. 인간은 초기 단계에서는 본능적 욕구(physiological need)를 충족시키기 위해 일하고 이 욕구가 충족되면 안정적 욕구(security need)를 추구한다고 주장했다. 다음으로는 사회적 욕구의 하나인 귀속 욕구(association need)를 구하게 되며, 곧 4단계 욕구인 자기 존중의 욕구(self-esteem need) 충족으로 발전하게 된다. 인간의 마지막 단계의 욕구는 자아실현의 욕구(self-acutalization need)다. 인간의 욕구는 사다리를 타고 오르듯 단계별로 충족되는 특징을 가지며, 조직은 인간의 욕구를 충족시킴으로써 조직구성원의 근로 의욕을 높일 수 있다는 이론을 제시했다. 머슬로의 저서는 사회복지행정뿐만 아니라 인간의 행동을 결정하는 영역과 접목되어 사회복지학의 발전에도 크게 영향을 미쳤다.

맥그리거(Douglas McGregor)도 행태론적 접근법을 시도한 대표적인 학자 중 한 사람이다. 그는 1960년 『기업의 인간학(*Human Side of Enterprise*)』을 저술해 X이론과 Y이론을 제창했다.

6 관리과학 중심의 사회복지행정

행태론적 접근법이 전성기를 이루던 1950년대에는 과학적 관리론의 뿌리가 새로운 모습으로 발아하기 시작한 시기이기도 했다. 제2차 세계대전을 경험한 시점에서 좀 더 과학적이며 예측 가능한 관리기법에 대한 연구가 시도되었다. 이들은 그 뿌리를 과학적 관리론에 두고 연구를 시작했다. 이 연구를 관리과학(management sciences)이라고 지칭한다.

테일러(Frederick W. Taylor)와 동시대에 살았던 갠트(Henry Gantt)가 관리과학의 기원이 되었다. 그는 갠트 차트(Gantt Chart)를 개발해 관리하고자 하는 프로젝트가 언제 시작해 언제 끝날 것인지를 예측할 수 있도록 하는 관리기법을 개발했다. 갠트 차트의 전통을 이어간 곳은 미국 해군이었다. 미국 해군은 폴라리스 미사일을 개발하는 과정에서 프로젝트를 효율적으로 관리하기 위해 퍼트 차트(PERT Chart)를 개발했다. 이후 PERT는 관리과학의 대표적인 이론으로 자리잡게 된다. PERT(Program Evaluation and Review Techniques)는 경영학과 행정학에 영향을 미쳤으며, 사회복지 프로그램 관리기법으로 자리잡고 있다.

관리과학은 컴퓨터가 개발되면서 1970년을 전후해 행정의 계량적인 접근법으로 발전하다가 경영정보시스템(Management Information System: MIS)과 의사결정지원 시스템(DSS)과 접목되어 새로운 모습으로 발전하고 있다.

7 정책이론 중심의 사회복지행정

행정의 정책 기능의 중요성은 제2차 세계대전을 경험하면서 대두되기 시작했다. 난해한 사회 문제가 쌓여갔지만 정치 현장에서의 정책 기능은 거시적 차원에서 국가가 나아가야 할 방향에 대한 밑그림을 그릴 수 있을지라도 전문 분야의 정책 업무를 다룰 수는 없었다. 전문성 부족으로 인해 미국의 정치 현장은 민권운동이라는 대사건 앞에서 처방으로 내놓을 것이 없었다. 사회복지라는 전문성이 농축된 '빈곤과의 전쟁(War on Poverty)' 프로그램을 내놓은 것은 전문지식을 기초로 한 행정이었다. 그리고 전문지식을 가진 관료를 기술관료, 즉 테크노크라트(technocrat)로 지칭하기에 이르렀다. 이런 시대적 분위기에 편승해 정책연구가 활발하게 시작되었다.

정책연구의 계기는 라스웰의 논문으로부터 시작되었다. 1951년 라스웰(Harold Lasswell)이 러너(David Lerner)와 『정책학(*Policy Sciences*)』이라는 책을 출판했고, 라스웰은 이 책에 그의 논문 「정책지향(Policy Orientation)」을 발표해 새로운 학문 분과로서 정책학(policy sciences)의 출현을 선언했다. 특히 그는 정책연구는 문제해결 중심의 학문 영역이어야 한다는 점을 강조했다. 라스웰의 논문 이후에 미국의 사회복지정책이 문제 해결 중심의 차원에서 정책이론의 기초를 다지기 시작했다. 민권운동의 종지부를 찍는 데 크게 기여한 빈곤과의 전쟁 프로그램이 일종의 문제 해결 중심의 정책이라고 설명할 수 있다. 1960년대 초에 출현한 빈곤과의 전쟁 프로그램은 정책연구에 지대한 영향을 미쳐, 프레스맨과 윌다브스키(Jeffry Pressman & Aaron Wildavsky)의 『정책집행론(*Implementation*)』의 연구 대상이 되기도 했다. 1980년대에 이르기까지 정책연구가 활발히 진행되었으며, 대표적인 학자로는 퀘이드(E. S. Quade)와 딜리온(Peter deLeon)을 들 수 있다.

8 행정정보시스템 중심의 사회복지행정

컴퓨터의 발명과 지식정보화 사회의 도래는 사회복지행정에도 많은 영향을 미쳤다. 행정의 지평이 정보 인프라를 중심으로 재구성되어야 한다는 기류와 함께 행정정보 체계에 대한 관심이 높아지기 시작했다. 그러나 지식정보화 사회의 도래와 함께 사회복지행정이 어느 방향으로 나아가야 할 것인지에 대해서는 표류하고 있었다. 여기에 답을 제공한 사람이 오스본과 개블러(David Osborne & Ted A. Gaebler)였다. 둘은 1993년 『정부개조론(*Reinventing Government*)』이라는 저서를 통해 정보 인프라의 바탕 위에 정부를 개조할 필요가 있다고 역설을 했고, 클린턴 행정부는 이를 수용해 NPR (National Performance Review)을 설립해 이 책의 저자인 오스본을 위원장에 임명했다.

NPR의 활동으로 행정조직의 지평을 지식정보화 사회와 조화를 이룰 수 있도록 바꾸는 작업을 실시했다. 그 결과물로서 정부 주도로 FirstGov라는 전자정부를 구축해 행정 서비스를 디지털 방식으로 제공하는 단계에 이르렀다. FirstGov로 명명된 미국의 전자정부에는 사회복지도 그 서비스를 디지털 방식으로 제공하도록 구축되어 있다. 행정의 지평만큼이나 사회복지행정의 지평도 바뀌고 있음을 의미하는 좋은 사례다. 사회복지행정 정보시스템이 구축되어 논스톱(non-stop)이나 원스톱(one-stop) 방식으로 서비스 제공 방식이 변함으로써 사회복지행정은 행정정보시스템이나 의사결정 지원시스템(DSS)과 같은 영역과 접목해 발전하고 있다.

표 2-1 미국 사회복지행정의 발전 과정

발전 과정	시대 배경	내용	대표 학자
감성적 · 교리 중심적 사회사업행정 (1850～1900)	산업혁명의 확산 미국 이민 러시 미국의 남북전쟁	교리 중심의 감성적 차원의 사회복지 행정	
과학적 자선행정 (1900～1920)	엽관제 폐해 증가 과학적 관리운동 확산	합리적이며 경험적 관리 방식 및 과학성과 효율성 중심의 관리 지향	Woodrow Wilson, Frederick Taylor
과학적 관리 중심의 사회복지행정 (1920～1940)	대공황과 뉴딜정책 사회보장법 제정 미국 행정학회(ASPA) 창립	인간의 합리성 중심의 효율지향행정 POSDCoRB 개념 확립, 사회복지행정으로 확대	Frederick Taylor, Henri Fayol, Luther Gulick
인간관계론 중심의 사회복지행정 (1930～1950)	관리 영역에서의 인간성 회복	인간의 감정과 정서 강조하는 효율성 중심의 행정	Elton Mayo, Chester Barnard
행태론 중심의 사회복지행정 (1940～1960)	사회심리 연구로 과학성과 인간성의 접목 미국 사회사업가협회 (NASW) 창립	욕구 충족 중심의 사회심리 바탕의 행정이론	Abraham Maslow, Douglas McGregor
관리과학 중심의 사회복지행정 (1950～1980)	제2차 세계대전 민권운동 빈곤과의 전쟁(War on Poverty) 확립	과학적이며, 예측 가능한 행정을 구현하기 위한 이론과 기술이 중심	Henry Gantt
정책이론 중심의 사회복지행정 (1950～1990)	민권운동과 빈곤과의 전쟁 (War on Poverty)이 정책 연구의 중심으로 등장	문제 해결 중심의 행정으로서 행정이 추구하는 목표 설정 분야를 담당	Harold Lasswell, Aaron Wildavsky, Peter deLeon
정보시스템 중심의 사회복지행정 (1970～현재)	정보화 사회의 도래 1980～현재	디지털 방식으로 사회복지행정의 틀을 바꿔 고객에게 양질의 서비스 제공을 추구	David Osborne, Ted Gaebler

제 2 절 한국

한국에서의 사회복지행정은 1980년 이후 사회복지 제도가 본격적으로 도입되면서 시작되었다. 1980년 이전의 사회복지행정은 민간 사회복지기관 중심이었으며, 사회복지 실천 단계에는 이르지 못한 제도 소개 단계였다. 사회복지행정이 공식적으로 출현하지는 않았지만 사회복지행정의 형성에 대한 움직임이 없었던 시기는 아니었다. 여러 가지 정황이 사회복지행정의 출현을 암시하고 있었다. 따라서 이 시기를 사회복지행정의 태동 단계라고 명명했다.

표 2-2 한국 사회복지행정의 발전 과정

발전 과정	시대 배경	내용
행정이론의 현장 보급기 (정부 수립~1960년)	정부 수립 사회복지학과와 행정학과 설립 공무원훈련원에서 행정학 강의 시작	사회사업학과와 행정학과가 설립되어 사회복지행정의 연구와 현장 보급이 이뤄졌으나 행정과 사회복지는 조우하지 않은 상태
사회복지행정 도입 기반 형성기 (1960~1980년)	생활보호법, 아동복리법 등 제정 한국행정학회 출범 사회복지사업법 제정	한국행정학회가 창립됨으로써 행정학 연구의 메카로 역할하지만 성장 중심의 국정 운영으로 생활보호법 등이 제정되어도 사회복지행정의 발전은 저조
사회복지사 중심의 전문행정 개시기 (1980~1990년)	사회복지사제도 실시 사회복지 전담공무원 제도 확립 한국사회복지학회 창립	사회복지사제도와 사회복지 전문요원의 출현으로 사회복지 전공 전문가의 공직 유입 채널 형성
사회복지 전문행정 정착기 (1990~2000년)	사회복지 전담공무원 직렬 형성 한국사회복지행정학회 창립 한국정책학회 창립	사회복지 전담공무원의 직렬이 형성됨으로써 사회복지 전문행정의 기틀 형성, 한국사회복지행정학회 창립으로 사회복지행정에 대한 연구 기반 확립, 한국정책학회 창립으로 사회복지 정책연구 토양 확립
사회복지 행정정보화 구축기 (2000년 이후)	전자정부 구축	지식정보화시스템이 사회복지행정 현장에 접목

사회복지행정의 뿌리는 사회복지학뿐만 아니라 행정학에서도 찾을 수 있다. 미국에서도 두 학문 분과가 모두 1850년대라는 비슷한 시기에 태동한 것은 두 학문 분과의 연결고리를 암시하는 것으로 해석할 수 있다. 한국에서 사회복지학은 1947년에 이화여자대학교에서 시작되었으며, 행정학은 사회복지학보다 1년 앞선 1946년 서울대학교에서 시작되었다. 그러나 1980년 이전에 이 두 학문 분과는 공식적인 조우가 없었다. 한국 사회복지행정의 역사에 대한 논의도 그 뿌리가 되는 사회복지학과 행정학을 중심으로 전개하지 않을 수 없다.

한국 사회복지행정의 역사가 오래된 것은 아니지만 미국 사회복지행정 역사를 논할 때처럼 시대적 배경을 바탕으로 연대기를 작성하면 <표 2-2>와 같이 5단계로 설명할 수 있다. 이 책에서는 ① 행정이론의 현장 보급기, ② 사회복지행정 도입 기반 형성기, ③ 사회복지사 중심의 전문행정 개시기, ④ 사회복지 전문행정 정착기, ⑤ 사회복지행정 정보화 구축기로 발전 단계를 정리해 논의하기로 한다.

1 행정이론의 현장 보급기(정부 수립~1960년)

대한민국 정부 수립 후 거의 비슷한 시기에 사회복지학과 행정학이 소개되었다. 그러나 두 학문 분과는 공식적으로 만나지는 않았다. 각기 다른 영역에서 각자 성장의 길을 걸었다. 동시대에 소개되었지만 행정학이 먼저 성장했고, 사회복지학은 행정학보다 늦게 발전 과정을 밟았다. 행정학은 미국의 기술원조계획의 일환으로 현장 보급이 이뤄졌으나 사회복지는 정부 부문에 본격적으로 보급되지 않은 시기였다.

한국의 사회복지는 1947년 이화여자대학교에서 기독교사회사업학과를 개설하면서 시작되었다. 일제 강점기에도 사회사업운동이 민간 중심으로 실시된 것은 사실이고, 1921년에는 최초로 여성과 아동을 위한 태화여자관이 개관되었지만 사회복지에 대한 연구활동은 대학에서 사회복지학과가 개설되면서 시작되었다.

대학에서 행정학과는 사회복지학과보다는 1년 앞선 1946년도에 서울대학교에서 설립되었다. 1959년에는 미국의 기술원조계획의 일환으로 미네소타대학교의 지원을 받아 서울대학교 행정대학원이 설치되었다. 행정이론의 현장 보급이 실시된 시기도 1950년대 후반부터였다. 1949년에 설립된 국립공무원훈련원에서 1959년부터 행정학

강의가 시작되었다. 1956년에는 한국 최초의 행정학 교과서가 출판되기도 했다(황윤원, 1999).

한국전쟁은 사회복지의 수요를 증가시켰다. 전쟁 난민과 전쟁 고아를 위한 사회복지 서비스 차원에서 사회사업 실천이 요구되었지만 국가 차원의 사회복지행정은 도입되지 않았다. 1960년에 이르기까지의 사회복지는 민간 영역에서 주로 담당했다. 홀트아동복지회가 출범해 해외 입양이 시작된 것도 이 시기였다. 사회복지기관이 양적으로 팽창한 시기가 아니었기 때문에 민간기관조차도 사회복지행정에 대한 관심이 저조한 시기였다.

2 사회복지행정 도입 기반 형성기(1960~1980년)

1960년대는 사회복지행정의 발전 과정에서 어느 정도 의미를 부여할 수 있는 시기다. 사회복지 관련 법이 제정됨으로써 실무 차원의 사회복지행정이 도입될 기반이 형성되었다. 사회복지행정의 한 축을 형성하고 있는 한국행정학회가 출범함으로써 사회복지행정의 하드웨어를 연구할 기틀이 마련되었지만 사회복지학의 연구는 답보 상태였다. 이론적인 차원에서 사회복지행정의 소프트웨어 연구 영역은 침체 상태에 놓여 있던 시기로 설명할 수 있다. 그러나 사회복지제도가 도입됨으로써 사회복지행정의 도입 기반이 형성된 시기로 평가할 수 있다.

사회복지행정 도입 기반이라고 할 수 있는 법은 5·16 직후인 1960년대 초 모두 제정되었다. 생활보호법, 아동복리법, 심신장애자복지법, 군인연금법, 공무원연금법 등이 당시에 제정된 대표적인 법이다. 1970년에는 사회복지사업법이 제정되어 사회복지행정의 제도 형성에 크게 기여했다. 제도 소개로 사회복지가 개입해야 할 영역을 설정하는 데 기여했지만 제도 집행의 미비로 인해 사회복지행정이 본격적으로 태동하는 단계에까지 이르지는 못했다.

사회복지행정의 태동을 위한 행정 기류는 형성되었지만 사회복지행정이 수면 위로 떠오르지 못한 이유를 몇 가지로 정리할 수 있다. 첫째, 성장 중심의 국정 운영이 사회복지 발전에 장애가 되었다는 점이다. 둘째, 사회복지행정의 출현과 발전을 위해서는 사회복지가 학문적으로 제자리를 잡아야 함에도 불구하고 그렇지 않았다는 점을 들 수 있다. 1960년대에는 사회복지행정의 뿌리 중 하나인 행정학은 발전을 하여 1961년 한국행정학회가 창립되기에 이르렀지만 같은 시기에 출범한 사회사업학과는 행정학처럼 발전을 하지 못했다. 전국 13개 대학만이 사회사업학과를 개설했을 뿐이었다(김영종, 2001). 국가 경영에 관한 이론적 틀을 제공한 행정학은 경제 성장을 추진하는 데 활용되었지만 사회복지행정 분야에는 거의 활용되지 못했다.

민간시설에 종사하는 사회사업가들의 활동에는 어느 정도 발전이 있었다. 1967년 한국사회사업가협회를 창립해 사회복지에 대한 관심이 민간 영역에서 증가되었다. 이 협회는 1977년 사단법인 한국사회사업가협회라는 이름으로 비영리법인으로 발전했다. 협회는 사회복지사제도 도입과 사회복지 전문인력 양성이라는 사회복지행정의 틀을 만드는 데 기여한 바 크다.

3 사회복지사 중심의 전문행정 개시기(1980~1990년)

사회복지행정은 1980년대에 들어오면서 비로소 전문행정으로서의 기능을 수행할 수 있는 문이 열린다. 사회복지사 제도가 확립되고, 사회복지 전문요원이 일선행정기관에 배치되는 시기가 바로 1980년대 초였다. 사회복지사 윤리강령이 채택됨으로써 사회복지 전문행정의 가이드라인이 확립되었고, 사회복지학회가 창립되어 행정기관에서 사회복지 전문행정을 수행할 수 있도록 하는 복지 소프트웨어 개발 터전도 마련되었다.

1980년대 초에는 5·16 직후에 제정되었으나 거의 사문화되어 있던 생활보호법을 전면 개정해 빈곤층을 위한 생계 지원을 실시했고, 아동복리법을 전면 개정해 아동복지법을 탄생시켰으며, 심신장애자복지법을 장애인복지법으로 전면 개정했다. 제도 확립에 그친 것이 아니라 제도를 실천함으로써 행정기관 내에서 행정이론과 사회복지이론이 접목되는 장이 확립되었다. 1987년에는 사회복지 전문요원 제도가 실시됨으로써 사회복지사 자격을 가진 사회복지 전문요원이 별정직 7급과 8급으로 일선행정기관에서 사회복지 전문행정을 수행할 수 있는 기틀이 확립되었다.

민간 영역에서도 사회복지행정이 전문행정으로 확립될 수 있도록 지원했다. 한국사회사업가협회는 1982년 사회복지사 윤리강령 채택으로 사회복지사 중심의 사회복지행정 시대 개막에 보조를 맞췄다. 대학에서 사회복지학을 강의하던 학자들도 1985년 한국사회복지학회를 창립함으로써 사회복지이론이 행정 현장에 수혈될 수 있는 기틀을 마련했다. 1980년대는 사회복지 제도의 실천, 사회복지 전문행정 기틀 형성, 사회복지 이론연구의 장 확립이라는 다양한 특성을 공유한 시기였다고 평할 수 있다.

4 사회복지 전문행정 정착기(1990~2000년)

사회복지행정은 1990년대에 들어와서도 괄목할 만한 발전이 있었다. 사회복지 전문요원이라는 별정직 공무원 시대를 청산하고, 사회복지 전담공무원의 직렬이 형성됨으로써 사회복지 전문행정이 기틀을 잡는 시기였을 뿐만 아니라, 사회복지행정학회의 창립과 더불어 사회복지행정에 대한 연구기반도 확립된 시기였다. 한국정책학회가 창립됨으로써 사회복지에 대한 정책연구도 활발하게 진행된 시기라고 평할 수 있다.

사회복지 전문요원 제도는 사회복지행정의 발전에 기여한 바 크지만 별정직으로서 신분 보장이 전제가 된 제도가 아니었기 때문에 문제점이 지속적으로 제기되어 왔다. 1990년대 후반에 들어오면서 사회복지 전담공무원 제도가 사회복지 직렬로 확립되었다. 사회복지행정의 발전에 사회복지이론도 큰 역할을 수행할 수 있지만 좀 더 중요한 것은 전문성을 고려한 사회복지행정 이론이라고 말할 수 있다. 이에 부응하기 위해 한국사회복지행정학회가 창립되었다.

사회복지행정에 대한 연구도 활발하게 이뤄졌다. 1992년에 정책연구를 중심으로 하는 한국정책학회가 창립되었고, 한 해 앞서 정책분석과 평가를 중심으로 하는 한국정책분석평가학회가 창립되었다. 두 학회에서는 1992년부터 전문 학술지를 발행하기 시작했다. 한국정책학회가 발행하는 한국정책학회보의 논문 중에서 약 6%가 사회복지를 연구 대상으로 삼았고, 한국정책분석평가학회보의 29%가 사회복지를 연구 대상으로 삼고 있었다(허만형, 1997).

1990년대에는 사회복지행정과 정책에 대한 연구가 활발하게 진행되는 시기라고 평할 수 있다. 사회복지학에서보다도 행정학이나 정책학과 같은 인접 학문 분야에서 사회복지에 대한 연구가 활발하게 이뤄지고 있다는 사실은 평가할 만한 사건이다. 사회복지가 보편적인 사회적 관심사로 자리를 잡아가고 있다는 것을 의미한다. 특히 행정학 영역에서 사회복지에 대한 관심이 높아지고 있다는 사실은 사회복지행정의 발전에 긍정적인 요인으로 작용할 수 있을 것으로 판단된다.

5 사회복지행정 정보화 구축기(2000년 이후)

2000년은 사회복지행정에도 많은 변화가 있은 시기였다. 세계 각국이 지식정보화 사회로 급속히 전환되는 과정에서 사회복지행정도 예외일 수 없었다. 2000년에는 전자정부법이 제정되고 전자정부특별위원회가 구성되었다. 전자정부의 한 축으로 사회복지 분야의 정보화도 추진되기 시작했다. 2000년 이후는 행정 현장에 지식정보화 시스템을 접목하는 방식으로 행정의 패러다임이 전환되고 있으며, 사회복지행정도 이 같은 시대적 조류에 편승해 새로운 모습으로 발전하고 있다.

전자정부특별위원회에서는 2002년 10월 전자정부를 구축해 대민 서비스를 하기 시작했다. 전자정부 구축으로 G4C(Government for Citizen)로 명명된 민원 서비스뿐만 아니라, G2B(Government to Business)로 명명된 전자조달 사업도 개시되었고, G2G(Government to Government)를 구축함으로써 행정 내부효율성 향상을 위한 시스템도 가동할 수 있도록 했다. 비록 고도화 수준은 아니지만 대한민국 전자정부(www.egov.go.kr)를 통해 사회복지에 관한 각종 서비스가 제공되고 있다.

디지털 방식으로 어느 수준까지 사회복지행정 서비스가 제공될 수 있을지에 대해서는 아직 정확하게 말할 수는 없다. 지리적 공간에서 제공되는 행정 서비스 중에서 일부는 여전히 전통적 방식으로 제공되겠지만 전자정부 구축으로 가상공간에서 디지털 방식으로 제공되는 행정 서비스가 늘어나는 것도 사실이다. 사회복지행정도 디지털 행정으로 전환되지 않을 수 없고, 디지털 방식으로 제공되는 서비스의 범위가 넓어지는 것이 현재의 추세다. 사회복지행정 분야에서도 클라이언트의 만족도를 제고하기 위해 논스톱 및 원스톱 서비스 제공이 보편적 서비스 전달 방식으로 자리잡게 될 것을 기대한다.

제 3 절 한국과 미국의 발전 과정 비교

1 비교연구의 의미

미국과 한국의 사회복지행정의 역사를 논의하는 가운데 재미있는 사실을 발견할 수 있다. 미국의 사회복지행정 역사 속에서는 행정학 일반이론의 발전 과정을 볼 수 있었다는 점이 그 하나다. 행정이론의 발전에 영향을 미친 연구 현장이 민권운동이나 빈곤과의 전쟁(War on Poverty)과 같은 사회복지 현장이기 때문에 그렇게 말할 수 있다.

한국의 사회복지행정 역사 속에서는 한국 역사와 한국 문화의 특수성이 가미되어 있다. 미국과는 달리 제도 도입이 곧 실천과는 거리가 먼 경우가 많았으며, 행정이론과 사회복지이론이 도입되었으나 국가 경영의 중심에 성장 이데올로기가 있었기 때문에 두 학문 분과는 좀처럼 만나지 못하는 상황이 발생하기도 했다. 행정은 효율성만 강조했고, 사회복지는 효율성과는 상충되는 형평성을 내세웠기 때문이었다. 지식정보화 사회로의 전환은 미국의 사회복지행정과 한국의 사회복지행정이 같은 방향으로 움직이게 하는 동력을 마련해 주었다. 최근에는 한국과 미국에서 모두 사회복지정보화가 사회복지행정의 최대의 관심사로 등장하고 있다.

한국과 미국의 사회복지행정 역사를 비교분석함으로써 다음과 같은 의미를 찾을 수 있다.

첫째, 미국에서 사회복지행정의 일반이론이 발전하는 과정과 한국 사회복지행정의 '특수한' 발전 과정을 비교함으로써 한국 사회복지행정의 발전 과제를 추론할 수 있다는 점이다. 미국의 역사는 사회복지행정의 일반이론을 형성하는 데 기여했다는 점에서 비교 그 자체만으로도 의미가 있으며, 양국의 비교분석을 통하여 성공뿐만 아니라 실패로부터의 교훈도 동시에 모색할 수 있다는 의미다.

둘째, 미국에서 발전한 사회복지행정이론이 한국의 토양에 어떤 방식으로 이식될 수 있을 것인지에 대한 논의를 할 수 있다는 점이다. 새로운 이론의 도입으로 즉각적인 효과를 기대할 수 없기 때문에 비교분석을 통해 적응 과정에 대한 연구가 수반되어야 한다는 의미다.

2 발전 과정 비교

사회복지행정의 시작을 살펴보면 미국과 한국의 차이가 크다. 발전 과정에서도 양국은 같은 경로를 따랐다고 할 수 없을 정도로 다른 길을 걸었다. 그러나 사회복지행정의 최근 동향을 보면 양국은 사회복지행정 정보시스템의 구축과 활용이라는 관점에서 같은 길을 걷고 있음을 알 수 있다. 양국의 사회복지행정 발전 과정을 비교분석 차원에서 요약한 <표 2-3>을 관찰하면 잘 알 수 있다.

1900년 이전 한국에서는 민생이 피폐해 동학혁명이 일어날 정도로 심각한 사회문제가 발생했지만 여기에 대한 사회복지는 말할 것도 없고 행정의 대응 능력도 가지지 못했다. 미국에서는 유럽에서 이민자가 몰려들고, 남북전쟁과 같은 격변기를 경험하는 가운데에서도 민간에서 자선기관이 형성되고 교리 중심적 사회복지행정이 실시된다.

한국과 미국은 1900년에 접어들어 크게 다른 길을 걷는다. 한국에서는 국권이 침탈당하는 불운이 시작되지만 미국에서는 과학적 관리운동이 자선조직의 관리와 접목되면서 과학적 자선과 같은 사회복지행정이 자리를 잡는다. 한국에서는 사회사업이 무엇인지조차도 모르는 단계에 있었지만 미국은 자선을 중심으로 하는 조직이 형성되고 있음을 알 수 있다.

양국은 1920년대에 접어들어 발전의 격차를 더욱 벌여 놓는 상황에 빠진다. 미국에서는 과학적 관리운동이 확산되어 테일러와 같은 거목에 이어 귤릭과 같은 행정학자가 출현하여 POSDCoRB 개념을 확립하는 수준으로 발전하지만 한국에서는 내국인이 아니라 선교사의 활동으로 태화여자관과 같은 최초의 복지기관이 형성되는 단계에 머물게 된다.

1930년대 접어들어 한국과 미국의 양국은 발전의 격차가 더욱 뚜렷해진다. 한국은 일제 강점기에서 조선사회사업가연맹과 같은 사회사업가단체가 결성되는 수준에 머물렀지만 미국에서는 국가가 나서서 시민들의 삶을 책임지고자 하는 사회보장 제도가 확립된다. 미국에서는 민간 중심의 사회사업행정에서 국가가 중심이 되는 사회복

표 2-3 한국과 미국의 사회복지행정 발전 과정 비교

연대	주요 발전 과정	
	미국	한국
1850년 전후	민간 중심의 자선사업으로 사회사업 시작, 교리 중심적 사회복지행정이 특징	민생 피폐로 동학혁명(1894)이 일어나지만 실패
1910년 전후	자선조직협회(COS) 중심의 과학적 자선행정, 컬럼비아대 사회사업학과 개설	일제 강점기 시작
1920년 전후	과학적 관리론 확산으로 사회복지행정도 과학적 관리로 접근, POSDCoRB 출현	한국 최초 민간사회복지관으로 여성과 아동을 위한 태화여자관 개관
1930년 전후	사회보장법 제정으로 민간 영역의 사회사업에서 정부 영역의 사회복지행정으로 확대	조선사설사회사업연맹이 결성됨으로써 오늘의 사회복지협의회의 전신과 같은 기능 수행
1940년 전후	관리 영역에서 인간성 회복운동으로서의 인간관계론 확산	최초의 사회사업학과와 최초의 행정학과의 출현으로 사회사업과 행정학에 대한 학문 연구 시작
1950년 전후	사회심리를 바탕으로 하는 인간행동 중심의 사회복지행정 대두, NASW 창립, 정책연구 출현	6·25 난민이나 전쟁 고아를 위한 사회복지 서비스 차원에서 사회사업 실천, 사회복지행정에 대한 관심 저조
1960년 전후	빈곤과의 전쟁(War on Poverty) 실시, 관리과학 중심의 사회복지행정 기법 출현	한국행정학회가 창립됨으로써 행정학 연구의 메카로 역할하지만 성장 중심의 국정 운영으로 사회복지와 단절 상태로 발전
1970년 전후	빈곤과의 전쟁(War on Poverty)를 중심으로 하는 정책집행연구 활발, 집행론(Implementation)이 정책학에 합류	사회복지사업법 제정, 사단법인으로서 한국사회사업가협회가 출현하지만 전국 13개 대학만이 사회사업학과 개설
1980년 전후	행정정보시스템 출현으로 사회복지행정의 정보화 이론 출현, 미국의 복지개혁운동 시작	사회복지사제도와 사회복지 전담공무원의 출현으로 사회복지 전공 전문가의 공직 유입 채널 형성
1990년 전후	복지개혁의 완성으로 AFDC 시대에서 TANF 시대로 전환, FirstGov 출현으로 전자적 사회복지행정 출범	한국정책학회 창립과 대학의 행정학과에서도 사회복지행정 과목 개설, 한국사회복지행정학회 창립
2000년 ~ 현재	복지개혁 프로그램의 정책평가 개시	전자정부 구축으로 전자적 사회복지행정 출범

지행정으로 그 범위가 넓어질 정도로 발전하게 된다.

한국은 1940년대에 접어들어 국권 수복을 하게 되면서 사회복지학과 행정학이 소개가 되는 단계에 머물게 되지만 미국에서는 1930년대에 시작한 인간관계론이 1940년대에 이르러 전성기에 접어든다. 관리 영역에서 인간성 회복운동이라고 할 수 있는 인간관계이론은 1940년대부터 행태주의 사회복지행정이론을 구축하게 된다.

한국은 1950년대를 맞아 6·25 전쟁이라는 수난기를 경험하지만 미국에서는 머슬로(Abraham H. Maslow)와 같이 사회심리를 바탕으로 하는 인간 행동 중심의 사회복지행정이 대두된다. 또한 미국사회사업가협회(NASW)가 창립된다. 한국에서도 이 시기에 사회복지의 발전이 약간 있었다. 6·25 난민이나 전쟁 고아를 위한 사회복지서비스 차원에서 사회사업 실천에 대한 관심은 있었으나 사회복지행정에 대한 관심은 저조한 상태였다.

1960년대 접어들어 한국은 사회복지 제도가 소개되는 수준에 이르렀지만 미국은 사회복지 프로그램을 기초로 사회문제를 해결하려고 할 정도로 크게 사회복지행정이 발전했다. '빈곤과의 전쟁'으로 번역할 수 있는 War on Poverty 프로그램이 실시됨으로써 민권운동과 같은 사회적 소요 사태가 가라앉은 현상도 사회복지행정의 개가라고 평가할 수 있다(Trattner, 1983). PERT와 같은 관리과학 이론이 사회복지 프로그램 관리기법으로 수용하게 되는 계기도 마련되었다.

한국은 1970년대 접어들어 사회복지사업법이 제정되어 사회복지와 국가 중심의 행정이 만나게 되는 기틀을 겨우 형성하지만 미국은 빈곤과의 전쟁(War on Poverty) 프로그램 실시 10년이 지나자 사회복지 정책집행에 대한 평가가 새로운 사회복지행정의 영역으로 자리가 잡히는 계기를 만들어 나간다. 정책학은 1950년대 초기에 미국에서 형성되었으며, 1970년대의 사회복지 정책집행 이론이 정책학의 발전에도 크게 기여했다.

1980년대에 접어들어 한국에서는 사회복지 제도의 실천기에 접어들어 사회복지와 행정이 만나는 장이 마련되었다. 이 시기에 미국에서는 사회복지의 문제점이 발생됨으로 인해 복지제도 개혁의 움직임이 시작되었다. 미국에서는 행정 서비스를 디지털 방식으로 제공하기 위한 틀이 형성되기 시작했지만 한국에서는 이 같은 준비를 하지 못하고 있는 상태였다.

한국은 1990년대에 접어들어 행정학과에서도 사회복지행정이 과목으로 개설되고,

사회복지행정학회가 창립되는 등 이론 연구에 대한 관심이 고조되지만 미국에서는 복지개혁이 완성되고 FirstGov라는 전자정부를 구축함으로써 사회복지행정 서비스도 디지털 방식으로 제공할 수 있는 장을 마련했다.

양국은 2000년도에 접어들어도 그 격차가 좁혀지지 않고 있다. 미국에서는 1990년도의 복지개혁에 대한 평가에 관심이 고조되고 있지만 한국은 전자정부를 구축해 디지털 방식으로 사회복지행정 서비스를 제공할 수 있는 기틀을 마련하는 수준에 머물러 있다.

3 현황과 과제

한국과 미국의 사회복지행정의 발전 과정을 논의한 결과 최근에 가장 많은 관심의 대상이 되고 있는 것이 사회복지행정 정보시스템이다. 그러나 이전의 행정이론이 사라지거나 빛을 잃은 것은 아니다. 1백 년이 넘는 역사 속에서 발전한 행정이론이 집적되어 오늘의 사회복지행정을 만들어 나가고 있다는 관점에서 역사를 이해해야 한다. 1920년대에 출현한 이론이 오늘에도 여전히 중요한 역할을 하기도 하며, 행정 현장에서 문제 해결에 많은 도움이 되기도 한다. 1930년대에 출현한 POSDCoRB는 행정 과정을 이해하는 데 여전히 유용한 이론으로 회자되며, 1950년대에 출현한 PERT 차트는 사회복지 프로그램을 관리하는 기법으로 활용되고 있다.

사회복지행정은 현재 급하게 행정정보 시스템을 도입하고 있는 상황이다. 정책이론은 정보 인프라와 접목되어 의사결정 지원시스템(Decision Support System: DSS)으로 거듭나는 과정을 경험하고 있다. 관리 영역에서도 마찬가지다. 행정정보 시스템이 조직에 뿌리를 내리기 위해 조직의 토양이 디지털 방식으로 바뀌어야 한다. 또한 그렇게 전환되고 있는 것이 오늘의 현실이다. 인력도 행정정보 시스템과 사회복지를 동시에 이해하는 인력으로 교체될 필요가 있고, 조직도 정보 인프라의 토양으로 전환되어야 한다. 예산편성 방식도 디지털 방식으로 바뀌어야 한다. 이것이 사회복지행정의 향후 과제이기도 하다.

제 3 장 사회복지행정과 환경

제 1 절 사회복지행정과 사회환경

사회에 존재하는 모든 것은 사회환경의 영향을 받는다. 사회환경의 영향에 따라 정치와 경제가 변하기도 하고, 행정의 틀이 바뀌기도 한다. 사회복지행정도 예외가 아니다. 사회환경으로부터 끊임없이 영향을 받는다. 그리고 새로운 환경 변화에 대응하기 위해 스스로의 변신을 시도한다.

사회복지행정은 환경 변화로 인해 달라진 시민의 욕구가 무엇인지 분석해 새로운 서비스를 제공할 준비를 한다. 새로운 서비스는 낡은 사고를 가진 행정인으로부터 제공받기 어렵다. 새로운 서비스를 제공할 전문성을 갖춘 행정인을 충원함으로써 가능하다. 이들은 변화에 적극적인 대응 자세를 취하기도 하며, 조직의 틀도 새로운 환경에 맞게 고쳐나간다.

사회환경 변화는 최종적으로 사회복지행정의 패러다임 변화를 이끌어낸다. 사회복지행정에 관한 새로운 이론이 출현하고, 새로운 사회복지행정의 가치(value)가 유입된다. 새로운 가치는 공유의 폭을 넓혀가면서 새로운 사회복지행정 문화를 형성하는 데 기여하게 된다. 종국적으로는 사회복지행정의 기반구조를 새롭게 한다.

환경 변화의 영향을 받아 새로운 모습으로 탄생한 사회복지행정은 다시 새로운

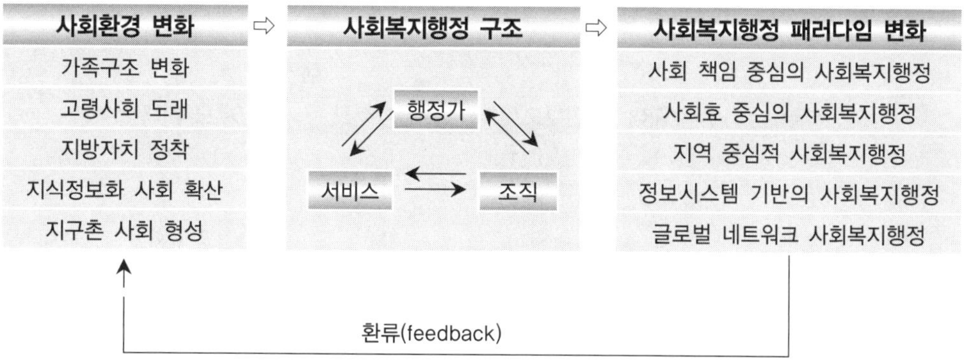

그림 3-1 사회환경 변화와 사회복지행정

환경이 되어 사회의 다른 분야에도 영향을 미친다. 이것을 체제이론(systems theory)에서는 환류(feedback)라고 지칭한다. 사회환경과 사회복지행정은 [그림 3-1]에서 제시하고 있는 바와 같이 끊임없이 교류하는 성향을 가진다.

1 사회복지행정의 환경 변화

사회환경 변화는 사회복지행정에 영향을 미친다. 사회환경 변화에 영향을 받은 사회복지행정은 변화에 대응하기 위해 스스로 변하려는 성향을 가진다. 사회복지행정에 영향을 미치는 사회환경 요인은 [그림 3-1]과 같이 다섯 가지로 요약할 수 있다. ① 가족구조 변화, ② 고령화사회의 도래, ③ 지방자치의 정착, ④ 지식정보화 사회 확산, 그리고 ⑤ 지구촌 사회 형성이다.

1) 가족구조 변화

가족구조의 변화는 사회복지행정에 영향을 미치는 요인 중의 하나다. 가족과 사회복지는 밀접한 관계가 있을 뿐만 아니라 가족의 사회복지 기능이 강화되면 국가의 사회복지 부담을 줄일 수 있기 때문이다. 한국인의 가족구조는 이미 대가족 중심이 아니다. 대가족 중심의 가정은 줄어들고 있는 반면에 핵가족 중심의 가정은 늘어나고

표 3-1 한국인의 가족구조 변화

연도	핵가족			대가족		기타 가족
	부부	부부/자녀	편부모/자녀	부부/부모	부부/부모/자녀	
1975	5.0	55.6	10.1	0.5	10.9	17.9
1980	6.4	56.5	10.0	0.6	10.4	16.1
1985	7.8	57.8	9.7	0.8	9.9	14.0
1990	9.3	58.0	8.7	0.9	9.3	13.8
1995	12.6	58.6	8.6	1.1	8.0	11.2
2000	14.8	57.8	9.4	1.2	6.8	10.1
2005	18.0	53.7	11.1	1.2	5.7	10.4
2010	20.6	49.5	12.3	1.2	5.0	11.6

자료: 통계청, 인구주택총조사보고서, 각 연도(http://nso.go.kr).

있다.

<표 3-1>과 같이 부부를 중심으로 하는 핵가족은 늘어나고 있는 반면에 부부와 부모가 함께 사는 대가족의 비중이 줄어들고 있다. 핵가족 중에서는 부부만 생활하는 가정이 크게 증가한 반면에 부부, 부모, 그리고 자녀가 함께 사는 대가족이 상대적으로 크게 줄어들고 있다. 1975년 부부 가정의 비율은 5.0%에 불과했으나 2010년도에는 20.6%로 증가했다. 1975년 부부, 부모, 그리고 자녀가 함께 사는 대가족의 비율은 10.9%였으나 2010년도에는 5.0%로 줄어들었다.

가족구조의 변화 중에서 두드러진 특징 중 또 다른 하나는 여성가구주 비율의 변화다. <표 3-2>에서와 같이 여성가구주는 꾸준히 증가해 왔다. 1975년에 12.8%였으나 2000년에는 18.5%였고, 2010년에는 25.9%로 증가했다. 여성가구주 중에서 배우자가 있음에도 여성이 가구주인 가구는 2005년까지는 감소하다가 다시 증가해 2010년에는 1975년과 비슷한 수준을 유지하고 있다. 남편과의 사별로 인한 여성가구주의 비율은 감소한 반면에 이혼으로 인한 여성가구주와 결혼하지 않고 혼자 사는 미혼 여성가구주의 비율은 크게 증가하고 있다.

가족구조가 변하면 사회복지행정의 집행 방향도 함께 변하지 않을 수 없다. 과거에는 가정에 부모 부양에 대한 책임을 어느 정도 부과하는 방식으로 사회복지행정의 방향을 설정할 수 있었으나 2000년 이후에는 그러한 방식을 채택하기가 어려워질 수

표 3-2 한국인의 가족구조 변화

연도	여성가구주의 혼인 상태				전 가구에서 여성가구 비율
	유배우자	사별	이혼	미혼	
1975	24.5	59.4	4.3	11.8	12.8
1980	22.3	58.2	3.9	15.5	14.7
1985	22.7	52.3	4.3	20.6	15.7
1990	17.7	56.3	5.6	20.4	15.7
1995	15.7	50.1	7.1	21.1	16.6
2000	16.6	50.5	11.6	21.4	18.5
2005	17.9	44.4	14.4	23.2	21.9
2010	24.0	37.7	16.0	22.3	25.9

자료: 통계청, 인구주택총조사보고서, 각 연도(http://nso.go.kr).

밖에 없는 상황으로 변하고 있다.

2) 고령화사회 도래와 사회복지행정

노인 인구의 증감은 사회복지행정에 영향을 미친다. 사회복지 대상으로서의 노인 인구가 감소하면 사회복지 수요와 비용이 줄어들고, 노인인구가 늘어나면 사회복지 수요와 비용이 증가할 수밖에 없기 때문이다. 노인 인구의 증가는 세계적인 추세이자, 한국 인구구조의 변화이기도 하다. 노인 인구가 증가하는 고령화 현상은 선진국 정치와 경제의 혼란을 초래하는 요인으로 작용할 가능성이 있으며(Drucker, 2001), 사회복지 수요의 증가 요인이 되고 있다.

세계의 인구는 급속히 고령화사회로 전환하고 있다. 영국, 독일, 프랑스와 같은 유럽 국가와 일본은 이미 1970년대에 65세 이상의 노인 인구 비율이 전 인구의 7%를 넘는 고령화사회로 진입했고, 2000년을 전후해 노인 인구 비율이 전 인구의 14%를 넘는 고령사회로 전환했다.

한국 사회도 2000년을 기해서 노인 인구가 전 인구의 7%를 넘어서 고령화사회로 진입했다. 통계청에서 2000년 인구총조사 자료를 근거로 인구증가율을 추계한 결과 <표 3-3>과 같이 2000년에 7.2%인 노인 인구의 비율이 2008년에는 10%를 넘어섰다. 65세 이상 인구가 전 인구에서 차지하는 비율이 7%를 넘으면 고령화사회이고,

표 3-3 노인 인구의 비율과 고령사회로의 진입 과정

연도	2000	2001	2002	2003	2004	2005	2006	2007	2008	2009
비율	7.2	7.6	7.9	8.3	8.7	9.1	9.4	9.9	10.3	10.7
연도	**2010**	**2011**	**2012**	**2013**	**2014**	**2015**	**2016**	**2017**	**2018**	**2019**
비율	11.0	11.3	11.7	12.1	12.6	12.9	13.4	13.8	14.3	14.9

자료: 통계청, 2011 전국 인구 추계(http://nso.go.kr).

14%를 넘으면 고령사회이며, 21%를 넘으면 초고령사회다. 한국은 2018년에는 전 인구에서 노인 인구가 차지하는 비율이 14%를 넘어서 유럽 국가들처럼 고령사회가 될 것으로 예상된다.

한국의 노인 인구 비율은 지역에 따라 편차가 크다. <표 3-4>에서와 같이 젊은 인구가 상대적으로 많이 사는 수도권과 광역시도 이미 고령화사회에 접어들었다. 자동차로 상징되는 공업도시로서 젊은 인구가 많이 사는 울산광역시의 경우도 노인 인구의 비율이 6.9%로서 고령화사회의 문턱에 들어섰다. 도 단위의 광역자치단체는 고령사회에 진입한 지역도 있고, 전남처럼 초고령사회에 진입한 지역도 있다.

표 3-4 지역별 고령사회 진입 수준

연도	서울	경기	인천	강원	대전	충북	충남	광주
비율	9.4	8.6	8.6	15.3	8.5	13.7	15.4	8.8
연도	**전북**	**전남**	**대구**	**경북**	**부산**	**울산**	**경남**	**제주**
비율	16.4	20.1	10.0	16.1	11.3	6.9	12.1	12.3

자료: 통계청, 2000, 시도별 인구 추계 <http://nso.go.kr>.

전국을 하나의 단위로 볼 경우 한국은 고령화사회에서 고령사회로 변화하는 과정에 있지만 지역별로 보면 고령화사회, 고령사회, 그리고 초고령사회가 혼재한 인구구조를 가진 국가라고 할 수 있다. 고령사회로 진입하는 수준이 다르면 이 문제를 다루는 사회복지행정의 역할도 달라질 수밖에 없다. 수도권과 대도시에서는 고령화사회의 관점에서 사회복지행정의 방향을 설정해야 하고, 농어촌에서는 고령사회를 가정하고 사회복지행정을 집행해야 한다. 특히 전남과 같은 지역에서는 초고령사회라는 전제 하에서 사회복지행정의 방향을 설정하지 않을 수 없다.

3) 지방자치와 사회복지행정

지방자치는 사회복지행정에 영향을 미친다. 지방자치 실시 전에는 사회복지행정의 중심에 중앙정부가 있었지만 지방자치 제도가 실시되면서 지방정부의 사회복지 기능이 강화될 수밖에 없다. 지방자치 제도가 실시되면 사회복지 비용에 대한 지방의 분담이 늘어날 수밖에 없고, 지역경제 활성화를 통해 사회복지 문제를 해결하려는 시도를 하게 된다.

한국에서는 1995년 통합지방선거가 실시됨으로써 본격적인 지방화 시대를 맞이했다. 지방의회가 구성되고, 시장과 도시사를 비롯한 광역자치단체장과 시장·군수·구청장과 같은 기초자치단체장을 주민의 직접선거에 의해 선출했다. 한국에는 <표 3-5>와 같이 서울특별시를 비롯해 16개 광역자치단체장과 서울 종로구와 중구를 비롯한 전국 228개 기초자치단체장이 선출된다. 전국 16개 광역자치단체에는 762명의 시도 의원이 있고, 전국 228개 기초지차단체에는 2,888명의 시·군·구 의원이 있다.

표 3-5 전국 단체장과 의원 정수

구분	단체장	의원
광역자치단체	16	762
기초자치단체	228	2,888

자료: 중앙선거관리위원회, 2010, 역대 선거정보시스템(http://info.nec.go.kr).

소속 지역을 근거로 활동하는 수천 명의 지방 정치인은 현직을 중앙정치 무대로 진출하기 위한 징검다리로 활용하기도 하지만 대부분 지역 발전을 위해 일하고 있다. 지역경제 활성화를 위한 직무를 수행하기도 하고, 주민복지 향상을 위해 일하기도 한다. 사회복지행정도 지방화 시대와 더불어 변하지 않을 수 없다.

4) 지식정보사회와 사회복지행정

정보기술(information technology)의 발전은 사회복지행정에도 크게 영향을 미친다. 정보기술과 인터넷의 대중화로 인해 시민의 일상생활이 크게 바뀌고 있다. 쇼핑을 하는 방식, 은행에서 거래하는 방식, 상대방과 대화하는 방식, 그리고 시민과 행정

기관의 커뮤니케이션 방식도 바뀌고 있다.

정보기술 발전으로 인해 인터넷이 시민생활 깊숙이 자리를 잡게 됨으로써 사이버스페이스(cyberspace)로 지칭되는 가상공간이 형성되고, 사람들은 이 공간을 통해 서로를 익혀가기도 한다. 가상공간이 사회복지행정의 틀을 변화시키기도 하고, 새로운 복지 수요를 창출하기도 한다. 사이버스페이스의 출현은 사회복지의 공급 채널도 다양하게 변화할 것을 요구하고 있다. 사회복지행정은 지식정보화 사회의 도래와 함께 급속히 변하고 있다.

5) 세계화 사회와 사회복지행정

세계화(globalization)는 국가 간 국경의 문턱이 낮아지거나 없어짐으로써 인적 교류와 물적 교류가 자유롭게 이뤄지는 상태를 의미한다. 세계화와 더불어 지구상의 모든 국가가 하나의 커뮤니티를 형성하게 됨으로써 지구촌(global village) 시대가 열리고 있다. 지구촌에 존재하는 모든 국가는 서로 영향을 주고받는다. 이처럼 세계화는 사회 도처에 영향을 미침으로써 모든 분야에서 국제 표준(global standard)을 요구하는 시대를 형성하고 있다. 일반 행정뿐만 아니라 사회복지행정도 세계화의 영향을 받아 변화하고 있다.

세계화는 글로벌 네트워크를 만들어 나가고 있다. 국내의 사회복지 문제가 국제 문제로 비화되기도 하고, 국제적으로 관심의 대상이 되는 사회복지 문제가 국내 문제로 전이되기도 한다. 사회복지를 중심으로 국제 교류가 빈번하게 됨으로써 국내 사회복지와 국제 사회복지를 연결하는 네트워크가 형성되고, 사회복지를 중심으로 하는 글로벌 네트워크는 사회복지행정에 큰 영향을 미친다(허만형, 2002a).

2 사회복지행정의 서비스, 행정인, 그리고 조직의 대응

1) 사회복지행정 서비스

사회복지행정 서비스는 환경의 영향을 받아 새롭게 창출되기도 하고, 새로운 모습으로 거듭나기도 한다. 도식화해 표시하면 [그림 3-2]와 같다. 고령사회, 가족구조의 개편, 지방화, 지식정보화, 그리고 세계화로 명명된 사회환경 변화가 사회복지행정 서비스의 지평을 바꾼다.

고령사회로의 진입에 따라 노인복지를 위한 새로운 행정 서비스가 창출된다. 고령사회의 도래는 양로시설 확충과 같은 행정 수요만을 창출하지는 않는다. 실버타운에 대한 계획과 노인 인구에 대한 장기요양보험 제도 도입과 같은 정책 수립이 고령사회로의 진입과 더불어 새로이 창출되는 사회복지행정 서비스다.

가족구조 변화에 따라 새로운 사회복지행정 서비스가 창출된다. 핵가족이 늘어남에 따라 자녀 출산에 따른 보육 시스템 확충, 이혼율의 증가로 편부모 가정이 늘어남에 따라 발생되는 자녀 부양에 대한 제도 확립 등이 가족구조의 변화와 함께 등장한 새로운 사회복지행정 서비스다. 미혼 여성이 한 가구를 이루고 살아가면서 발생할 수 있는 다양한 사회복지 수요에 대한 예측과 대응도 역시 가족구조 변화에 따라 창출되는 사회복지행정 서비스다.

지방자치 제도의 실시와 함께 전개되는 지방화 시대의 개막과 더불어 사회복지행정 서비스도 새롭게 창출된다. 중앙정부로부터 이양받는 사회복지행정 서비스가 있고, 지역사회에서 자생적으로 발생하는 사회복지행정 서비스가 있다. 국민기초생활보장 제도 하에서 집행되는 수급권자 선정과 서비스 제공과 같은 것은 중앙으로부터 이양받은 사회복지행정 서비스의 범주에 포함시킬 수 있고, 비행 청소년 문제 해결을 위해 지역사회조직을 만들도록 지원하는 행위는 자생적인 사회복지행정 서비스에 포함시킬 수 있다.

지식정보화 역시 새로운 사회복지행정 서비스를 창출한다. 아날로그 시대에는 사

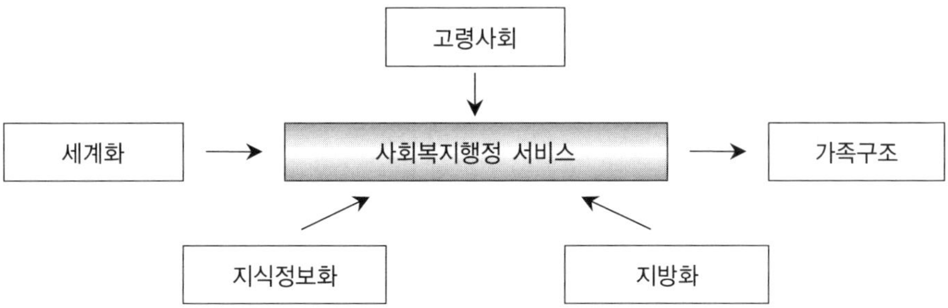

그림 3-2 사회환경과 사회복지행정 서비스

람과 사람이 직접 만나 사회복지행정 서비스를 제공했지만 지식정보화 사회에서는 클라이언트의 얼굴을 마주보지 않고도 행정 서비스를 제공할 수 있는 시대가 열리고 있다. 사회복지행정은 무대면으로 제공 가능한 사회복지행정 서비스가 무엇인지를 파악하고 이에 대비해야 한다. 사회복지행정 영역에서는 지역 주민에게 원스톱(one-stop)이나 논스톱(non- stop) 방식으로 행정 서비스를 제공하는 방법에 대해 끊임없이 탐색해야 한다.

세계화 시대의 도래와 함께 사회복지행정도 새로운 서비스를 제시해야 한다. 국제 표준에 맞춰 집행할 수 있는 행정 가이드라인 개발이 시급히 정리되어야 할 사회복지행정 서비스다. 글로벌 네트워크를 활용해 제공할 수 있는 사회복지행정 서비스에 대한 정리 작업도 필요하다.

급속히 변화하고 있는 다섯 가지 환경은 새로운 사회복지행정 서비스를 창출하기도 하고, 이미 제공되고 있는 서비스를 재구성하기도 한다. 사회복지행정이 환경 변화에 따라 창출되는 새로운 서비스 욕구를 충족시키지 못할 경우 행정의 효율성과 효과성을 기대할 수가 없다. 환경 변화에 따라 새롭게 만들어지는 사회복지행정 서비스 사례를 요약하면 <표 3-6>과 같다.

표 3-6 사회 환경 변화와 새로운 사회복지행정 서비스

사회환경 변화	새로운 사회복지행정 서비스(사례)
고령사회	실버타운에 대한 계획
	노인 장기요양보험에 대한 제도 도입
가족구조 개편	보육 시스템 확충
	편부모 자녀 지원 프로그램 확립
지방화	중앙으로부터 이양받은 사회복지행정 서비스
	지역의 자생적 사회복지행정 서비스
지식정보화	무대면 사회복지행정 서비스
	원스톱 방식의 사회복지행정 서비스
세계화	글로벌 스탠더드에 입각한 사회복지행정 서비스
	글로벌 네트워크 방식의 사회복지행정 서비스

2) 사회복지행정인

사회복지행정인은 사회환경의 영향을 받아 새로운 모습으로 거듭나기도 하고, 새롭게 충원되기도 한다. 사회복지행정 서비스와 마찬가지로 사회복지행정인이 거듭나거나 새로이 충원되는 과정을 도식화하면 [그림 3-3]과 같이 고령사회, 가족구조 개편, 지방화, 지식정보화, 그리고 세계화의 영향을 받는다.

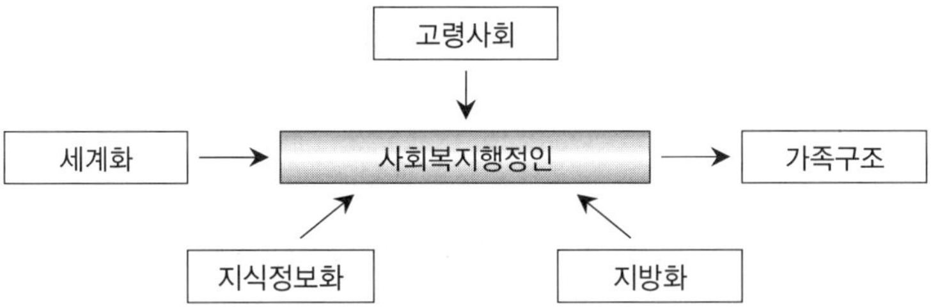

그림 3-3 사회환경과 사회복지행정인

환경 변화에 영향을 받아 거듭난 새로운 사회복지행정인은 두 가지 특성을 가지고 있다. 하나는 전문인으로서의 행정가여야 한다는 점이고, 다른 하나는 전문지식을 지방화 · 지식정보화 · 세계화의 행정기반과 연결시킬 수 있는 행정가여야 한다는 점이다. 요약하면 <표 3-7>과 같다.

고령사회로의 진입에 따라 노인복지를 전담할 수 있는 새로운 행정인이 만들어진다. 새로운 행정인은 고령사회에 대한 일반적 특성뿐만 아니라 노인복지에 대한 이해가 필수적이다. 노인에 대한 전문지식을 가진 자만이 노인복지 전담 행정인으로서 역할을 할 수 있고, 실버타운에 대한 계획과 노인 인구에 대한 장기요양보험 제도와 같은 정책 수립 기능을 수행할 수 있다.

가족구조 변화에 따라 새로운 아동의 보육과 여성복지에 대한 이해 수준이 높은 사회복지행정인이 창출된다. 핵가족이 늘어남에 따라 발생할 수 있는 새로운 유형의 보육 시스템에 대한 이해를 할 수 있어야 하고, 이혼율의 증가로 편부모 가정이 늘어남에 따라 발생되는 자녀부양 이론에 대해서도 전문지식을 갖춰야 한다. 미혼 여성이 한 가구를 이루고 살아가면서 발생할 수 있는 다양한 사회복지 수요에 대한 예측과

표 3-7 사회환경 변화와 새로운 사회복지행정인

사회환경 변화	새로운 사회복지행정가(사례)
고령사회	노인복지에 관한 전문성을 가진 행정인
가족구조 개편	보육에 전문성을 가진 행정인
	여성에 전문성을 가진 행정인
지방화	지방자치제도를 이해하는 행정인
	중앙과 지방의 관계를 이해하는 행정인
	지방의 고유 기능을 이해하는 행정인
지식정보화	지식정보화 사회를 이해하는 행정인
	사회복지행정 정보시스템을 이해하는 행정인
세계화	글로벌 스탠더드를 이해하는 행정인
	글로벌 네트워크를 이해하는 행정인

대응도 역시 가족구조 변화에 따라 창출되는 사회복지행정인이 감당해야 할 일이다.

지방화 시대의 개막과 더불어 사회복지행정인도 새로운 모습으로 거듭나야 한다. 지방자치와 사회복지를 동시에 이해하고 있는 인력으로 재편성되어야 한다. 중앙정부로부터 무엇을 이양받아야 하는지에 대해서도 알고 있어야 하고, 지역 주민을 위해 무슨 사회복지행정 서비스가 필요한지에 대해서도 알고 있어야 한다. 사회복지행정인은 지방자치에 대한 이해, 중앙과 지방의 관계(Intergovernmental Relations: IGR)에 대한 이해, 지방의 고유 사무에 대한 이해가 필수적이다.

지식정보화 역시 새로운 사회복지행정인을 요구한다. 지식정보화 사회에서는 클라이언트의 얼굴을 마주보지 않고도 행정 서비스를 제공할 수 있는 시대가 열리고 있다. 사회복지행정인은 디지털 방식으로 제공할 수 있는 사회복지행정 서비스가 무엇인지 알아야 하며, 지역 주민에게 원스톱 방식이나 논스톱 방식으로 행정 서비스를 제공하는 과정에 대해서도 알고 있어야 한다. 사회복지행정 정보시스템에 대한 이해뿐만 아니라 지식정보화 사회에 대한 이해가 수반되어야 새로운 사회복지행정인으로서 역할이 가능하다.

세계화 시대의 도래와 함께 사회복지행정인도 새로워져야 한다. 국제 표준에 맞춰 집행하는 방식에 대해서도 알 수 있어야 하고, 글로벌 네트워크를 활용해 제공할 수 있는 사회복지행정 서비스에 대한 정리 작업도 스스로 수행할 수 있어야 한다.

3) 사회복지 행정조직

사회복지 행정조직도 환경의 영향을 받아 새롭게 창출되기도 하고, 새로운 모습으로 거듭나기도 한다. 도식화하면 [그림 3-4]와 같이 고령사회, 가족구조 개편, 지방화, 지식정보화, 그리고 세계화의 영향을 받아 새로운 사회복지 행정조직이 창출된다.

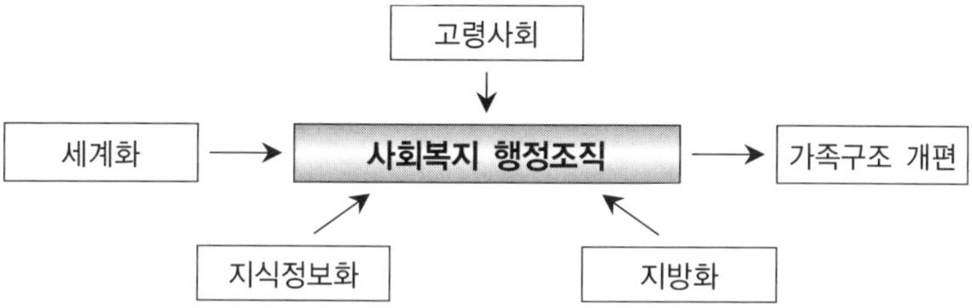

그림 3-4 사회환경과 사회복지 행정조직

환경 변화에 영향을 받아 거듭나거나 탄생한 새로운 사회복지행정조직은 네 가지 특성을 가지고 있다. 첫째, 일반행정가가 아니라 전문행정가를 수용할 수 있는 행정조직이어야 한다. 둘째, 중앙과 지방으로 기능이 분산된 행정조직이면서도 상호 유기적인 관계를 가지고 있는 조직이어야 한다. 셋째, 지식정보화 논리를 수용할 수 있도록 행정조직의 업무재설계(business process reengineering: BPR)가 선행되어야 하며, 지식정보화 기반에 따라 행정조직은 재편성되어야 한다. 넷째, 글로벌 네트워크를 수용함으로써 국제 표준을 지향하는 행정조직이어야 한다. 구체적으로 설명하면 <표 3-8>과 같다.

고령사회로의 진입에 따라 노인복지를 위한 행정 서비스가 창출되고, 노인에 대한 전문성을 가진 행정인이 사회복지 행정조직으로 유입된다. 클라이언트에게 더 나은 서비스를 제공하고, 행정 내부 조직의 효율성을 높이기 위해 노인복지 전문가의 수용이 가능하도록 행정조직이 개편되어야 한다.

표 3-8 사회환경 변화와 새로운 사회복지 행정조직

사회환경 변화	새로운 사회복지 행정조직(사례)
고령사회	노인에 관한 전문가를 수용할 수 있는 사회복지 행정조직
가족구조 개편	보육에 관한 전문가를 수용할 수 있는 사회복지 행정조직
	여성에 관한 전문가를 수용할 수 있는 사회복지 행정조직
지방화	중앙과 지방으로 기능이 분산된 사회복지 행정조직
	기능이 분산되어 있으면서도 유기적 관계를 가진 조직
지식정보화	지식정보화 논리에 따른 업무재설계(BPR)
	지식정보화 기반을 수용하는 조직개편
	사회복지행정 정보시스템 도입
세계화	글로벌 네트워크 수용하는 조직
	글로벌 스탠더드에 입각한 행정조직 개편

가족구조 변화에 따라 새로운 행정 서비스가 창출되고, 아동과 여성에 대한 전문성을 가진 행정인이 사회복지 행정조직으로 유입된다. 이들에게 질 높은 서비스를 제공하고, 행정 내부 조직의 효율성을 높이기 위해 아동복지와 여성복지 전문가가 일할 수 있는 공간이 확보된 행정조직이 필요하다.

지방화 시대의 개막과 더불어 사회복지 행정조직도 중앙과 지방으로 기능이 분산된다. 기능 분산만으로 지역이 요구하는 사회복지행정 수요를 충족시킬 수 없다. 분산된 기능이 유기적으로 연결되어 있을 때만이 효과성을 최대화시킬 수 있다. 지방화와 더불어 사회복지 행정조직도 개편되어야 한다.

지식정보화 물결은 새로운 사회복지 행정조직을 창출한다. 사회의 기반구조가 디지털 방식으로 전환되면 사회복지행정도 디지털 방식을 수용하지 않을 수 없다. 사람을 마주 보면서 집행하는 대면행정을 중심으로 설계되어 있는 현행 업무 과정을 사람이 앞에 없어도 집행이 가능한 무대면행정이 가능하도록 디지털 논리에 따라 업무재설계(BPR)를 추진해야 한다. 디지털 방식으로 업무재설계를 완성한 후에는 정보시스템을 수용할 수 있도록 조직개편이 실시되어야 한다. 업무재설계를 바탕으로 하여 개편된 사회복지 행정조직에 정보화의 탈을 씌우면 사회복지행정 정보시스템을

확보할 수 있다. 사회복지행정 정보시스템은 21세기 행정 기반으로서 역할을 한다.

세계화 시대의 도래와 함께 사회복지 행정조직도 개편되어야 한다. 세계화와 정보화는 같은 맥락에서 이해할 수 있다. 정보 시스템과 인터넷이 고도화되면 국경을 초월해 행정정보를 교류할 수 있기 때문이다. 사회복지 행정조직이 사회복지행정 정보시스템을 수용하게 되면 국가 간 정보 시스템을 통해 사회복지행정의 글로벌 네트워크를 구축할 수 있다. 사회복지 행정조직은 글로벌 스탠더드를 기준으로 개편될 수밖에 없는 시대가 도래하고 있다.

3 사회환경 변화에 따른 사회복지행정 패러다임 변화

사회환경의 변화에 따라 사회복지행정의 구조 변화가 시작되면 패러다임 변화라는 새로운 산출물이 만들어진다. 산출물은 새로운 이론으로 그 모습을 드러내기도 하고, 새로운 가치(value)로 유형화되기도 하며, 새로운 행정조직으로 형상화되기도 한다. 사회복지행정에 영향을 미치는 다섯 가지 사회환경 요인이 투입되어 사회복지행정의 여과장치를 통과하는 과정에서 형성된 패러다임 변화를 아래에서 제시한다.

1) 사회효와 케어 중심의 사회복지행정

전통적으로 대가족 제도 하에서는 사회가 중심이 되는 사회복지보다는 가정이 가족 구성원의 복지에 책임을 지는 복지가 중심이었다. 대가족 제도 하에서는 가정 내의 노인은 돌보아야 하는(care) 대상이 아니라 공경(respect)의 대상이었다. 노인의 위치가 확보되어 있었고, 노인의 권위가 확보되어 있었기 때문에 가정의 주인으로서 역할을 할 수 있었다. 핵가족 제도 속에서 노인은 전통적 위치를 상실했다. 더 이상 가정의 주인 자리를 지킬 수 없고, 공경의 대상이 아니라 돌보아야 하는 대상으로 변하고 있다. 가정에서 지위를 상실한 노인은 가정 밖으로 나오지 않을 수 없고, 사회는 이들을 보살펴야 하는 상황에 이르고 있다.

전통적으로 아이들도 가정에서 따뜻한 보살핌을 받고 자랐다. 부부 중심의 핵가족 제도 속에서는 부부 모두 경제활동에 참여하게 되자 더 이상 가정에서 아이들을 돌볼 수 없게 되었다. 노인과 마찬가지로 아이들도 가정 밖으로 내몰리는 상황에 이르렸다. 사회에서 보살펴 주지 않으면 아이들의 미래를 책임질 수 없는 상황에 직면하게 되었다.

사회는 가정 밖에서 보살펴야 하는 아이들과 노인들을 위해 새로운 이념을 정립해야 할 시점에 놓여 있다. 사회구성원이 공동으로 노인에게 효도를 다하고, 사회가 공동으로 아동을 보살피는 사회복지행정의 새로운 가치관의 정립이 필요하다(이윤로, 2002). 사회복지행정은 이 새로운 가치관의 확립이 제도와 정책으로 연결시키는 역할을 한다.

2) 고령사회 도래와 사회복지행정

고령사회의 도래와 더불어 노인문제가 새로운 사회 쟁점으로 떠오르게 되었다. 노인은 누구이고, 그들은 무슨 생각과 행동을 하며, 진정으로 원하는 것이 무엇인지에 대한 연구가 중심이 되어 형성된 학문 분과로서 노인학(gerontology)이 출현했다. 1944년에서 1945년 사이에 미국의 노년학회(The Gerontological Society of America)가 결성됨으로써 연구되기 시작한 노년학 연구는 선진국에서 크게 발전했다.

노년학의 연구 대상으로 고령자 증가에 따른 사회경제적 문제들, 노화에 관한 심리학적 연구, 노화의 생리학적·병리학적 문제, 그리고 생물계 전반에서의 노화 등을 들 수 있다(Kart, 1996). 노년학에 대한 연구가 활발하게 전개됨으로써 노인문제에 대한 제반 문제를 좀 더 용이하게 이해하게 되었고, 가정에서 사회로 나온 노인에 대한 체계적인 지원을 할 수 있는 이론이 개발되기 시작했다. 한국에서도 1978년 한국노년학회가 창립되어 연구활동을 하고 있다.

노인은 경제활동의 일부, 혹은 전부가 상실된 노약자만은 아니다. 인격을 가진 개체일 뿐만 아니라, 젊은 시절의 경험을 활용해 사회에 기여할 수도 있다. 노년학에서 형성된 노인에 대한 연구 결과와 사회복지행정의 이론을 접목시켜 새로운 사회복지행정이론을 정립함으로써 노인복지 문제를 좀 더 효율적으로 해결할 수 있다.

3) 지역 중심적 사회복지행정

지방자치 제도가 정착되면 사회복지 문제를 효과적으로 해결하기 위한 차원에서 중앙과 지방의 역할 관계가 정립이 된다. 중앙에서는 정책 방향을 수립하고, 지방에서는 지역경제적 특성에 맞춰 정책집행을 담당하는 유기적인 관계로 발전한다. 중앙과 지방은 때로는 파트너로서, 그리고 때로는 상하 관계로서 사회복지행정을 집행한다.

지방자치의 역사가 오래된 유럽 국가와 미국에서는 정책 영역별로 중앙과 지방의 관계가 설정되어 있다. 지방이 중앙의 정책을 집행하는 일방적인 관계가 아니라, 정책 파트너로서의 관계를 유지하고 있다(Wright, 1988). 지방정부가 지역 주민을 위해 필요한 정책을 개발해 중앙정부에 요청하면 중앙정부에서는 이를 지원하고, 중앙정부가 전국의 주민을 대상으로 정책을 개발하면 지방정부는 중앙정부의 정책을 집행하는 역할을 수행한다.

지방자치의 역사가 일천한 한국의 지방정부는 아직 중앙정부의 정책을 집행하는 수준에서 크게 벗어나지 못하고 있다. 중앙정부의 권한을 지방정부로 이양함으로써 중앙과 지방의 관계를 선진화하고, 지역 주민의 복리 증진을 도모하기 위해 1999년 지방이양추진위원회를 조직해 운영하고 있으나 아직 이양 단계에 머물러 있고, 역할 관계 설정 단계에 이르지 못하고 있다. 지방 이양이 완료되고 지방자치 제도가 정착되면 지역 중심적 사회복지행정은 성숙 단계에 접어들게 된다.

4) 정보시스템 기반의 사회복지행정

지식정보화 사회의 확산으로 인해 사회복지행정은 전자정부, 혹은 사회복지행정 정보시스템을 기반으로 집행되는 시대가 열리고 있다. 미국과 유럽의 국가에서는 사회복지행정 정보시스템을 활용해 원스톱이나 논스톱 행정을 구현하는 차원을 넘어서 서비스를 직접 제공하는 수준에 이르고 있다. 미국의 사회보장청(Social Security Administration)은 'Social Security Online(www.ssa.gov)'을 개설해 운영함으로써 서비스를 직접 제공하고 있다. 영국은 'www.dss.gov.uk'를 개설해 사회보장에 관련된 모든 서비스에 관한 한 이 사이트를 통해 정보를 얻고, 신청을 할 수 있으며, 문제가 있으면 온라인으로 민원 서비스를 제공받을 수 있도록 구성하고 있다. 영국의 웹사이트는 생애주기를 3개로 나눠 서비스를 분류한 후에 해당란을 클릭하면 자신이 속한 생애주기 단계에서 제공받을 수 있는 사회보장 급여가 무엇이며, 누가 자격이 있고, 어떻게 급여를 받을 수 있으며, 신청은 어떻게 하는가에 대해 알 수 있을 뿐만 아니라 신청을 할 수 있는 기본 정보를 제공한다.

한국은 전자정부를 구축해 서비스를 개설했으며, 전자민원서비스(Government for Citizen: G4C)의 일환으로 사회복지행정 서비스를 제공하고 있지만 아직 초기 단계에 머물고 있다. 사회복지 부문의 정보 시스템이 구축되어야 지식정보화 사회에 부응하는 사회복지행정을 구현할 수 있지만 2002년에 전략계획을 수립한 단계에 머물고 있다(보건복지부, 2002).

5) 글로벌 네트워크 중심의 사회복지행정

지구촌(global village) 사회가 열리고 있다. 세계는 거미줄처럼 연결되어 하나의 마을을 이루고 끊임없는 교류를 한다. 한 마을에 사는 지구촌 사람들은 어디에 살든 공동체 의식을 가지게 되고, 비슷한 수준의 서비스를 받는다. 지구촌을 만들어 나가는 글로벌 네트워크는 이처럼 세계 어느 나라에 살든 비슷한 수준의 행정 서비스를 제공받을 수 있도록 하는 국제 표준을 만들어 나간다.

지구촌 구성은 미국 클린턴 행정부의 고어(Al Gore) 부통령이 글로벌 정보기반(Global Information Infrastructure: GII)을 선창하면서 비롯되었다(Gore, 1994). 미국은 사회복지 정보시스템을 외국과 연계해 지구촌 시대의 사회복지행정의 패러다임 전환에도 앞장을 서고 있다(허만형, 2002). 미국의 사회보장청(SSA)은 외국과의 연계 시스템을 가지고 있다. 'Totalization Agreement'라는 명칭의 협약을 체결함으로써 정년 이후의 사회보장을 양국에서 동시에 받을 수 있는 길을 열어놓고 있으며, Social Security Online은 여기에 대한 안내도 실시하고 있다. Totalization Agreement 협정을 맺은 국가는 한국을 비롯해 오스트리아, 벨기에, 캐나다, 핀란드, 독일, 그리스, 아일랜드, 이탈리아, 룩셈부르크, 네덜란드, 노르웨이, 포르투갈, 스페인, 스웨덴, 스위스, 그리고 영국과 같은 17개 국가다.

한국도 지구촌의 일원이다. 사회복지학술단체나 시민단체는 국제협약을 맺음으로써 글로벌 네트워크 형성에 동참하고 있다. 예컨대, 장애인의 인권과 고용 확대를 위한 글로벌 네트워크가 활발하게 활동하고 있으며, 대표적인 단체로 DPI(Disabled People's International: http://www.escape.ca /~dpi/)를 들 수 있다. 한국DPI는 한국장애인연맹이 담당한다. 여성의 복지 증진을 위한 국제여성개발기금(Unites Nations Development Funds for Women: UNIFEM)과 아동의 복지 증진을 위한 국제 아동기금(United Nations Children's Fund: UNICEF)도 글로벌 네트워크 중 하나다. 그러나 정부 수준에서 사회복지행정의 글로벌 네트워크 구축은 아직 미성숙 단계에 있다.

제 2 절 사회복지행정과 인접 학문

사회복지행정은 인접 학문의 영향을 받는다. 사회복지행정이 정치학, 행정학, 경제학, 그리고 사회복지학의 영향을 받아 형성된 종합학문적(interdisciplinary) 성격을 갖는 한 끊임없이 인접 학문과 교류한다. 인접 학문의 영향을 받아 이론을 풍요롭게 하고, 사회복지행정의 위치를 설정하게 된다. 그리고 사회복지행정의 정체성(identity)을 확보해 나간다.

인접 학문의 영향을 받으면 사회복지행정의 구조도 변한다. 사회복지행정의 인접 학문은 정치학, 경제학, 행정학, 그리고 사회복지학과 같은 학문 영역이다. 이 학문 분과의 흐름이 변하면 행정 서비스의 모습도 변하고, 행정가가 사회복지행정에 임하는 행태도 변하며, 행정조직도 변하지 않을 수 없다. 인접 학문이 사회복지행정을 그렇게 만든다.

인접 학문의 영향을 받게 되면 사회복지행정은 새로운 패러다임 산출로 대응하게 된다. 인접 학문의 흐름에 동참해 사회복지행정의 정체성을 모색하고, 새로운 패러다임을 형성하게 된다. 사회복지행정은 인접 학문의 영향을 받아 [그림 3-5]와 같이 시민사회참여 사회복지행정, 시장 중심의 사회복지행정, 효율적 사회복지행정, 그리고 자립 중심의 사회복지행정으로 그 패러다임이 전환된다.

인접 학문과 사회복지행정의 교류는 새로운 패러다임 창출로 끝나지 않는다. 인접 학문의 영향을 받아 새로운 모습으로 다시 탄생한 사회복지행정은 다른 인접 학문에 영향을 미치는 새로운 환경으로 발전해 사회의 요소요소에 영향을 미친다. 이것을 체제이론(systems theory)에서는 환류(feedback)라고 지칭한다. [그림 3-5]와 같이 인접 학문과 사회복지행정은 끊임없이 교류하는 성향을 가진다.

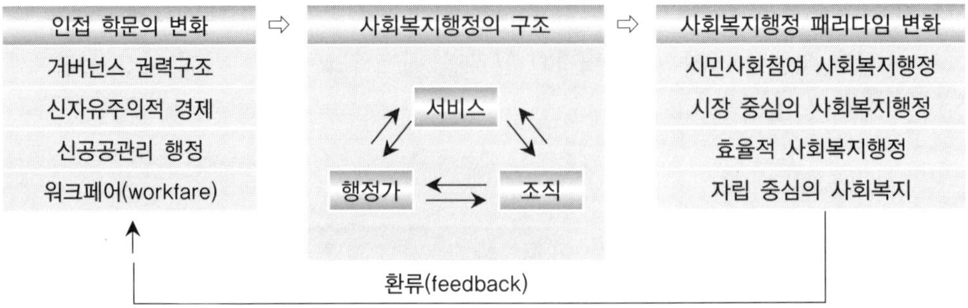

그림 3-5 인접 학문과 사회복지행정

1 인접 학문의 변화

인접 학문의 변화는 사회복지행정에 영향을 미친다. 인접 학문의 조류 변화에 영향을 받은 사회복지행정은 변화에 대응하기 위해 스스로 변신하려는 성향도 가진다. 사회복지행정에 영향을 미치는 인접 학문의 변화는 [그림 3-5]와 같이 네 가지로 요약할 수 있다. ① 거버넌스 권력구조, ② 신자유주의 경제이론, ③ 신공공관리론, 그리고 ④ 워크페어(workfare) 복지이론이 그것이다.

1) 거버넌스 권력구조

거버넌스(governance)는 국정관리의 패러다임을 전환함으로써 공공 서비스의 효율성을 높이고자 하는 이론이다(Kettl, 1993). 정부만이 공공 서비스를 공급하는 것이 아니라 비정부 영역(non-governmental organization: NGO)이나 민간 영역이 함께 공공 서비스를 공급함으로써 그 효율성을 높이고자 한다. 거버넌스 이론은 공공 서비스의 한 축을 담당하고 있는 사회복지행정에도 큰 영향을 미치고 있다.

거버넌스 개념이 등장하기 시작한 시기는 1990년대 초였다. 국가의 경쟁력 약화의 원인을 분석한 결과 정부실패(government failure)에 기인한다는 사실에 동의하는 학자들을 중심으로 거버넌스 이론이 연구되기 시작했다. 정부는 전통적 방식으로는 공공문제를 효율적으로 해결할 수 없으며, 공공 서비스 공급 시장에서 민간 영역과의 경쟁에서 이길 수 없다는 것이 연구 결과 중 하나였다. 공공 서비스의 효율성을 높이

표 3-9 거버넌스 구조

구분	전통적 방식	거버넌스
주체	정부	정부 · NGO · 민간의 파트너십
조직구조	계층제	네트워크
권력구조	정부 독점	공유
공급 방식	정부 일방주의	정부 · NGO · 민간의 분점주의

기 위해 민간 영역과의 권력 공유(sharing power)를 대안으로 내세우기 시작했다(Kettl, 1993).

거버넌스 이론은 공공 서비스의 공급 주체, 조직구조, 권력구조, 그리고 공급 방식에서 전통적 국정관리와 다른 모습을 취한다. <표 3-9>에서와 같이 공공 서비스 공급 주체는 전통적으로 정부였다. 그러나 거버넌스 이론에서는 정부만을 주체로 보지 않는다. 정부와 비정부 기구, 필요한 경우에는 영리를 추구하는 민간 영역까지 공공 서비스의 공급 주체가 될 수 있다는 입장이다. 다만 효율성이 높아진다는 전제 조건이 붙을 뿐이다.

공공 서비스 제공 주체가 다원화되면 정부의 조직구조도 계층제적일 필요가 없다. 다자간의 협의가 용이한 조직으로 전환되어야 한다. 다자간 협의를 위해서는 공급 주체를 대등한 입장에서 이어주는 네트워크 방식의 조직구조가 필수적이다. 따라서 거버넌스 이론에서는 계층제보다는 네트워크 방식의 조직을 수용하는 입장에 선다.

정부의 권력구조도 바뀌지 않을 수 없다. 전통적 방식에서는 정부의 독점이 인정되었다. 공공 서비스를 제공할 수 있는 유일한 주체가 정부였기 때문이다. 정부 독점이 공공 서비스 공급의 비효율성을 초래한다는 입장을 견지하고 있는 거버넌스 이론가들은 권력의 독점보다는 공유 방식을 주장하고 있다(Kettl, 2000). 공공 서비스 공급 방식도 바뀐다. 정부의 일방주의에서 벗어나 정부 · NGO · 민간이 분점해 공공 서비스를 공급한다.

사회복지는 공공 서비스를 특징으로 하고 있다. 사회복지 분야에서도 효율성의 개념이 도입되지 않을 수 없다. 예산 부족 현상을 극복하기 위한 전략으로서도 효율성 개념의 도입이 필요하고, 경기침체기에도 사회복지 분야의 서비스 공급을 지속적으로 하기 위해 필요하다. 사회복지행정의 효율성을 높이기 위한 대안으로서 사회복지 거버넌스 도입이 고려될 수 있다.

2) 신자유주의 경제이론

신자유주의(neo-liberalism)는 케인스(John M. Keynes, 1883-1946)와 쌍벽을 이룬 하이에크(Friedrich A. Hayek, 1899-1992)에 의해 체계화되었다. 시장경제에 국가의 간섭을 최소화시킴으로써 효율성을 제고하고자 하는 경제이론이다. 사회복지는 빈곤층이나 저소득층에게 현금 지원(cash transfer)까지 제공하는 정책으로서 민간부문에 대한 정부의 간섭을 불러일으키는 대표적 정책 중의 하나다. 따라서 신자유주의 경제이론은 사회복지행정에도 크게 영향을 미친다.

하이에크의 경제이론을 케인스 경제이론과 대비시켜 논의함으로써 신자유주의 개념을 파악하기로 한다. 하이에크는 케인스와 더불어 20세기 경제학의 양대 기둥으로 평가된다. <표 3-10>과 같이 하이에크는 시장 메커니즘이 불완전한 정보에 기초한 개인의 경제활동을 성공적으로 조절할 수 있다고 보았다. 그는 거시적 경제 질서를 유지하는 시장 메커니즘이 정부개입보다 더 우월하다고 주장한다. 반면에 케인스는 개인의 심리적 요인에 크게 의존하는 경제활동을 시장 메커니즘이 성공적으로 조절할 수 없다고 보았다. 그는 정부개입이 없다면 자본주의 시장은 불안정해질 수밖에 없다고 주장한다.

두 경제학자의 논쟁은 대공황 상황 속에서 케인스의 승리로 마무리되었다. 1970년대 이후 상황이 달라지기 시작했다. 자본주의의 번영이 둔화되고 스태그플레이션이 세계적으로 보편화되면서 케인스의 처방이 그 효력을 잃기 시작했다. 그러자 미시적 분석과 자원배분 문제를 강조하는 하이에크 이론이 다시 빛을 보기 시작했다. 정부의 시장에 대한 최소한의 간섭이 경제 질서를 유지하는 데 기여할 수 있다는 논리에 동

표 3-10 신자유주의

구분	보수주의	신자유주의
대표적 학자	케인스(J. M. Keynes)	하이에크(F. A. Hayek)
전성기	1930년대 대공황 이후	1970년대 복지병 노출 이후
경제 질서 유지	국가의 개입	시장 메커니즘
국가 개입 수준	최대화	최소화

의하기 시작했다.

하이에크의 이 같은 이론은 신자유주의로 지칭되면서 세계 각국 국정 운영의 주류를 형성하고 있다. 물가와 실업률이 동시에 오르는 스태그플레이션으로 어려움을 경험하고 있던 국가에서는 시장 메커니즘에 의존하려는 성향이 강하게 나타나고 있다. 스태그플레이션이 최대의 경제문제로 간주되는 최근의 상황에서 하이에크의 신자유주의가 더 많이 채택되고 있다. 신자유주의는 사회복지행정을 포함한 국정 전반에 영향을 미친다.

3) 신공공관리

신공공관리(new public management: NPM)는 행정의 경영화를 강화하고자 하는 공공관리 이론이다. 신자유주의의 영향을 받아 공공 부문도 시장주의적 경쟁 원리를 도입할 것을 요구한다. 신공공관리는 정부 서비스의 독점적 제공 방식을 지양하고 경쟁 원리를 도입함으로써 행정의 효율성을 높이고자 한다(Lane, 2000). 사회복지행정에서도 신공공관리의 영향을 받아 정부 역할의 축소 작업이 지속적으로 추진되고 있다(허만형, 2002).

신공공관리는 <표 3-11>과 같이 행정의 경영화를 지향한다는 점에서 전통적 행정관리와 차별화된다. 전통적으로는 행정의 공공성이 강조되었으나 신공공관리에서는 행정의 경쟁성이 강조되고 있다(하혜수 · 정정화. 2001). 전통적 공공관리는 형평성이 중심적 가치였으나, 신공공관리는 성과 중심의 효율성이 중심적 가치로 인정을 받고 있다. 전통적으로는 정부의 시장개입이 광범위하게 허용되었으나 신공공관리에서는 정부의 시장개입을 최소화할 것을 요구하고 있다.

신공공관리는 복지병으로 경제위기를 맞았던 1970년대 영국이 먼저 시작했다.

표 3-11 신공공관리

구분	전통적 공공관리	신공공관리
주제	행정의 정치화	행정의 경영화
관리 수단	행정의 공공성 중심	경쟁 원리 도입
가치	형평성	효율성
정부개입	최대화	최소화

경제적으로는 시장 중심의 경제 질서를 회복시키고, 행정적으로는 성과 중심의 관리 질서를 확립하고자 했다. 미국에서는 1990년대 초 클린턴 행정부에서 "정부재창조(reinventing government)를 추진하면서 성과 중심의 행정관리를 지향"(Osborne & Gaebler, 1993)하는 가운데 신공공관리를 활용했다.

한국에서는 김대중 정부에서 경제위기를 극복하는 과정에서 도입되었다. 개방형 임용제를 실시했고, 목표관리(MBO)를 도입했으며, 책임운영기관제를 실시하는 등 신공공관리적 관점에서 행정개혁을 진행했다. 사회복지 부문도 신공공관리의 영향을 받아 정부의 역할을 축소하고 시장 원리를 강조하는 사회복지행정을 요구하고 있는 추세다.

4) 워크페어 복지이론

워크페어(workfare) 복지이론은 1970년대 영국의 경제위기와 복지병을 극복하는 가운데 체계화된 이론이다. 워크페어 이론은 복지는 보호 중심의 복지에서 탈피해 자립 중심의 복지로 전환함으로써 빈곤층의 경제적 자립을 중점적으로 추진해야 한다는 입장을 가지고 있다. 머리(Murray, 1984)는 경제활동 능력이 없는 빈곤층만이 복지 혜택을 받을 자격 있는 그룹이고 경제활동 능력이 없는 빈곤층을 자격 없는 빈곤층으로 분류한 후 전자는 보호 중심의 복지가 필요하며, 후자는 자립 중심의 복지가 필요하다고 주장한다.

워크페어 복지이론은 웰페어 복지이론과 대비시켜 설명할 수 있다. <표 3-12>와 같이 웰페어는 빈곤층 누구에게나 최소 보장을 제공함으로써 인간의 존엄성을 유지하도록 하고, 워크페어는 자립 수단을 지원해 줌으로써 경쟁사회로의 진입을 유도하도록 한다. 웰페어는 형평성을 지향하고 있으며, 워크페어는 복지의 효율성을 지향하고 있다. 웰페어의 중심 과제는 보호이며, 워크페어의 중심 과제는 경제적 자립이다.

표 3-12 워크페어 복지이론

구분	웰페어(welfare) 복지이론	워크페어(workfare) 복지이론
관리 수단	최소 보장으로 존엄성 유지	경쟁사회로 진입
가치	형평성	효율성
중심 과제	보호 중심 복지	자립 중심 복지

워크페어는 영국에서는 1970년대에 활용해 경제위기 극복에 기여한 바 있고, 미국에서는 1980년대 레이건 행정부에서 시작한 복지개혁의 방향으로서 역할을 했다. 미국은 1990년대 말 클린턴 행정부가 AFDC(Aid to Families with Dependent Children)를 TANF(Temporary Assistance for Needy Families)로 전환하면서 복지개혁을 완성했다. TANF에 포함되어 있는 핵심 프로그램은 워크페어 복지이론과 일치한다.

한국에서는 김대중 정부에서 생산적 복지라는 이름으로 워크페어 복지이론의 도입을 시도했으나 명목상의 도입에 그치고 있다. 생산적 복지의 이름으로 국민기초생활보장법이 제정되기는 했으나 정부 부문과 민간 부문의 자립 연계 파트너십처럼 워크페어 복지이론을 따른 프로그램을 찾아보기가 어렵다(허만형, 2002b).

2 사회복지행정의 서비스, 행정인, 그리고 조직의 적응

1) 사회복지행정 서비스

사회복지행정 서비스는 인접 학문의 영향을 받아 새롭게 창출되기도 하고, 새로운 모습으로 거듭나기도 한다. 인접 학문이 사회복지행정 서비스에 미치는 영향을 도식화해 표시하면 [그림 3-6]과 같다. 거버넌스 이론, 신자유주의 경제이론, 신공공관리론, 그리고 워크페어 복지이론은 사회복지행정 서비스의 지평을 바꾼다. <표 3-13>은 변화의 구체적인 모습이다.

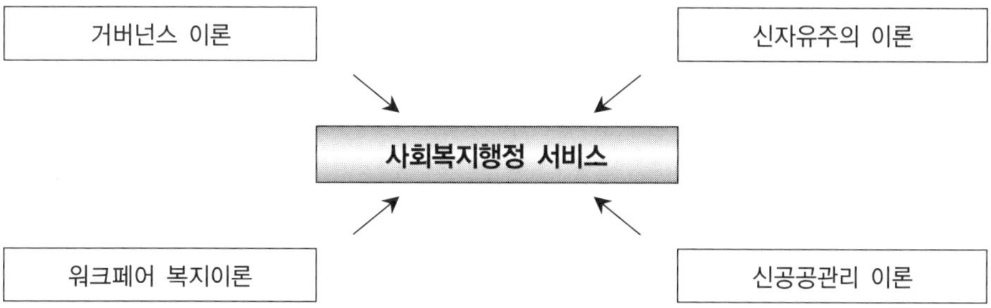

그림 3-6 접학문과 사회복지행정 서비스

표 3-3 인접 학문 변화와 새로운 사회복지행정 서비스

인접학문 변화	새로운 사회복지행정 서비스(사례)
거버넌스	비정부/민간 영역과의 파트너십
신자유주의	최소보장 메커니즘 확보와 효율성 최대화
신공공관리	사회복지의 민영화 프로그램
워크페어	자립 중심의 복지 프로그램 확보

사회복지행정 서비스는 거버넌스 이론의 영향을 받아 다른 모습을 나타낸다. 다원화된 시민단체나 민간 영역과 협력 체계 구축을 통해 사회복지행정 서비스를 제공해야 하기 때문에 시민단체나 민간기구와의 바람직한 파트너십 유지가 새로운 행정 서비스를 만들어내는 관건이 된다.

신자유주의도 사회복지행정 서비스에 영향을 미친다. 신자유주의에 의하면 최소보장 메커니즘의 확보가 사회복지행정 서비스에서 가장 중요한 부분이다. 사회복지행정 서비스는 최소 보장만으로 끝나지 않는다. 최고의 효율성 있는 행정 서비스도 지향하고 있다.

신공공관리는 사회복지행정 서비스의 민영화를 요구한다. 효율성을 최대화시킬 가능성이 있으면 공공성을 가지고 있는 행정 서비스라고 하더라도 민영화를 추진할 수 있다는 입장이다. 예컨대, 실직자에 대한 직업훈련을 공공 부문에서 실시할 수도 있지만 효율성을 높일 수 있다면 민간 학원과의 계약에 의해서도 가능하다는 의미다.

워크페어는 자립 중심의 사회복지행정 서비스 개발을 원한다. 빈곤층에 대한 보호 중심으로 설계된 현금 지원이나 현물 지원과 같은 행정 서비스에서 탈피해 직업훈련과 같은 서비스를 제공함으로써 취업을 하도록 하는 것과 같은 프로그램 개발을 워크페어 복지이론에서는 요구하고 있다.

2) 사회복지행정가

사회복지행정가는 인접 학문의 영향을 받아 새롭게 창출되기도 하고, 새로운 모습으로 거듭나기도 한다. 인접 학문의 영향을 받아 새롭게 출현하는 사회복지행정가의 모습을 도식화하면 [그림 3-7]과 같다. 새로운 거버넌스, 신자유주의 경제이론, 신공공관리론, 그리고 워크페어 복지이론은 사회복지행정가의 모습을 변화시킨다. <표

3-14>에서는 그 구체적인 내용을 담았다.

거버넌스 이론은 협상가로서의 행정가를 요구한다. 과거 사회복지행정가는 행정 가이드라인에 따라 실천하는 성실한 집행자(implementer)였다. 그러나 다원화된 시민단체나 민간 영역과 협력 체계 구축을 통해 사회복지행정 서비스를 제공해야 하기 때문에 협상가로서의 행정가를 요구한다.

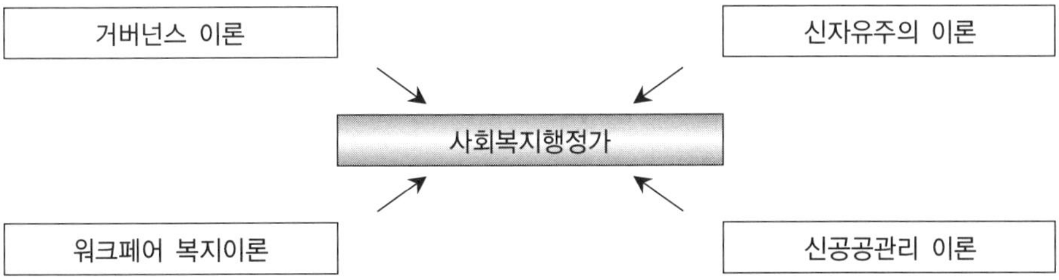

그림 3-7 인접 학문과 사회복지행정가

신자유주의는 형평성만을 추진하는 행정가를 원하지 않는다. 클라이언트에게 서비스를 제공할 때 형평성을 추구해야 하지만 그들이 경쟁사회의 일원으로 활동을 할 수 있도록 경쟁력을 키워 주는 역할을 강조하고 있다. 신공공관리도 사회복지행정에서 효율성을 추구하는 행정가가 될 것을 요구하고 있다. 워크페어 복지이론도 마찬가지다. 자립 중심의 사회복지행정을 추진할 수 있는 행정가를 원한다.

표 3-14 인접 학문 변화와 새로운 사회복지행정가

인접 학문 변화	새로운 사회복지행정가(사례)
거버넌스	비정부/민간 영역과의 협력 체계 구축이 가능한 행정가
신자유주의	경쟁 중심의 사회복지행정을 추진하는 행정가
신공공관리	사회복지행정 서비스의 효율적 제공이 가능한 행정가
워크페어	자립 중심의 복지 프로그램 확보가 가능한 행정가

3) 사회복지 행정조직

사회복지 행정조직은 인접 학문의 영향을 받아 새롭게 창출되기도 하고, 새로운

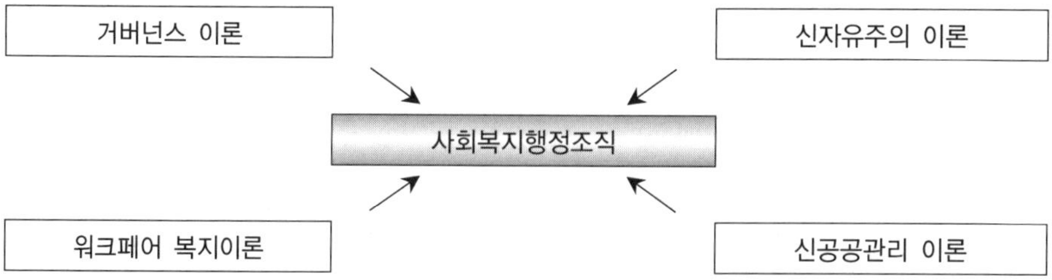

그림 3-8 인접 학문과 사회복지행정가

모습으로 거듭나기도 한다. 인접 학문의 영향을 받아 새롭게 출현하는 사회복지 행정조직의 모습을 도식화해 표시하면 [그림 3-8]과 같다. 새로운 거버넌스, 신자유주의 경제이론, 신공공관리론, 그리고 워크페어 복지이론은 사회복지 행정조직의 모습을 <표 3-15>처럼 변화시킨다.

거버넌스 이론은 전통적인 계층제적 조직을 네트워크 조직으로 변화시키는 역할을 한다. 다원화된 비정부 기구나 민간 영역과 파트너십을 유지함으로써 행정 서비스를 창출하기도 하고 제공하기도 해야 하기 때문에 계층제 조직으로는 효과적으로 대처할 수 없다. 경직되어 있는 조직보다는 유연한 조직이 필요하기 때문에 네트워크 조직의 수용이 필요하다.

신자유주의 이론은 최소정부를 추구한다. 그러면서도 효율성은 최대화시킬 수 있는 정부를 원한다. 사회복지 행정조직도 여기에 부응하지 않을 수 없다. 작지만 효율적인 행정조직의 추세를 사회복지행정에서도 반영하지 않을 수 없다.

신공공관리 이론은 정부만을 유일한 공공 서비스 채널로 여기지 않는다. 비정부 기구나 민간 영역도 공공 서비스를 제공할 수 있는 경로로 판단하고 있다. 사회복지

표 3-15 인접 학문 변화와 새로운 사회복지 행정조직

인접 학문 변화	새로운 사회복지 행정조직(사례)
거버넌스	사회복지 행정조직의 네트워크화
신자유주의	사회복지 행정조직의 축소와 효율성 추구
신공공관리	사회복지 행정조직의 민영화와 성과 중심의 행정
워크페어	자립 중심적 사회복지조직으로 재편

행정도 예외가 아니다. 가능한 사회복지 프로그램을 민영화할 수도 있고, 필요한 경우에는 민간과의 공조 관계를 유지하면서 사회복지행정 서비스를 제공할 수 있다.

3 인접 학문의 변화에 따른 사회복지행정의 패러다임 변화

인접 학문 사조의 변화에 따라 사회복지행정의 구조 변화가 시작되면 패러다임 변화라는 새로운 산출물이 만들어진다. 산출물은 새로운 이론으로 그 모습을 드러내기도 하고, 새로운 가치로 출현하기도 하며, 새로운 행정조직으로 나타나기도 한다. 사회복지행정에 영향을 미치는 네 가지 인접 학문의 사조 변화 요인이 투입되어 사회복지행정의 여과장치를 통과하는 과정에서 형성된 패러다임 변화를 제시한다.

1) 시민사회참여 사회복지행정

사회복지행정은 거버넌스의 영향을 받아 시민참여 행정을 지향하는 쪽으로 패러다임이 변하고 있다. 거버넌스 이론은 정부만이 공공 서비스를 공급하는 것이 아니라 비정부 영역(non-governmental organization: NGO)이나 민간 영역이 함께 공공 서비스를 공급하는 것을 수용한다. 비정부 기구와 민간 영역의 참여를 활발하게 수용함으로써 사회복지행정의 효율성을 높이고자 한다.

한국 사회가 좀 더 다원화되고, 행정의 개방 수준이 높아져서 사회복지 거버넌스가 확립되면 사회복지행정은 공급 주체의 결정에 의해 서비스 대상자와 서비스 수준이 결정될 수가 없다. 시민, 시민단체, 민간 영역, 그리고 정부기관이 공동으로 협력체계를 구성해 결정하는 시대가 열리고 있다.

2) 시장 중심의 사회복지행정

사회복지행정은 신자유주의 영향을 받아 시장 중심의 행정을 지향한다. 신자유주의는 시장의 자율성 확대가 경제문제를 해결하고, 결과적으로 복지문제까지 해결할 것으로 판단하고 있다. 신자유주의 시대가 열리면 사회복지행정도 시장 중심적으로 그 패러다임이 바뀌지 않을 수 없다.

사회복지의 수요자와 공급자가 시장에서 만나 가격을 결정하고, 수준에 맞는 가격으로 서비스를 공급받는 시대를 준비해야 한다. 신자유주의의 영향을 받아 사회복지 시설을 이용하고자 할 경우 유료시설, 실비시설, 그리고 무료시설과 같이 상품의 다양성도 확보해야 할 뿐만 아니라 시민은 시장 가격에 따라 서비스를 구매하는 시대가 열리게 된다.

3) 효율성 중심의 사회복지행정

사회복지행정은 신공공관리의 영향을 받아 효율적 행정을 추구한다. 신공공관리는 작은 정부를 추구한다. 그러나 작은 정부의 전제는 효율성 추구다. 작지만 효율적인 사회복지행정을 실천하기 위해 공공 서비스로서의 성격을 가지고 있는 사회복지를 계약에 의해 제공할 수도 있고, 민영화 방식으로 제공할 수도 있다. 사회복지행정은 이처럼 효율성을 전제로 민영화까지 수용할 수 있을 정도로 그 패러다임이 변하고 있다.

신공공관리 이론으로 인해 사회복지의 정부 독점시대가 사라지고 민간 영역에서 다양한 방법으로 제공할 수 있는 시대가 열리게 된다. 민간 영역에서 제공할 수 있는 사회복지와 공공 영역에서 제공할 수 있는 사회복지, 그리고 선택적으로 제공할 수 있는 사회복지에 대한 기준을 설정하고 미래에 대한 준비를 해야 한다.

4) 자립 중심의 사회복지행정

사회복지행정은 워크페어의 영향을 받아 자립 중심의 행정을 지향한다. 전통적으로 누구에게나 인간다운 삶을 영위할 수 있도록 보장해 주는 보호 중심의 사회복지를 지향하고 있었다. 보호 중심의 사회복지는 인간 존중의 사회복지로서는 성공적이었지만 복지의존성(welfare dependency)과 복지 남용(welfare abuse)이라는 사회문제를 낳기도 했다.

워크페어 복지이론은 더 이상 보호 중심의 사회복지에 얽매이지 않는다. 인간다운 삶의 보장보다는 복지 수혜자의 자립을 전제로 보호하는 방향으로 패러다임의 전환을 요구한다. 사회복지행정도 워크페어에 입각한 정책 및 프로그램 개발이 용이한 방향으로 그 패러다임이 전환되고 있다.

자립 중심의 사회복지행정을 실천하기 위해 기반 확충이 필수적이다. 지역경제를 활성화시키는 방안과 민간과 정부가 실직자의 재취업과 자립을 위해 파트너십을 형성하는 것과 같은 제도 기반 확충에 대한 준비를 해야 한다(허만형, 1998).

제 3 절 사회복지행정의 도전

사회복지행정은 사회환경의 변화와 인접 학문의 사조 변화에 따라 패러다임이 변한다. [그림 3-9]와 같이 전통적으로 시민은 사회복지의 클라이언트였으나 이제 사회복지행정의 파트너로서 역할도 함께 수행하고 있다. 사회복지행정가는 일반 행정가로 충원되기도 했으나 이제 전문행정가로 충원하지 않으면 그 역할을 수행하기가 어려운 상황이다. 사회복지 행정조직은 전통적으로 계층제였으나 이제 네트워크 조직을 수용하지 않을 수 없는 상태에 놓여 있다.

1 클라이언트에서 파트너로서 시민

사회환경 변화와 인접 학문의 사조 변화는 시민에 대한 행정의 시각을 달리하게 하는 요인으로 작용했다. 전통적으로 시민은 행정의 고객, 혹은 클라이언트(client)였다. 정부는 고객으로서 시민이나 단체에 다양한 서비스를 제공한다는 관점이 고객 중심의 행정이었다(Wilson, 1975).

사회환경이 변하고, 인접 학문의 사조가 변함에 따라 시민은 보호의 대상이 되는 클라이언트라고만 지칭하지 않는다. 사회복지행정의 서비스를 제공받는 시민은 여전

전통적 사회복지행정	→	사회복지행정 구성 요소	→	새로운 사회복지행정
클라이언트	→	시민	→	파트너
일반 행정가	→	행정가	→	종합학문적 전문행정가
계층제 조직	→	행정조직	→	네트워크 조직

그림 3-9 사회복지행정의 새로운 패러다임

히 클라이언트이지만 시민의 역할은 여기에 그치지 않는다. 시민은 사회복지행정 서비스의 수요자이자 공급 주체이기도 하다.

시민이나 단체가 사회복지행정 서비스의 공급 주체로서 역할을 할 경우 그들은 사회복지 거버넌스의 일원이자 행정 파트너다. 예컨대, 자원봉사자의 일원으로 독거노인을 위해 일하는 시민은 사회복지의 공급 주체다. 자원봉사자로서의 시민은 혼자 힘으로 자원봉사를 하는 것보다 관할지역의 사회복지 전담 공무원과 긴밀한 협조 관계를 유지한 채 독거노인을 돌보게 되면 더 큰 효과를 기대할 수 있다. 여기에서 자원봉사자로서의 시민은 사회복지 공급자이고, 독거노인은 클라이언트로서 사회복지 수요자다. 이처럼 파트너로서의 시민이 전제될 때 사회복지행정의 질을 제고할 수 있다.

2 일반행정가에서 종합학문적 전문행정가

사회환경 변화와 인접 학문의 사조 변화는 사회복지행정가의 역할을 변화시키고 있다. 사회복지행정가는 사회복지에 대한 전문성만으로는 효과적으로 업무를 추진할 수 없다. 사회환경 변화에 대해 민감해야 하고, 인접 학문의 변화에 대해서도 전문성을 확보하고 있어야 효과적인 행정관리가 가능하다.

21세기 사회에는 지식정보화, 세계화, 지방화와 같은 꼬리표가 붙어 있을 뿐만 아니라, 신자유주의나 신공공관리와 같은 인접 학문도 끊임없이 사회복지행정에 영향을 미친다. 사회복지의 한 영역에서 전문성만으로는 효율적으로 행정을 집행할 수도 없고, 그 효과를 기대하기도 어렵다. 따라서 사회복지행정가는 전문가여야 하지만 종합학문적 관점에서 전문행정가여야 한다.

3 계층제에서 네트워크

사회환경 변화와 인접 학문의 사조 변화는 사회복지 행정조직의 틀을 변화시키고 있다. 전통적으로 행정조직은 계층제였으나, 지식정보화 사회의 도래와 거버넌스 이론의 확산으로 네트워크 조직에 더 무게가 실리고 있다.

지식정보화사회는 사회복지 행정조직 내에 행정정보 시스템의 구축을 요구하고 있고, 행정조직의 전면적인 개편을 요구하고 있다. 조직개편에 앞서서 사회복지 행정조직 내의 업무 흐름도를 파악해야 하고, 디지털 논리에 맞춰 업무재설계(BPR)를 추진해야 한다. 이 업무재설계도 지식정보화 사회의 디지털 논리와 네트워크 조직에 부응할 수 있어야 한다.

네트워크 조직은 외부적으로는 다양한 시민단체나 민간단체와의 교류를 전제로 한다. 조직 내부적으로도 계급제 중심이 아니라 전문성 중심으로 직제가 개편되어야 네트워크 조직으로서의 전환이 가능하다. 21세기는 계층제 조직보다 네트워크 조직에 더 큰 힘이 실리는 시대가 될 것으로 예상된다.

제 2 편

사회복지행정에서의 정책이론

제 4 장 사회복지정책과 기획이론

제 1 절 사회복지정책의 개념

1 개념

사회복지정책은 사회복지행정의 목표를 다루는 영역이다. 사회복지 목표 달성을 위해 무엇을 할 것인지 결정하는 과정이 사회복지정책이다. 사회복지관리가 사회복지 목표 달성을 위해 어떻게 할 것인지를 다루는 수단으로서의 성격을 가지는 데 반해 사회복지정책은 사회복지의 목표를 다루는 목표 지향적(goal- oriented) 성격을 가지고 있다. 따라서 정책을 논하지 않고 행정관리만 논하면 목표를 무시한 수단만의 행정이 될 수밖에 없다.

사회복지정책에는 사회안전망(social safety net) 확보를 위해 무엇을 할 것인지에 대해 결정하는 사회보장정책이 있고, 빈곤문제 해결을 위해 무엇을 할 것인지를 다루는 기초생활보장정책이 있으며, 노인문제 해결을 위해 무엇을 할 것인지에 대한 노인복지정책도 있다. 이 밖에도 장애인복지정책이나 아동복지정책 등의 영역이 사회복지정책에 포함된다.

사회복지정책의 유사 개념으로서 기획(planning)이나 프로그램(program)이 있다.

표 4-1 정책과 유사 개념

구분	시점	기간	범위	성격
기획	미래	장기	광범위	미래설계
정책	현재	단기	중범위	문제 해결
프로그램	현재 혹은 미래	단기	작은 범위	문제 해결과 미래설계를 위한 작은 계획

정책, 기획, 그리고 프로그램은 무엇을 할 것이냐에 대한 목표를 다룬다는 점에서는 같은 개념이다. 그러나 <표 4-1>에서와 같이 범위와 성격에서 차이가 있다. 기획은 미래에 대한 설계이자, 장기적이며 그 설계 범위가 매우 넓은 것이 특징이다. 정책은 현재의 문제 해결을 위한 설계이자, 단기적이며 그 설계 범위가 기획에 비해 좁다. 프로그램은 기획이나 정책을 실천하기 위한 작은 계획으로서 설계 범위가 가장 좁다. 기획은 나머지 개념과 구분되지만 행정 현장에서 정책과 프로그램은 혼용되어 사용되는 경우가 많고, 명백하게 선을 긋기가 어려운 점이 있다.

2 사회복지정책, 기획, 그리고 프로그램의 내용

사회복지정책의 주무부처인 보건복지부에는 기획, 정책, 그리고 프로그램이 섞여 있다. 기획의 성격을 가진 시책도 있고, 정책의 성격을 가진 시책도 있으며, 프로그램을 성격을 가진 시책도 있다. 보건복지부는 일상 업무를 통해 이 세 가지 시책을 모두 다룬다.

기획의 성격을 가진 시책으로는 노무현 정부가 추진했던 고령화 대책이나 신인구정책이 여기에 속한다. 고령화 대책이나 신인구정책 모두 단기에 끝나는 시책이 아니라 장기적으로 설계해야 할 내용을 담고 있기 때문이다. 보건복지부의 기획 중 '고령화 대책'을 소개하면 <표 4-2>와 같다. 고령사회를 준비하기 위한 단기정책으로 노인인력운영센터, 노인요양보장 제도, 그리고 고령화대책위원회가 있다. 단기정책을 구체화시켜 놓은 것이 프로그램이다. 노인인력운영센터에는 노인 일자리 창출 프로그램과 노인 소득보장 프로그램이 운영되며, 노인요양보장제에는 치매 수요에 대처하기 위한 프로그램, 중풍 수요에 대처하기 위한 프로그램, 그리고 장기요양 수요에

표 4-2 보건복지부의 기획 성격을 가진 주요 시책

<table>
<tr><th>기획명</th><th colspan="7">고령화 대책</th></tr>
<tr><td>단기 정책</td><td colspan="2">노인인력운영센터</td><td colspan="3">노인요양보장제도</td><td colspan="2">고령화대책위원회</td></tr>
<tr><td>프로그램</td><td>노인 일자리 창출</td><td>노인 소득보장</td><td>치매 수요에 대처</td><td>중풍 수요에 대처</td><td>장기요양 수요에 대처</td><td>위원회 설립</td><td>위원회 운영</td></tr>
</table>

자료: 보건복지부(http://www.mohw.go.kr)의 주요 시책.

대처하기 위한 프로그램으로 나뉘어 있다. 대통령 직속으로 고령화대책위원회를 설립해 운영한다는 내용도 프로그램의 범주에 포함된다.

정책은 문제 해결을 위해 일상적으로 하는 업무다. 보건복지부의 일상 업무가 정책을 결정하고 집행하며 평가하는 일로 구성되어 있다고 설명할 수 있다. 보건복지부의 국민기초생활보장정책의 사례를 기초로 정책과 프로그램의 사례를 제시하면 <표 4-3>과 같다. 국민기초생활보장 정책에는 기초생활보장급여 프로그램 영역과 자활 지원 프로그램 영역이 있다. 기초생활보장 프로그램 영역에는 생계급여, 해산급여, 장제급여, 주거급여, 그리고 교육급여와 같은 5개 프로그램이 있으며. 자활 지원 프로그램 영역에는 자활근로 프로그램, 자활후견기관 운영 프로그램, 조건부 수급자 지원 프로그램, 재활·사회적응 프로그램, 기초생활기금 조성 프로그램, 그리고 자활후견기관협회 지원 프로그램이 있다.

표 4-3 보건복지부의 정책 성격을 가진 주요 시책

<table>
<tr><th>정책명</th><th colspan="11">국민기초생활보장 정책</th></tr>
<tr><td>프로그램 영역</td><td colspan="5">기초생활보장급여</td><td colspan="6">자활 지원</td></tr>
<tr><td>프로그램</td><td>생계 급여</td><td>해산 급여</td><td>장제 급여</td><td>주거 급여</td><td>교육 급여</td><td>자활 근로</td><td>자활 후견기관 운영</td><td>조건부 수급자 지원</td><td>재활· 사회적응 프로그램</td><td>기초 생활기금 조성</td><td>자활후견 기관협회 지원</td></tr>
<tr><td>하위 프로그램</td><td>일반 시설</td><td>-</td><td>-</td><td>-</td><td>-</td><td>-</td><td>-</td><td>-</td><td>-</td><td>-</td><td>-</td></tr>
</table>

자료: 보건복지부(http://www.mohw.go.kr)의 주요 시책.

이상에서 살펴본 바와 같이 프로그램은 기획이나 정책의 하위 개념으로서 범위가 좁은 것이 특징이다. 그러나 무엇이 기획이며, 무엇이 정책이고, 무엇이 프로그램인지에 대해 정해져 있는 것은 아니다.

국민기초생활보장 정책 아래에 기초생활보장급여 영역과 자활 지원 영역이 있는 것으로 예시되어 있지만 이것을 기초생활보장급여 정책으로 이름을 붙일 수도 있다. 생계급여 아래에는 일반생계급여와 시설생계급여로 나뉜다. 이 경우 생계급여를 프로그램이 아니라 생계급여정책으로 지칭할 수 있으며, 하위 프로그램에 해당되는 일반생계급여와 시설생계급여를 프로그램으로 부를 수 있다는 의미다. 이처럼 정책은 프로그램의 하위 개념이라는 것은 사실이지만 어떤 것이 정책이며, 어떤 것이 프로그램인지에 대해서는 미리 확정되어 있지 않다.

제 2 절 사회복지정책 및 프로그램의 유형

사회복지정책이나 프로그램의 유형을 이해하기 위해 국가정책의 유형에 대한 이해가 선행되어야 한다. 사회복지정책은 국가정책의 한 유형일 뿐만 아니라, 국가정책의 틀 속에 사회복지정책이 위치해 있기 때문이다. 따라서 국가정책에서 사회복지정책의 위치를 파악하고, 사회복지정책과 국가정책과의 관계를 파악하는 것이 좀 더 체계적인 접근 방법이라고 할 수 있다. 정책은 상위 개념이고 프로그램은 하위 개념이라는 차이가 있을 뿐 명백히 선을 긋기가 어렵기 때문에 사회복지정책과 사회복지 프로그램을 때때로 혼용해서 사용하기도 한다.

1 국가정책의 유형

국가정책의 종류는 여러 시각에서 논할 수 있지만 대체로 배분정책(distributive policy), 재분배정책(redistributive policy), 규제정책(regulatory policy) 등으로 나눌 수 있다. 리플리와 프랭클린(Ripley & Frankline, 1980)은 여기에 구조적 정책

(structural policy), 전략적 정책(strategic policy), 그리고 위기 정책(crisis policy) 등을 추가하여 6개 유형으로 설명한다(허만형, 1994).

1) 배분정책

배분정책은 특정 그룹이나 인구집단에게 서비스를 제공하려는 정책을 의미한다. 농어민 후계자를 위한 정책, 중소기업을 육성하기 위한 정책, 제조업자에 대한 세제(稅制) 혜택을 제공하기 위한 정책 등은 정부가 특정 그룹 혹은 특정 인구집단을 대상으로 서비스를 제공하려는 의도를 담고 있기 때문에 분배정책의 성격을 가진다. 이 배분정책은 특정 그룹이나 인구집단에 제한을 가하는 것이 아니라 서비스를 제공하는 것이기 때문에 사회구성원 중에서 누가 잃는 것이 아니라 대부분의 구성원이 얻는 정책으로서 성격을 가진다.

2) 규제정책

규제정책은 배분정책과는 달리 사회구성원의 자유와 권리에 제한을 가하는 정책을 의미한다. 사회구성원 전체의 이익을 위해 특정의 사회적 행동을 제한하는 것이 곧 규제정책이다. 사회구성원의 쾌적한 삶을 위해 공해 배출을 규제하는 정부의 규제, 도시의 교통 혼잡을 피하기 위해 실시하는 자동차 10부제 운행, 유통 질서를 회복하기 위한 공정거래에 관한 각종 규제행위 모두가 정부의 규제정책에 속한다. 규제정책은 특정 그룹이나 사회구성원의 의견 조정이나 협상이 요구되는 정책으로서 성격을 가진다.

규제정책은 보호적 규제정책(protective regulatory policy)과 경쟁적 규제정책(competitive regulatory policy)으로 나눠 설명한다. 전자는 개인의 활동을 제약함으로써 전체 시민을 보호하려는 규제행위이고, 후자는 일부 경쟁자를 제외시킴으로써 공공이익을 위해 양질의 서비스를 공급하도록 하는 규제정책을 의미한다. 전자의 예로는 자동차 배기가스 규제 등을 들 수 있고, 후자의 예로는 의사나 약사, 그리고 변호사 등에 대한 면허제도, 자격심사제도 등을 들 수 있다. 그리고 후자는 자체규제 정책(self-regulatory policy)으로서 이해할 수 있다.

정부의 규제정책이 지나치게 확대 실시되면 일반 국민의 자유권을 침해하는 문제와 더불어 시장경제를 경직화시키는 결과를 초래하기 쉽다. 따라서 규제정책과 더불어 탈규제정책(deregulatory policy)의 개념도 파악하고 있어야 한다. 탈규제정책이란 기존의 규제를 없애거나 완화하는 것을 의미한다. 미국에서는 카터 행정부와 레이건 행정부에서 탈규제정책을 시행해 왔으며, 우리는 김영삼 정부에서부터 탈규제정책을 시도해 오고 있다. 대체로 탈규제정책의 목적은 경직된 시장경제를 완화하고, 자율성을 향상시켜 주는 데 있다.

3) 재분배정책

재분배정책이란 사회구성원 사이에 존재하는 각종 계층 사이에 부(富), 소득, 재산, 그리고 권력을 이동시키는 정부의 정책을 의미한다. 이 재분배정책은 부와 권력에 관해 계층 간에 이해관계가 얽혀 있는 문제를 풀어야 하기 때문에 이념적 논쟁이나 계층 간의 갈등을 초래할 가능성이 있다. 특히 기득권층의 반대나 저항으로 인해 이 정책이 난관에 부딪힐 가능성이 높다. 사회복지정책은 재분배정책에 속한다. 소득 수준에 따라 누진세율이 적용되고, 누진세에 따라 부과한 세금을 기초로 빈곤층에게 생계비를 지급하는 과정이 바로 소득의 재분배를 의미한다.

4) 구조적 정책

리플리와 프랭클린(Ripley & Frankline, 1980)은 군사 및 외교와 관련된 정책을 구조적 정책, 전략적 정책, 그리고 위기 정책으로 나눠 논하고 있다. 구조적 정책이란 군사 및 외교에 관련된 정책의 일종으로서 외교조직이나 군사조직, 군사물자의 구조를 조정하는 것을 내용으로 하는 정책을 말한다. 이 정책은 군사나 외교에 관련된 정책이기는 하지만 사회의 모든 구성원이 음성적이나 양성적으로 이익을 보는 정책이라고 할 수 있다.

5) 전략적 정책

전략적 정책은 외교나 군사에 관한 기본 전략을 의미한다. 외교에서의 북방정책이나 통일에 대비한 새로운 군사전략에 관한 정책은 이 전략적 정책에 속한다. 이 정책에 관한 한 대통령이 주도한다는 특징을 가지고 있다.

6) 위기관리 정책

외교나 군사상의 문제뿐만 아니라 국내의 천재지변으로 인해 긴급한 상황이 발생할 경우에 대비한 정책이 위기관리 정책이다. 위기가 발생할 경우에 대비해 실시하고 있는 민방위 훈련은 일종의 위기관리 프로그램의 하나로 볼 수 있다. 또한 다소간 법리상의 논쟁이 있기는 했지만 금융실명제에 관한 대통령 긴급명령은 경제적 위기 상황을 극복하기 위한 위기관리 정책의 일환으로 볼 수 있다.

2 사회복지정책 및 프로그램의 유형

재분배정책에 속하는 사회복지정책 및 프로그램은 여러 가지 기준에 따라 그 유형을 분류할 수 있다. 클라이언트의 자격 기준에 따라 유형을 분류할 수 있고, 급여의 종류에 따라 유형을 분류할 수 있으며, 이전가능성(transferability)에 따라 유형을 분류할 수 있다.

1) 클라이언트의 자격 기준에 따른 유형

사회복지급여를 자격 있는 시민이 제공받을 경우 사회안전망으로서의 역할을 수행하지만 자격 없는 시민이 제공받을 경우에는 복지의존성(welfare dependency)이나 복지 남용(welfare abuse)과 같은 복지병을 유발할 가능성이 있다. 사회복지급여의 자격자는 근로 능력의 일부 혹은 전부를 상실해 경제적 자립이 어렵거나 불가능한 상태에 놓인 사람이고, 사회복지급여의 무자격자는 근로 능력이 있으면서도 빈곤층으로서 국가의 보호를 받고 있는 사람을 의미한다(Murray, 1984).

사회복지급여 수급의 자격 유무에 따라 사회복지정책의 유형을 보호 중심의 정책과 자립 중심의 정책으로 나눌 수 있다. 보호 중심의 정책은 자격 있는 시민에게는 제공되는 생계급여나 의료급여와 같은 프로그램으로 구성되어 있다. 자립 중심의 정책은 자격 없는 시민에게 제공되는 한시적 생계비 지원이나 직업훈련과 같은 프로그램으로 구성되어 있다.

사회복지에서는 자격 없는 시민이라고 해서 사회복지 프로그램에서 무조건 배제시키지 않는다. 경제적 자립을 조건으로 다양한 지원 프로그램의 수혜자가 될 수 있다. 생계비 지원도 직업훈련 참여를 조건으로 제공받을 수 있고, 자립을 위해 노력하는 과정에서 얻은 소득에 대해서는 세금 공제, 혹은 EITC(earned income tax credit)와 같은 명목으로 세금 감면 혜택을 받을 수도 있다.

2) 급여 종류에 따른 유형

사회복지급여 수급자는 다양한 종류의 급여를 받는다. 식료품비나 피복비 명목으로 현금으로 급여를 받기도 하고, 식료품을 직접 전달받기도 한다. 때로는 무료 상담이나 무료 시술과 같은 서비스를 제공받기도 한다.

사회복지급여 수급자가 받는 급여의 종류에 따라 사회복지정책은 현금급여 프로그램과 현물급여 프로그램으로 나눌 수 있다. 현금급여는 현금으로 제공되는 급여 문제를 해결하기 위한 프로그램으로 구성되어 있고, 현물급여는 현금이 아닌 물건이나 서비스로 제공되는 급여 문제를 해결하기 위한 프로그램으로 구성되어 있다.

3) 이전가능성에 따른 분류

이전가능성(transferability)에 따라 기회(opprotunity), 서비스(service), 상품(good), 바우처(vouchers)나 세금 공제(tax credit), 현금(cash), 권력(power)과 같은 6개 정책 유형으로 나뉜다(Gilbert & Terrell, 1998).

기회의 이전은 중요한 사회복지급여 중 한 유형이다. 기회는 현금이나 현물과 같이 눈에 보이지는 않지만 사회복지정책에서 큰 영역을 차지하고 있다. 기회의 이전은 여분의 기회(extra chance)를 사회복지 수급자에게 제공하는 프로그램을 의미한다. 장애인에게 취업을 할 때 가산점을 주는 프로그램이 그 사례다. 기회는 현금이나 현물로 바꿀 수는 없지만 더 많은 기회를 제공받음으로써 생활의 어려움을 극복할 수 있다.

서비스의 이전도 사회복지 프로그램 중 한 유형이다. 서비스 이전은 국가나 사회복지기관, 혹은 전문사회복지사로부터 클라이언트에게 제공되는 유형 혹은 무형의 봉사행위를 의미한다. 재가서비스(in-home care), 카운슬링, 혹은 직업훈련과 같은 서비스를 사례로 제시할 수 있다.

상품도 사회복지 프로그램의 한 유형이다. 상품은 식료품, 피복, 그리고 주거공간처럼 클라이언트의 복지에 직접 소요되는 물건을 의미한다. 빈곤층에게 제공되는 현물급여 중에서 현금급여나 서비스를 제외한 물건이 여기에 속한다.

바우처나 세금 공제도 사회복지 프로그램의 유형에 속한다. 빈곤층에게 제공되는 세금 공제나 푸드 스탬프(food stamp)와 같은 것을 그 사례로 제시할 수 있다. 현금급여는 현금 형태로 클라이언트에게 제공되는 급여를 의미한다. 빈곤층에게 제공되는 생계비가 여기에 속한다.

끝으로 권력 이전도 사회복지 프로그램의 한 유형에 포함시킬 수 있다. 사회복지 정책형성, 집행, 그리고 평가 과정에 클라이언트가 참여해 정책의 일부 혹은 전부에 영향을 미치는 영역이 권력 이전의 한 유형이다. 권력 이전은 정책 과정에의 참여라는 단순한 의미 외에도 사회복지정책의 한 유형으로서 고객중심주의(clientalism)를 구현한다는 점에서 의미가 크다. 사회복지 프로그램에서 권력 이전은 노인복지나 장애인복지정책 과정에 그들의 대표가 참여하는 등 다양한 곳에서 나타나고 있다. 국정관리 패러다임이 거버넌스(governance) 방식으로 변하게 되면 사회복지 프로그램의 한 유형으로서 권력 이전은 더욱 다양한 방식으로 나타날 것으로 예상된다.

3 국가정책과 사회복지정책의 유형

국가정책은 6개 유형으로 나뉘며, 사회복지정책은 재분배정책에 속한다. 재분배정책은 [그림 4-1]과 같이 자격 기준, 급여 종류, 그리고 이전가능성에 따라 다양한 유형으로 세분된다. 자격 기준에 따라서 보호 중심의 프로그램과 자립 중심 프로그램으로 나뉘기도 하고, 급여의 종류에 따라 현금급여 프로그램과 현물급여 프로그램으로 나뉘기도 한다. 이전가능성에 따라서 사회복지정책은 기회, 서비스, 상품, 바우처나 세금 공제, 현금, 그리고 권력 이전과 같은 프로그램으로 나뉜다. 사회복지정책은 아래의 유형 중 하나만을 다루기도 하고, 복수의 유형을 한꺼번에 다루기도 한다. 자격있는 빈곤층에 대해 보호 중심의 정책에 국한해 접근할 수도 있고, 보호 중심의 정책을 현금급여와 현물급여로 나눠 별도로 다룰 수도 있다는 의미다.

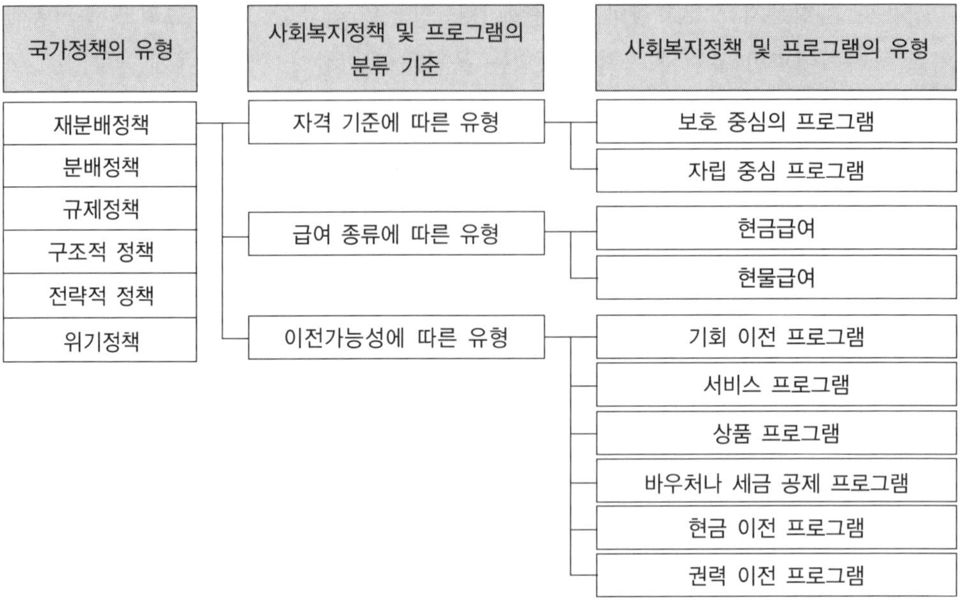

그림 4-1 국가정책과 사회복지정책의 유형

제 3 절 사회복지정책 및 프로그램의 목표

개인의 목표는 개인의 가치관에 따라 달라지고, 국가의 목표는 국가 이데올로기에 따라 달라진다. 사회복지정책도 마찬가지다. 사회복지정책의 목표는 사회복지정책을 바라보는 관점에 따라 다르게 나타난다. 사회복지정책의 목표를 논의하기 위해서는 사회주의나 자본주의와 같은 국가 이데올로기를 언급해야 하겠지만 사회복지정책의 본질에서 벗어날 가능성이 있기 때문에 사회복지 관점에 비춰 잠깐 정치 이데올로기에 대해 언급하는데 그치고 구체적인 설명은 생략한다.

1 사회복지정책의 관점

사회복지정책의 관점은 개인주의적 관점과 집단주의적 관점으로 나뉘기도 하고

(Gilbert & Terrell, 1998), 보호 중심의 관점과 자립 중심의 관점으로 나뉘기도 한다. 다른 여러 가지 관점이 있지만 여기에서는 이 네 가지 관점을 중심으로 논의한다.

1) 개인주의적 관점과 집단주의적 관점

개인주의적 관점은 <표 4-4>에서와 같이 사회문제의 발생 원인을 개인에게 두고 있고, 집단주의적 관점은 사회문제의 발생 원인을 개인이 아닌 집단에 두고 있다는 시각에서 사회복지를 바라본다. 개인주의적 관점은 시장에서 개인의 역할을 강조하는 입장을 취할 수밖에 없고, 집단주의는 과당경쟁, 독과점, 그리고 실업처럼 자율경쟁시장에서 발생하는 모순을 해결하기 위해 개인의 역할에는 한계가 있다는 점을 강조한다.

개인주의 관점은 국가의 간섭을 최소화하면 문제 해결이 저절로 된다는 입장인 반면에 집단주의적 관점은 구조적 모순에 의해 발생한 문제는 개인이 해결할 수 없으며 국가의 간섭만이 문제 해결의 수단이라는 점을 강조한다. 사회복지정책도 개인주의 관점과 집단주의 관점에 따라 달라질 수밖에 없다.

개인주의 관점에서는 빈곤층에 국한해 지원을 하는 등 최소한의 개입에 그쳐야 한다는 입장인 반면에 집단주의 관점에서는 최소 보장의 차원을 뛰어넘어 사회구성원

표 4-4 개인주의적 관점과 집단주의적 관점

비교 항목	개인주의적 관점	집단주의적 관점
정치 이념	보수주의	진보주의
사회문제에 대한 시각	사회문제는 선택의 실수, 개인의 결함, 그리고 빈곤에 대한 인식을 반영	사회문제는 사회경제적 환경, 기회의 부족, 기회에 대한 접근 장벽으로 초래되는 현상을 반영
시장에 대한 시각	자율규제와 사유재산이 개인의 번영과 복지를 보장	자율규제는 경제순환 위기, 실업, 도시 빈곤, 불평등, 그리고 환경 파괴를 초래
정부의 책임	간섭을 최소화하는 작은 정부 지향	지역사회의 복지를 구현하기 위해 적극적인 정부개입이 요구됨
사회정책 어젠다	빈곤층에 초점을 맞춘 최소 안전망과 자원봉사나 종교적 자선에 의존	사회구성원 전체에 대한 공평한 기회, 경제적 안정 보장, 기본적 사회재를 제공하는 공공 리더십에 의존

자료: Gilbert & Terrell(1998: 17).

전체에 대해 공평한 기회를 제공한다는 입장을 가지고 있다. 개인주의적 관점을 취하느냐, 혹은 집단주의적 관점을 취하느냐에 따라 사회복지정책의 목표도 달라진다.

개인주의적 관점에서는 빈곤층에 대한 생계 보장과 같은 최소한의 범위에서 최소한의 보장 이상의 목표를 설정하기가 어렵지만 집단주의적 관점에서는 빈곤층뿐만 아니라 사회구성원 전체를 대상으로 사회복지의 영역을 넓게 설정할 수 있고, 사회복지의 목표도 빈곤문제 해결보다 한 차원이 높은 공평사회 건설과 같은 방향으로 확대할 수 있다.

2) 보호 중심의 관점과 자립 중심의 관점

자립 중심의 관점과 보호 중심의 관점은 <표 4-5>에서와 같이 신보수주의와 진보주의 관점으로서도 설명이 가능하다. 자립 중심의 관점은 신보수주의 복지관을 대변하고, 보호 중심의 관점은 진보주의 복지관을 대변하고 있기 때문이다. 자립 중심의 관점에서는 빈곤과 같은 사회문제는 선택의 실수나 개인적인 문제에 의해 발생된다고 보고, 보호 중심의 관점에서는 빈곤과 같은 사회문제는 사회구조적 결함에 의해 발생된다고 본다.

두 가지 관점에 따라 복지에 대한 시각도 달라진다. 자립 중심의 관점에서는 복지를 근로 연계 복지, 혹은 생산적 복지로 이해하고 있고 구체적 프로그램으로는 직업훈련이나 취업을 강조하고 있다. 보호 중심의 관점에서는 최소 보장의 원칙에 입각한 보편적 보호를 강조한다. 자립 중심의 복지는 워크페어(workfare)로 지칭되고, 보호 중심의 복지는 웰페어(welfare)로 지칭된다. 자립 중심의 관점을 대표하는 학자

표 4-5 보호 중심의 관점과 자립 중심의 관점

비교 항목	자립 중심의 관점	보호 중심의 관점
정치 이념	신보수주의	진보주의
빈곤에 대한 시각	빈곤과 같은 사회문제는 선택의 실수나 개인적인 문제에 의해 발생	빈곤과 같은 사회문제는 사회구조적 결함에 의해 발생
복지에 대한 시각	근로 연계 복지, 혹은 생산적 복지의 관점에서 이해	최소 보장의 원칙에 입각해 보편적 보호로 이해
정부의 역할	자립지원정책에 중점	생계보호정책에 중점
대표적 학자	Charles Murray(1984)	Michael Harrington(1962)

는 머리(Charles Murray)이고, 보호 중심의 관점을 대표하는 학자는 해링턴(Michael Harrington)이다.

2 사회복지정책 및 프로그램의 목표

정책 목표란 도달하고자 하는 바람직한 상태를 의미한다. 국가정책의 목표는 국가가 도달하려고 하는 바람직한 상태이고, 사회복지정책의 목표는 복지가 추구하는 바람직한 상태다. 정책 목표에는 규범적 정책 목표(normative definition of objective)와 정치적 정책 목표(political definition of objective)가 있다. 전자는 정책이 상징하고 있는 것으로서 분명하고도 기본이 되는 가치를 의미하고, 후자는 정치인이나 정치집단의 이해관계 조정에 의해 형성된 목표를 의미한다(Brewer & deLeon, 1983). 규범성과 정치성은 사회복지정책의 목표를 구성하는 기본 요소다.

규범성과 정치성은 사회복지정책의 목표를 설정하는 데도 기초가 된다. 사회복지정책의 목표를 사회복지가 추구하는 바람직한 상태로 정의한다면 지나치게 추상적일 뿐만 아니라, 규범성과 정치성이라는 양면성을 고려할 수 없다. 규범성과 양면성을 고려해 정의하면 사회복지정책의 목표는 복지국가 구현이라는 규범성을 가짐과 동시에 사회의 다양한 집단이 동의하는 정치성도 아울러 가진다. 복지국가는 스스로 통제할 수 없는(not able to manage on their own) 상태에 이른 시민의 복리(wellbeing)를 개선하기 위해 시장구조를 수정하는 국가 유형(Gilbert & Terrell, 1998)으로서 그 수준은 정치사회집단의 합의에 의해 결정된다고 할 수 있다.

사회복지정책은 한마디로 그 실체를 분명히 하기가 불가능하다. 개인주의와 집단주의 관점에서 끊임없는 조정의 귀결점이 사회복지정책이 추구하는 목표가 될 뿐만 아니라, 여기에 자립 중심과 보호 중심의 관점이 조정 과정에 가세해 어느 선상에 목표가 위치하는지에 대해서는 판단하기가 어렵다.

[그림 4-2]에서와 같이 사회복지정책에 대한 관점 사이의 조정을 거쳐서 목표가 결정된다. 그러나 사회복지정책의 목표는 다양한 사회복지정책의 관점에 대한 조정을 거쳐 바로 설정되는 것은 아니다. 한 단계 더 나아가 사회복지가 추구하는 규범성과 정치적 이해관계의 조정을 거쳐야 비로소 사회가 요구하는 사회복지정책의 목표

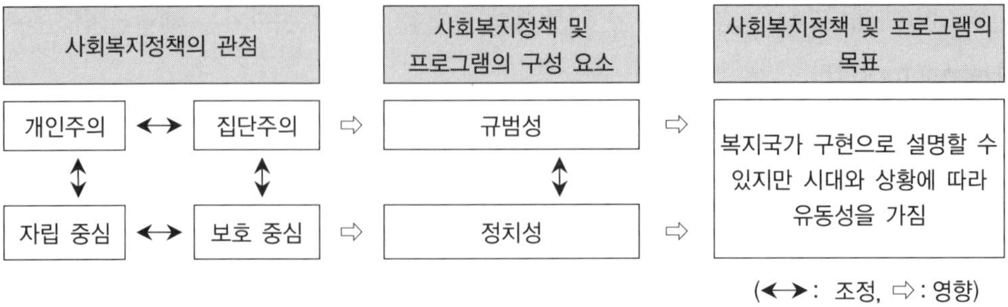

그림 4-2 사회복지정책의 관점, 구성 요소, 그리고 목표

에 이를 수 있다.

사회복지정책의 목표는 복지국가(welfare state) 구현이라는 규범성을 가지지만 수준은 정치사회집단의 합의에 의해 결정된다. 복지국가가 지향하는 목표는 <표 4-6>과 같이 경제적 안전성(economic security), 물질적 충족성(material sufficiency), 그리고 기초생활(basic services)에 대한 접근성으로 요약된다. 경제적 안전성이란 경제 불안으로 야기되는 소득 상실로부터 발생되는 위기에서 시민사회를 보호하는 기능을 수행한다는 목표다. 물질적 충족성이란 빈곤계층이 보호받을 수 있을 정도의 물질이 구비되어 있어야 한다는 목표를 의미한다. 끝으로 기초생활에 대한 접근성은 생계 유지에 필요한 상품이나 서비스에 접근이 보장되어 있어야 한다는 의미를 가진다.

복지국가는 경제적 안전성이라는 목표 달성을 위해 사회보장정책이 필요하고, 물질적 충족성의 확보를 위해 빈곤층을 대상으로 공공부조정책이 실시되어야 한다. 사회보장정책에는 질병으로부터의 고통을 해결하기 위한 의료보험, 실직의 고통을 해결하기 위한 실업보험, 퇴직과 배우자의 사망으로 인한 고통을 해결하기 위한 연금 등이 구비되어 있어야 하고, 공공부조에는 현금급여와 현물급여가 갖춰져 있어야 한다. 그리고 기초생활을 확보해 주기 위해 교육정책, 건강정책, 주택정책, 그리고 사회영양정책이 마련되어 있어야 한다.

복지국가는 정책에 대한 수혜자가 누구인지에 대해서도 분명한 선을 가지고 있어야 한다. 사회보장정책의 수혜자는 경제활동인구, 퇴직자, 그리고 그들의 부양가족이며, 공공부조정책의 수혜자는 빈곤층과 취약계층이다. 교육, 건강, 주택, 그리고

표 4-6 복지국가 구현을 중심으로 하는 사회복지정책의 목표

목표	정책 및 프로그램	급여 대상자
경제적 안전성	사회보장	경제활동인구, 퇴직자, 그리고 그들의 부양가족
물질적 충족성	공공부조	빈곤층과 취약계층
기초생활 접근성	교육, 건강, 주택, 영양	일반 사회구성원

자료: Gilbert & Terrell(1998: 37-38).

영양정책에 관한 수혜자는 일반 사회구성원이다. 복지국가는 빈곤층과 저소득층에 국한해 그 목표를 설정하는 이념이 아니라 빈곤층과 취약계층, 경제활동인구과 그 부양가족, 퇴직자와 부양가족, 그리고 일반 사회구성원 모두를 포함한다.

제 4 절 정책 과정과 프로그램 과정

1 정책 및 프로그램 과정

사회복지행정에서의 정책도 역동성을 가지며, 생성에서 소멸에 이르는 과정이 존재한다. 생성된 정책의 모습이 어떤지를 알기 위해, 그리고 정책의 소멸해 가는 모습을 이해하기 위해서는 정책 과정에 대한 이해는 필수적이다. 그것이 사회복지정책이든 경제정책이든 상관이 없다. 정책보다 하위 개념인 프로그램도 마찬가지다. 정책이나 프로그램의 생성에서 소멸에 이르는 과정을 이해함으로써 정책과 프로그램의 본질에 접근할 수 있다.

정책 과정에 대해서는 다양한 학자의 의견과 다양한 접근이 시도되고 있지만 공통분모를 요약하면 정책분석, 정책형성, 정책집행, 그리고 정책평가로 나뉜다. 정책분석은 문제의 본질을 파악하는 과정을 의미하고, 정책형성은 문제 해결을 위해 하나의 대안을 선택하는 행위를 의미한다. 정책집행은 정책형성 과정에서 설정한 정책 목표를 달성해 가는 과정을 의미하고, 정책평가는 계획된 목표가 어느 정도 달성되었으며, 기대한 효과가 어느 정도 나타나고 있는지에 대해 분석하는 단계를 의미한다.

2 정책 및 프로그램 사이클

정책 사이클은 정책 과정을 일회성으로 보지 않고 순환성에 근거해 이해하려는 접근 방법을 말한다. 정책 과정은 대체로 4단계로 요약된다. 정책형성 이전 단계로서 현실 사회나 현실 문제에 대한 분석을 주축으로 하는 정책분석이 제1단계이고, 제2단계에서는 정책이 형성되는 단계이며, 제3 단계는 형성된 정책의 효과가 나타나는 집행 단계다. 그리고 마지막 단계는 집행된 정책이 평가되는 단계가 그것이다. 이 과정의 관계를 [그림 4-3]과 같이 설명할 수 있다(허만형, 1994).

정책은 문제에 대한 본질의 파악에서부터 시작한다. 정책분석(policy analysis) 과정을 거쳐 문제의 본질이 파악된다. 문제 해결 방안이 마련되어 정당한 절차를 거쳐 합법성을 확보하게 되는 과정이 정책형성(policy formulation) 단계다. 정책형성 다음으로는 계획한 목표를 달성하는 단계에 들어간다. 이 단계가 정책집행(policy implementation)이다. 정책집행 후에는 계획된 목표가 달성되었는지에 대해 평가를 시도한다. 이 단계를 정책평가(policy evaluation)라고 지칭한다. 일회성 정책인 경우에는 정책평가 후 바로 정책종결(policy termination)로 이어진다. 일회성 정책이 아닌 경우에는 평가 단계에서 바로 문제를 수정해 정책형성과 같은 의미가 있는 정책재형성(policy reformulation) 단계로 들어간다. 재형성 후에는 다시 집행과 평가 과정을 반복하는 순환성을 가진다.

정책 사이클에도 여러 가지 유형이 있다. 존스(Jones, 1984)는 정책의 사이클을 3개 유형을 바탕으로 설명한다. 제1유형은 지원 사이클(support cycle)이고, 제2 유형

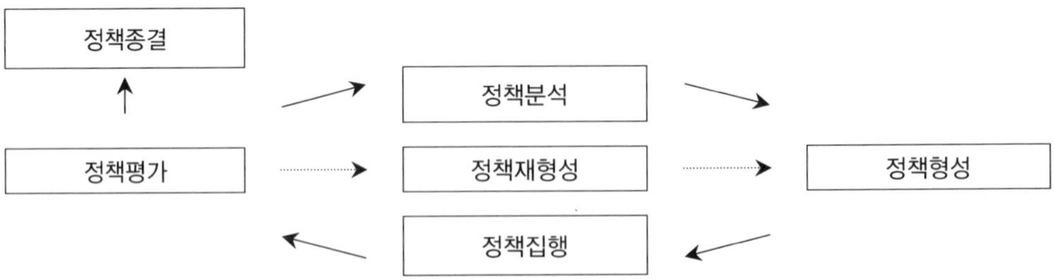

그림 4-3 정책 사이클

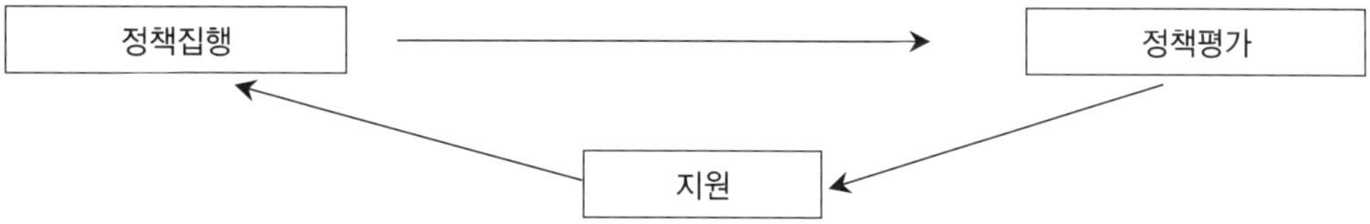

그림 4-4 지원 사이클

은 조정 사이클(adjustment cycle)이며, 제3유형은 지원과 조정이 복합적으로 일어나는 유형이다. 제1 유형은 지원 사이클로서 [그림 4-4]와 같이 표시할 수 있다. 즉 누가 평가를 하든 사회복지 평가 결과가 그 정책을 계속 유지시키도록 외부의 힘이 모아지는 사이클이다. 정책집행 후에 평가 실시되고, 정책재형성 과정은 지원이 이뤄지는 과정으로 대체된다. 따라서 이 사이클은 평가의 결과로부터 다시 계속 집행을 할 수 있도록 유도하는 사이클이다.

제2 유형은 조정 사이클이다. 조정 사이클에서는 정책재형성이 필요하기 때문에 점증적인 조정 사이클로 표현된다. 사회복지 평가의 결과보다 개선된 차원의 집행이 요구될 경우에 이 사이클에 따라 기존의 정책은 새로운 모습으로 거듭나는 과정을 거친다. 이 유형은 [그림 4-5]와 같이 표시된다. 제1 유형에서는 정책재형성이 없는데 반해 제2 유형에서는 정책집행 후에 조정 과정을 거치기 때문에 정책재형성이 있다는 것이 특징이다.

제3 유형은 복잡한 모습을 가지고 있다. 정책평가 이후에는 정책이 재형성되는 경우도 있고, 지원을 받는 경우도 있으며, 일부 조정되는 경우도 있다. 이러한 상황이

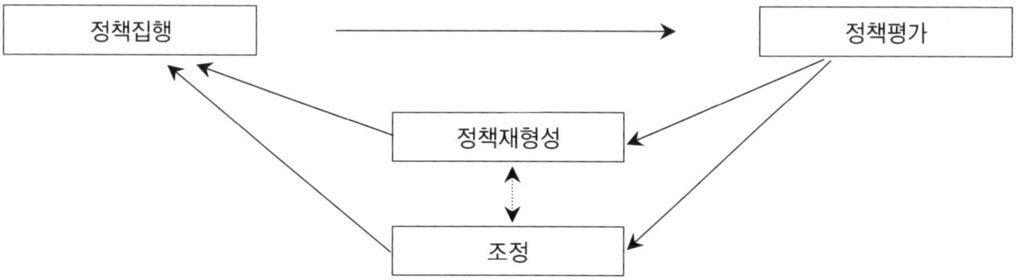

그림 4-5 조정 사이클

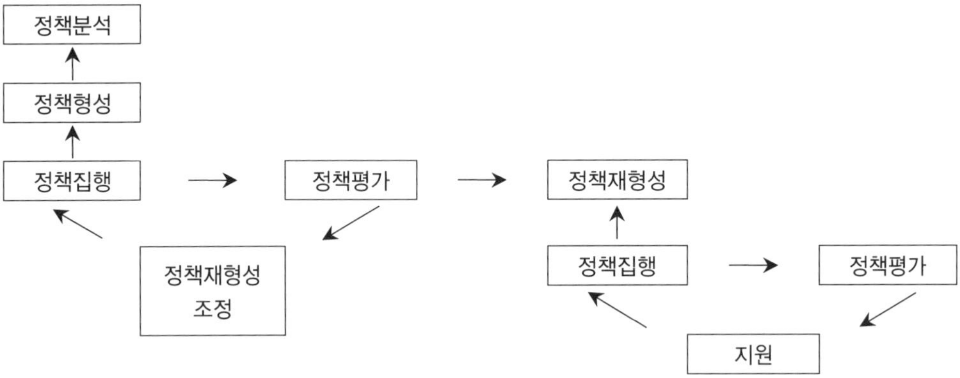

그림 4-6 제3유형의 정책 사이클

혼재되어 나타나는 경우가 이 유형에 속한다. 앞의 두 모형은 지나치게 단순화된 정책 사이클 유형이라고 할 수 있는 데 반해 제3유형은 현실을 가장 잘 반영한 정책 사이클로, [그림 4-6]과 같이 표시된다.

정책은 정책분석과 정책형성의 과정을 거쳐 집행된다. 집행된 후에는 평가의 과정을 거친다. 평가 후에는 지원을 받을 프로그램은 지원을 받고, 조정해서 다시 집행해야 할 프로그램은 조정의 과정을 거치고, 그 프로그램으로서는 목표 달성을 할 수 없을 경우에는 수정 및 보완 과정을 거쳐 해당 프로그램에 대한 정책을 재형성한다. 이것이 정책의 제1라운드다. 만약 정책이 재형성되어야 한다면 정책재형성과 정책집행이 연속적으로 이어진다. 정책평가의 결과가 또 나오고, 이 결과에 의해 지원 혹은 조정의 과정을 거친다. 여기에서도 재형성 문제가 있다면 다시 재결정에 의한 제3라운드 정책으로 이어진다. 과정에 대한 이해 없이 정책을 이해한다는 것은 정책의 겉모습만 이해하는 데 불과하다.

정책 사이클은 모든 정책에서 나타나는 현상이다. 사회복지정책에서도 나타나고, 환경정책에서도 나타나며, 경제정책에서도 정책 사이클이 존재한다. 정책이 무슨 내용을 담고 있든 정책 사이클을 따라가면서 개선된다. 정책이 시대적 상황과 맞지 않을 경우에는 종결 과정을 거쳐서 폐기되기도 한다. 사회복지정책에서도 예외없이 적용된다.

3 사회복지정책 과정과 전문가 개입 기능

사회복지정책 과정도 정책분석, 정책형성, 그리고 정책평가의 과정을 거친다. 평가 후에는 종결로 이어질 수도 있으나 정책은 계속성이 있기 때문에 지원을 받아 다시 집행 과정으로 이어질 수도 있고, 조정 과정을 거쳐 정책재형성을 실시하고 집행과 평가를 반복할 수도 있다. 사회복지정책은 모든 정책 단계에서 전문가가 개입해 문제 해결을 시도할 수 있다는 독특한 성향을 가지고 있다. 정책분석 → 정책형성 → 정책 집행 → 정책평가로 이어지는 모든 과정에서 정책 효과가 나타난다. 정책 단계별로 나타날 수 있는 전문가의 문제 해결 기능을 제시하기로 한다.

정책분석을 세분화하면 문제 인지(problem identification), 문제분석(problem analysis), 그리고 문제의 본질 공개(informing the public)로 나뉜다. 국가정책의 경우 문제가 무엇인지에 대해 알고 있다고 하더라도 즉각적인 개입이 어려운 경우가 있다. 문제 해결을 위한 행동 개시 이전에 법률적·제도적 정당성을 확보해야 하기 때문이다. 그러나 사회복지는 전문 영역이기 때문에 사회복지 전문가는 문제의 발견과 동시에 즉각적인 개입이 가능하다. 따라서 <표 4-7>에서와 같이 문제의 인지 단계에서 직접 서비스를 제공할 수 있다. 임상사회복지사의 경우 클라이언트의 문제가 무엇인지를 파악함과 동시에 상담 서비스를 제공하는 것이 직접 서비스의 사례다. 문제의 인지 단계에서 직접 서비스를 제공한 데 이어서 문제분석을 통해 문제의 본질

표 4-7 사회복지정책 과정과 전문가 개입 기능

정책 과정	세분화 정책 과정	전문가 개입 기능
정책분석	문제 인지	직접 서비스 제공
	문제분석	문제에 대한 연구
	문제의 본질 공개	CO를 통한 개입
정책형성	정책 목표 설정	기획
	시민의 지원 및 정당성 확보	CO를 통한 개입
	정책형성	프로그램 계획
정책집행	정책집행	관리 및 직접 서비스 제공
정책평가	정책평가	평가연구와 직접 서비스 제공

자료: Gilbert & Terrell(1998: 246-250).

을 파악해 나갈 수 있다. 문제의 본질을 파악한 후에는 지역 주민에게 알리는 과정을 거침으로써 지역 주민 스스로가 다양한 방법으로 문제 해결에 동참하도록 유도할 수 있다. 재개발이 진행 중인 인근 지역이 청소년들의 비행 장소로 활용되고 있다는 사실을 지역 주민에게 알림으로써 지역 주민 스스로가 그 문제 해결을 위해 나서도록 하는 행위를 의미한다.

정책형성은 정책 목표를 설정하고, 시민의 지원과 법적 정당성을 확보하며, 프로그램을 설계하는 단계로 다시 나눌 수 있다. 정책 목표를 설정하는 단계에서 사회복지 전문가는 미래에 대한 설계를 할 수 있고, 시민의 지원과 법적 정당성을 확보하는 단계에서는 다시 한 번 지역사회와 공동으로 문제 해결을 위한 전문가 개입을 시도할 수 있다. 프로그램 설계를 통해 문제가 공식적이고도 지속적으로 해결될 수 있는 장치를 마련한다. 집행 단계에서는 형성 과정에서 설계한 프로그램에 따라 서비스를 직접 제공하고 이를 지원하거나 통제하는 관리행위를 한다. 사회복지 평가 단계에서는 평가연구와 함께 직접 서비스를 제공하는 역할을 수행한다. 정책 과정에 전문가가 개입할 수 있는 여백을 남겨두게 되면 정책은 모든 과정에 걸쳐 문제 해결 기능을 수행할 수 있다. 즉 사회복지정책은 집행 단계에서만 문제가 해결되는 것이 아니라 정책의 모든 과정에 걸쳐서 문제가 해결되는 기능을 가지고 있다.

제 5 절 결론

사회복지정책도 정책의 한 유형에 속하기 때문에 목적 지향적이다. 현재의 문제를 해결하는 계획이라는 점에서 미래에 대한 설계인 기획과는 약간의 차이가 있고, 구체적이고 단기적인 프로그램과도 그 범위에서 차이가 있다.

사회복지정책은 재분배정책에 속한다. 기회, 현금, 현물, 세금, 서비스, 그리고 권력 이전을 통해 좀 더 공평한 사회를 건설하기 위한 정책 유형이다. 그러나 사회복지정책의 궁극적인 목적은 복지국가 건설에 있다. 복지국가는 자신의 삶을 스스로 통제할 수 없는 상태에 이른 시민의 복리(wellbeing)를 개선하기 위해 시장구조를 수정하는 국가 유형으로서 그 수준은 정치사회집단의 합의에 의해 결정된다.

사회복지정책도 정책분석, 정책형성, 정책집행, 그리고 정책평가와 같은 4단계 과정을 가지고 있다. 사회복지정책은 정책집행이 아닌 단계에서도 정책 목표가 달성된다는 독특한 성격을 가지고 있다. 정책 과정에 전문가가 개입할 수 있는 여백을 남겨두게 되면 정책은 모든 과정에 걸쳐 문제 해결 기능을 수행할 수 있다.

제 5 장 사회복지행정과 정책분석

제 1 절 사회복지 정책분석의 개념

정책분석(policy analysis)은 문제의 본질을 파악하는 과정으로서 정책의 기술적 도구(technical instrument)로서 성격을 갖는다. 정책결정자로 하여금 합리적 선택(rational choice)을 통해 정책을 성공으로 이끌 수 있도록 각종 분석적 틀을 제공하는 것이 정책분석이다. 정책분석은 정책의 기술적 도구로서 성격을 가지기 때문에 정책의 모든 과정을 통해 적용된다. 한편에서는 정책대안 선택의 기준이 되는 분석적 틀을 제공하기도 하고, 다른 한편에서는 정책집행을 효과적으로 하기 위한 분석적 틀을 제공하기도 하며, 정책평가의 도구로 사용되기도 한다. 즉 정책분석은 [그림 5-1]의 광의의 정책분석처럼 정책의 모든 과정에서 정책의 목표를 효과적으로 달성하기 위한 기술적 도구를 제공하는 역할을 한다(허만형, 1994).

정책분석은 정책대안을 쉽게 비교하기 위한 분석적 틀을 제공하는 개념, 혹은 정책형성 이전 단계로 이해하는 경우도 있지만, [그림 5-1]에서처럼 항상 좁은 의미만으로 사용되지는 않는다. 정책분석이 좁은 의미로 이해되는 가장 큰 원인은 정책대안을 비교분석하는 데 가장 많이 사용되고 있기 때문이다. 또한 정책분석을 체제분석(systems analysis), 비용편익분석(benefit cost analysis), 선형계획이론(linear

그림 5-1 정책분석의 개념도

programming) 등과 같은 개념으로 이해하는 경우가 있는데 이것 역시 잘못된 부분이다. 이러한 각종 기법들은 정책분석의 도구일 따름이지 정책분석 그 자체는 아니다. 왜냐하면 정책분석은 응용연구 분야로서 이러한 분석도구를 통해 현실 문제, 즉 정책문제를 해결하는 데 사용되기 때문이다(허만형, 1994).

사회복지 정책분석도 사회복지 문제의 본질을 파악하는 과정이며, 사회복지 문제를 해결하기 위해 활용되는 기술적 도구로서 성격을 가진다. [그림 5-2]처럼 정책형성 이전에 거쳐 가는 단계만이 아니라, 사회복지정책의 전 과정에 걸쳐 복지문제를 분석하고, 사회복지의 목표를 달성하며, 사회복지를 평가하는 데 필요한 도구로서 활용된다. 사회복지 정책분석 과정에서 전문가가 개입할 경우에 이러한 현상은 더욱 뚜

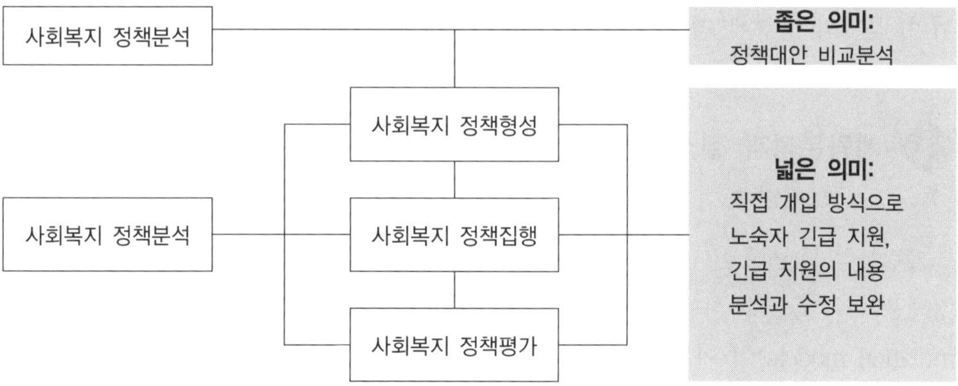

그림 5-2 사회복지 정책분석의 개념도

렷이 나타난다(Gilbert & Terrell, 1998).

지방자치단체에 근무하는 사회복지 전담 공무원 앞에 한 노숙자가 방문을 했다고 가정한다. 사회복지사는 노숙자 문제에 대해 이미 알고 있기 때문에 이 문제와 마주치는 순간 노숙자에게 임시로 주거공간을 마련하는 일부터 시작하게 된다. 문제와 마주치는 순간 전문가의 직접 개입, 즉 정책집행이 시작된다. 이 경우 정책분석은 정책의 모든 과정에 영향을 미치는 광의의 개념으로 이해할 수 있다. 사회복지 전담공무원은 긴급한 상황에서 직접 개입 방식으로 문제 해결을 시도한 후에도 노숙자 문제의 근본적인 해결을 위해 노숙자 발생 원인을 분석한다. 이것은 정책이 집행되는 과정에서의 정책분석에 해당된다. 집행 과정에서의 정책분석을 통해 노숙자 문제를 해결할 수 있는 정책대안을 비교분석해 최선을 선택하는 정책형성의 단계에 이르게 된다. 이 경우에 사회복지 정책분석은 [그림 5-2]에 있는 광의의 사회복지 정책분석으로 이해할 수 있다.

제 2 절 사회복지 정책분석의 종류

사회복지 문제의 본질을 파악하는 과정에 활용할 수 있는 정책분석의 도구는 일일이 나열하기 어려울 정도로 많다. 수의 개념이 개입되었는지에 따라 계량분석과 질적 분석으로 나뉘고, 사회적 교류 여부에 따라 사회적 교류분석과 지적 인지분석으로 나뉘며, 문제의 방향에 따라 문제분석과 욕구분석으로 나뉜다.

1 계량분석과 질적 분석

계량분석(quantitative analysis)은 수학적 모형(mathmetical model)을 의미하며, 정책분석의 도구로 사용할 경우 분석모형(analytic model)과 시뮬레이션 모형(simulation models)이 여기에 포함된다(Quade, 1982). 계량분석의 분석모형에는 대기행렬이론(queueing theory 혹은 waiting-line theory), 선형계획이론, 비용편익분석

등이 있으며, 대체로 운영연구(Operations Research: OR)의 방법론으로 사용되는 도구를 정책분석의 도구로 원용해 사용하고 있다(허만형, 1994).

분석모형은 선형계획이론이나 비용편익분석의 계산 논리를 컴퓨터에 입력한 후 실제로 분석을 하고자 할 경우에는 컴퓨터를 통해 신속하게 계산 결과를 도출할 수 있을 정도로 발전했다. 시뮬레이션 모형은 일종의 컴퓨터 모의실험으로서 복잡한 의사결정 과정이나 문제 해결의 과정을 수학적 모형으로 전환시키고 이것을 컴퓨터 프로그램으로 발전시켜 실제 어떤 문제가 발생할 경우 이 모형을 통해 문제 해결의 방법을 찾아내는 기법을 의미한다.

분석모형과 시뮬레이션 모형은 다르다. 분석모형은 컴퓨터를 활용한다고 하더라도 모의실험까지는 들어가지 않는다. 시뮬레이션의 범주에 들어가기 위해서는 반드시 실험이라는 내용이 들어가야 한다. 분석모형과 시뮬레이션 모형이 항상 뚜렷이 구별되는 것은 아니다. 대기행렬모형은 분석적 모형이지만 이것은 분석의 성격상 실험을 수반한다. 따라서 이 문제를 해결하기 위해 대기행렬이론의 계산 법칙을 컴퓨터에 입력해 사용하고 있다면 한편에서는 분석모형이고 다른 한편에서는 시뮬레이션 모형이 된다.

사회복지 정책분석의 도구로서 선형계획이론은 자원의 효율적 분배를 위해 사용할 수 있고, 비용편익분석은 다양한 문제 해결 대안 중에서 최소의 비용으로 최대의 효과를 창출할 수 있는 대안을 선택하는 데 사용할 수 있으며, 대기행렬이론은 클라이언트가 기다려야 하는 대기 시간을 설정하는 데 활용할 수 있다. 경쟁 관계에 있는 사회복지기관이 있다고 가정할 때 클라이언트의 대기 시간이 지나치게 길면 다른 기관으로 클라이언트를 빼앗길 가능성이 높고, 대기 시간이 지나치게 짧으면 사회복지사를 많이 고용해야 하기 때문에 인건비가 지나치게 많이 지출될 가능성이 있다. 대기행렬이론은 이 문제를 해결해 주는 분석 도구다.

질적 분석은 인간의 판단을 주축으로 형성한 모형으로서 크게 두 개로 나눌 수 있다. 하나는 게임모형(gaming modeds)이고, 다른 하나는 판단모형(judgemental models)이다(Quade, 1982). 게임모형은 군사훈련에 그 기원을 둔다. 실전 상황을 가정하고 군사훈련을 실시하는 게임을 전쟁게임이라고 한다. 실제로 이러한 게임이 최근 군사훈련에 많이 이용되고 있다. 이 전쟁게임과 비슷한 상황을 설정하고 사회복지 문제를 놓고 상대방과의 협상에 관한 사업게임(business game)을 예견한 후에 협상

표 5-1 계량분석과 질적 분석

구분	계량분석	질적 분석
내용	수학적 모형으로 접근	인간의 가치판단을 중심으로 하는 접근
종류	시뮬레이션 모형과 분석모형(대기행렬이론, 선형계획이론, 비용편익분석)	게임모형과 판단모형(시나리오 기법, 델파이기법)
용도	선형계획이론은 자원의 효율적 분배에 사용, 비용편익분석은 최선의 대안 선택에 사용, 대기행렬이론은 클라이언트의 대기시간 설정에 활용	게임모형은 사회복지에 대해 이해관계 대립이 심할 때 활용, 시나리오 기법은 사회복지급여나 서비스를 제공받는 클라이언트의 대응을 분석하는 데 사용, 델파이 기법은 전문가 의견을 종합해 문제 해결 방법을 모색하려는 정책분석에 사용

테이블에 임하는 진용을 훈련시킬 수도 있다. 판단모형은 인간의 판단이 정책분석의 도구로 사용되는 경우다. 시나리오(scenario) 기법이나 델파이(Delphi) 기법 등이 여기에 속한다. 시나리오 모형이란 상황분석에 대한 심층적 분석을 수치가 아닌 언어의 형태로 기록한 것을 말한다. 단순한 시나리오가 아니라 어떤 가정을 설정하고 그러한 가정 하에서는 어떤 사건이 벌어질 것이라는 내용을 미리 예측해 보는 분석기법이다.

게임모형은 사회복지 프로그램에 대해 이해관계 대립이 심할 때 활용할 수 있는 모형이다. 시나리오 기법은 사회복지급여나 상담 서비스를 제공받는 클라이언트가 특정의 급여나 상담이론에 대해 어떻게 대응할 것인지에 대해 미리 각본을 그려놓는 분석기법이다. 각본을 놓고 대응한다면 서비스 제공의 효율성을 높일 수 있다. 델파이 기법도 사회복지 정책분석에 활용된다. 전문가 의견을 종합해 문제 해결 방법을 모색하려는 분석 방법으로서 클라이언트가 가지고 있는 문제를 종합적으로 진단하는 데 활용할 수 있다.

2 사회적 교류분석과 지적 인지분석

정책분석 방법으로서 사회적 교류(social interaction) 유형이란 정책분석을 정치적인 관점에서 실시하고자 하는 기법이다(Wildavsky, 1987). 사회에는 많은 이해관계 당사자들이 존재하며, 이 이해관계 당사자의 이해관계 연결고리와 상호작용에 대한 분석이 정책분석의 본질을 형성하고 있는 기법을 의미한다. 사회적 교류 유형은 정책분석에서 다양한 이해관계 당사자의 교환과 협상, 동의와 합의를 유도하는 방법이 중요한 도구로서 역할을 한다. 정책분석 과정에서 정치적 변수, 즉 이해관계 당사자의 파악, 이합집산 행태, 각각의 협상전략 등을 정책분석의 틀로 수용한다는 데서 큰 의미를 찾을 수 있다(허만형, 1994).

지적 인지(intellectual cognition) 모형은 합리성을 추구하는 정책분석 유형이다. 이 분석 유형에는 앞에서 논의한 계량분석 및 질적 분석이 모두 포함된다. 따라서 어떤 계량분석, 혹은 질적 분석 도구를 사용해 정책분석을 해도 지적 인지 유형에 속한다고 할 수 있다. 지적 인지 유형은 포괄적이며 합리적인 분석을 추구하고 있다. 따라서 정치적 현상이나 합의점 모색 같은 것을 정책분석의 범주에 포함시키지 않는다. 이러한 요소는 정책분석 주변을 둘러싸고 있는 정치 환경적 요인으로 간주한다(Wildavsky, 1987).

사회적 교류 유형은 현실 지향적이고, 지적 인지 유형은 합리성 추구라는 이상 지향적 분석 기법이다. 각기 분석 방법이 다르고, 분석 기준도 다르며, 분석을 담당하는 분석가의 행태도 다르다. 이 두 유형을 요약·비교하면 <표 5-2>와 같다. 사회적 교류 유형은 정치적이기 때문에 의사결정도 합의 도출 성향이 강한 반면에 지적 인지 모형은 합리적이며 분석적이기 때문에 의사결정도 합리적 선택에 초점을 맞춘다.

사회복지 정책분석의 현실은 정치성과 합리성 모두를 가지고 있다. 사회복지정책의 한 면에는 이해관계 당사자들이 지켜보고 있기 때문에 정치적이고, 다른 한 면에는 인간다운 최저 생계의 보장을 위해 부족한 부분이 무엇인지에 대해 탐구하는 분석적 성향이 있기 때문에 합리적이다. 어느 한쪽으로 편중된 분석은 다른 한쪽을 경

표 5-2 사회적 교류모형과 지적 인지모형

비교 기준	사회적 교류모형	지적 인지모형
분석 대상	시장경제와 정치 현상	기획
분석 수준	부분적	포괄적
분석가 태도	다수 집단의 교류분석	단순한 의사결정 분석
의사결정 방법	교환과 협상	합리적 선택
실책에 대한 견해	교정 위주	실수의 최소화 접근
분석 기준	합의 혹은 동의	합리주의

시하는 것으로밖에 해석할 수 없다. 양쪽을 모두 고려한 사회복지정책분석이 요구된다(허만형, 1994).

3 문제분석과 욕구분석

사회복지는 휴먼 서비스를 제공하는 영역이기 때문에 인간이 가지고 있는 욕구가 무엇인지에 대한 이해가 있어야 서비스 범주를 정할 수 있다. 인간의 욕구는 무한하기 때문에 모조리 충족되기는 불가능하다. 따라서 인간이 원하는 욕구 수준과 현실 사회에서 제공되는 수준의 차이가 항상 존재하기 마련이며, 이것은 사회문제로 귀결되기도 한다.

사회복지 정책분석은 문제의 본질을 파악하는 과정으로서 인간의 욕구로부터 문제의 소재를 추적할 수도 있고, 소망하는 욕구와 현실 사회에서 얻을 수 있는 욕구의 차이를 분석함으로써 문제의 소재 파악을 할 수도 있다.

1) 욕구분석

욕구분석(need assessment)은 사회복지 정책분석의 도구다. 욕구분석을 통해 인간이 진정으로 원하는 것이 무엇인지를 파악할 수 있고, 무슨 서비스를 제공해야 하는지에 대해 의사결정을 할 수 있기 때문이다. 욕구는 인간이 소망하거나 필요로 하는 상태를 의미한다. 욕구는 심리적일 수도 있고, 육체적일 수도 있으며, 둘 다일 수도 있다. 사회복지는 인간이 살아가는 데 필요한 기본적인 욕구를 충족시켜 주는 데 그 의의가 있기 때문에 욕구에 대한 체계적인 개념 정리는 중요한 의미를 갖는다.

욕구는 단수가 아니라 복수의 성격을 가지고 있다. 하나의 욕구가 충족되면 또 다른 욕구 충족을 요구하기도 하고, 한꺼번에 다양한 욕구가 표출되기도 한다. 하나의 욕구가 충족되면 그 욕구가 약해지는 경우도 있고 소멸하는 경우도 있다. 이처럼 인간의 욕구는 다중적(multiple) 성격을 가지고 있다. [그림 5-3]처럼 인간이 추구하는 욕구는 시간대에 따라 강약을 반복하면서 다른 욕구와 교류하는 복잡한 성향도 함께 가지고 있다(Hersey & Blanchard, 1982).

인간 욕구의 다중성을 체계적으로 정리한 학자가 머슬로(Maslow, 1954)다. 그는

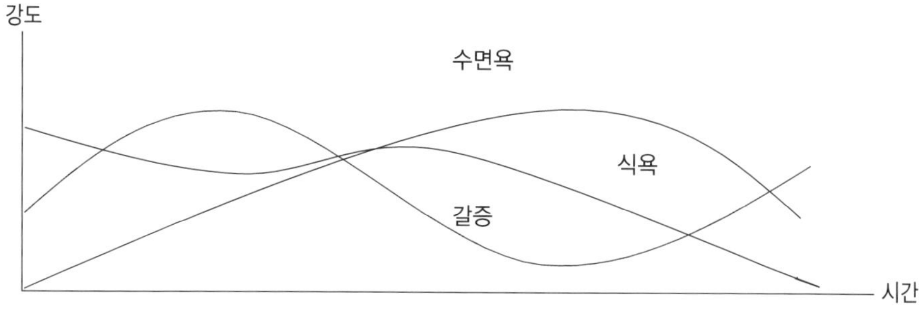

그림 5-3 욕구의 다중적 성격

인간의 욕구는 5단계 계층제로 구성되어 있으며, 하위 욕구가 충족되면 상위 욕구가 충족되는 계층제 형태를 띠고 있다는 욕구계층제(needs hierarchy) 이론을 제시했다. 인간의 욕구는 [그림 5-4]처럼 생리적 욕구, 안정적 욕구, 사회적 욕구, 존중 욕구, 그리고 자아실현 욕구를 단계적으로 충족시키는 특징을 가진다. 머슬로에 의하면 가장 낮은 단계의 욕구 충족의 강도가 가장 높으며, 가장 높은 단계의 욕구에 대한 충족의 강도가 가장 낮다. 인간은 생리적 욕구 충족에 대한 충동을 가장 강하게 느끼며, 그 강도는 자아실현의 욕구에 이르기까지 차츰 낮아진다.

욕구분석이 끝나면 사회복지사는 클라이언트에게 직접 개입해 원하는 서비스를 제공할 수도 있고, 공식적으로 정책형성과 정책집행의 과정을 거쳐 서비스를 제공할 수도 있다. 가장 기본적인 생리적 욕구가 충족되지 않는 상태에 있는 클라이언트에게는 사회복지사가 식료품을 제공함으로써 문제 해결을 시도할 수 있고, 안정적 욕구 충족이 되지 않는 클라이언트에게는 구직에 도움을 줌으로써 문제 해결을 시도할 수

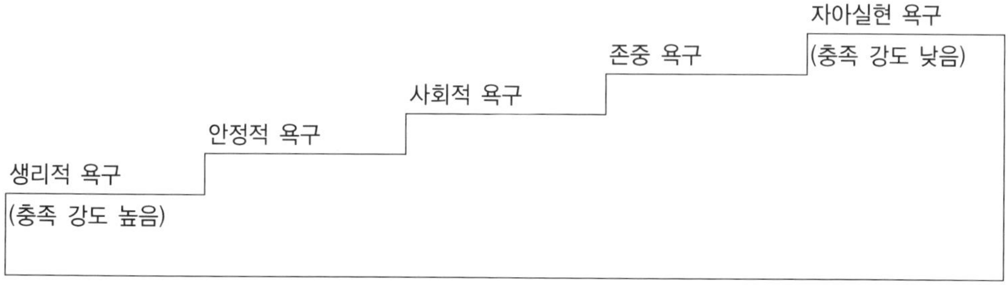

그림 5-4 욕구계층제와 욕구 충족 강도

있다. 이처럼 인간의 욕구에 대한 이해는 사회복지 정책 과정에서 중요한 역할을 수행한다.

2) 문제분석

문제는 이상과 현실의 차이에서 야기되며, 문제분석(problem analysis)은 이상과 현실의 차이에 대한 분석을 의미한다. 사회복지 정책분석은 사회복지가 추구하는 이상과 사회복지의 현실을 비교함으로써 가능하다. 사람은 누구나 성별, 종교, 연령, 인종 등의 이유로 차별 대우를 받지 말아야 하며, 이것은 인류의 보편적 가치이기도 하다. 이 인류의 보편적 가치는 세계 어느 나라에서나 적용되어야 함에도 불구하고, 여성이나 산업연수생의 차별 대우에 관한 사례가 주목을 받고 있다. 인류 보편적 가치의 구현에 위배되는 행위가 어디에서 어떻게 발생되고 있는지에 대해 조사하고, 그 심각성을 분석하는 과정을 문제분석의 사례로 제시할 수 있다.

사회복지 정책분석의 도구로서 문제분석 과정에서 파악해야 할 항목은 문제의 크기(magnitude), 심각성(severity), 그리고 그 문제로부터 영향을 받는 사람의 규모다(Gilbert & Terrell, 1998). 경기 침체가 계속되면 거리에 노숙자가 늘어날 수 있다. 동절기를 앞두고 노숙자가 어느 정도 늘어나며, 그들의 삶이 어느 정도 열악한지 조사를 실시함으로써 문제 파악이 가능하다. 이것이 문제분석이다. 문제분석은 서베이 조사 방식을 통해 전국적으로 실시할 수도 있고, 대도시를 중심으로 그 범위를 좁혀 실시할 수도 있다.

문제분석이라는 방법으로 사회복지 정책분석이 마무리되면 사회복지사가 직접 개입하여 긴급구호 방식으로 노숙자에게 주거공간을 마련해 주는 방법을 찾을 수도 있고, 지역사회의 주민과 공동으로 문제 해결 방법을 시도할 수도 있으며, 국가의 정책 결정에 반영하도록 영향력을 행사할 수도 있다.

제 3 절 사회복지 정책분석의 과정

사회복지 정책분석 과정을 이해함으로써 한편으로는 이론에 더 가까이 다가갈 수 있고, 다른 한편으로는 정책분석 실무에 대한 이해의 수준을 높일 수 있다. 사회복지 정책 과정에서 정책분석에 해당되는 부분을 끄집어내면 문제 인지, 문제분석, 그리고 문제의 본질 공개(informing the public)와 같은 단계를 제시할 수 있다(Gilbert & Terrell, 1998). 정책분석은 정책결정자가 최선의 대안을 선택하도록 다양한 대안을 제시하는 기능을 수행해야 하기 때문에 여기에서는 마지막 단계로서 문제 해결 대안의 비교분석 과정을 추가해 사회복지 정책분석 과정을 논의하기로 한다.

사회복지 정책분석의 제1 단계는 문제 인지로부터 시작된다. 최근 우리 사회에 인지되는 대표적인 사회복지 문제는 청년실업과 노령화사회다. 사회복지 문제는 학력이나 건강 문제처럼 개인적 사정에 의해 발생될 수도 있지만 사회경제적 여건 때문에 발생되기도 한다.

사회복지 정책분석의 제2 단계는 문제분석이다. 문제의 본질이 무엇인지에 대해 분석한다. 지역사회 주민을 대상으로 서베이 조사를 실시해, 그들이 안고 있는 문제가 무엇인지를 조사할 수 있다. 문제분석 단계에서 사회복지 문제의 규모, 문제의 심각성, 그리고 문제로 인해 영향을 받는 인구 등을 파악한다.

사회복지 정책분석의 제3 단계는 문제의 본질을 공개하는 단계다. 지역사회 주민이나 시민사회를 대상으로 문제가 무엇인지, 그리고 얼마나 심각한지에 대해 알리는 행위를 의미한다. 언론매체를 활용할 수도 있고, 지역사회 주민회의나 지역사회 포럼을 활용해 알릴 수 있다. 문제의 본질이 공개됨과 동시에 지역사회 주민 자발적으로, 혹은 사회복지사의 개입으로 지역사회조직을 통해 문제 해결 방안을 모색할 수 있다.

사회복지 정책분석의 제4 단계는 문제 해결이 가능한 대안을 찾아 복수의 대안 중에서 어느 것이 가장 바람직한 대안인지를 파악하는 과정을 의미한다. 대안분석 과정에서는 계량분석이나 질적 분석뿐만 아니라 사회교류 분석과 같은 방법이 동원된다. 문제 해결을 위한 대안 중에는 하나를 선택하면 다른 대안을 선택할 수 없는 상호배타적 대안도 있고, 함께 선택을 하면 시너지 효과가 발생하는 상호보완적 대안도 있다. 노숙자 문제를 해결하는 대안으로서 임시보호소에 입소시키는 대안과 가정으로 복귀시키는 대안은 상호배타적 성격이 강하다. 빈곤층을 대상으로 실시되는 생업자금 융자와 직업훈련 프로그램은 원칙적으로 상호배타적으로 운영되고 있다. 임시보호소에 입소한 노숙자를 대상으로 직업훈련도 시키고, 상담을 통해 가정으로 복귀하도록 하는 프로그램 운영은 상호보완적 대안이라 할 수 있다.

표 5-3 사회복지 정책분석 과정

사회복지정책 분석 과정	분석 도구	전문가 개입
문제 인지	사회경제적 추이에 따른 문제 발견	직접 서비스 제공
문제분석	서베이조사와 같은 사회조사	문제에 대한 연구
문제의 본질 공개	언론기관 활용, 혹은 지역주민회의나 지역사회 포럼 이용	CO를 통한 개입
대안의 비교분석	비용편익분석과 같은 계량분석이나 질적 분석, 혹은 사회교류분석	문제에 대한 연구

사회복지 정책분석이 마무리되면 문제 해결에 활용될 수 있는 다양한 대안의 장단점이 제시되어야 하며, 각 대안의 비용과 편익에 대해서도 정리되어 있어야 한다. 아무리 바람직하게 보이는 대안도 실현가능성이 없으면 대안으로서 가치가 없다. 이것에 대해서도 기술해야 한다. <표 5-4>와 같은 대안을 비교분석한 표 하나만으로 정책결정자가 판단을 내릴 수 있도록 다양한 분석 정보가 사회복지분석 결과에 담겨 있어야 한다.

표 5-4 대안의 비교분석표

대 안	장단점	비용과 편익	실현가능성 요인
대안 A			
대안 B			
대안 C			
대안 D			

제 4 절 비용편익분석

1 비용편익분석의 개념

비용편익분석은 비용과 편익의 비교분석을 하는 계량적 접근 방법이다. 비용편익분석을 사용하기 위해 몇 가지 조건이 따른다. 첫째, 각 대안의 비용과 편익에 대한 정보가 알려져 있어야 한다. 둘째, 이러한 정보를 금전적 가치로 환산할 수 있어야 한다. 마지막으로 상황이 예측할 수 있을 정도로 확실해야 한다.

비용편익분석에 사용되는 분석 도구는 비용이 될 수도 있고 편익이 될 수도 있으며, 순편익이 될 수도 있고 편익률이 될 수도 있다. 정책대안 A와 B 중에서 어느 것이 비용과 편익의 측면에서 바람직한 대안인가에 대해 설명하기로 한다. <표 5-5>는 비용편익분석을 가장 간단하게 설명한 하나의 수학적 모형이다. 대안 A와 B의 수학적 모형이 비용, 편익, 순편익, 그리고 편익률과 같은 네 가지로 제시되어 있다.

현실 사회에 대한 요약은 위의 네 가지 기준을 기초로 한다. 다른 기준도 있지만 기본적인 기준은 비용, 편익, 순편익, 편익률이다. 이 네 가지 기준은 각 정책대안을 비교분석하는 데 사용된다. 각 기준의 계산 법칙은 아래와 같이 간단하다. 비용과 편익은 대체로 주어진다. 순편익은 편익에서 비용을 제한 값이고, 편익률은 편익을 비용으로 나눈 값이다.

<표 5-5>를 보면 대안 A를 선택할 경우 비용은 100이고, 편익은 150이기 때문에 순편익은 편익에서 비용을 제한 값인 50이라는 사실을 알 수 있다. 대안 B의 경우를 보면 비용은 80인 반면에 편익은 150이어서 순편익은 70이 된다는 사실을 알 수 있다. 편익률은 1단위의 비용에 대한 편익 수준을 의미하는 것으로서 편익을 비용으로 나눈 값이다. 따라서 대안 A의 편익률은 1.50이고, 대안 B의 그것은 1.88이다.

표 5-5 비용편익분석표

대안	비용(C)	편익(B)	순편익(B-C)	편익률(B/C)
대안 A	100	150	50	1.50
대안 B	80	150	70	1.88

비용편익분석표를 바탕으로 현실 사회에 적용할 수 있는 해석을 할 수 있다. 초보단계의 해석은 어느 대안이 가장 바람직한 정책대안인가 하는 것이다. 비용편익분석표의 해석을 하는 데 위의 네 가지 모두 대안 선택의 기준이 될 수 있다. 즉 비용을 기준으로 대안을 선택할 수도 있고, 편익을 기준으로 할 수도 있으며, 순편익을 기준으로 할 수도 있고, 편익률을 기준으로 할 수도 있다.

비용만을 기준으로 할 경우 비용이 적게 드는 대안이 더 나은 대안이라고 할 수 있다. 따라서 대안 B가 더 바람직한 대안이다. 편익만을 기준으로 할 경우 편익이 큰 대안이 더 나은 대안이지만 대안 A와 B 모두 편익이 150으로서 어느 대안이 더 나은 대안이라고 할 수 없다. 따라서 정책분석이라는 차원에서는 어느 대안을 선택하더라도 무방하다. 편익률을 기준으로 할 경우 이것이 큰 대안이 바람직한 대안이다. 편익률이 큰 대안은 B이기 때문에 순수한 정책분석이라는 차원에서는 대안 A보다는 B의 선택을 선호한다고 할 수 있다.

정책결정자는 최종적으로 위의 네 가지 기준 중 하나를 기준으로 대안을 선택하게 된다. 무엇을 기준으로 선택하느냐는 순전히 정책결정자의 가치판단 여하에 달려 있다. 정책분석가는 대안에 대한 분석을 할 따름이지 가치판단을 할 위치에 있지 않다는 사실을 기억하고 있어야 한다. 비용편익분석에 관한 이상의 간단한 개념에 대한 이해는 이 분석기법과 관련된 각종 수학적 모형의 도출 과정과 해석 방법을 익히는 데 기초가 된다.

2 현재가치

1) 현재가치의 개념

비용편익분석은 단기 사업에 대해 실시할 수도 있지만 장기간 지속되는 사업에 대해서도 실시할 수 있다. 이 경우에 현재가치(present value)의 개념이 비용편익분석에 적용된다. 현재가치는 시간이 주는 화폐 가치 감소 현상을 체계적으로 분석할 수 있도록 개발된 개념이다. 개념적으로는 미래의 화폐 가치를 현재를 기준으로 미리 측정해 본 가치다. 좀 더 쉽게 설명하면 현재 갖고 있는 소정의 화폐는 일정 기간이 지난 후에는 어느 정도의 가치를 갖고 있는지에 대해 미리 측정해 본 금전적 가치가 현재가치다.

예를 들면 1만 원권이 한 장 있다고 가정한다. 이 순간 이 1만 원권의 화폐 가치는 화폐량과 동일한 1만 원이다. 그러나 이 1만 원권의 화폐량은 5년이 지나든 10년이 지나든 동일하지만 화폐 가치는 떨어진다. 이 1만 원권 한 장의 가치가 5년 후에는

9,500원 정도가 되고, 10년 후에는 9,000원 정도로 떨어진다고 가정한다. 그러면 현재 1만 원의 5년 후의 현재가치는 9,500원이고, 10년 후의 그것은 9,000원이 된다.

2) 할인율과 현재가치

현재가치의 개념 파악 이후의 다음 관심 사항은 할인율(discount rate)이다. 할인율은 시간이 경과함에 따라 화폐 가치가 감소하되 어느 정도로 감소하는가에 대한 척도로서 역할을 한다. 할인율은 백분율로 표시된다. 즉, 할인율이 1%인 경우도 있을 수 있고, 10%인 경우도 있을 수 있으며, 30%일 경우도 있다. 할인율이 작으면 작을수록 시간 경과에 따른 화폐 가치의 하락 속도가 느리고, 할인율이 크면 클수록 화폐 가치 하락 속도는 빠르다. 할인율이 1%일 경우에는 매년 1% 정도로 화폐 가치가 하락하고, 10%인 경우에는 매년 10% 정도로 화폐 가치가 하락하기 때문이다.

할인율이 정확하다면 미래의 화폐 가치를 정확하게 예측할 수 있기 때문에 할인율의 정확한 선택은 비용편익분석에서 중요한 의미를 갖는다. 할인율 선택 기준으로 여러 가지 매체가 사용된다. 물가변동률이나 은행이자율 등이 그것이다. 그러나 경제학자들 사이에서 어느 것이 할인율 선택의 가장 좋은 척도가 되는지에 대해서는 의견의 일치를 보지 못하고 있다.

물가변동률이 가장 적합한 할인율 선택의 기준이라고 보는 편에서는 소비자가 구매하는 상품은 곧 화폐의 가치를 재는 척도가 된다는 입장이다. 즉 같은 상품이 지난해에는 100원이었고, 올해는 110원이라면 이 10%라는 물가변동률이 바로 할인율 선택의 기준으로서 충분한 역할을 할 수 있다는 입장이다. 물가변동률을 할인율 선택의 척도로 삼기 위해서는 문제점도 있다. 첫째, 물가변동률에는 도매물가변동률이 있고 소비자물가변동률이 있다. 두 개의 물가변동률이 항상 일치한다면 문제가 없겠지만 그렇지 않을 경우 어느 것을 할인율 선택의 기준으로 삼을 것인가에 대한 결론을 내리기란 쉽지 않다. 둘째, 소비자물가변동률이나 도매물가변동률 모두 상품의 종류별로 측정하는 개별물가변동률에 차이가 클 수 있다. 예를 들면 식료품의 물가변동률과 건축자재의 물가변동률에는 큰 차이가 있을 수 있다는 의미다. 그 경우 어느 것이 대표성을 가지는가에 대한 문제를 해결하기가 쉽지 않다. 따라서 물가변동률은 실제의 상품가격을 바탕으로 할인율을 선택할 수 있다는 좋은 점이 있는 반면에 각종의 물가변동률 중에서 어느 것이 대표성을 가지는 것인가에 대한 해답을 찾기가 어렵다는 문제가 있다.

이자율을 가장 적합한 할인율 선택 기준이라고 보는 편에서는 이자율은 미래의 화폐 가치 하락률에 대한 예측을 바탕으로 형성된 것이라고 한다면 이자율 그 자체가 곧 화폐의 가치를 재는 직접적인 척도가 된다는 입장이다. 화폐의 가치를 화폐가 아닌 상품을 기준으로 잰다는 것보다는 화폐의 가치를 화폐를 기준으로 잰다는 것이 좀 더 합리적인 방법일 수 있다. 그러나 이자율을 할인율 선택 기준으로 삼는 데에도 문제가 있다. 이자율의 종류도 다양하기 때문이다. 시중은행과 국책은행의 이자율이 다를 수 있고, 시중은행의 금리에도 금융상품의 종류에 따라서 이자율이 다르다. 따라서 어느 것이 대표성을 가지는 이자율인가에 대한 해답을 찾기 어렵다.

할인율을 정확히 안다면 현재가치도 정확하게 계산할 수 있겠지만 이것을 기대하기란 불가능하다. 그렇다면 정확한 할인율의 선택은 불가능하다고 할 수 있다. 따라서 미국과 같은 국가에서는 연방정부에서 개괄적인 기준을 제시하고 있다. 보통 수자원 관련 프로젝트인 경우는 할인율을 7%, 기타 프로젝트인 경우는 10%를 선택하도록 권하고 있다. 미국에서는 수자원 관련 프로젝트와 그 이외의 프로젝트로 크게 구분함으로써 이자율보다는 물가변동률이 좀 더 설득력 있는 할인율 선택의 기준임을 암시하고 있다.

우리의 경제 현실은 물가변동률이나 이자율 등 여러 가지 측면에서 미국보다 화폐가치가 급속히 떨어지는 경향이 있다. 이러한 현상을 고려한다면 당연히 일반적 기준으로 삼아야 할 할인율도 미국보다도 높게 책정될 수밖에 없다. 따라서 수자원 관련 프로젝트의 비용편익분석에서는 할인율이 7% 이상이 되어야 하고 그 이외의 프로젝트의 경우도 10% 이상이어야 한다. 그리고 수자원 이외의 프로젝트의 경우에도 특정 프로젝트와 관련된 분야의 물가변동률을 충분히 고려해서 할인율 선택의 기준으로 삼는 것이 바람직한 방법이라는 사실을 기억하고 있어야 한다.

3) 현재가치의 계산

할인율을 알고나면 곧바로 현재가치를 계산할 수 있다. 현재가치를 계산하기 위해 기간, 할인율, 화폐량을 알고 있어야 한다. 화폐 1 단위량에 대한 현재가치의 계산 공식은 아래와 같다.

$$현재가치 = 1/(1 + i)^n \text{ (i: 할인율, n: 기간)}$$

화폐량이 1이 아니고 그 이상일 경우에는 위의 공식에서 화폐량을 곱하면 그 화폐량에 대한 현재가치를 구할 수 있다. 이 공식은 아래와 같다. 공식에서 R은 주어진 화폐량이다.

$$\text{화폐량 R의 현재가치} = R * 1/(1 + i)^n$$

위에서 제시한 2개의 공식을 바탕으로 현재가치를 계산할 수 있다. 우선 화폐 1원에 대한 현재가치를 계산해 보기로 한다. 할인율이 1%이고 1년 후의 화폐 가치는 아래와 같이 계산된다.

$$\text{현재가치} = 1/(1 + 0.01)^1 = 0.990$$

위에서 현재가치가 0.990이라는 의미는 올해의 1원은 내년이 되면 화폐 가치의 하락으로 인해 99전의 가치밖에 없다는 뜻이다. 다음으로 다른 조건은 같고 2년이 경과한다면 이때의 화폐 가치는 아래와 같이 계산된다.

$$\text{현재가치} = 1/(1 + 0.01)^2 = 0.980$$

위의 현재가치 0.980은 올해의 1원은 2년이 지나면 98전의 가치밖에 없다는 의미다. 위와 같은 방법으로 할인율이 2%, 혹은 그 이상이라도 쉽게 구할 수 있다. 다음은 할인율이 1%이고 화폐량이 100원일 경우의 현재가치는 아래와 같이 계산된다.

$$\text{현재가치} = 100 * 1/(1 + 0.01)^1 = 99$$

위의 계산에서와 같이 화폐 1단위량에 대한 현재가치를 알고 있으면 화폐량이 어떤 경우라도 그것의 현재가치를 쉽게 구할 수 있다. 할인율이 1%인 경우 화폐 1단위량에 대한 현재가치는 0.990이기 때문에 여기에 해당 화폐량을 곱해 100원에 대한 현재가치, 즉 99원을 계산할 수 있다. 따라서 화폐 1단위량에 대한 현재가치를 미리 알고 있으면 번거로운 계산을 피할 수도 있다는 것을 알 수 있다. 이러한 욕구를 충족시키기 위해 현재가치표가 만들어졌다. 계속 5년간 혹은 10년간의 할인율이 동일한 경우의 할인율도 다음과 같이 계산된다. 3년간의 할인율이 모두 1%로 같을 경우 화폐 1단위량에 대한 3년간 누적 현재가치는 아래와 같이 계산된다.

$$1/(1 + 0.01)^1 + 1/(1 + 0.01)^2 + 1/(1 + 0.01)^3 = 2.941$$

위와 같은 방법으로 다른 조건은 같고 기간이 5년이면 누적 현재가치는 4.853이 되고, 10년이면 9.471이 된다. 누적 현재가치는 매년 같은 화폐량을 투자하는 정부 프로젝트가 있고, 이 프로젝트를 완성하는 기간 중에 할인율이 같을 때 활용할 수 있다. 예를 들면 매년 100만 원씩을 5년간 투자해야 할 정부사업이 있을 경우 할인율이 1%일 경우 이 기간 동안에 정부가 투자할 총비용의 현재가치는 아래와 같이 24,265,000원으로 계산된다.

5년간 누적 할인율 * 500만 원 = 4.853 * 500만 원 = 24,265,000

이상에서와 같이 현재가치는 오늘의 특정 화폐량이 미래의 특정 시점에 어느 정도의 화폐 가치를 가지는가에 대한 척도다. 계산하는 방법은 복잡하지는 않지만 번거롭기 때문에 미리 계산되어 있는 현재가치표를 활용하는 것이 더 편리하다.

3 순편익과 복수 연도 순편익

비용편익분석의 가장 간단한 모형은 앞에서 제시한 바 있다. 아무리 복잡한 프로젝트라고 하더라도 이 모형을 크게 벗어나지 않는다. 비용편익분석의 기본이 되는 것은 특정의 프로젝트를 수행하는 데 소요되는 비용과 이 프로젝트 수행의 결과로 나타난 편익이다. 이 비용과 편익을 비교분석하기 위해 순편익과 편익률이라는 개념이 도입될 뿐이다.

비용편익분석의 기본 모형에 시간 개념, 즉 현재가치를 적용시키면 또 다른 몇몇 비용편익 분석기법이 도출된다. 순편익(net benefit)이 이 같은 분석 기법 중의 하나다. 순편익에 대해서는 시간의 개념을 도입한 순편익과 복수 연도 순편익으로 나눠 상세히 설명하기로 한다.

1) 순편익

순편익은 편익에서 비용을 제한 값이다. 여기에서 비용과 편익은 할인율로 현재가치를 계산한 비용과 편익을 말한다. 만약 비용과 편익의 화폐량을 그대로 표시하고 있다면 이것은 할인율이 0이라는 의미다. 즉 화폐 가치의 변동이 전혀 없다는 뜻이다. 시간의 개념을 도입한 순편익의 개념은 아래의 공식과 같이 계산된다.

$$\text{순편익} = (B - C)/(1 + i)^n$$

공식에서 B는 편익, C는 비용, i는 할인율, 그리고 n은 기간을 나타낸다. 편익이 100, 비용이 80, 할인율이 8%, 그리고 기간을 3년으로 하고 비용편익분석을 하면 아래의 계산식과 같다. 계산 결과 순편익이 15.88이 나왔다. 현재의 관점에서 보면 순편익이 20이지만, 3년이 지난 시점을 현재의 관점에서 보면 순편익이 15.88이라는 사실을 알 수 있다. 시간이 화폐의 가치를 3년 동안 4.12정도 떨어뜨렸다는 의미다.

$$\text{순편익} = (100 - 80)/(1 + 0.08)^3 = 20 * 0.794 = 15.88$$

순편익이란 개념은 하나의 수학적 모형이다. 이 수학적 모형을 바탕으로 현실 문제를 해결하는 방법을 모색할 수 있다. 보건복지부의 한 일선행정기관이 특정의 사업 목적을 달성하기 위해 2개의 대안 중에서 하나를 택한다고 가정한다. 제1대안은 비용이 80이고 편익은 5년 후에 200이 생긴다는 안이고, 제2대안은 비용은 80이고 편익은 1년 후에 140이 생긴다는 안이다.

할인율이 10%라는 가정 하에서 어느 대안이 좀 더 바람직한 것인지 분석해 보기

표 5-6 시간과 비용편익분석(할인율 10%)

대안	비용	편익
제1 대안	80	5년 후 200
제2 대안	80	1년 후 140

로 한다.

보건복지부의 이 내용은 <표 5-6>과 같이 요약된다. 현재가치와 비용편익 분석의 개념을 알지 못하면 편익의 절대량이 큰 제1 대안이 좀 더 바람직한 대안이라고 결론을 내릴 수 있다. 이 결론은 부정확한 결론이 될 수도 있다. 왜냐하면 시간이라는 개념이 포함되어야 하기 때문이다. 시간이 지남에 따라 화폐 가치는 하락한다는 내용도 비용편익분석에서 함께 고려해야 한다.

여기에서는 순편익을 계산함으로써 어느 대안이 좀 더 바람직한 것인지를 알 수 있다. 두 대안의 비용은 모두 80이고, 비용에 관한 한 할인율은 0%로 간주할 수 있다. 왜냐하면 고려해야 할 시간이 존재하지 않기 때문이다. 그러나 편익에 관한 한 제1 대안은 1년 후, 제2 대안은 5년 후에 편익이 되돌아오기 때문에 할인율 10%를 적용시켜 현재가치를 계산해야 한다. 아래의 식과 같이 계산할 수 있다.

제1 대안 비용 $= 80 * 1/(1 + 0) = 80$

편익 $= 200 * 1/(1 + 0.10)^5 = 200 * 0.621 = 124.2$

순편익 $= 44.2$

제2 대안 비용 $= 80$ (제1 대안과 같음)

편익 $= 140 * 1/(1 + 0.10)^1 = 140 * 0.909 = 127.26$

순편익 $= 47.26$

비용편익분석의 결과를 요약하면 위의 계산 결과와 같다. 제1 대안의 순편익은 44.2이고 제2 대안의 그것은 47.26이다. 이처럼 요약된 것이 곧 비용편익분석의 수학적 모형이다. 이 수학적 모형을 바탕으로 현실 문제를 해결하는 방법을 찾을 수 있다. 즉 순편익이 큰 제2 대안이 좀 더 바람직한 대안이라는 사실을 밝힘으로써 일차적 현실 문제를 해결할 수 있다. 여기에서 우리는 현재가치를 고려하지 않고 내렸던 앞에서의 결론이 부정확했다는 것도 동시에 알 수 있다. 시간은 이처럼 금전적 가치를 결정하는 중요한 변수로 작용한다.

수학적 모형을 바탕으로 내린 결론은 최종 정책결정자의 가치판단에 따라 변할 수도 있다. 최종 정책결정자는 제1 대안을 선택할 가능성도 배제할 수 없다는 것이다. 이 경우에 비용편익분석은 정책결정에 아무런 기여를 하지 못한 것으로 생각할 수 있다. 그러나 반드시 그런 것은 아니다. 분석의 결과와 선택의 결과가 다르다고 해도 이것은 곧 정책결정자가 최종적인 가치판단을 하기까지 그만큼 여러 가지의 상황을 고려했다는 하나의 증거가 되기 때문이다. 여러 가지 정책분석 기법을 동원하지 않고 내린 결론보다 설득력을 갖는다. 즉 정책의 고객인 조직구성원 혹은 국민을 설득하는 데 큰 힘이 된다는 것이다. 왜냐하면 이것은 정책결정자가 한 고민의 흔적이고, 고객의 입장에서는 그것을 더 높이 살 수도 있기 때문이다.

2) 복수 연도의 순편익

보건복지부의 다양한 복지사업도 장기간 지속되는 경우가 많다. 이 경우 단순히 화폐량만의 비교분석이 아니라 시간의 흐름과 화폐 가치의 하락도 함께 고려해야 한다. 복수 연도의 순편익은 이러한 것을 충족시켜 줄 수 있으며, 아래와 같은 방법으로 계산된다. 이것은 순편익이라는 관점에서 연도별로 비용과 편익을 비교분석하는 기법으로서 위에서 설명한 순편익을 몇 년간 연속적으로 계산한 개념으로 이해할 수 있다.

$$\text{연간 순편익} = (B - C)/(1 + i)^1 + (B - C)/(1 + i)^2 + (B - C)/(1 + i)^3 + \cdots\cdots + (B - C)/(1 + i)^n$$

위의 공식은 n년 동안 발생한 비용과 편익을 순편익이라는 관점에서 요약하고 있는 복수 연도의 순편익 개념이다. 이 개념을 실례를 들어 구체적으로 설명하기로 한다. 사회복지기관 A 가 2004년을 맞아 구상한 사업의 하나는 5년간 계속될 사업으로서 매년 예상되는 비용과 편익은 <표 5-7>과 같이 요약된다.

<표 5-7>의 내용에 대한 비용과 편익을 체계적으로 비교분석하려면 단순히 비용

표 5-7 복지기관 사업의 비용편익분석

연도	비용	편익
2004	80	100
2005	85	110
2006	100	130
2007	110	150
2008	159	200
합계	525	690

과 편익의 합계를 비교분석하는 데 그쳐서는 안 된다. 즉 이 복지기관이 구상하는 사업의 5년 동안 발생하는 총비용은 525이고, 총편익은 690이기 때문에 '5년간의 순편익은 165이다'라는 결론은 부정확하다는 의미다. 왜냐하면 시간의 흐름과 이에 따른 화폐 가치의 하락을 전혀 고려하지 않고 있기 때문이다. 분석이 설득력을 갖기 위해서는 시간의 개념을 고려해야 한다. 즉 장기간 계속되는 사업일 경우 할인율을 고려한 다음 비용편익분석에 임해야 한다. 여기에서 할인율을 10%로 보고 복수 연도의 순편익이라는 관점에서 비용편익분석을 하기로 한다.

<표 5-8>에서 1단위량 현재가치는 할인율 10%를 적용해 얻은 현재가치를 의미한다. 비용 C2는 'C1 × 1단위량 현재가치'를 계산하여 나온 값이다. 2004년의 비용

표 5-8 제1 대안의 비용편익분석

연도	예상된 비용편익		10% 할인율을 적용한 비용편익분석				
	비용(C1)	편익(B2)	1단위량 현재가치	비용(C2)	편익(B2)	연간 순편익	연간 누적 순편익
2004	80	100	0.909	72.72	90.90	18.18	18.18
2005	85	110	0.826	70.21	90.86	20.65	38.83
2006	100	130	0.751	75.10	97.63	22.53	61.36
2007	110	150	0.683	75.13	102.45	27.32	88.68
2008	150	200	0.621	93.15	124.20	31.05	119.73
합계	525	690		386.31	506.04	119.73	119.73

70.72는 ‘80 × 0.909’를 계산해 얻은 값이다. 편익 B2는 ‘B1 × 1단위량 현재가치’를 계산해 나온 값이다. 2004년의 편익 90.90은 ‘100 × 0.909’를 계산해 얻은 값이다. 연간 순편익은 편익(B2)에서 비용(C2)를 뺀 값이다. 2004년의 편익 18.18은 90.90에서 72.27를 뺀 값이다.

<표 5-8>의 분석표에 의하면 5년간 예상되는 순편익은 119.73이 된다. 이것은 총편익에서 총비용을 제해도 얻을 수 있고, 연간 순편익을 합해도 얻을 수 있다. 만약 이 두 계산 결과가 다르다면 이것은 계산상 착오가 있음을 보여 주는 예다.

복수 연도의 순편익 개념은 의사결정의 도구로서 활용될 수 있다. 즉 대안 선택의 기준으로서 활용될 수 있다는 의미다. 사회복지기관 A는 2004년도에 구상한 사업 목적을 달성하기 위해 2개의 대안이 있다고 가정한다. 대안은 하나일 수도 있지만 보통은 여러 개가 있다. 여러 개의 대안 중에서 하나를 선택하는 것이 정책형성 과정이기도 하다. 사회복지기관 A의 제2대안은 <표 5-9>와 같다. 예상된 비용은 535이고, 685이다. 화폐량만을 기준으로 할 때 순편익은 150이다. 제1 대안 165보다 15만큼이나 작다. 그러나 시간의 개념이 고려되지 않았기 때문에 이것은 정확한 비용편익분석이라고 말할 수 없다. 제2 대안에도 할인율을 10%로 하고 분석하기로 한다. 제1 대안은 편의상 위에서 설명한 내용이이라고 가정한다. 제2 대안에 관한 분석표는 <표 5-9>와 같다.

비용 C2와 편익 B2를 계산하는 방법은 <표 5-9>에서와 같다. 10% 할인율을 적용

표 5-9 제2 대안의 비용편익분석

연도	예상된 비용편익		할인율 10%를 적용한 비용편익분석				
	비용(C1)	편익(B1)	1단위량 현재가치	비용(C2)	편익(B2)	연간 순편익	연간 누적 순편익
1999	160	240	0.909	145.44	218.16	72.72	72.72
2000	120	160	0.826	99.12	132.16	33.04	105.76
2001	100	115	0.751	75.10	86.37	11.27	117.03
2003	80	90	0.683	54.64	61.47	6.83	123.86
2004	75	80	0.621	46.58	49.68	3.10	126.96
합계	535	685		420.88	547.84	126.96	126.96

해 계산한 결과 5년간의 비용은 420.88이고, 편익은 547.84다. 따라서 순편익은 126.96이다.

제1 대안과 제2 대안의 비용편익분석표는 계량분석의 수학적 모형 역할을 한다. 이 모형의 해석을 통해 정책결정을 할 수도 있고 현실 문제 해결의 실마리를 찾을 수도 있다. 위의 분석표를 정책결정에 적용하기 위해 무엇을 대안 선택 기준으로 삼느냐에 대한 결정부터 해야 한다. 일반적으로 위의 상황에서 순편익을 대안 선택의 기준으로 삼을 수 있다. 제1 대안의 순편익은 119.73이고, 제2 대안의 순편익은 126.96이다. 따라서 순편익이 더 큰 제2 대안을 일반적으로 선택한다.

그러나 최종 정책결정자는 순편익이 큰 대안을 선택하기보다는 순편익이 적은 제1 대안을 선택할 수도 있다. 정책결정자가 사업 시작 초반기에 더 많은 수익을 얻는 것보다 매년 비슷한 수준의 순편익을 얻거나 후반기에 더 많은 순편익을 얻을 수 있는 대안을 선택할 수도 있다. 왜냐하면 여러 가지 주변 상황으로 볼 때 이 사회복지기관은 최근 몇 년 동안에는 자금 사정이 좋지만 4년 혹은 5년 후의 자금 사정이 불투명해 미리 거기에 대한 대책이 필요하기 때문이다. 따라서 여기에 부합되는 제1 대안이 선택될 수도 있다.

비용편익분석의 용도는 여기에 그치지 않는다. 이 분석표는 이 사업의 평가 자료로서도 활용할 수 있다. 매년 들어가는 비용에 비해 편익도 그 수준 이상인지 혹은 이하인지를 평가해 볼 수 있는 자료로서도 활용된다. 따라서 비용편익분석은 대안 선택 기준으로서 활용할 수도 있을 뿐만 아니라 정책집행 과정, 혹은 이후의 평가 기준으로서도 활용할 수 있다.

제1 대안과 제2 대안을 비교분석하는 데 주의해야 할 부분이 있다. 현재가치 이전의 예상 총비용과 총편익에 관한 내용이다. 현재가치 이전의 순편익을 계산하면 제1 대안의 순편익은 165이고, 제2 대안의 그것은 150으로서 제1 대안의 순편익이 크다는 사실을 알 수 있다. 그렇지만 현재가치 10%를 적용한 이후의 순편익의 결과는 정반대다. 시간이 금전적 가치를 하락시켜 상황이 역전될 가능성도 얼마든지 있기 때문이다. 따라서 현재가치의 적용은 사안의 가부가 결정될 정도로 중요하다. 이 문제는 감응도 분석(sensitivity analysis)으로 설명할 수도 있다. 구체적 사항은 다음의 감응도 분석에서 상세히 설명하기로 한다.

4 감응도 분석

1) 개념

비용편익분석에서 감응도 분석을 실시함으로써 상황 변화에 대처하는 방안을 모색할 수 있다. 왜냐하면 장기간 투자사업에 관한 정책결정을 할 경우 화폐 가치의 변동에 따라서 대안 선택의 결과가 달라질 수도 있기 때문이다. 일반적인 기준으로 감응도 분석을 정의하면 주변 상황의 변화가 대안 선택의 결과에 영향을 미치는지 아닌지에 대한 분석 기법이다. 비용편익 분석에서 감응도 분석은 화폐 가치의 변화가 비용편익분석의 결과에 영향을 미치는지 아닌지를 체계적으로 분석하는 기법으로 정의할 수 있다. 예컨대, 장기간 수행하는 사업에 대해 할인율을 4%로 할 경우 대안 A가 더 바람직한데 할인율을 10%로 할 경우 대안 B가 좀 더 바람직한 것으로 분석 결과가 나올 가능성도 있다. 또한 할인율이 달라도 대안 A가 계속 바람직한 대안으로 나타날 수도 있다. 할인율의 변화에 따라 분석 결과가 같은지 혹은 다른지를 분석하는 것이 감응도 분석이다.

2) 고정비, 운영비 그리고 감응도 분석

서울시 한 자치구에서 직영하는 사회복지관의 시설이 매우 낡아 두 개의 대안을 마련했다고 가정한다. 제1 대안은 새로운 시설을 건설하자는 신축안과 제2 대안은 현재의 시설을 보수하자는 안이다. 이 자치구는 재정자립도가 높지 않아서 대안 선택의 기준을 향후 10년 기간을 기준으로 해서 비용이 조금이라도 적게 드는 대안을 선택하기로 의견을 모았다. 각 대안의 비용을 고정비와 운영비로 나눠 요약하면 <표 5-10>과 같다.

표 5-10 사회복지기관의 신축안과 보수안

(단위: 10,000원)

대안	고정비	연간 운영비
제1 대안(신축안)	15,000	300
제2 대안(보수안)	10,000	1,000

<표 5-10>에서 편의상 고정비는 공사비이며, 착공에서 완공 기간은 1년이기 때문에 고정비는 공사 첫해만 들어간다고 가정한다. 신축 공사비는 기존 건물을 보수하는 것보다 많이 들기 때문에 신축비는 1억 5천만 원, 보수비는 1억 원으로 계산했다. 그리고 운영비의 경우 신축안은 공사 완공 후부터 매년 3백만 원, 보수안은 매년 1천만 원이 들어간다고 가정한다. 이 가정에 따라 10년 동안 세분화한 고정비 및 운영비는 <표 5-11>과 같다.

<표 5-11>을 보면 화폐 가치가 고정 불변이라고 가정할 때, 즉 할인율이 0%일 때 두 대안 중에서 신축안보다 보수안이 더 많은 비용이 든다는 것을 알 수 있다. 신축안은 1억 7,700만 원이 들고, 보수안은 1억 9,000만 원이 든다는 것을 알 수 있다. 따라서 비용이 적게 드는 신축안이 더 나은 대안이라고 말할 수 있다. 그러나 화폐 가치는 해가 갈수록 떨어지기 때문에 이것을 고려해야 한다.

표 5-11 사회복지기관 신축안 및 보수안의 연간 비용

(단위: 10,000원)

연도	제1 대안: 신축안		제2 대안: 보수안	
	고정비	연간 운영비	고정비	연간 운영비
2004	15,000		10,000	
2005	–	300		1,000
2006	–	300		1,000
2007	–	300		1,000
2008	–	300		1,000
2009	–	300		1,000
2010	–	300		1,000
2011	–	300		1,000
2012	–	300		1,000
2013	–	300		1,000
합계	15,000	2,700	10,000	9,000

<표 5-11>을 바탕으로 할인율이 4%일 경우와 10%일 경우 대안 선택의 결과가 어떻게 나오는지를 살펴보면서 감응도 분석을 논하기로 한다. 먼저 할인율이 4%일 경우 신축안과 보수안의 고정비와 운영비의 합계는 비용에서 현재가치를 곱해 얻을 수 있다. 구체적인 계산 과정은 아래와 같다.

신축안 고정비 = 15,000 * 0.962 = 14,430
운영비 = 300 * 7.149 = 2,144.7
합계 = 16,574.7

보수안 고정비 = 10,000 * 0.962 = 9,620
운영비 = 1,000 * 7.149 = 7,149
합계 = 16,769

위의 내용에서 각 대안의 고정비에 적용된 할인율은 기간 1년, 그리고 할인율 4%일 경우다. 운영비에 적용된 할인율은 누적 할인율이다. 즉 2차 연도부터 시작해서 10차 연도까지의 누적 할인율을 적용했다. 왜냐하면 1차 연도에는 고정비만 있고 운영비는 없는 것으로 가정하고 있기 때문이다. 그리고 누적 할인율을 적용할 수 있는 경우는 위의 예에서와 같이 매년 소요되는 비용이 같을 때다. 신축안은 운영비가 매년 300만 원으로 동일하고, 보수안은 매년 1,000만 원으로 동일하다. 할인율이 10%인 경우도 같은 규칙이 적용된다. 할인율이 10%일 때 신축안과 보수안의 고정비와 운영비의 합계는 아래와 같다.

신축안 고정비 = 15,000 * 0.909 = 13,635
운영비 = 300 * 5.326 = 1,570.8
합계 = 15,205.8

보수안 고정비 = 10,000 * 0.909 = 9,090
운영비 = 1,000 * 5.326 = 5,326
합계 = 14,416

신축안과 보수안은 비용만을 가지고 하는 비용편익분석이기 때문에 요약하는 방법도 간단하다. 할인율이 0%, 4%, 그리고 10%인 경우를 놓고 계산한 위의 내용은 <표 5-12>와 같이 요약할 수 있다.

<표 5-12>의 비교분석표는 할인율이 0%, 4%, 그리고 10%일 때 각 대안의 비용편익분석의 결과가 바뀌는지 그대로인지를 쉽게 알아볼 수 있도록 요약한 것이다. 할

표 5-12 비용을 중심으로 한 대안의 비교분석표

(단위: 10,000원)

대안	0% 할인율	4% 할인율	10% 할인율
신축안	17,700	16,574.7	15,205.8
보수안	19,000	16,769.0	14,416.0

인율이 0%일 때나 4%일 때나 분석 결과는 모두 신축안이 좀 더 바람직한 대안이라는 사실을 알 수 있다. 이것은 화폐 가치의 변화가 0%에서 4% 사이라면 비용편익분석 결과는 항상 동일하다는 의미다. 즉, 감응도가 낮아 주변 상황의 변화에도 불구하고 결과는 항상 같다는 뜻이다. 이 경우에는 비용편익분석의 결과를 정책대안 선택의 기준으로 사용할 수 있다.

할인율이 4%일 때에는 신축안의 비용이 적게 들어가는 반면에 10%일 경우에는 보수안이 바람직하다는 분석 결과가 나왔다. 즉, 할인율을 4%와 10%로 달리할 경우 비용편익분석 결과가 다르게 나왔다는 사실을 알 수 있다. 이 것은 감응도가 높다는 의미다. 이 경우에는 원칙적으로 비용편익분석 결과를 대안 선택의 기준으로 사용할 수 없다.

<표 5-12>의 분석표를 보면 할인율이 0%인 경우에는 보수안의 비용이 높고, 4%가 되어도 그 순서는 바뀌지 않는다. 그러나 두 대안 간의 격차는 점점 줄어든다. 0%일 때는 1,300(단위 10,000)이었다가, 4%일 때는 194.3(단위 10,000)으로 줄어들었다. 할인율이 4% 이상 어느 선에서는 제1 대안과 제2 대안의 차이가 0이 되는 점이 있고, 그 점이 지나면 대안의 우선순위가 역전된다는 사실을 알 수 있다. 그 점이 어느 점인지는 경험적으로 알아볼 수 있다. 할인율이 5%인 경우를 가정하고 신축안과 보수안의 비용을 계산하면 아래와 같다.

할인율 5%인 경우

신축안 고정비 = 15,000 * 0.952 = 14,280

운영비 = 300 * 6.771 = 2,031.3

합계 = 16,311.3

보수안 고정비 = 10,000 * 0.952 = 9,520

운영비 = 1,000 * 6.771 = 6,771

합계 = 16,291

할인율이 5%인 경우에는 4%인 경우와는 반대로 신축안의 비용이 높은 것으로 나왔다. 따라서 0%에서 4%까지 분석 결과가 계속 동일하다가 4%와 5% 사이의 어느 점을 지나면 상황이 역전된다는 것을 알 수 있다. 그리고 이렇게 상황이 역전되면 그 이후의 결과는 계속 동일하다. 즉 할인율 5% 이상에서는 분석의 결과가 동일하다는 것을 알 수 있다.

이상의 감응도 분석에 관한 여러 사례를 통해 할인율의 범위가 0에서 4%까지 설정되어 있거나 5% 이상 설정되어 있을 경우에는 분석의 결과는 항상 동일하다. 즉 감응도가 낮다는 의미다. 그러나 할인율 하나는 4% 이하의 어느 점이고 다른 하나는 5% 이상 어느 점을 택할 경우 분석의 결과는 항상 다르다. 즉 감응도가 높다. 따라서 이 경우에는 비용편익분석의 결과를 대안 선택 기준으로 삼기가 매우 어렵다.

어떤 방식으로 비용편익분석을 하든 비록 그 점의 위치에서는 차이가 있을지 모르지만 이렇게 분석의 결과가 뒤바뀌는 점이 있다. 감응도 분석을 위한 할인율이 그 점을 사이에 두고 있으면 반드시 결과는 다르다. 그러나 할인율이 아무리 여러 개라고 하더라도 그 점을 끼고 있지 않으면 분석 결과는 항상 같다. 이 같은 점 때문에 비용편익분석에서 감응도 분석이 널리 사용된다.

5 요약

비용과 편익의 비교연구를 바탕으로 정책대안 선택의 기준을 제시하고자 하는 분석 도구가 비용편익분석이다. 무슨 대안이 좀 더 바람직한 대안인지를 구체적으로 제시해 줄 수 있는 분석 도구이기 때문에 가장 널리 사용되는 도구 중 하나다. 비용편익분석에서 대안 선택의 기준으로 사용할 수 있는 것은 비용, 편익, 순편익, 편익률 등이다. 비용이 가장 작고, 편익이 가장 크며, 순편익과 편익률이 가장 큰 대안이 가장 바람직한 대안이다. 그러나 앞에서 보았듯이 이들 기준의 상호간에도 서로 일치하지 않는 경우가 허다하다는 점에 유의해야 한다.

비용편익분석에서 시간은 중요한 의미를 갖는다. 시간이 지나면 화폐 가치가 떨어진다는 것은 당연하다. 이 화폐 가치의 하락에 대한 고려가 필요하다. 이것은 할인율이라는 척도로 계산할 수 있고, 계산된 결과를 현재가치라고 한다. 비용편익분석에서는 할인율의 높낮이가 달리 적용될 경우에는 분석의 결과도 뒤바뀔 수 있다. 감응도 분석을 통해 검증이 가능하다는 점도 알아두어야 한다.

제 5 절 사회복지 정책분석의 활용과 한계

정책분석에는 한계가 있지만 활용 가치도 한계 못지않게 높다. 그것이 일반 정책이든 사회복지정책이든 정책분석은 활용성과 동시에 한계성을 가지고 있다. 정책분석이 갖고 있는 한계란 문제는 무엇이며, 한계를 갖고 있는 상황에서 어떻게 이를 잘 활용할 수 있을 것인지에 대해 논의하기로 한다.

1 정책분석의 한계

정책분석 결과로부터 실현가능성이라는 제약 조건을 제외하고 정책분석가가 원하는 소망스러운 정책대안을 선택하도록 유도할 수 있고, 정책문제도 어느 정도 해결할 수 있다. 그러나 현실 사회에서는 여전히 문제가 존재한다. 아무리 해결해도 또 다른 문제가 발생하는 현실을 정책분석이 다 수용하기는 어렵다. 여기에서 정책분석의 한계를 찾아볼 수 있다. 그 구체적인 내용은 아래와 같다(Quade, 1982).

첫째, 현실 문제와 정책대안에 대한 심도 있는 정책분석 이후에 정책대안이 선택되는 것이 합리적인데도 불구하고 정책대안이 암묵적으로 선택되어 있는 상황에서 분석이 행해지는 경우가 있다는 데서 그 한계를 찾을 수 있다. 즉 정책 현실은 정치 현실이라고 할 만큼 정치와 밀접한 관계가 있기 때문에 이런 일이 흔히 발생될 수 있다. 정책분석은 때때로 이미 정치적으로 결정된 문제를 합리화시켜 주기 위해 행해지는 경우도 자주 있다는 데에서 정책분석의 한계를 찾아볼 수 있다는 것이다.

사회복지 현장에서도 마찬가지다. 정책대안을 암묵적으로 미리 선택(preselection)해 놓고 정책분석을 하기도 한다. 분석 과정에서 각계각층의 다양한 의견이 표출된다. 그 과정에서 암묵적으로 결정된 대안과 같은 것을 최종적인 정책대안으로 선택한다. 정부에서는 가능한 정책대안은 모두 비교 검토한 결과 이러한 결론에 이르렀다고 입장을 밝히고, 그동안 벌어졌던 논란을 비교분석 기간으로 돌릴 수 있다. 이 경우 정책분석은 정부에서 미리 결정한 정책대안을 정당화시켜 주는 결과로밖에 작용하지 못한다.

둘째, 문제 해결을 위한 정책대안의 선택은 정책분석의 결과에 따른 합리적 선택(rational selection)보다는 정치적 판단(political judgement)에 의한 선택이 더욱 많다는 현실에서 정책분석의 한계를 찾아볼 수 있다. 사회복지 현장에서도 합리적 선택이 무시되는 현상이 흔히 발생한다.

셋째, 정책문제는 모두 독특한 특성을 갖고 있고, 해당 문제는 또 다른 문제와 연결되어 있기 때문에 끝없는 문제의 연결고리가 형성되어 있다는 데에서 정책분석의 한계를 생각할 수 있다. 즉 정책분석은 아무리 우수한 분석이라도 이 연결되어 있는 문제의 모든 해결책을 제시하는 데에는 당연히 불충분할 수밖에 없다. 사회복지 현장에서도 문제는 무한한데 문제 해결 도구는 제한적일 수밖에 없다는 데서 한계를 느낄 때가 흔히 있다.

넷째, 현실은 가변적(changable)이고 불확실(uncertain)하다는 데 정책분석의 한계가 있다. 사회복지에서도 현실이 지속적으로 변화하고 있고, 변화의 방향이 어디인지를 알 수 없을 정도로 불확실함에도 불구하고 얼마만큼의 해결책을 정책분석이 제시할 수 있을지 의문이다. 이것이 분석의 한계다. 현실 사회가 변하고 있는 정도는 인간이 예측할 수 있는 범위를 항상 초월하고 있으며, 이것을 [그림 5-5]와 같이 표시할 수 있다(March, 1986).

[그림 5-5]에서 보면 A 지점까지가 인간의 능력에 의한 예측 가능한 지점인데도 불구하고 우리의 목표 달성 수준은 B 지점까지 포함시키려 한다면 불확실한 지대를 확실한 지대인 것처럼 간주하고 분석하는 모순을 범할 수 있다. 불확실 지대에 대한 예측은 당연히 불확실할 수밖에 없고, 정책분석의 결과는 당연히 그 의미가 제한적일 수밖에 없다.

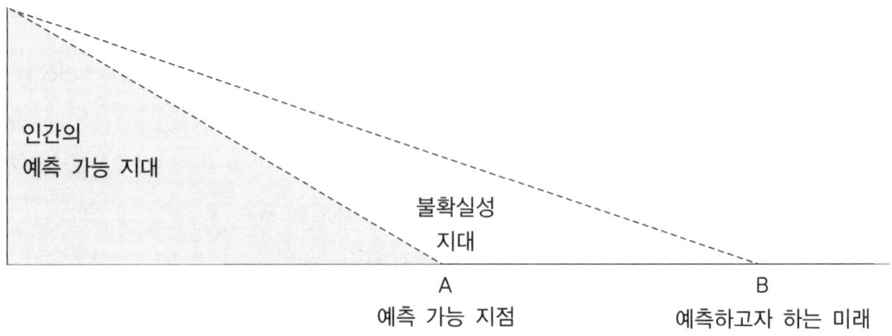

그림 5-5 예측 가능 지대와 불확실성 지대

다섯째, 문제 해결에 대한 해결책은 문제 발생과 문제 진행 속도를 따라잡기 어렵다는 데서 분석의 한계를 찾아볼 수 있다. 즉 사회복지 정책분석을 통해 문제 해결 방법을 모색해 해결을 시도하면 문제의 성격은 이미 변해 있고 그 문제는 또 다른 단계로 진행된다는 것이다. 따라서 정책분석이 제시한 해결책은 항상 늦게 도착하기 때문에 문제 해결도 어렵다.

이상에서 정책분석의 한계를 다섯 가지로 지적했다. 분석의 한계는 합리성과 정치현실의 괴리, 미래에 대한 불확실성, 정책문제의 성격, 그리고 시간 지연(time lag) 현상 등에서 비롯된 문제라는 것을 알 수 있다.

2 정책분석의 활용성

정책분석은 한계가 있음에도 불구하고, 학계에서 혹은 실무계에서 다양하게 활용되고 있고, 그 필요성 또한 증가하고 있다. 이것은 정책분석의 활용도가 그만큼 높기 때문이다. 정책분석의 활용성은 아래와 같이 다섯 가지 관점에서 살펴볼 수 있다(Quade, 1982).

첫째, 정책분석은 현실 문제에 대한 체계적인 연구와 분석을 통해 정책결정자에게 충분한 정보를 제공한다는 데에 그 용도를 설명할 수 있다. 사회복지 정책분석은 앞에서 살펴보았듯이 사회복지와 관련된 모든 문제와 가능한 문제 해결 방법 모두를 우선 고려하고 이 중에서 최선의 문제 해결 방법을 찾아가는 과정으로 볼 수 있기 때문에 이 과정에서 얻은 거의 모든 정보가 정책결정자에게는 훌륭한 정보로서 역할을 하기에 충분하다.

둘째, 사회에 존재하는 여러 문제 중에서 문제가 되고 있는 것이 무엇인지를 명확하게 해주는 역할을 한다. 사회복지 정책분석 과정에서 문제의 소재를 파악하고 문제 맥락(problem context)을 파악하는 과정을 거치기 때문에 이 과정을 통해 문제의 윤곽을 좀 더 분명히 잡을 수 있을 뿐만 아니라, 이렇게 함으로써 문제 해결의 실마리를 좀 더 잘 찾을 수도 있다.

셋째, 정책분석은 그것이 사회복지든 아니든 정책이 추구하는 목표와 목표 달성을 위한 여러 가지 노력 사이에 일관성이 있는지 없는지를 밝혀 주는 역할을 한다. 정책분석은 목표 달성을 위한 최선의 방안을 탐색하는 과정이기 때문에 지금까지 하고 있는 문제 해결을 위한 노력이나 앞으로 할 노력이 목표 달성과 어느 정도 관련이 있는지 파악할 수 있다는 데서 그 용도를 찾을 수 있다.

넷째, 문제 해결을 위한 새로운 정책대안을 제공하는 역할을 한다. 정책분석은 문제 해결을 위한 최선의 방안을 모색하는 과정이기 때문에 항상 새로운 대안을 설계할 수 있다는 점에서 그 활용성을 찾을 수 있다.

다섯째, 정책분석은 또한 문제 해결을 위한 막연한 아이디어를 현실 문제에 적합한 수준에 이를 수 있도록 구체화시켜 주는 역할을 한다. 따라서 이상을 현실화시킬 수 있는 방법 모색이라는 점에서 활용성을 찾아볼 수 있다.

이상과 같은 활용성 때문에 정책분석은 비록 한계가 있지만 문제 해결에 없어서는 안 될 단계로 자리잡고 있다. 특히 점차 복잡하게, 그리고 급속히 변모하는 사회 현상을 심층적으로 분석할 수 있는 과학적이고 현실적인 도구라는 점에서 앞으로 이 분야의 활용성이 더욱 넓어질 것으로 기대된다.

제 6 장 사회복지행정과 정책형성 및 집행

제 1 절 사회복지 정책형성과 집행의 개념

사회복지 정책형성 단계에서는 정책문제의 본질이 무엇이며, 문제 해결을 위해 어떤 행동경로가 있고, 각각의 행동경로는 얼마나 바람직하며, 현실적으로 가능한 대한 일체의 비교분석이 실시된다. 과정론의 관점에서 보면, 정책분석 이후에 나타나는 정책 과정이 정책형성(policy formulation)과 정책집행(policy implementation)이다.

사회복지를 포함한 모든 영역에서 정책형성은 선택행위(an action of selection)다. 정책분석 단계에서 제시된 다양한 대안과 행동경로 중에서 바람직하고(desirability) 현실 적용 가능성(feasibility)이 높은 문제 해결 방안을 선택하는 행위가 정책형성이다. 정책형성이 문제 해결을 위한 길을 선택하는 단계라면 정책집행은 선택한 길을 따라가 문제를 해결하는 단계에 비유할 수 있다. 정책집행은 정책 효과를 유발하는 단계로서 각종 효력이 이 정책집행의 단계에서 발생되며, 기대한 정책 효과가 나타난다.

사회복지 정책형성도 본질적으로 선택행위이며, 사회복지 정책집행은 효력 발생을 유도하는 행위다. <표 6-1>과 같이 사회복지 정책형성은 국가의 선택행위만을 의미하지 않는다. 사회복지기관의 사회복지 정책형성까지 포함하는 개념이다. 국가의 사

표 6-1 사회복지 정책형성과 집행의 개념과 내용

구분		사회복지 정책형성	사회복지 정책집행
국가	개념	국가의 선택행위	국가의 정책 효력 발생행위
	내용	빈곤문제 해결을 위한 국가의 선택, 연금기금 고갈문제 해결 위한 선택	국민기초생활보장 급여 제공, 경로연금 제공
사회복지기관	개념	기관의 선택행위	기관의 효력 발생행위
	내용	청소년 음주문제 해결을 위한 선택, 가족해체 문제 해결을 위한 선택	청소년상담 프로그램 제공, 노인건강 프로그램 제공

회복지 정책이라는 관점에서 보면 빈곤문제 해결을 위해 무엇을 할 것인지에 대한 선택행위, 국민연금기금 고갈문제 해결을 위해 무엇을 할 것인지에 대한 선택행위, 노령사회에 발생 가능한 문제 해결을 위해 무엇을 할 것인지에 대한 선택행위 등이 사회복지 정책형성에 포함된다. 사회복지기관이 지역사회 욕구조사에서 청소년 음주문제가 심각하다는 사실을 파악한 후 청소년 음주문제 해결을 위해 제시하는 프로그램, 나날이 심각해지고 있는 가족해체 문제 해결을 위해 사회복지기관이 무엇을 해야 할 것인지에 대한 다양한 프로그램 등도 사회복지기관의 정책형성에 속한다.

사회복지 정책집행도 국가의 집행행위와 사회복지기관의 집행행위를 포함한다. 국가의 사회복지 정책집행은 빈곤층에게 국민기초생활급여를 제공함으로써 인간다운 최저 생활을 할 수 있도록 하는 행위, 빈곤 상태에 있거나 소득 수준이 매우 낮은 노인에게 노후생활의 안정을 도모하도록 하기 위해 경로연금을 제공하는 행위, 그리고 국민연금 자금 고갈 문제 해결을 위해 인상하기로 한 연금 보험료를 올려서 받는 행위 등이 국가의 사회복지 정책집행에 해당된다. 사회복지기관에서 알코올 문제를 가지고 있는 청소년들에게 제공하는 상담 프로그램, 가족 해체의 원인이 되는 가장의 실직 문제 해결을 위한 방안의 하나로 기관과 민간기업의 네트워크 형성을 발전시켜 나가는 행위, 그리고 노인을 대상으로 실시하는 건강 프로그램 등이 기관의 사회복지 정책집행에 포함된다.

제 2 절 사회복지 정책형성

사회복지정책은 사회복지 문제 해결을 위한 선택행위다. 선택은 여러 가지 대안 중에서 하나를 고르는 행위로서 기준에 대한 동의가 있을 때 정당성을 부여받을 수 있다. 선택의 기준은 하나만 존재하지 않고 다양하며, 다양한 선택 기준을 따라 의사결정모형이 개발된다.

1 사회복지 정책형성의 선택 기준

사회복지 정책형성에서 활용할 수 있는 선택의 기준은 여러 가지 시각에서 접근할 수 있다. 이상과 현실을 축으로 놓고 선택 기준을 분류하기도 하고, 이념을 축으로 선택 기준을 분류하기도 한다.

1) 현실과 이상 사이의 기준

이상과 현실을 축으로 놓고 선택의 기준을 나누면 <표 6-2>와 같이 크게 두 가지로 분류된다. 하나는 소망성(desirability)이고, 다른 하나는 실현가능성(feasibility)이다. 소망성은 도달하고자 하는 바람직한 상태를 의미하고, 실현가능성은 현실적으로 가능한 상태를 의미한다. 아무리 이상이 높아도 현실적으로 허용되지 않을 수 있기 때문에 두 가지 선택 기준은 각각 하나의 축의 끝에 서 있는 양 극단적인 선택 기준이다. 소망성은 이상적인 상태를 대변하지만 실현가능성은 현실을 대변한다. 사회복지정책의 선택 기준도 이상만을 추구할 수 없다. 예산과 정치적 합의와 같은 현실적

표 6-2 사회복지 정책형성의 선택 기준: 이상과 현실

선택 기준	소망성	실현가능성
내재 가치	능률성, 효과성, 공평성, 적절성	경제적 실현가능성, 정치적 실현가능성, 법적 실현가능성, 윤리적 실현가능성

문제가 이상의 장애가 될 수 있고, 현실적 장애가 제거되지 않는 한 이상은 앞으로 나아갈 수 없다.

소망성 중 하나로서 능률성은 효율성이라고도 하며, 경제적 효율성과 같은 의미를 가지고 있다. 더 적은 비용으로 행정 서비스를 제공하는 의미를 가지고 있는 가치 개념이 능률성이다(Lee & Johnson, 1977). 능률성은 최적의 비용으로 최대의 효과를 추구하는 성향을 가지고 있기 때문에 경제성(economy)이나 생산성(productivity)과 유사한 개념이다. 보통 능률성은 금전적 가치를 기준으로 추계되며, 이 경우에도 투입량(input)에 대한 산출량(output)을 의미한다. 1단위의 투입량에 대한 산출량의 크기(산출량/투입량)가 능률성으로 표시된다. 능률성을 정책대안의 선택 기준으로 사용할 때 능률성이 큰 정책대안이 좀 더 바람직한 대안이다. 능률성은 정책으로부터 얻는 전체 산출량을 정책에 소요되는 전체의 투입량으로 나눠 계산할 수 있고, 정책대안의 선택 기준으로 사용될 수 있지만 산출량의 범위를 설정하기가 현실적으로 용이하지 않은 경우도 있다는 점이 문제로 제시된다.

소망성의 내재 가치 중 하나로서 효과성은 의도하거나 기대한 것과 같은 소망스런 상태가 나타나는 정도를 의미한다. 행정가는 주어진 행정활동을 수행하면서 집행 후의 소망스런 상태를 기대한다. 집행 후에 나타나는 소망스런 상태를 효과성이라고 한다. 효과성은 능률성과는 약간의 차이가 있다. 능률성은 빈곤층의 경제적 자립에 들어가는 비용을 중심으로 측정할 수 있지만 효과성은 주어진 행정을 집행한 후에 실질적으로 경제적 자립을 달성한 사람이 몇 명이나 되며 그 비율은 어느 정도인가를 중심으로 측정한다. 효과성 역시 사회복지 정책대안의 선택 기준으로 활용할 수 있지만 효과성의 수준을 측정하기가 용이하지 않을 경우도 있다는 점이 문제다.

소망성 중 하나로서 형평성은 공평성(fairness)과 유사한 의미를 가진다. 처지가 비슷한 사람에게 비슷한 수준의 대우를 하는 것을 형평성이라고 말한다. 소득 수준이 비슷한 사람에게는 비슷한 수준의 사회보험료를 부담하게 하거나, 소득 수준이 비슷한 빈곤층에게 비슷한 수준의 생계비를 지원하는 것도 형평성의 예로 제시할 수 있다. 형평성을 측정하기 위해 두 개의 기준을 제시할 수 있다(Brewer & deLeon). 하나는 서비스를 받아야 할 사람 중에서 몇 퍼센트가 실제로 서비스를 받을 수 있는지 여부에 대한 측정이고, 다른 하나는 사회에는 여러 그룹이 존재하는데 서비스를 받는 양의 차이가 그 그룹 사이에 존재하는지의 여부에 대한 측정으로 요약된다. 형평성도 정책대안의 선택 기준으로서 역할을 한다. 정책대안 중에서 두 개의 측정 기준에 가장 가까운 대안을 정책담당자는 선택할 수 있다.

소망성 중 하나로서 적절성(adequacy)은 형평성과 같은 개념은 아니지만 비교함으로써 이 두 개념의 상호보완성을 알 수 있다. 형평성은 비슷한 그룹이라면 비슷한 수준의 서비스를 제공하는 것을 의미하는 반면에 적절성은 필요로 하는 사람에게 서비스를 제공할 경우에 필요로 하는 수준만큼 서비스를 제공하는지 여부에 대한 내용을 의미한다. 형평성을 증가시키기 위해 자원은 고정시킨 채로 더 많은 사람에게 서비스를 제공하고, 이들이 필요로 하는 만큼 충분히 서비스를 제공하지 못한다면 이것은 형평성을 향상시키기 위해 적절성을 희생시켰다고 할 수 있다(Brewer & deLeon, 1983). 그러나 어느 정도 수준이 적절한 수준인지에 대한 기준을 제시한다는 것은 쉽지 않다. 왜냐하면 적정 수준은 상황에 따라 변할 수 있는 가변성을 가지고 있기 때문이다. 빈곤층을 분류할 때 소득 수준 얼마 이하를 빈곤층이라고 할 것인지에 대한 기준, 즉 빈곤선의 설정도 적절성의 문제이고, 이들에게 어느 정도의 보호를 해야 적절한 서비스를 제공한다고 할 수 있는지에 대한 것도 적절성의 문제다. 적절성은 이와같이 그 기준 설정이 모호하기 때문에 정책대안의 선택 기준으로서 문제가 있다고 주장할 수는 있지만 서비스의 양과 질을 지속적으로 향상시켜야 한다는 정책의 기본적인 입장과 연결시켜 대안의 선택 기준으로서 활용할 수 있다.

실현가능성도 중요한 정책대안의 선택 기준으로 활용된다. 효과성이 높아 아주 바람직한 정책대안인데도 불구하고 예산의 부족으로 최종적인 정책대안으로 선정될 수 없을 경우 실현가능성이 대안 선택에 영향을 미쳤다고 할 수 있다. 경제적 실현가능성이란 활용 가능한 자원이 어느 정도인지에 따라 최종적인 정책대안을 선택하는 기준을 의미한다. 아무리 바람직한 대안이 있다고 하더라도 투자할 예산이 거기에 미치지 못한다면 이 대안이 최종적인 정책으로 선택되기 어렵고 차선책이 선택될 수밖에 없다는 의미다. 경제적 실현가능성의 수준을 높이기 위해 정치적 지지가 필요하다.

정치적 실현가능성이란 어떤 정책대안이 정치적으로 수용될 수 있는지의 여부가 선택 기준으로 작용한다는 내용을 담고 있다. 특정의 정책대안이 아무리 바람직하다고 하더라도 정치 세력이 받아들이려고 하지 않는다면 이것은 정치적 실현가능성이 없는 정책대안으로서 최종적으로 선택되기 어렵다. 정치적 실현가능성은 공공성이나 공익성이 우선되어야 하는 정책문제가 정략적인 차원에서 다뤄질 때 흔히 나타날 수 있는 것으로서 바람직하지 못한 정책대안이 바람직스러운 정책대안을 누르고 최종적인 정책대안으로 선택되는 쪽으로도 발전될 수 있다.

법적 실현가능성이란 해당 정책대안이 법률에 위배되지 않는지에 대한 내용을 선택 기준으로서 활용할 수 있다는 의미다. 정부에서는 빈곤층을 농어촌 지역으로 이주하도록 하면서 이주하는 가구에 대해서는 생업자금을 우선적으로 지원하는 정책을 시행한 바 있다. 이 정책이 주거의 자유와 무관한지에 대한 문제를 제기할 수 있다. 즉 법적 실현가능성의 문제와 관련시켜 논의될 수 있다는 의미다. 또한 동남아 등지에서 온 외국 노동력을 무제한적으로 산업전선에서 활용할 수 있다면 이것은 국제경쟁력 향상에 도움이 될 수 있는 대안인데도 법적으로 이들의 국내 취업이 어렵기 때문에 일단은 소망성은 높지만 법적 실현가능성은 높지 않다고 할 수 있다.

윤리적 실현가능성은 정책의 실현이 윤리적으로 받아들여질 수 있는지의 여부를 의미한다. 이것도 정책대안의 선택 기준으로의 역할을 한다. 낙태 수술이 실제로 행해지고 있지만 이 낙태 수술의 합법화 법안을 제정하려고 할 경우 비록 태어나지 않은 생명이지만 생명체에 대한 윤리성 때문에 엄청난 사회문제를 야기할 수 있다. 또한 인간 복제실험의 허용에 관한 것을 정책대안으로 채택하려고 할 경우 여기에 엄청난 윤리적 문제를 야기할 수 있다. 이것은 곧 윤리적 실현가능성 문제가 정책대안의 선택 기준으로서 역할을 할 수 있다는 의미다.

2) 이념 중심의 기준

이념을 축으로 하고 선택 기준을 나누면 <표 6-3>과 같이 두 가지 관점에서 정리할 수 있다. 이념은 사회복지정책의 구체적인 선택 기준을 파악할 수 있는 척도로서 역할을 한다. 하나는 개인주의적 기준(individual orientation)이고, 다른 하나는 집단주의적 기준(collective orientation)이다(Gilbert & Terrell, 1998). 개인주의적 관점에서는 사회복지정책의 선택 기준으로서 개인의 가치가 사회적 가치를 우선한다고 보고 있고, 집단주의적 관점에서는 사회적 가치가 개인적 가치를 우선한다고 보고 있다.

사회복지 정책형성의 선택 기준으로서 비용효과성(cost effectiveness)과 사회적 효과성(social effectiveness)을 제시할 수 있다. 자원할당(resource allocation) 문제

표 6-3 사회복지 정책형성의 선택 기준: 이상과 현실

선택 기준	개인주의 기준	집단주의 기준
내재 가치	자원분배에서의 비용효과성 복지급여 유형에 대한 선택의 자유 전달 체계에 대한 거부의 자유 복지재정의 지방화	자원분배에서의 사회적 효과성 복지급여 유형에 대한 사회적 통제 전달 체계의 능률성 복지재정의 집권화

를 해결하기 위해 이 기준이 활용된다. 개인주의는 비용효과성을 중요한 선택의 기준으로 간주하고 있고, 집단주의는 사회적 효과성을 중요한 기준으로 삼고 있다. 비용효과성은 1단위량의 투자에 대한 효과를 의미하고, 사회적 효과성은 비용에 대한 효과가 아니라 사회적으로 드러난 효과를 의미한다. 비용효과성에 의하면 한 명의 빈곤층을 자립하게 하는 데 얼마의 비용이 들어가느냐를 기준으로 대안을 선택하지만, 사회적 효과성에 의하면 빈곤층을 자립하게 하는 데 가장 큰 영향을 미치는 대안을 선택한다(Titmuss, 1970). 사회복지 정책형성 과정에서 비용효과성이나 사회적 효과성 중 하나가 선택의 기준으로 활용된다.

사회복지 정책형성에서 선택의 기준으로서 선택의 자유(freedom of choice)와 사회적 통제(social control)를 제시할 수 있다. 사회복지급여 유형을 선택하는 데 이 기준이 활용된다. 개인주의는 선택의 자유를 중시하고, 집단주의는 사회적 통제를 중시한다. 선택의 자유를 중시할 경우에는 현금급여와 같은 유형을 선택하도록 함으로써 수급자에게 사용의 재량권을 부여하게 한다. 그러나 사회적 통제를 중시할 경우에는 현물급여와 같은 유형을 선택하도록 함으로써 수급자에게 사용의 범위를 제한하게 한다. 사회복지 정책형성 과정에서 급여에 대한 선택의 자유, 혹은 사회적 통제 하나가 선택의 기준으로 활용된다.

사회복지정책의 선택 기준으로서 거부의 자유(freedom of dissent)와 능률성(efficiency)을 제시할 수 있다. 사회복지 전달 체계를 선택할 때 이 기준을 활용한다. 개인주의는 전달 체계에 대한 거부의 자유를 중요한 기준으로 삼고, 집단주의는 전달 체계의 능률성을 중요한 기준으로 삼는다. 개인주의는 전달 체계의 민주주의적 구조(democratic structure)를 의미하는 것으로서 관료제의 동선(line)으로부터 필요한 사회복지급여를 받기보다는 관료제 이외의 동선으로부터도 서비스를 받을 수 있다는 것이 거부의 자유다. 집단주의는 관료제 동선으로부터 사회복지급여를 받는다는 것

을 의미한다. 사회복지 수급권자가 필요한 서비스를 시장에서 받고, 정부에서 그 비용을 제공하는 제도는 민주주의적 구조에 속한다. 반면에 관료제를 통해서만 서비스를 받을 수 있다면 이것은 관료제의 구조에 속한다.

사회복지정책의 선택 기준으로서 지방화(local autonomy)와 집권화(centralization)를 제시할 수 있다. 재정의 출처를 선택할 때 이 기준이 활용된다. 지방화는 재정의 출처로서 지방에 무게를 두고 있고, 집권화는 재정의 출처로서 중앙정부에 무게를 두고 있다. 개인주의적 관점에서는 지방화를 선택하고, 집단주의적 관점에서는 집권화를 선택한다.

3) 기준의 선택

어느 기준에 따라 정책대안을 선택할 것이냐에 대한 정답은 없다. [그림 6-1]에서와 같이 소망성과 실현가능성, 그리고 개인주의와 집단주의가 동시에 영향을 미칠 수도 있고, 그 중에서 하나의 가치가 주도적인 역할을 할 수 있다. 이상이 배제되고 실현가능성만을 전제로 대안이 선택될 수도 있고, 실현가능성은 고려하지 않은 채 이상만을 전제로 대안이 선택될 수도 있다. 때로는 개인주의 관점에서 대안이 선택되기도 하고, 때로는 집단주의 관점에서 대안이 선택되기도 한다.

그림 6-1 사회복지 정책형성의 대안 선택 기준

2 의사결정모형

모형은 현실사회의 단순화(a simplification of real world)된 모습을 의미한다. 사회에는 다양한 가치가 존재하지만 하나의 모형에는 다양한 가치를 모두 담을 수 없

다. 의사결정모형도 다양한 가치를 중심으로 개발하지만 하나의 모형에 다양한 가치가 담겨 있지는 않다.

학자들마다 제각기 다른 의사결정모형을 제시하고 있다. 다이(Dye, 1981)는 8개 의사결정모형 — 합리주의, 점증주의, 게임이론, 엘리트이론, 그룹이론, 체제이론, 기관형성모형, 그리고 과정론 — 을 제시했고, 사이먼(Simon, 1976)은 정형모형과 비정형모형을 제시했을 뿐만 아니라 만족모형을 제시하기도 했다. 마치와 올슨(March & Olsen, 1976)은 쓰레기통 모형을 제시하기도 했다. 이상의 모형은 다음과 같은 세 가지 기준에 따라 정리할 수 있다.

1) 이상적 가치 중심의 모형

이상적 가치를 중심으로 형성된 모형에는 합리주의와 게임이론을 제시할 수 있다. 합리주의는 비경쟁 상태에서 최선을 추구하는 모형이고, 게임이론은 경쟁적 상태에서 최선을 추구하려는 모형이다.

합리주의에 의하면, 사회에는 하나의 최선책이 항상 존재하며 이 최선을 찾아서 사회복지 정책형성을 해야 한다는 입장을 취하고 있다. 합리적 정책형성이란 사회의 기능을 최선의 상태에 이르게 할 수 있고, 법이 수행하는 기능을 최선의 상태에 이르게 할 수 있으며, 정책참여자 사이의 의견의 일치를 최적 상태에 이르게 할 수 있고, 수단이 목적 달성을 하는 데 최선의 상태에 이르게 할 수 있으며, 경제적 능률성을 극대화시킬 수 있는 수준에서의 대안 선택을 의미한다. 합리주의 관점에서 정책형성을 할 경우 몇 가지 전제 조건이 붙는다. 첫째, 정책과 관련된 사회의 모든 가치 선호도(value preferences)와 그 선호도의 상대적 비중(relative weight)에 대해 알려져 있어야 한다. 둘째, 정책문제 해결을 위한 모든 정책대안이 알려져 있어야 한다. 셋째, 각 정책대안의 결과에 대해서도 알려져 있어야 한다. 넷째, 각 정책대안에 대해 희생된 사회 가치와 얻은 사회 가치에 대해 알려져 있어야 한다. 다섯째, 가장 효율적인 정책대안이 최종적인 정책안으로 선택될 수 있어야 한다.

사회에는 하나의 최선이 존재하며, 이 최선을 모색하기 위해 위와 같은 전제 조건까지 두고 있지만 합리모형은 많은 제약 조건을 갖고 있다. 위에서 제시한 다섯 가지 전제 조건이 현실적으로 충족될 수 있는가에 대해서는 의문이다. 사회의 모든 가치가 알려질 수도 없으며, 이들 가치의 상대적 비중을 측정하기란 현실적으로 불가능하고, 정책문제 해결을 위한 모든 대안이 다 알려져 있을 수도 없으며, 정책으로 인해 누가 득을 얻고 누가 어느 정도 희생을 감수해야 하는지에 대한 정도도 알 수 없고, 정치적 실현가능성을 비롯해 각종 실현가능성 때문에 최고로 효율적인 대안이 최종적인 정책대안으로 선택될 가능성도 희박하다. 한마디로 사회는 합리모형이 전제 조건으로 삼고 있는 여러 가지 조건을 충족시킬 수 있을 만큼 투명하지 않다는 데 합리모형의 문제점이 있다.

게임이론은 경쟁적 상황을 가정한다. 경쟁적 상황 하에서 합리주의를 추구하는 모형이 곧 게임이론이다. 경쟁적 상황 하에서 최선의 방법을 모색하기 위해서는 미니맥스(minimax)의 기준을 흔히 사용한다. 미니맥스 기준이란 경쟁 상대자가 어떤 위치에 있든 극대치의 상실(maximum loss)을 극소화시키거나(minimize), 극소치의 이득(minimum gain)을 극대화시키는 기준을 의미한다. 비경쟁정 상황에서의 합리주의와 같은 장점과 단점을 가진다.

2) 현실적 가치 중심의 모형

이상보다는 현실을 많이 고려한 모형으로서 점증주의, 만족모형, 쓰레기통 모형, 그리고 체제이론이 여기에 속한다. 점증주의는 과거, 만족모형은 이상에 대한 양보, 쓰레기통 모형은 현실적 확률, 그리고 체제이론은 환경의 산물로서 정책을 바라보기 때문에 모두 현실적 요인을 갖추고 있다.

점증주의(incrementalism)의 출발은 정책은 과거의 산물라는 점이다. 이 모형은 비록 최선이 이 사회에 존재한다고 할지라도 한꺼번에 그 최선에 이르기란 사실상 불가능하기 때문에 과거의 것보다 더 나은 정책을 계속 선택하다 보면 어느 날 최선에 이를 수 있다는 입장이다. 합리모형을 이상주의라고 한다면, 점증모형은 현실주의이고, 합리모형이 개혁적이라면 점증모형은 보수적이다.

만족모형은 최선이 존재할지 모르지만 현실적으로는 가능하지 않다는 관점에서 출발한다. 만족모형은 사이먼(Simon, 1976)에 의해 구체화된 모형이다. 사람의 합리성에는 한계가 있기 때문에 하나의 최선을 찾기가 불가능하다고 사이먼은 주장한다. 따라서 하나의 최선을 선택하는 것이 조직의 의사결정일 수 없으며, 과거의 경험이나 주변의 사례에 비춰볼 때 다수가 만족할 수 있는 수준의 선택을 찾을 수밖에 없다는 입장에서 제시된 모형이다. 사이먼은 이것을 제한된 합리성(bounded rationality)으로 지칭한다.

쓰레기통 모형(garbage can)에 의하면, 의사결정은 모호성과 불확실성으로부터 영향을 받는다는 입장이다. 조직은 고도의 불확실성으로 인해 목표가 모호할 수밖에 없고, 조직의 의사결정도 불확실성과 모호성에 영향을 받아 하나의 합리적 선택이 불가능한 상태에 이르게 된다는 전제가 붙는다. 쓰레기통 모형에 의하면, 조직에는 네 가지 흐름이 자리잡고 있는데, 그것은 문제(problem), 해결 방안(solution), 참여자(participants), 그리고 선택 기회(choice opportunity)다. 조직에는 이 네 가지 흐름이 복수로 존재하는 특징을 가진다. 하나의 문제가 아니라 다수의 문제가 존재하며, 하나의 해결 방안이 아니라 다수의 해결 방안이 있고, 한 사람의 참여자가 있는 것이 아니라 다수의 참여자가 존재하며, 그 중에서 선택의 기회도 다수 존재한다는 의미다. 의사결정은 쓰레기통에 들어가 있는 이 네 가지 흐름이 결합해 만들어지는 것으로 정의된다(March & Olsen, 1976).

체제이론은 사회는 하나의 체제라는 데에서 출발한다. 사회를 하나의 체제라고 한다면 사회에는 많은 작은 체제가 있는데, 이들 작은 체제가 하위 체제(下位體制: sub-system)다. 사회는 많은 하위 체제로 구성되어 있고, 하위 체제는 서로 균형을 유지하려는 성향을 갖고 있다. 체제모형은 사회학자 파슨스(Talcott Parsons)에 의해 일반체제이론으로 개발되었다. 체제이론에 의하면, 정책은 환경으로 영향을 받아 체제 내에서 일정한 여과의 과정을 거쳐 형성되는 것으로 본다. 정책은 체제의 산물이라는 의미다. 시스템에서 정책이 산출되는 과정은 [그림 6-2]와 같다.

사회복지 체제는 환경에 둘러싸여 있고 외부 환경은 투입(input)이라는 형태로 사회복지 체제에 영향을 미친다. 사회복지 체제에 요구를 하기도 하고, 어떤 부분에 대

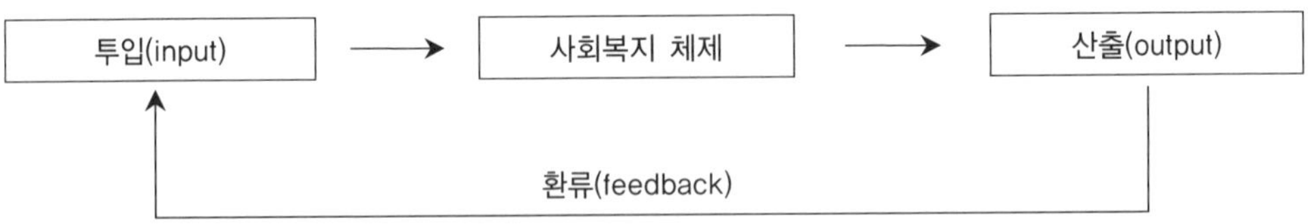

그림 6-2 사회복지 체제와 정책형성

해서는 지원을 보내기도 한다. 이것이 투입작용이다. 그러면 사회복지 체제는 이들 요구나 지원을 받아들여 일정한 여과 과정(thruput)을 거친다. 이 여과 과정을 거친 후에 사회복지 체제는 산출(output)이라는 형태로 환경에 되돌려 보냄으로써 사회복지 정책형성이라는 모습으로 나타난다. 산출의 형태로 세상 속으로 나온 사회복지정책은 일정 기간 동안 환경에 영향을 미치다가 또다시 투입의 형태로 변형되어 사회복지 체제에 요구 사항으로 전달된다. 체제이론은 이러한 과정이 지속되면서 사회복지정책이 형성될 뿐만 아니라 바람직한 방향으로 발전된다고 보고 있다.

3) 정치 과정 중심의 모형

정치 과정 중심의 모형이란 다양한 이해관계 당사자의 합의나 엘리트의 힘에 의해 사회복지정책이 형성되는 모형을 의미한다. 그룹이론, 엘리트이론, 그리고 기관형성 모형을 들 수 있다.

그룹이론(group theory)은 사회에는 다양한 계층의 이익을 대변하는 집단이 존재한다는 데에서 출발한다. 이 모형에 의하면 사회복지정책은 그룹 간의 이해관계가 균형점을 이루는 곳에서 형성된다는 입장이다. 그룹 간의 역학 관계나 그룹 간의 이해관계가 조정되어 가는 과정을 파악함으로써 이해관계의 균형점이 모색되는 현상을 파악할 수 있을 뿐만 아니라 이 균형점을 중심으로 사회복지정책의 내용도 분석할 수 있다. 그룹이론에 의하면 개인의 역할이 무시되는 것이 아니라 개인은 그룹의 구성원으로서 역할을 하며, 그룹은 개인과 국가단체의 사이를 연결하는 가교로 보고 있다. 정치 체제(political system)는 그룹 간의 갈등을 조정하는 것을 기본 임무로 삼고 있다는 입장이다. 그룹 사이에 갈등이 발생할 때 정치 체제는 게임의 룰(rules of the game)을 확립하고, 협상과 이해관계를 조정하며, 이 협상안과 조정안을 정책이라는 형태로 전환시켜, 이 정책안을 실천해 나가는 역할을 한다. 그룹이론에서 정책이 선택되는 지점에 대해서는 [그림 6-3]과 같이 설명할 수 있다. 힘이 강한 그룹과 힘이 약한 그룹이 대치해 이해관계를 조정하다 보면 힘이 강한 그룹의 편에서 정책이 선택될 수밖에 없다는 현실적인 논리를 기반으로 하고 있다. 이상적으로 보면 사회단체의 힘이 균형을 이뤄야 하는 지점이 B이지만 협상 과정에서 무게 중심은 힘이 강한 단체 쪽으로 쏠리지 않을 수 없고, 결국에 가서는 두 그룹의 힘이 균형점을 이

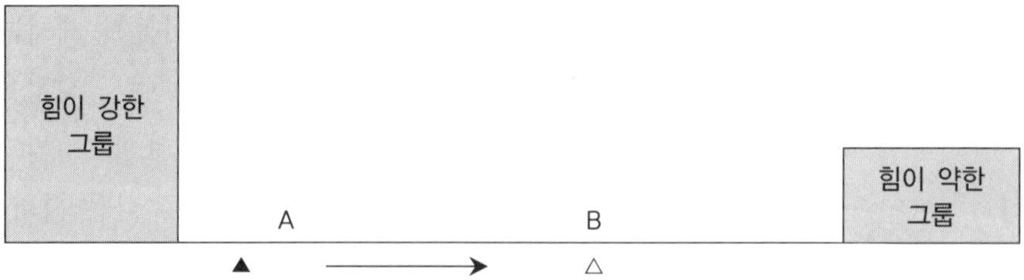

그림 6-3 그룹이론과 사회복지정책

루는 A 지점에서 정책이 선택된다.

엘리트주의(elitism)는 사회복지정책은 소수의 지배 엘리트(governing elite)의 가치관과 함수 관계에 있다고 보는 모형이다. 엘리트 이론에 의하면 지배 엘리트의 가치관이나 선호도가 곧 정책의 내용을 결정한다고 본다. 엘리트 이론으로 다양한 정책에 대한 설명이 가능하다. 정권을 담당하는 지배 엘리트가 어떤 사람으로 구성되어 있고, 그들의 가치관이 무엇이며, 그들의 선호도가 성장인지, 혹은 분배인지를 파악할 수 있으면 사회복지정책의 대안 선택에 대해 가늠할 수 있다. 실제로 누가 장관이나 청와대 수석 비서관으로 임명되느냐에 따라 학계나 언론계 등에서 앞으로의 정책향방에 대한 시나리오를 쓰기도 하는데 이것은 엘리트의 역할이 정책형성에 그만큼 중요하다는 것을 간접적으로 표시하고 있는 예다. 정책은 복잡한 과정을 거쳐 형성되는 것처럼 보이지만 엘리트 이론에 의하면 지배 엘리트가 누구인지를 파악하고 이들의 가치관이나 선호도를 알면 어떤 정책이 형성될 것인지를 예측할 수 있다. 왜냐하면 정책은 지배 엘리트의 가치관 및 선호도의 산물이기 때문이다.

기관형성 모형(institutionalism)에 의하면 정책을 기관의 산물(institutional output)로 보고 있다. 전통적으로 정치학자들이 정책을 연구할 때 이 모형을 사용했다. 이 모형에 의하면, 정책형성은 정부조직이 일상적으로 하는 일로서 정부조직의 구조(structure) 그 자체가 곧 정책형성과 직결된다고 보고 있다. 기관형성 모형에 대해 과거 전통적인 입장과 최근의 입장이 약간 다르게 나타난다. 전통적으로는 조직구조에 대한 연구로 정책형성에 대한 연구를 대신하는 경향을 갖고 있었지만 최근에는 조직구조와 정책의 내용 사이에 어떤 상관관계가 있는지에 대한 분석으로 관심이 모아지고 있다. 따라서 원하는 수준의 정책형성이 되지 않을 경우 조직구조의 개편을 통해 정책형성의 수준을 향상시켜야 한다는 입장까지도 보이고 있다. 기관형성 모형은 정책을 기관의 산물로 간주하고 있고, 기관의 조직구조와 정책의 내용과는 밀접한 관계가 있는 것으로 보기 때문에 기관의 구조에 대한 연구는 곧 정책의 내용에 대한 연구로 귀결될 수 있다는 입장이다. 최근 추세는 조직구조의 연구를 통해 정책 내용을 분석하기보다는 기관과 정책 사이에는 어떤 관계가 있는지에 더 많은 초점이 모아지고 있다.

3 사회복지 정책형성과 의사결정모형

사회복지정책은 하나의 가치만을 반영할 수 없다. 사회에 존재하는 다양한 가치를 반영하지 않으면 정책으로서 사회적 정당성을 상실한다. 사회복지정책도 하나의 모형에 의해 영향을 받아 형성되지는 않는다. [그림 6-4]에서와 같이 다양한 모형의 영향을 받아 비로소 사회복지정책이라는 내용이 완성된다. 때로는 이상을 추구하는 합리주의 모형에 영향을 받기도 하고, 때로는 현실적 가치를 중요시하는 체제이론의 영향을 받기도 하며, 때로는 그룹간 이해관계를 조정해야 하기 때문에 그룹이론의 영향을 받기도 한다.

실직자 재취업 프로그램을 선택한다고 가정해 보자. 이상을 추구하지 않을 수 없기 때문에 실직자 모두가 재취업을 할 수 있도록 정책 목표를 설정하지 않을 수 없다. 이 정책대안의 선택은 합리주의 입장에 가깝다. 그러나 현실은 그렇지 않다. 실직자 재취업에 연계된 다양한 사회집단이 존재하며, 이 사회집단 사이의 힘이 충돌하다가

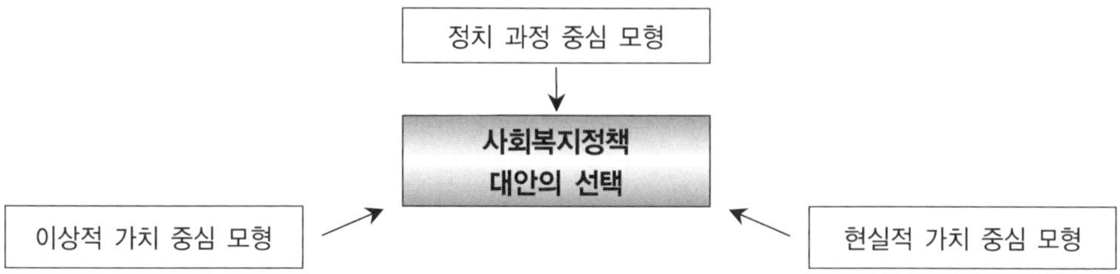

그림 6-4 사회복지 정책형성 모형

균형이 형성되는 지점에서 정책대안이 선택될 가능성도 있다. 그룹이론 모형이 등장할 수도 있다는 의미다. 여기에 지배 엘리트가 제동을 걸고 나설 수도 있다. 재취업 프로그램은 실직자 편에서 형성되어야 한다는 입장을 내세우며 간신히 마련된 사회집단 간의 균형점을 허물 수도 있다. 다양한 모형에 따라서 제시되는 각각의 논리에 정책형성이 표류하다가 작년에 선택한 기준을 근거로 정책대안이 최종적으로 선택될 수도 있다. 이처럼 사회복지정책은 하나의 모형에 의해 형성되지는 않는다. 다양한 모형이 영향을 주고받는 가운데에서 최종적으로 대안이 선택된다. 하나의 정책에는 현실적 가치, 이상적 가치, 그리고 정치 과정 모두가 다 반영된다.

제 3 절 사회복지 정책집행

1 사회복지 정책집행 모형

사회복지 정책집행도 양면성이 있다. 분석적 의미를 갖고 있기 때문에 기획(planning)이나 통제(control)라는 측면을 가지고 있고, 정치적 의미를 갖고 있기 때문에 상호교류(interaction)라는 측면도 가지고 있다. 이상의 두 측면으로부터 정책집행의 모형을 기획통제 모형(planning-and-control model)과 상호교류 모형(interaction model)으로 나눠 설명할 수 있다. 마존과 윌다브스키(Majone & Wildavsky, 1973)는 전자를 "통제행위로서 정책집행(implementation as control)"이라고 지칭하고, 후자를 "상호교류 행위로서 정책집행(implementation as interaction)"이라고 지칭한다.

1) 기획통제 모형

기획통제 모형은 사회복지 정책형성과 정책의 현실 적용을 같은 논리선상에 놓고 있다. 정책형성 과정에서의 철저한 기획과 준비는 곧 정책집행의 성공을 의미하고, 그렇지 못하면 실패를 의미한다는 입장이다. 기획통제 모형에 의하면 모든 정책변수는 가시적이고, 이들 변수는 합리적으로 움직이며, 정책은 이들 변수를 통제할 수 있는 수준에서 형성될 수 있고, 집행 단계에서도 이들 변수는 당연히 통제가 가능하다고 본다. 즉 기획통제 모형은 사회복지 정책형성과 정책집행은 목적과 수단의 관계를 갖고 있고, 수단으로서의 사회복지 정책집행은 당연히 합리적 행동(rational action)에 의해 수행된다고 보고 있다.

기획통제 모형에 의하면, 정책집행의 성공을 위해 다음 몇 가지 사항을 분명히 해야 한다. 첫째, 정책 목표 설정을 분명히 하는 것이다. 목표가 분명할 때 수단으로서의 정책집행이 순조로울 수 있다. 둘째, 세부적인 집행계획이 요구된다. 정책집행은 목표 달성 과정이기 때문에 세부 계획 없이는 목표 달성에 차질을 가져올 수 있다. 셋째, 성공적인 정책집행은 빈틈없는 통제(tight control)에서 비롯된다. 이상의 요인들이 충족될 때 정책은 성공적으로 집행될 수 있고, 의도한 목표를 달성할 수 있을 것으로 기획통제 모형은 주장한다.

기획통제 모형은 사회복지 정책집행 현상을 통제 가능한 것으로 보고 있다는 데서 문제가 발생된다. 현실 사회는 통제 불가능한 요인도 얼마든지 있고, 정책형성 과정에서 보이지 않던 변수가 정책집행 과정에서 발생될 수도 있으며, 정책변수는 변하지 않는 요인이 아니라 시간이 지나고 환경이 바뀜에 따라 항상 변모하는 성향을 갖고 있기 때문에 이러한 요인들을 기획통제 모형은 다룰 수 없다는 것이 약점으로 지적된다.

2) 상호교류 모형

상호교류 모형은 기획통제 모형이 강조하고 있는 목표의 명확화, 혹은 철저한 계획 등을 강조하지 않는다. 정책형성 그 자체는 단어의 나열에 불과하다는 입장이고, 의미를 부여한다고 해보아야 정책형성은 정책집행자들 사이의 협상의 시작을 알려주는 것뿐이라는 입장을 취한다. 상호교류 모형은 정책집행은 정책 목표의 실현이라는 것 자체를 수용하려들지 않는다. 정책은 정책과 관련된 이해당사자들 사이의 정치 게임에 의해 집행된다는 입장(Bardach, 1977)을 갖고 있다. 따라서 정책형성 과정에서 정해진 목표 달성이 정책집행 단계에서 성취되는 것이 아니라 정책 목표는 정책집행자들 사이의 이해관계를 조정하는 초안서에 불과하다는 입장이다. 상호교류 모형에 의하면 정책집행은 예측 가능한 것이 아니다. 왜냐하면 정책집행은 정치 게임의 일종으로서 누구에 의해 어떻게 주도될지 예측할 수 없기 때문이다.

상호교류 모형의 약점은 기획통제 모형의 장점이다. 즉 상호교류 모형은 정책 목표를 분명히 할 수 없다는 문제를 제기할 수 있고, 세부 계획을 세울 수 없으며, 더구나 정책집행 변수를 통제하는 장치가 없다는 데 약점이 있다. 그러나 상호교류 모형은 정책집행과 관련된 각종 변수의 이해 조정을 통해 무리 없이 정책집행을 유도하려 한다는 장점을 갖고 있다. 이것은 기획통제 모형의 약점이기도 하다.

3) 사회복지 정책집행 모형의 활용

사회복지 정책집행 모형을 기획통제 모형과 상호교류 모형으로 이원화시켜 설명했지만, 두 모형 모두 현실을 완벽하게 반영하지는 못한다. 각 모형은 현실 사회의 한 단면만을 반영할 뿐이다. 두 모형 중에서 하나를 경시하거나, 다른 하나에 지나친 비중을 둘 경우 정책집행에 차질을 가져올 수 있다(허만형, 1994). 따라서 현실적으로 정책집행 모형을 활용하는 데 다음 몇 가지 사항을 주의해야 한다.

첫째, 과잉관리(overmanagement)를 경계해야 한다. 여기서 과잉관리란 지나친 기획과 통제로 정책 능률이 떨어지는 현상을 의미한다(Overman, 1984). [그림 6-5]에서와 같이 정책집행에서 어느 정도의 통제는 정책집행의 능률을 향상시키는 데 기여한다. 그러나 적정 수준을 넘어 통제가 지나치면 능률은 오히려 떨어지는 현상, 즉 과잉관리를 유발시킬 수 있다. 따라서 통제는 능률을 떨어뜨리지 않는 수준까지 해야만 그 효과를 거둘 수 있다. 그림의 A면은 과소관리(undermanagement)로서 기획이나 통제를 통해 능률을 향상시킬 수 있는 여백이 남아 있는 부분이고, B면은 과잉관리로 인해 능률이 저하된 부분이다. 과잉관리의 문제를 정책집행 모형과 연결시켜 보면 집행 과정에서 지나칠 정도의 기획이나 통제는 오히려 정책집행 능률을 저하시킬 가능성이 있다.

둘째, 과잉정치(overpolitization)도 경계해야 한다. 즉 정책집행의 상호교류 모형에 지나치게 의존하는 것을 경계해야 한다는 의미다(Overman, 1984). 과잉정치란 정책목표 달성이라는 정책 방향을 상실할 정도로 정책변수들 사이의 갈등 해소나 정책참여자들의 이해관계 조정에만 힘을 기울이는 정책집행 현상을 의미한다. 정책집행에서 이해 당사자들의 이해관계를 조정하는 것은 성공적인 정책집행을 위해 중요한

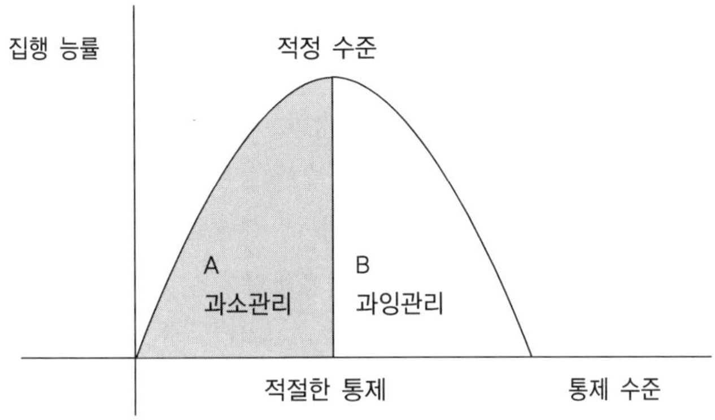

그림 6-5 기획통제 모형의 활용: 과소관리와 과잉관리

요인이지만 정책집행 당사자들 간에 이해관계만 조정하는 데 에너지를 소모하고 나면 정책 목표 달성이나 정책고객의 만족을 유도하기 위한 부분을 쉽게 간과할 수 있다. 이것이 곧 과잉정치 현상으로 정책집행에 방해가 된다. 과잉정치 현상과 정책집행 능률의 관계도 과잉관리 현상과 정책집행 능률과 비슷한 관점에서 [그림 6-6]과 같이 논할 수 있다. 그림과 같이 정책집행의 정치 현상을 경시할 경우 A면과 같은 과소정치 현상이 나타나고, 정치 게임에 지나치게 치중할 경우 B면과 같이 오히려 능률이 떨어질 가능성이 있다. 따라서 적절한 수준의 교류, 적절한 수준의 정치 게임, 그리고 적절한 수준의 협상이 정책집행 능률을 향상시킬 수 있는 요인임을 강조하고

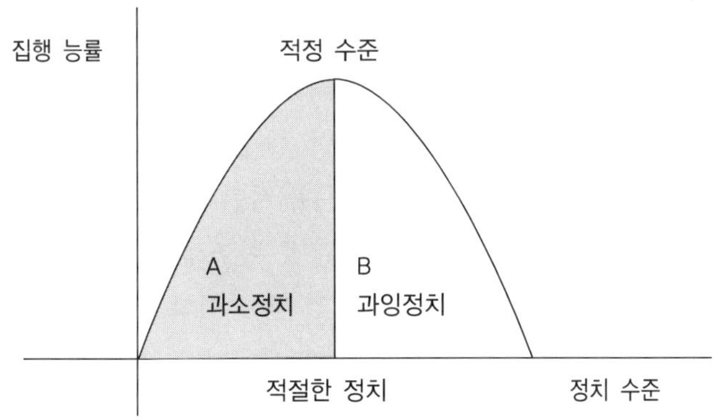

그림 6-6 상호교류 모형의 활용: 과소정치와 과잉정치

자 한다.

셋째, 과잉관리나 과잉정치 모두 경계해야 한다면 정책집행의 실무에 임해서는 기획통제 모형과 상호교류 모형 중 하나에 의존하는 성향도 경계해야 할 사항이다. 치우침이 없이 상호보완적인 차원에서 두 모형을 활용할 수 있어야 한다. 두 모형은 하나가 다른 하나의 약점을 보완할 수 있기 때문에 상호보완적인 입장에서야만 성공적인 정책집행을 보장할 수 있다. 성공적인 정책집행은 이중적 정책집행(dual implementation)이 되어야만 비로소 가능하다는 의미다. 이중적 정책집행이란 한편에서는 기획통제 모형에서 설정하고 있는 방향대로 공식적 차원에서 정책 목표를 명확하게 하고 세부적인 계획을 철저히 해야 할 필요성이 있는 반면에 다른 한편에는 정책집행을 전후해서 발생할 수 있는 예측 불허의 여러 변수의 동태성도 고려하고 해결할 수 있어야 집행의 성공 가능성을 높일 수 있다.

사회복지 정책집행 모형은 국가나 사회복지기관 모두 적용될 수 있다. 보건복지부는 2003년의 주요 시책의 하나로 '장애인 차별 해소 및 복지 증진'을 설정하고, 세부 추진 방안의 하나로 '직업재활사업의 확대와 고용 증진'을 제시하고 있다. 풀이하면 이 정책의 목표는 장애인 차별 해소와 복지 증진이며, 직업재활사업의 확대와 고용 증진을 통해 정책 목표를 달성하겠다는 내용을 담고 있다. 기획통제 모형에 의하면 직업재활사업에 대한 빈틈없는 계획이 가장 중요한 집행 요인이다. 직업재활교육기관에 대한 커리큘럼과 지도지침을 제시해야 하고, 교육 실시에 대한 보건복지부의 관리 감독 기능을 강화해야 하며, 취업 알선이 이뤄지는 과정까지 개입해야 한다. 그리고 장애인을 고용하는 업체에 대해 지원과 세제 혜택을 제공하는 유인책까지 제시되고 실행되어야 한다. 상호교류 모형의 접근 방법은 그렇지 않다. 먼저 장애인을 고용하거나 장애인이 만든 상품을 구매할 경제단체의 협조가 가장 중요하기 때문에 이들과의 접근이 우선적인 집행행위로 잡혀 있어야 한다. 장애인을 고용할 가능성이 있는 회사를 탐방해 그들의 협조를 이끌어 내야 한다. 시민단체와도 연계해 외곽의 지원을 받아야 하고, 직업재활 성공 사례를 언론기관과 협조해 소개하는 작업이 필요하다. 상호교류 모형은 이 같은 행위를 정책집행으로 보고 있다. 이 두 모형 중에서 하나에 지나치게 치우치면 정책 목표 달성과는 거리가 멀어진다. 적정 수준에서 기획통제와 적정 수준에서 상호 교류가 결합될 때 정책의 목표를 용이하게 달성할 수 있다.

표 6-4 장애인 직업재활사업의 확대 및 고용 증진과 정책집행 모형

모형	집행 내용
기획통제	직업재활사업 계획, 직업재활교육 커리큘럼 선정, 직업재활교육 실시, 직업 현장 알선, 장애인 고용업체에 대한 혜택 결정
상호교류	경제단체의 지원 유도, 장애인 고용 가능 회사 탐방, 시민단체와 연계해 장애인 우선 고용 캠페인, 직업재활 성공 장애인 소개 행사 등

2 사회복지 정책집행 과정

정책집행은 3단계로 그 과정을 나눠 설명할 수 있다. 조직화(organization), 의미 해석(interpretation), 그리고 현실 적용(application)이 정책집행 과정이다(Jones, 1984). 정책집행의 단계를 이해함으로써 집행에 대한 이해 수준을 높일 수 있을 뿐만 아니라, 실무에 좀 더 근접할 수 있다. 사회복지 정책집행뿐만 아니라 다른 영역의 정책집행 과정도 이 범주를 벗어나지 않는다.

1) 조직화

조직화란 사회복지정책을 현실화하기 위한 작업으로서 크게 세 가지 의미를 내포한다. 인적 자원의 조직화, 물적 자원의 조직화, 그리고 기관 확보를 하는 행위가 그것이다. 인적 자원이나 물적 자원의 조직화는 이 두 자원을 확보해 적재적소에 비치하는 활동을 말하고, 기관의 확보란 조직을 새로이 만들거나 현행 기관을 재편성하는 행위를 말한다. 조직화는 귤릭의 POSDCoRB에 잘 나타나 있다. 기획(planning), 조직(organizing), 인사(staffing), 지휘 감독(directing), 통합 조정(coordinating), 보고(reporting), 그리고 예산(budgeting) 등을 확보하는 과정을 행정 과정으로 정리한다. 이 조직화 단계에서도 이상의 여섯 개 과정을 확보 하는 단계로 이해할 수 있다. 정책집행을 위해 이상의 여섯 개 요인이 확보되면 다음 정책집행 단계에 들어갈 수 있다. 정책이 형성된 후 이상의 요인이 확보되었다고 해서 자동적으로 집행(self-executing)되는 것은 아니기 때문이다.

공공부조는 2000년을 기점으로 생활보호에서 기초생활보장으로 그 방향이 전환되었다. 기초생활보장정책이 형성되었다는 의미다. 이 정책이 집행 단계에 들어서면 정책 목표를 효과적으로 달성하기 위해 새로운 기획이 필요하고, 조직 재편성이 요구되며, 새로운 인력을 충원해야 하고, 예산이 새롭게 배정되어야 한다. 이러한 일련의 과정을 정책집행 단계에서는 조직화라는 개념으로 활용하고 있다. 집행 단계에서 기획, 인사, 조직, 그리고 예산에 대한 새로운 접근이 요구된다는 의미다.

2) 의미 해석

의미 해석이란 정책형성 단계에서 정리된 용어의 의미가 무엇인지를 파악해 구체화시키는 활동을 의미한다. 의미 해석은 곧 구체적인 집행지침으로 이어진다. 의미 해석은 사전식 해석이 아니라 정책 목표를 현실화하기 위한 현실적 의미를 담고 있는 해석을 의미한다(허만형, 1994).

공공부조의 대상은 빈곤층이다. 빈곤층에게 국민기초생활을 보장한다는 사실은 누구나 알고 있지만 빈곤층에 속한 시민이 누구이며, 무엇을 어느 정도 보장해야 하는가에 대한 구체적인 판단 기준에 따른 해석이 필요하다. 빈곤층에 대해 최저 생계 수준 이하의 삶을 살아가는 계층이라는 개념적 정의만으로 집행을 할 수 없다. <표 6-5>와 같이 "4인 가구를 기준으로 할 때 월소득이 102만 원 이하인 자"로 구체적인 의미 해석이 필요하다. 기초생활보장을 위한 급여도 의식주를 해결할 수 있는 급여라는 개념적 의미만을 가지고 집행이 가능하지 않다. 생계급여, 자활급여, 교육급여, 해산급여, 장제급여, 주거급여, 그리고 의료급여와 같이 구체적으로 적시되어야 한다. 보장 수준도 최저 생계를 유지할 수 있는 수준이라는 개념적 정의만으로 집행이 가능

표 6-5 기초생활보장정책과 의미 해석

용어	개념적 정의	정책집행에서의 의미 해석
빈곤층	스스로의 힘으로 인간다운 최저 생활을 영위하지 못하는 계층	4인 가구 기준 월 102만 원 이하의 소득을 가진 자
보장급여	의식주를 해결할 수 있는 급여	생계급여, 자활급여, 교육급여, 해산급여, 장제급여, 주거급여, 그리고 의료급여
보장 수준	최저 생계를 유지할 수 있는 수준	이상 7개 급여에 대한 구체적인 수준 결정

하지 않다. 4인 가구를 기준으로 생계급여 89만 원 지급과 같이 구체적이어야 한다. 나머지 급여도 현금으로 지급할 경우에는 금액이 얼마이며, 현물로 지급할 때는 어느 정도인지에 대해 구체적으로 명시되어 있어야 한다. 이것이 의미 해석 단계에서 결정되어야 한다.

위와 같은 의미 해석을 함으로써 조직화 단계에서는 볼 수 없었던 구체적인 정책 내용이 눈앞에 확연히 드러난다. 이 단계에서 정책집행 내용을 가시화시킬 수 없으면 정책집행의 성공을 기대하기가 어렵다.

3) 현실 적용

현실 적용은 정책이 추구하는 목표를 하나하나 실현시켜 나가는 단계다. 의미 해석이 마무리되면 필요한 서비스를 고객에게 차례로 전달하는데 이것이 현실 적용이다. 현실 적용 단계에서는 정책이 추구하는 목표가 하나하나 실현된다.

기초생활보장정책의 현실 적용을 제시하면 우선 기초생활 수급권자를 소득 기준에 따라 파악해야 한다. 4인 가구를 기준으로 할 때 월소득 102만 원 이하인 자는 모두 빈곤층으로 선정된다. 2003년도에는 전국에서 150만 명이 선정되었으며, 이 중에서 서울에 거주하는 빈곤층이 18만 225명이었다(보건복지부, 2003). 보건복지부는 예산을 배정받고, 전문인력을 배정받아 기초생활보장 수급권자로 선정된 시민에게 생계급여를 포함한 기타 급여를 제공함으로써 의식주 문제를 해결하고 인간다운 최저 생활을 영위하도록 한다. 이처럼 집행의 마지막 단계에서는 정책의 목표, 즉 기초생활보장이 현실화된다.

3 사회복지 정책집행과 표준운영절차

정책은 매년 새로운 모습으로 거듭나지는 않는다. 새로운 모습으로 거듭나는 경우도 있기는 하지만 대부분 정책은 반복되는 성격을 가진다. 반복됨으로써 정책이나 프로그램의 안정성을 추구할 수 있으며, 예측 가능한 행정을 할 수 있다. 국가정책도 반복되는 특징을 가지고 있으며, 사회복지기관의 행정도 반복되는 특징을 가지고 있다. 이처럼 반복적인 특징이 있기 때문에 행정의 안정성을 추구할 수 있다.

사회복지 정책집행이 계속 되풀이되면 하나의 규칙이 만들어진다. 그 규칙적인 틀을 표준운영절차(standard operating procedure: SOP)라고 지칭한다. 표준운영절차가 형성되면 정책은 일관성과 반복성을 간직한 채로 지속적으로 집행될 수 있다. 표준운영절차가 완성된 이후에도 정책은 환경의 변화에 대응해야 하기 때문에 환경 적응 과정을 거쳐야 한다. 따라서 정책집행 과정 그 자체는 적응 시스템과 반복적 설계를 거치면서 SOP가 새로이 형성된다(Simon, 1976).

[그림 6-7]에서 볼 수 있듯이 정책집행의 3단계가 반복적으로 이어지면 그 과정에서 표준운영절차가 개발된다. 이 표준운영절차는 시대나 환경이 변해도 고정 불변인 채로 있는 것이 아니라 환경에 적응해 계속 변해야 한다. 즉 적응 시스템으로서 환경의 변화를 수용하는 절차가 필요하다. 표준운영절차는 반복적 설계를 통해 형성되고 적응 시스템을 통해 계속 수정될 수 있어야만 성공적인 정책집행 과정이라고 할 수 있다. 사회복지 정책집행 과정에서도 표준운영절차가 개발되면 정책의 안정을 기할 수 있다. 국가정책이나 사회복지기관의 정책집행 모두에게 해당되는 내용이다. 특히 사회복지기관에서 표준운영절차가 개발되어 있으면 기관은 안정적으로 클라이언트를 관리할 수 있다.

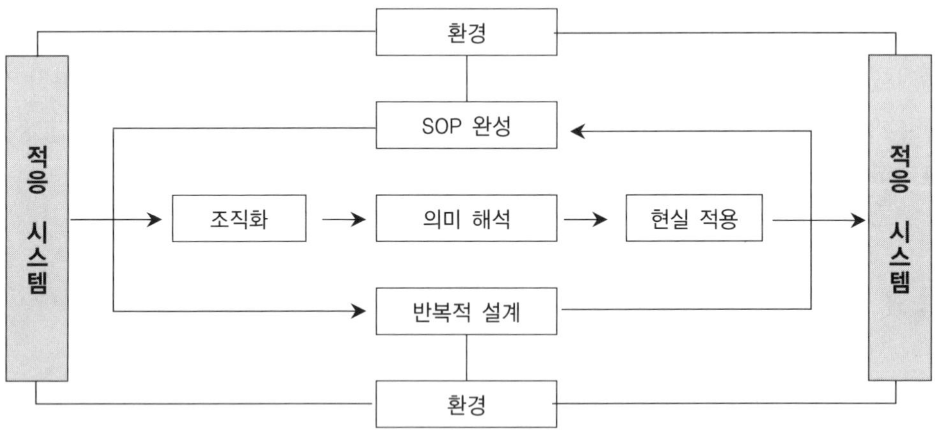

그림 6-7 사회복지 정책집행의 반복적 설계와 표준운영절차

제 4 절 사회복지 정책형성과 집행

사회복지 정책형성과 집행은 별개가 아니다. 정책 과정의 선상에 있는 개념일 뿐이다. 정책형성은 목표 달성을 위해 선택하는 행위이고, 정책집행은 효력 발생을 유도하는 행위라는 개념적 차이가 있기는 하지만 모두 목표 달성에 연결되어 있다. 사회복지정책의 목표는 하나의 모형이나 하나의 가치관만을 수용하는 편향적 시각으로써는 달성될 수 없다. 사회복지정책이 정치적인 면, 경제적인 면, 사회적인 면, 그리고 분석적인 면을 고르게 가지고 있듯이 정책형성 단계나 정책집행 단계에서도 이같은 다면적 성격(multi-faced characteristics)을 고려해야 한다.

정책형성과 집행 과정은 다면적인 성격을 가지고 있기 때문에 역동성(dynamics)을 드러내고 있다. 다양한 이해관계 당사자가 각축을 벌이기도 하고, 정책형성 단계에서나 정책집행 단계에서나 다양한 차원의 분석 및 평가 작업이 진행되기도 한다(허만형, 1995). 이처럼 정책 과정은 복잡하고 또한 그 현상이 가변적이기 때문에 이러한 현상에 대한 분석의 틀이 없이는 정책집행을 성공적으로 이끌 수 없다. 정책형성과 정책집행에 대한 종합적인 시각을 가지는 것이 중요하다.

제 7 장 의사결정 지원 시스템

제 1 절 DSS의 태동

DSS는 Decision Support System, 즉 의사결정 지원 시스템을 의미한다. 컴퓨터가 사무기기로 자리잡으면서부터 관리에 활용되자 사무관리를 지원하는 다양한 유형의 시스템이 개발되기 시작했다. 처음 컴퓨터와 그 주변기기는 단순한 사무자동화(office automation: OA)를 위한 도구로서 활용되었다. OA가 관리 현장에 도입됨으로써 컴퓨터가 가지고 있는 가장 초보적인 기능으로서 복사와 인쇄 같은 업무 처리할 수 있도록 한 것이 OA의 시작이었다.

행정 및 경영 현장에서 근무하는 관리자들은 컴퓨터의 사무자동화 기능에 만족하지 않았다. 관리 영역에 좀 더 적극적으로 활용하는 방법을 모색하기 시작했다. 컴퓨터와 컴퓨터를 연결시키면 조직의 신경망 구실을 할 수 있다는 판단에 따라 OA는 경영정보시스템(Management Information System: MIS)으로 발전하기 시작했다. 조직의 상하 관계나 수평 관계에서 자료나 정보를 상호교류하는 기능까지 수행하는 수준으로 컴퓨터를 활용한다는 것이 MIS였다. 종이 없는 사무실(paperless office)을 꾸밀 수 있다는 환상도 MIS와 더불어 시작되었다.

컴퓨터가 조직의 신경망 역할을 수행하면서 의사결정도 수월해질 수 있었다. 정보를 신속하게 접할 수 있고, 필요한 자료를 컴퓨터로 받아서 쉽게 처리할 수 있기 때문이었다. MIS의 도입으로 민간기업은 사무 처리를 효율적으로 수행하고, 보고서를 자동으로 생성하기 위해 대형 데이터 처리 시스템을 구축했다. 데이터 처리 시스템(Data Processing System: DPS)은 조직의 일상적인 업무를 자동화하고 통제하는 데에는 성공적이었으나, 경영관리자의 의사결정을 지원하는 데에는 큰 도움을 주지 못했다.

MIS를 연구하는 학자들은 새로운 도전을 시작했다. 관리자가 의사결정을 할 때 상황이 다양하고 예측이 용이하지 않더라도 의사결정을 정확하고 신속하게 내릴 수 있게 지원하는 시스템에 관심을 가지기 시작했다. 그 시기가 1950년대 후반과 1960년대 초를 잇는 시점이었다(Power, 2003). 의사결정 지원 시스템은 카네기술연구소(Carnegie Institute of Technology)를 중심으로 활발하게 연구되던 조직의 의사결정이론(organizational decisionmaking)과 MIT를 중심으로 연구가 되고 있던 상호교류 컴퓨터 시스템(interactive computer system) 기술이 접목되면서 형성되기 시작했다(Keen & Scott-Morton, 1978).

의사결정 지원 시스템 연구의 선주 주자 중 한 사람은 스콧머튼(Michael Scott-Morton, 1971)이었다. 스콧머튼은 이미 1964년 2월에 DSS의 개념을 좀 더 구체화시켰으며, 1971년에 그의 저서 『경영 의사결정 체계: 전산지원 의사결정(*Management Decision Systems: Computer-Based Support for Decision Making*)』을 출판하면서 의사결정 지원 시스템은 정보 시스템의 한 영역으로서 확고하게 자리를 잡았다(Power, 2003). 1970년대 후반경 미국 캘리포니아 주의 산 호세(San Jose)에 있는 IBM 연구소에서 DSS가 시스템 개발 차원에서 연구되기도 했다(Sprague & Watson, 1989).

1979년에는 DSS의 한 분야로 연구되기도 하는 관리자 지원 시스템(Executive Support System: ESS)이 출현했다. 로카트(John Rockart, 1979)는 『하버드 비즈니스 리뷰(*Harvard Business Review*)』에 논문을 발표하면서 최고경영자 스스로가 필요한 데이터를 정의하고 경영에 활용하는 시스템으로서 ESS를 소개했다. 1980년대에 들어와서는 그룹 의사결정 지원 시스템(Group Decision Support System: GDSS)으로 발전했다. 1990년대에는 인터넷이 대중화되면서 온라인(on-line) 방식으로 DSS를 활용하는 쪽으로 그 외연을 확대하고 있다(Power, 2003).

의사결정 지원 시스템은 현재 민간기업의 경영에도 활용될 수 있고, 공공기관의 행정에도 활용된다. 경영학 분야에서는 MIS라는 틀 속에서 운용되고 있고, 행정학 분야에서는 PMIS(Public Management Information System)의 틀 아래에서 운용되고 있다. 사회복지행정에서도 활용되는 DSS는 ESS와 GDSS로 그 외연을 확대하고 있다.

제 2 절 DSS의 개념

1 개념

의사결정 지원 시스템은 의사결정을 지원하는 컴퓨터 시스템을 의미한다. 의사결정을 지원하기 위해 때로는 컴퓨터에 입력된 데이터를 활용하기도 하고, 때로는 입력된 데이터를 분석해 활용하기도 한다.

DSS는 세 가지 관점에서 구체적인 설명이 가능하다.

첫째, DSS는 컴퓨터 시스템이라는 점이다. 사용자가 컴퓨터를 통해 의사결정에 필요한 자료를 얻고 의사결정에 도움이 되도록 하는 시스템이 DSS다.

둘째, DSS는 의사결정을 지원한다는 점에서 의미를 갖는다. 컴퓨터를 통해 자료를 정리하고 분석하더라도 의사결정과 무관하면 그 컴퓨터 시스템은 의사결정 지원 시스템이라고 말할 수 없다. 관리자가 의사결정을 내리는 데 도움이 되는 시스템이 바로 DSS다.

셋째, DSS는 데이터 관리모형과 분석모형의 교류를 전제로 한다. 데이터는 그 자체로서 의사결정 자료로 활용될 수도 있지만 때로는 가공의 과정을 거쳐야 의사결정에 활용할 수 있다. DSS는 데이터 관리모형과 데이터를 분석하는 분석모형을 동시에 포함하고 있어야 한다.

의사결정 지원 시스템은 데이터를 단순 처리하는 EDPS(Electronic Data Processing System)나 조직의 신경망 구실을 하는 MIS와는 그 사용 목적이 다르다. <표 7-1>에서와 같이 EDPS는 단순 반복 업무를 수행하는 일선 근로자에게 유용한

표 7-1 EDPS, MIS, DSS의 대상 업무와 사용 목적

종류	대상 업무	사용자	사용 목적
EDPS	단순반복 업무	일선 근로자	인력 및 경비 절감
MIS	정형화된 업무	중간관리자	운영의 합리화: 관리통제
DSS	비정형화된 업무	최고관리자	전략적 판단

시스템이고, MIS는 정형화된 업무를 처리하는 중간관리자의 운영합리화를 위해 유용한 시스템이며, DSS는 최고관리자가 비정형화된 업무의 전략적 판단을 내리기 위해 필요한 시스템이다.

2 DSS의 유형

1) 의사결정의 유형

의사결정 유형은 다양한 방식으로 나눌 수 있지만 DSS 개발에 활용할 수 있는 내용을 중심으로 정리하면 두 가지 관점에서 논의할 수 있다. 첫째, 의사결정의 정형성 여부에 따라 그 유형을 분류할 수 있고, 둘째, 관리 수준에 따라 그 유형을 분류할 수 있다.

(1) 의사결정의 정형성에 따른 분류

의사결정의 정형성 여부에 따라 구조적 의사결정(structured decision making)과 비구조적 의사결정(unstructured decision making)으로 나눌 수 있다. <표 7-2>와 같이 구조적 의사결정은 규칙이나 절차에 따른 일상적 의사결정을 의미하고, 비구조적 의사결정은 조건과 상황에 따라 달라질 수 있는 의사결정을 의미한다.

표 7-2 정형성 여부에 따른 의사결정 유형

유형	내용
구조적 의사결정	규칙이나 절차에 따른 일상적인 의사결정
비구조적 의사결정	조건과 상황에 따라 다를 수 있는 의사결정

의사결정의 정형성 여부에 따라서 정보 시스템 유형이 달라진다. 구조적 의사결정을 위해서는 명확한 규칙을 반영해 정보 시스템을 개발하고, 비구조적 의사결정을 위해서는 다양한 발생 가능한 시나리오를 분석하고 평가해 불확실성을 최소화하는 정보 시스템을 개발해야 한다. DSS는 구조적 의사결정을 지원하는 시스템이 아니라 비구조적 의사결정을 지원하는 시스템이다(Sprague & Watson, 1989).

(2) 관리 수준에 따른 분류

의사결정은 관리 수준에 따라 그 유형을 세 가지로 나눌 수 있다. 전략기획(strategic planning), 관리통제(management control), 그리고 운영통제(operation control)가 그것이다. <표 7-3>과 같이 전략기획은 비구조적이며, 절차가 불명확하거나 규칙이 없는 문제에 대한 의사결정을 의미하고, 관리통제는 절차도 명확하고, 정보도 명확하지만 구조적 문제를 가지고 있는 문제에 대한 의사결정을 의미하며, 운영통제는 구조적, 일상적, 그리고 반복적 문제에 대한 의사결정을 의미한다.

표 7-3 정형성 여부에 따른 의사결정 유형

유형	내용
전략기획	비구조적, 절차와 정보의 불명확, 불규칙한 문제의 의사결정
관리통제	반구조적이며, 절차와 정보의 명확한 문제의 의사결정
운영통제	구조적이며, 일상적이고, 반복적인 문제의 의사결정

DSS는 비구조적 의사결정과 전략기획에 좀 더 적합한 정보 시스템이다. DSS는 불확실한 미래를 좀 더 명확하게 함으로써 의사결정 지원을 하는 정보 시스템을 의미한다. DSS는 관리통제나 운영통제, 혹은 구조적 의사결정에 적합한 정보 시스템은 아니다.

2) DSS의 유형

DSS는 하나의 통일된 모형을 가지고 있지는 않다. 사용 목적과 용도에 따라 여러 가지 모형으로 나눌 수 있다. DSS의 유형은 데이터 지향과 모델 지향이라는 두 가지 방향성을 기초로 일곱 개 유형으로 분류할 수 있다(Alter, 1977).

표 7-4 DSS의 유형

방향성	유형	사용 목적	운영 유형	사례
데이터 지향	파일보관 모형	자료 수집	자료 항목에의 접근	재고정보
	자료분석 모형	자료분석	자료 파일의 특별한 분석	예산분석과 투자 대안분석
	분석정보 모형	자료분석	다수의 데이터베이스와 작은 모형을 포함하는 특별 분석	내부 판매자료, 마케팅 및 가격결정 자료를 통한 시장관리 체계
모형 지향	회계 모형	시뮬레이션	회계적 정의에 근거하여 미래를 추정하는 표준 계산	월별 예산편성 체계
	표현 모형	시뮬레이션	특별한 활동의 결과를 추정	특정 사업의 위험분석
	최적화 모형	제안	조합문제에 대한 최적의 답 제시	제약 조건 하의 훈련계획
	제안 모형	제안	제안된 의사결정을 생성하는 계산 수행	보험요율 갱신 계산 체계

DSS는 데이터 지향이라는 방향성을 가지고 있으면 파일 보관 모형, 자료분석 모형, 그리고 분석정보 모형이 여기에 속한다. DSS는 모델 지향이라는 방향성도 가지고 있으며, 회계 모형, 표현 모형, 최적화 모형, 그리고 제안 모형과 같은 네 개의 모형이 있다. 각각의 모형의 목적과 운영 유형을 살펴보면 <표 7-4>와 같다.

파일보관 모형은 자료 수집을 통해 의사결정을 지원하는 모형이다. 관리자가 자료 항목에 접근함으로써 의사결정의 자료로 삼을 수 있는 DSS 모형이다. 재고정보가 파일보관 모형의 사례로 제시할 수 있다. 사회복지 분야에서도 쉽게 활용할 수 있는 DSS 모형이다. 빈곤층에게 매달 제공하는 현물에 관한 재고정보를 파일로 보관하고 필요한 현물에 대한 구매 결정을 할 수 있도록 하는 시스템은 이 모형에 속한다.

자료분석 모형은 자료분석을 기초로 의사결정을 지원하는 모형이다. 관리자가 데이터 파일의 분석 결과를 가지고 의사결정을 하도록 지원하는 DSS 모형이다. 국민연금공단에서 안정적이고 비교적 수익률이 높은 연금기금 투자처를 찾기 위해 투자 대안분석을 하는 모형으로 활용할 수 있다.

분석정보 모형도 자료분석을 기초로 의사결정을 지원하는 모형이다. 데이터베이스와 여러 개의 분석모형이 연결되어 관리자가 원하는 분석 결과를 도출한다. 관리자는 이 분석 결과를 기초로 의사결정을 하는 DSS 모형이다. 복지관에서 클라이언트 정보, 사회체육 프로그램 이용자, 그리고 사회체육 시장정보를 분석할 수 있는 모형을 기초로 복지관 고객관리 정보 체계를 만들고 의사결정에 활용한다면 분석정보 DSS 모형이라고 설명할 수 있다.

회계 모형은 모형 지향 DSS 유형이다. 사용 목적은 시뮬레이션이며, 회계적 정의에 근거해 미래를 추정하는 표준계산 원리에 따라 개발된 DSS 모형이다. 월별 예산 편성 체계에 활용된다.

표현 모형도 모형 지향 DSS 유형이다. 사용 목적 역시 시뮬레이션이며 특별한 활동의 결과를 추정하기 위해 사용된다. 특정 사업의 위험분석을 위해 활용된다. 사회복지 분야에서도 다양한 사업이 존재한다. 그 사업의 위험분석을 위해 표현 모형을 사용할 수 있다.

최적화 모형도 모형 지향 DSS다. 제안을 하기 위해 사용하는 모형이다. 제약 조건이 있는 상황에서 최적의 답변을 구하기 위해 활용되는 모형이다.

제안 모형도 모형 지향 DSS다. 제안을 하기 위해 사용하는 모형이다. 이 모형은 제안된 의사결정을 생성하는 계산 작업을 주로 한다. 국민건강보험공단에서 보험요율 갱신 계산 체계를 시스템으로 개발해 활용한다면 그것은 제안 DSS 모형이다.

DSS에는 하나의 유형만이 있는 것은 아니다. 앨터(Alter, 1977)는 <표 7-4>에서와 같이 일곱 개 모형을 제시하고 있지만 조직이나 기관의 독특한 성향을 기초로 언제든지 새로운 모형이 출현될 수도 있고, 여러 개의 모형이 복합적으로 연결된 DSS도 가능하다. 그것이 컴퓨터를 기본으로 하는 시스템이고, 관리자의 의사결정을 지원하는 데 활용된다면 DSS라고 말할 수 있다.

제 3 절 DSS의 구조

1 DSS의 하부 구조

DSS는 하나의 시스템(system)이다. 시스템은 상호 관계가 있는 하위 체계로 구성되어 있다. 시스템 내에 존재하는 하위 체계의 유기적 관계에 따라 DSS라는 시스템이 작동한다. DSS는 4개의 하위 체계로 구성되어 있다. 데이터베이스 시스템(database system), 모델베이스 시스템(modelbase system), 사용자 인터페이스(user interface unit), 그리고 사용자로 구성되어 있다(Sprague, Jr., 1980). 이 하위 체계들이 유기적으로 결합해 각자의 업무를 수행할 때 의사결정의 효과를 높일 수 있다.

1) 데이터베이스 시스템

의사결정에 필요한 데이터를 저장해 관리하는 시스템을 의미한다. 데이터는 가공하지 않아도 사용할 수 있는 수준뿐만 아니라, 가공한 후에야 비로소 사용할 수 있는 수준의 데이터도 포함된다. 의사결정에 필요한 데이터라면, 조직 내부에서 수집할 수도 있고, 조직 외부에서 수집할 수도 있다.

의사결정 지원 시스템도 다른 정보 시스템과 같이 데이터베이스를 기초로 하고 있다. 데이터베이스에는 의사결정에 영향을 미칠 수 있는 내용을 담고 있어야 한다. 데이터가 질적으로 우수하면 좀 더 효과적으로 의사결정 지원을 할 수 있지만 그렇지 못하면 의사결정에 아무런 도움이 되지 못한다.

2) 모델베이스 시스템

모델베이스 시스템은 데이터를 분석하는 모형을 갖추고 있는 시스템으로서 두 가지로 구성되어 있다. 하나는 의사결정에 필요한 다양한 모형을 저장하고 있는 모델베이스이고, 다른 하나는 모델베이스를 관리하는 모델베이스 관리 시스템(Modelbase Management System: MBMS)이다. 모델베이스 관리 시스템은 의사결정에 필요한 모형을 개발하고, 수정하고, 통제하는 기능을 수행한다. 통계분석 결과가 의사결정 지원에 큰 기능을 수행한다고 가정하면 통계분석을 컴퓨터로 실시할 수 있는 SPSS 프로그램이 일종의 모델베이스 시스템이라고 말할 수 있다.

3) 사용자 인터페이스

사용자 인터페이스는 DSS와 사용자를 연결하는 모듈을 의미한다. DSS에서 처리한 분석 결과를 사용자 앞에 알기 쉬운 포맷으로 제공하는 역할을 한다. 사용자 인터페이스는 분석 결과만을 제시하는 모듈은 아니다. 데이터의 입력과 출력, 그리고 다양한 분석 과정에서 일어나는 사용자와 시스템 간의 커뮤니케이션 환경을 제공하는 시스템 모듈을 의미한다. 주로 메뉴 방식이나 그래픽 처리 형식을 이용해 사용자가 이해하기 쉽고 사용하기 쉬운 대화 기능을 제공하고 있다. 사용자 인터페이스를 대화 생성 관리 시스템(Dialogue Generation and Management System: DGMS)이라고도 한다.

4) 사용자

DSS 사용자는 조직의 주요 의사결정을 담당하는 관리자들이다. 관리자들은 의사결정에 관한 모든 과정의 정보를 DSS로부터 얻을 수 있어야 한다. 사이먼(Simon, 1960)은 의사결정의 과정을 3단계로 정리하고 있다. 제1단계는 정보를 수집해 분석하고 평가하는 기능을 담당하는 정보처리(intelligence) 단계이고, 제2단계는 취할 수 있는 다양한 행동에 대해 정리하는 행동 설계(design) 단계이며, 제3단계는 하나의 행동을 선택하도록 결정짓는 행동 선택(choice) 단계다. DSS 사용자는 이 3단계 모두를 활용할 수 있어야 한다.

DSS 사용자는 시스템에 용이하게 접근할 수 있어야 한다. 사용이 쉽도록 설계되어 있어야 한다는 의미다. 관리자는 컴퓨터의 전문가라기보다는 대부분이 컴퓨터 사용에 익숙하지 않기 때문에 비전문가가 용이하게 사용할 수 있도록 해야 한다. 관리자는 DSS를 통해 데이터베이스에 저장되어 있는 자료를 선택해 모델베이스에 연결시켜 행동 선택의 대안을 분석해 최적 대안을 선택하는 의사결정 과정을 수행한다.

2 의사결정 하위 시스템 간의 관계

DSS의 핵심은 데이터를 처리하는 DBMS, 모형을 관리하는 MBMS, 그리고 커뮤니케이션을 관리하는 DGMS로 되어 있다. DBMS와 MBMS는 자료를 분석하고, 행동대안을 제시하며, 최적의 행동을 선택하는 데 기여하고 DGMS는 사용자와 시스템의 커뮤니케이션을 주도한다.

MBMS는 DBMS와 교류하면서 의사결정에 필요한 데이터를 가공해 사용자 인터페이스에 올려놓는다. 사용자는 사용자 인터페이스에 올라와 있는 자료를 보면서 의

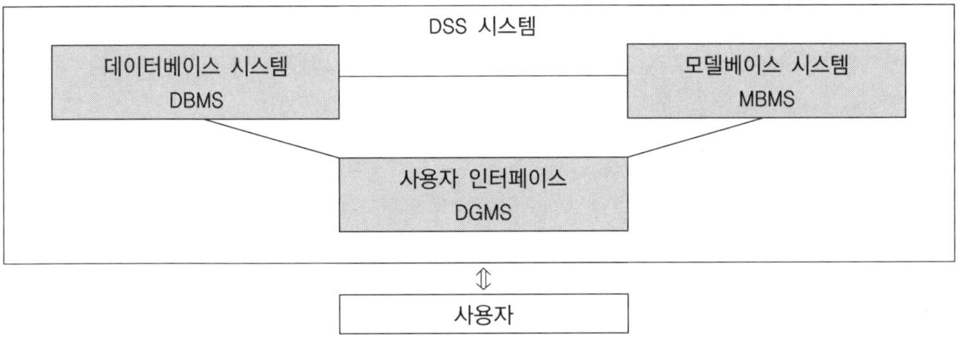

그림 7-1 DSS의 구조: 하위 체계 간의 관계

사결정에 참고 자료로 활용하게 된다. 4개의 시스템 관계는 [그림 7-1]과 같다.

제 4 절 사회복지와 DSS

1 장애인 직업재활 DSS의 의미

사회복지행정 영역에서도 DSS 도입으로 정책의 실효성을 높일 수 있다. 복지기관의 관리자가 바람직한 의사결정을 하기 위해 DSS를 활용할 수 있다. 복지기관은 클라이언트에 대한 개별 서비스를 제공하는 경우가 많기 때문에 특정의 클라이언트에게 무슨 서비스를 어떤 방식으로 제공할 것인가를 결정하는 데에 DSS를 활용할 수 있다. 한 복지기관에서 '장애인 직업재활 지원 시스템'이라는 이름으로 DSS를 개발하기로 결정했다고 가정해 보자.

장애인 재활 지원 시스템은 장애인이 신속하게 자립 기술을 배우고, 자립 기술이 있는 장애인이 신속하게 취업할 수 있도록 '맞춤형 직업재활 서비스'를 제공하기 위한 의사결정 지원 시스템으로 그 성격을 규정했다. 사회복지사는 DSS에 접근해 장애인 개개인의 직업훈련 프로그램을 수립하고, 직업훈련이 끝난 장애인에게는 재활 능력에 맞는 직장에 취업을 알선하는 데 활용하는 시스템이다. 장애인 재활 프로그램을 담당하는 사회복지사는 수백 명의 장애인의 상태에 대해 일일이 기억할 수 없기 때문에 개발될 DSS를 통해 장애인 한 사람 한 사람을 위한 맞춤형 직업재활 서비스 계획 수립에 활용한다는 목적을 가지고 있다.

장애인의 직업훈련에 관한 정보를 체계적으로 정리해 데이터베이스를 만들고, 장애인에 관한 정보를 분석하는 모델베이스를 구축해 사회복지사가 원할 때는 언제나 정보를 장애인 개개인에 대한 직업훈련 및 취업 알선 계획을 수립할 수 있도록 지원하는 DSS의 구조에 대해 이어서 설명하기로 한다.

2 장애인 직업재활 DSS의 하부구조

장애인 직업재활 DSS는 데이터베이스 시스템, 모델베이스 시스템, 그리고 사용자 인터페이스로 구성되어 있다. 여기에서는 장애인 직업재활 DSS를 근거로 의사결정을 하게 될 사용자까지 함께 설명한다.

1) 장애인 직업재활 데이터베이스 시스템

장애인 직업재활 데이터베이스 시스템은 [그림 7-2]와 같이 세 개 종류로 나눠 구성한다. 신상 데이터베이스는 장애인 개인의 신상에 관한 데이터베이스이고, 직업재활 능력 데이터베이스는 장애의 정도와 일상생활 수준에 관한 데이터베이스이며, 직업재활 기능 데이터베이스는 재활이 가능한 기능과 자격 등으로 구성한 데이터베이스를 의미한다. 신상정보를 입력할 때 주의해야 할 사항은 인권 침해 소지가 있는 문제에 대해 보안장치가 철저해야 한다는 점이다.

구체적으로 설명하면 신상 데이터베이스는 성별, 연령, 가족 관계 등의 정보를 체계적으로 정리한 데이터베이스다. 직업재활 능력 데이터베이스는 장애 정도, 운동 기능, 인지 수준, 일상생활 수준 등을 스스로 수행, 도움이 있으면 수행, 그리고 수행하지 못함과 같이 3등급으로 나눠 점수화한 데이터베이스다. 직업재활 기능 데이터베이스는 장애인의 재활 기능에 관한 코드와 재활 기능 코드에 따른 기능 등급과 같은 데이터를 체계적으로 정리한 데이터베이스를 말한다.

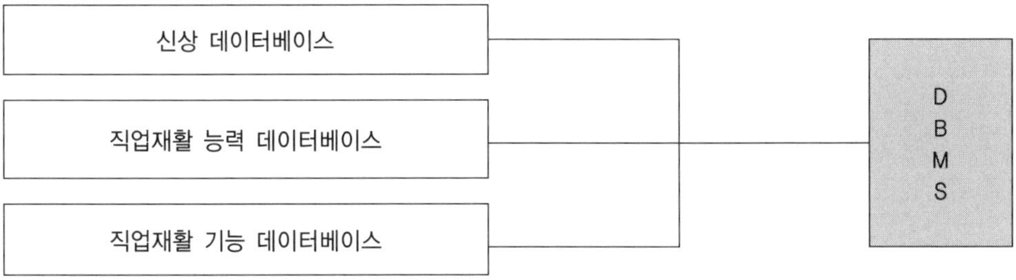

그림 7-2 장애인 직업재활 DBMS 구조

DBMS를 개발하는 과정에서 '직업재활 능력 데이터베이스' 구축 단계에서는 직업재활 능력의 총점과 총점에 따른 등급을 결정해야 한다. 100점 만점을 활용할 경우 80점 이상이면 완전 자립이 가능한 상태, 70점에서 80점까지이면 훈련을 거치면 자립이 가능한 상태, 50점에서 70점이면 완전 자립은 가능하지 않지만 보조적 수단으로서의 일부 자립은 가능한 상태, 그리고 50점 이하이면 자립이 불가능한 상태와 같은 등급을 설정해야 한다. 이 등급 점수를 기준으로 직업재활 담당 사회복지사는 재활 여부를 판단하고 훈련계획을 세울 수 있다.

직업재활 기능 데이터베이스에서는 재활 가능 기능과 기능에 따른 점수를 기초로 취업 가능 영역을 결정하고, 직업훈련을 시킬 영역과 취업 가능 영역을 결정해 구체적인 직업재활 계획을 수립하는 데 기여할 수 있도록 구성되어야 한다. 여기에서도 역시 취업 가능 영역별로 만점을 설정하고 점수에 따라 교육훈련의 등급을 다르게 할 수 있도록 하는 표준화 작업이 필요하다.

2) 장애인 직업재활 DSS의 모델베이스 시스템

장애인 직업재활 모델베이스 시스템은 [그림 7-3]과 같이 3개로 구성되어 있다. 재활 판정 모델베이스는 직업재활이 가능한 수준인지를 판정하는 시스템이고, 재활훈련 모델베이스는 적합한 재활 영역을 판정하는 시스템이며, 취업 알선 모델베이스는 취업이 가능한 영역을 판정해 취업계획 수립을 지원하는 모델베이스를 의미한다.

모델베이스 시스템은 데이터베이스 시스템과 끊임없이 상호교류를 할 수 있어야 한다. DBMS에 있는 직업재활 능력 데이터베이스의 등급 점수를 기초로 재활가능성

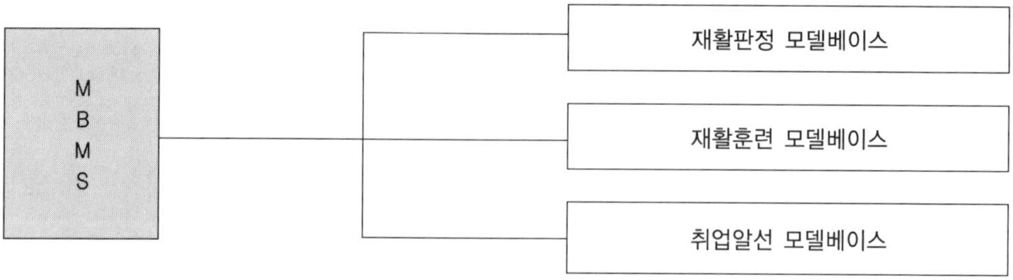

그림 7-3 장애인 직업재활 MBMS 구조

을 제시할 수 있는 논리적, 혹은 수학적 모형을 갖추고 있어야 재활판정 모델베이스로서 기능을 수행할 수 있다.

재활판정 모델베이스에서 직업재활이 가능한 것으로 판단되면 재활훈련 모델베이스를 가동해 훈련 내용과 훈련 기간 등을 결정한다. 사회복지사는 장애인 직업재활 훈련계획을 수립하는 자료로 활용한다.

재활훈련 모델베이스의 정보 내용을 근거로 수립한 재활계획에 따라 일정한 기간 동안의 훈련이 끝나면 취업 알선 모델베이스를 가동해 해당 분야에 취업을 알선함으로써 경제적으로 자립할 수 있도록 지원한다.

직업재활 MBMS는 데이터베이스에 입력되어 있는 자료를 분석하는 모형으로 구성되어 있다. DBMS를 의사결정을 하기 위한 데이터의 보고라면, MBMS는 데이터를 분석하기 위한 모형의 보고다. 통계분석이 분석모형으로 활용될 수도 있고, 의사결정나무 분석(decision tree analysis)도 활용될 수 있으며, 비용편익분석도 활용될 수 있다. 분석모형은 DSS의 목적에 맞는 것으로 선택해야 한다.

3) 장애인 직업재활 사용자 인터페이스

사용자 인터페이스는 사용자에게 내놓은 정보의 모형을 개발하는 단계다. 관리자가 편하게 사용할 수 있도록 개발자는 다양한 유형으로 분석 결과를 화면에 내보이도록 하는 것이 인터페이스다.

장애인 직업재활 사용자 인터페이스로서 <표 7-5>를 기본 자료로 내놓을 수도 있다. 고졸 학력을 가진 연령 25세의 미혼 남자에게는 재활 가능 판정이 내려졌으며,

표 7-5 사용자 인터페이스의 생성 자료

신상정보	성별 (남)	연령 25세	유형 지체	결혼 미혼	학력 고졸
재활 판정	재활 가능	-	-	-	-
재활 기능	정보처리 90	사무보조 70	-	-	-
훈련	물리치료 30	직업훈련 90	-	-	-

재활 기능으로는 정보 처리가 100점 만점에 90점 정도이며, 사무보조의 기능도 70점 정도의 수준이다. 훈련을 받을 내용은 물리치료 필요성이 100점 만점에 30점 정도이며, 직업훈련을 시킬 필요성은 100점 만점에 90점으로 판단된다는 내용이 나왔다.

<표 7-5>의 물리 치료를 클릭하면 치료를 받아야 할 물리 치료의 신체적 부위와 치료 기간을 상세히 접할 수 있고, 직업훈련을 클릭하면 직업훈련 90점이 의미하는 바를 좀 더 구체적으로 파악할 수 있도록 설계되어 있다.

4) 사용자

장애인 직업재활 DSS를 사용해 <표 7-5>와 같은 결과를 얻었다고 가정하면 사회복지사는 이 자료를 근거로 직업재활 계획을 수립해 빠른 시일 내에 원하는 일자리를 얻도록 프로그램을 가동하면 된다.

3 장애인 직업재활 DSS

장애인 직업재활 DSS의 구조는 이론 부분에서 설명한 것과 같이 4개의 하부구조로 이뤄져 있다. 장애인 직업재활 DBMS, 장애인 직업재활 MBMS, 장애인 직업재활 DGMS, 그리고 사용자가 그것이다. DSS는 DBMS와 MBMS의 상호교류 작용에 의해 다양한 분석이 진행되면 DGMS에서 받아 사용자가 가장 쉽게 읽을 수 있는 모양으로 가공해 화면에 나타나도록 한다. 사용자는 이것을 보고 의사결정에 활용한다. 장애인 직업재활 DSS에서 제시한 바와 같이 장애인 직업재활 훈련계획 수립에 DSS가 적극적으로 활용될 수 있다는 의미다.

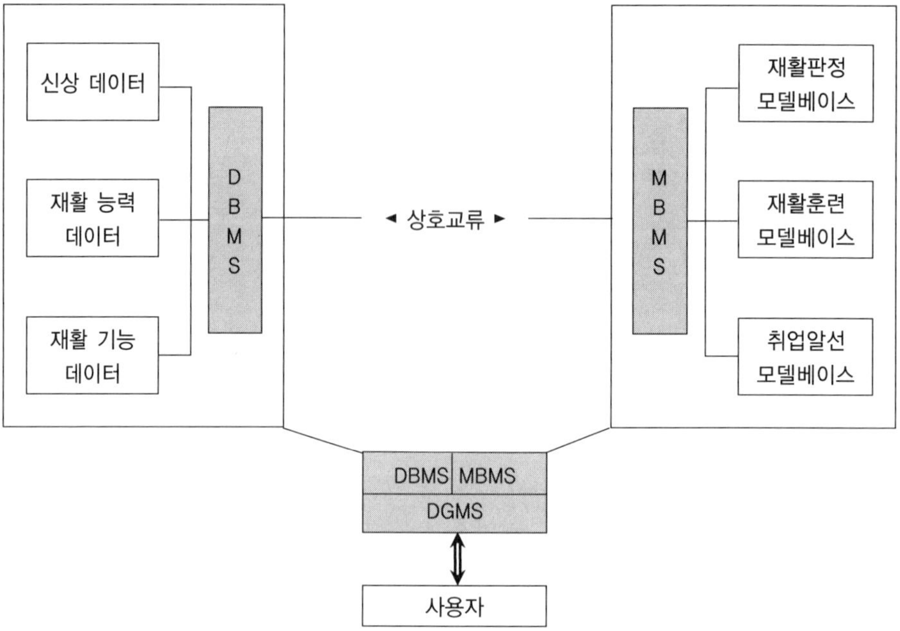

그림 7-4 장애인 직업재활 DSS의 구조

제 5 절 결론

DSS는 관리자의 의사결정을 지원하기 위한 시스템을 의미한다. DSS는 지원 시스템일 뿐 DSS가 의사결정을 대신하는 것은 아니다. 관리자의 판단의 보조 자료로 활용하는 시스템일 뿐이다.

DSS는 정보기술의 급속한 발전에 따라 다양한 방향으로 발전을 하고 있다. 한 사람의 관리자가 아니라 다수의 관리자가 동시에 활용할 수 있는 GDSS(Group Decision Support System)로 발전했으며, 인공지능(Artificial Intelligence: AI) 기술과 결합을 시도하고 있고, 온라인 기술과 접목되어 Online DSS로 발전하고 있다.

제 3 편

사회복지 행정관리

제 8 장 사회복지관리 일반이론

제 1 절 사회복지 관리이론 개관

사회복지 관리이론은 사회복지정책의 목적을 달성하기 위한 수단으로서의 성격을 가진다. 정책이론이 목적 지향적(goal-oriented)이라면 관리이론은 수단 지향적(means-oriented)이다. 예컨대, 정책 과정에서 보호 중심의 사회복지를 자립 중심의 사회복지로 방향을 바꾸기로 그 목표를 설정했다면 보호 중심의 목표를 달성하기 위한 인력, 조직, 예산이 자립 중심의 목표 달성에 투입되어야 한다. 이러한 과정을 사회복지관리라고 한다.

사회복지 관리이론은 인력, 조직, 그리고 예산이 최적의 상태에서 사회복지의 목표 달성에 기여하도록 하는 이론으로 구성되어 있다. 사회복지 관리이론은 행정학이나 경영학에서 논의되는 관리이론과 같은 맥을 가지고 있으며, 시대적 상황에 따라 변천하는 성향을 가진다. 시대적 상황이 변하면 사람들의 생각과 가치관이 변하고, 추구하는 이상도 달라지기 때문이다. 사회복지 관리이론은 [그림 8-1]과 같은 여섯 가지의 틀을 기초로 구성되어 있다.

관리이론은 과학적 관리론(scientific management)에서 출발한다. 과학적 관리론은 인간은 합리적인 동물이라는 관점에서 시작한 관리운동이며, 그 중심에는 테일러

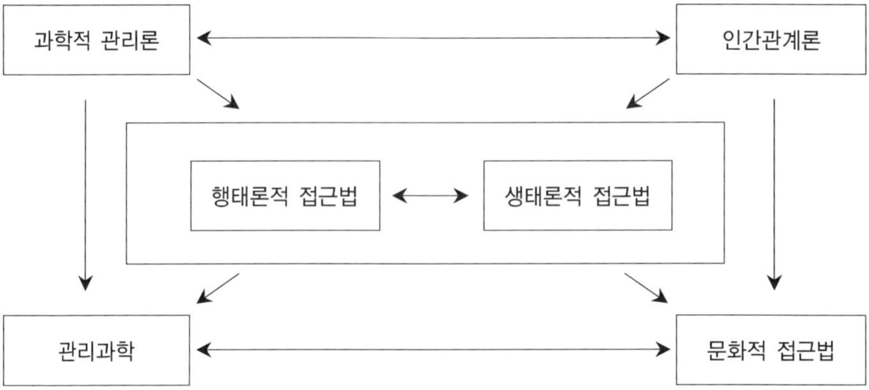

그림 8-1 관리이론 개관

(Frederick W. Taylor)가 있다. 인간은 기계처럼 움직일 수 있으며, 시간과 동작의 연구를 통해 기계적인 동작을 하도록 유도하는 것이 관리였다. 그렇게 함으로써 작업 현장의 생산성 향상에 크게 기여했다. 과학적 관리론은 뒤이어 출현한 인간관계론(human relations school)의 비판을 받는다. 인간관계론자들은 인간은 합리적 동물이기에 앞서서 감정적 동물이며, 작업장에서 인간의 감성을 자극함으로써 생산적 향상에 기여할 수 있다는 이론을 실증적으로 제시했다. 대표적인 학자가 1930년대 초에 활발한 활동을 한 메이요(Elton G. Mayo)다.

과학적 관리론의 과학성과 인간관계론의 감성은 1940년대를 전후해 접목되는 시기를 맞는다. 인간의 합리성이나 인간의 감성 하나만으로는 관리 현장의 효율성을 높이는 데 부족하다는 인식이 팽배해지면서 양면을 결합한 행태론적 접근법(behavioralism)과 생태론적 접근법(ecological approach)이 출현한다. 인간의 욕구가 조직 내에서의 인간 행동을 결정한다는 머슬로(Abraham H. Maslow)와 같은 학자가 대표적인 행태론자이고, 조직과 인간의 행태는 환경으로부터 영향을 받는다는 가우스(John Gaus)와 리그스(Fred W. Riggs)와 같은 학자가 대표적인 생태론자다. 행태론은 조직 내부에서 활동을 하는 인간의 행태(behavior)를 심리학적 관점에서 연구함으로써 조직의 효율성에 기여하려는 입장이고, 생태론은 환경으로부터 영향을 수용함으로써 조직의 효율성을 향상시킬 수 있다는 입장이다. 행태론은 환경과의 관계를 무시한 관리이론이고, 생태론은 환경과의 관계 설정을 중심으로 하는 관리이론으로서 특성을 갖는다.

과학적 관리론은 컴퓨터의 발명과 더불어 더욱 발전의 계기를 맞아 관리과학(management sciences)을 형성하게 되고, 인간관계론은 사회환경과 문화적 관점을 수용하게 됨으로써 문화적 접근법(cultural approach)으로 발전하게 된다. 1950년대를 전후해 출범한 관리과학은 작업 현장에서 정확한 시간과 수치를 계산하고, 그것을 관리에 적용하려는 이론으로서 퍼트(PERT: Program Evaluation and Review Techniques)를 대표적인 이론으로 제시할 수 있다.

문화적 접근법은 조직의 고유문화를 창출하거나 발견함으로써 효율적 관리에 적용하려는 이론으로서 피터스(Thomas J. Peters)와 워터맨(Robert H. Waterman)을 대표적인 학자로 들 수 있다. 문화적 접근법은 1980년대를 전후해 출현한 관리이론이다. 관리과학과 문화적 접근법은 과학적 관리론과 인간관계론처럼 서로 대칭을 이루고 있다. 관리과학은 계량적인 방법(quantitative methods)을 활용하고, 문화적 접근법은 심리, 행태, 문화와 같은 조직 내부 요소와 외부 요소를 고려한 질적인 방법(qualitative methods)을 활용한다는 점이 그렇다.

관리이론의 패러다임은 이상에서 살펴본 바와 같이 여섯 가지로 정리해 제시할 수 있다. 과학적 관리론이나 인간관계론처럼 인간관에 대해 서로 대칭을 이루면서 발전하기도 하고, 관리과학처럼 과학적 관리론이라는 하나의 관리이론을 토대로 발전하기도 한다. 하나의 관리이론이 어떤 시대에 전성기였다고 해서 그 시대가 지나가면 소멸되는 성격을 가지지는 않는다. 하나의 이론에 새로이 출현한 이론이 축적되면서 관리이론을 풍요롭게 하는 성향을 가진다. 관리 현장에는 지금까지 1백 년 전에 전성기를 누렸던 과학적 관리론도 활용되고 있고, 인간관계론도 활용되고 있다. 또한 관리과학도 활용되고 있고 문화적 접근법도 활용되고 있다. 하나의 관리 현장에 모든 관리이론이 결합해 활용되고 있기는 하지만 조직이 가지고 있는 성격에 따라 활용의 정도가 다르게 나타날 뿐이다.

사회복지 관리이론은 이론으로서 의미만 가지지 않는다. [그림 8-2]와 같이 이론과 현장은 교류하는 특징을 가진다. 사회복지 인사관리, 사회복지 조직관리, 사회복지 프로그램 관리, 그리고 사회복지 예산관리에 영향을 미친다. 관리이론이 인사관리를 좀 더 효과적으로 할 수 있게 할 뿐만 아니라 조직관리를 효과적으로 하게 함으로써 사회복지조직의 효율성을 향상시킨다.

그림 8-2 사회복지 관리이론과 인사, 조직, 예산, 및 프로그램 관리

관리이론은 또한 예산을 효과적으로 편성하도록 하는 데 활용될 뿐만 아니라 프로그램 관리를 효과적으로 실행하는 데 활용됨으로써 사회복지조직의 효율성 제고에 기여한다. 사회복지 현장에서 인사와 조직, 그리고 예산과 프로그램을 효과적으로 관리하기 위해 관리이론이 적용되는 과정에서 새로운 이론이 발견되기도 한다. 그 새로운 이론은 사회복지 관리이론을 더욱 풍요롭게 하는 데 기여한다. 사회복지 관리이론과 현장이 끊임없이 교차함으로써 현장의 효율성이 높아지고, 새로운 이론이 집적되는 계기가 마련된다.

제 2 절 과학적 관리론

1 개념

과학적 관리론의 대표적 학자는 테일러(Frederick W. Taylor)다. 관리학의 아버지로 불리기도 하는 그는 1911년 『과학적 관리론(*Principles of Scientific Management*)』을 저술함으로써 과학적 관리론이 체계화된다. 과학적 관리론은 인간은 기계처럼 움직일 수 있는 합리적 동물이기 때문에 작업에 임하는 근로자의 동작과 시간을 통일함으로써 생산성을 향상시킬 수 있다는 이론이다.

테일러의 과학적 관리론은 분업에서 출발한다. 작업을 최소 단위로 나누고, 하나의 작업 단위에 한 사람을 배치한다. 각자는 자신이 맡은 작업 단위에서 '같은 일'을 반복해 '같은 동작'으로 작업을 수행함으로써 '작업 시간'을 줄일 수 있다는 것이 테일러의 과학적 관리론이다. 과학적 관리론은 작업 현장에 적용되어 생산성 향상에 크게 기여했으며, 후일 작업 단위를 통일시켜 조립 라인(assembly line)을 형성하고, 기계화를 통해 대량 생산을 가능하게 한 포디즘(Fordism)의 기반이 되었다.

2 과학적 관리론의 성과

과학적 관리론은 산업 현장에 관리의 개념을 도입한 최초의 연구라는 점에서 의미가 크다. 이론적인 관점에서 관리가 도입된 것이 아니라, 실무적인 차원에서 관리의 개념을 작업장에 도입함으로써 산업 생산성의 향상에 기여했다는 점에서 큰 의미를 부여할 수 있다.

과학적 관리론의 성과를 구체적으로 정리하면 다음과 같다.

첫째, 관리(management)를 통제(control)의 관점에서 이해하고 있다는 점이다. 근로자의 행동을 통제함으로써 생산성을 향상시킬 수 있다는 점을 과학적으로 제시했다는 점이 가장 큰 성과다. 관리를 통제로 인식하는 관점은 후일 관리과학 형성의 뿌리로서 역할을 한다.

둘째, 분업(division of labor)의 개념을 관리 영역에서 도입했다는 점을 성과로 꼽을 수 있다. 하나의 상품을 만들기 위해 다양한 작업을 거쳐야 하며, 다양한 작업 단계를 체계적으로 연결시킴으로써 관리의 기법을 찾아내었다는 점도 과학적 관리론의 성과다. 분업은 전문성의 기초가 될 뿐만 아니라, 후일 페이욜(Henri Fayol)과 같은 학자에 의해 조직의 원리로 자리를 잡게 된다.

셋째, 생산성(productivity)의 개념을 산업 현장에 도입했다는 점도 과학적 관리론의 성과다. 효과적인 관리를 통해 생산성 향상에 기여할 수 있다는 점은 모두가 인식하고 있는 사안이지만 동작에 대한 통제를 통해 작업 시간을 단축하고, 이것을 생산성으로 연결시켰다는 점도 과학적 관리론의 성과다.

넷째, 성과급 제도를 도입한 점도 의미가 크다. 일을 한 만큼 보수를 받는다는 개념을 관리에 도입함으로써 더 많은 보수를 받기 위해서는 더 열심히 일해야 한다는 분위기를 만들었다는 점도 과학적 관리론의 성과다.

3 과학적 관리론의 발전

과학적 관리론은 기능적 접근법(functional approach)을 출현시켰다. 테일러가 분업의 원리를 관리이론에 적용함으로써 조직의 생산성 향상 방법을 모색하자 그의 뒤를 이은 학자들은 이것을 더욱 발전시킴으로써 기능적 접근법을 형성하기에 이르렀다. 대표적인 이론은 행정과정이론의 체계화에 기여한 귤릭(Luther Gulick)의 POSDCoRB다. 윌로비(W. F. Willoughby)의 전문성의 원리, 명령 통일의 원리, 그리고 통솔 범위의 원리와 같은 행정 원리와 버나드(Chester I. Barnard)의 관리자 기능론도 기능적 접근법에 기여했다.

기능적 접근법은 POSDCoRB에서 보는 바와 같이 조직의 내부 요인을 발견하고 체계화하는 데 크게 기여했다. 그러나 초기의 과학적 관리론이 그랬던 것처럼 외부 환경 요인에 대해서는 경시하거나 무시하는 성향을 가지고 있었다. 특히 정치에서 행정을 분리시키려는 시대적 분위기에 편승한 이론이어서 정치적 환경에 대해서는 애써 무시하는 성향을 가지고 있었다.

4 사회복지와 과학적 관리론

과학적 관리론은 사회복지조직의 관리이론으로 활용되었다. 사회복지행정이 형성될 초기에 자선조직의 효과적인 관리를 위해 과학적 관리론이 도입되어 과학적 자선(scientific charity)이라는 관리 유형을 형성한 바 있다(Leiby, 1978). 자선조직에도 생산성의 개념을 도입함으로써 적은 비용으로 더 많은 어려운 사람에게 자선을 베풀 수 있다는 개념을 확산시켰고, 자선사업을 효과적으로 하기 위해 분업이 필요하다는 인식에 대해서도 수용하는 입장을 취하고 있었다.

과학적 관리론에서 관리를 통제로 인식하고 있다는 점은 휴먼 서비스를 중심으로 한 사회복지조직과 대립될 수 있다. 휴먼 서비스를 제공하는 조직에서는 통제보다는 지원이 더 효과적인 수단일 수 있기 때문이다. 성과급 제도 또한 사회복지조직에서 쉽게 도입하기 어려운 개념으로 인식된다. 휴먼 서비스의 성과를 측정하기가 용이하지 않을 뿐만 아니라, 일정한 시간이 경과한 후에 성과가 나타나기 때문이다.

5 과학적 관리론의 비판

테일러의 과학적 관리론은 생산성 향상에는 기여했지만 다음과 같은 측면에서 많은 비판을 받았다.

첫째, 인간을 기계처럼 취급하고 있다는 점이다. 작업장에서 일하는 근로자는 기계의 부속품처럼 낡고 쓸모가 없으면 언제든지 바꿀 수 있다는 인식은 큰 비판을 받았다. 인간은 용도 폐기될 수 있는 성질의 존재가 아니라, 누구나 존엄성을 가지고 있는 인격체라는 점에 대해 과학적 관리론은 설명할 수 없었다.

둘째, 인간은 과학적 관리론자가 생각하고 있는 것처럼 합리적 동물은 아니라는 점에서도 비판을 받았다. 인간은 기계처럼 같은 동작을 계속해서 수행하기를 싫어하며, 그런 분위기에서 일하게 되면 오히려 생산성이 떨어질 수 있다는 비판도 제시되었다.

이상의 비판을 계기로 새로운 관리이론이 제시되기 시작했다. 인간은 합리적인 동물이 아니며 정서를 가진 감성적 동물이라는 점을 전제로 인간관계론이 출현한다.

제 3 절 인간관계론

1 개념

인간관계론의 대표적인 학자는 메이요(Elton G. Mayo)다. 메이요는 인간은 기계처럼 행동하는 존재가 아니며, 더욱이 기계의 부속품처럼 낡으면 바로 바꿀 수 있는 존재가 아니라고 강변하면서 인간 중심적 관리이론의 출현을 선도했다. 인간관계론은 조직구성원의 자발적인 협동이 생산성 향상의 초석이 된다는 이론이다.

메이요는 제너럴 일렉트릭(General Electric) 회사의 주력 공장인 호손공장(Hawthorn Factory)에서 조명과 작업 능률에 대한 실험을 실시한다. 실험 결과는 메이요의 가설과는 달랐다. 조명을 밝게 해도 생산성이 향상되고, 조명을 어둡게 해도 생산성이 향상된다는 사실을 발견하고 실험의 실패로 규정했다. 그러나 제2차 호손연구에서 인간은 더 나은 작업환경을 원하기도 하지만 더 중요한 것은 싫증을 잘 내는 성향을 가지고 있다는 사실을 발견했다. 따라서 작업환경을 바꿔 주고 분위기를 새롭게 해줌으로써 생산성 향상에 기여할 수 있다는 결론에 이르렀다.

호손연구의 결과 인간은 돈을 위해서만 일하는 것은 아니며, 인간의 생산 능률은 근로자의 기분과 밀접한 관계가 있다는 사실을 발견했다. 인간관계론자들은 인간은 테일러가 가정하고 있는 것처럼 합리적인 존재가 아니며 감성을 가지고 있는 감정적 동물이라는 점에 확신을 가지고 인간의 감성을 경영이론에 접목하려는 노력이 지속되었다.

2 인간관계론의 성과

과학적 관리론의 안티테제와 같은 관점에서 출발한 인간관계론은 과학적 관리론이 달성하지 못한 성과를 거뒀다.

첫째, 인간의 감성에 대한 자극으로도 생산성을 향상시킬 수 있다는 것을 발견했다는 점이다. 종래에는 조직은 이성적인 판단에 의해 운영되고, 고도의 이성적 행위라는 관점에서 이해되어야 하는 것으로 생각하고 있었다. 그러나 조직 내에 존재하는 다양한 인간관계 차원의 감성적 요소를 자극함으로서 능률성을 향상시킬 수 있다는 사실을 발견하게 된 것은 인간관계론의 중요한 성과다.

둘째, 관리를 통제(control)가 아니라 지원(support)으로 간주하고 있다는 점도 중요한 성과다. 작업 현장에 있는 근로자의 행동을 끊임없이 통제함으로써 생산성을 향상시킬 수도 있지만 근로자에 대한 욕구를 충족시켜 주고 심리적으로 안정된 상태를 유지할 수 있게 함으로써 생산성을 향상시킬 수도 있다는 사실을 인간관계론은 증명하고 있다.

셋째, 관리 현장에서의 인간성 회복도 인간관계론의 성과다. 인간관계론에서는 작업장은 경제적 욕구 충족을 위한 '단순한 일터'가 아니라 생활의 연장이라고도 할 수 있는 삶의 현장으로 인식하고 있다. 일을 통해 즐거움을 느끼고, 일을 통해 보람을 느낄 수 있도록 하는 관리를 인간관계론은 구가하고 있다.

3 인간관계론의 발전

인간관계론은 다양한 관리이론을 출현시켰다. 무엇이 인간으로 하여금 열심히 일하게 만드는가를 중심으로 하는 동기이론이 인간관계론과 더불어 시작되었다. 근로자를 열심히 일하게 하는 가장 큰 역할은 조직의 리더에 달려 있다는 관점에서 리더십 이론이 출현했다. 여기에 그치지 않고 근로자가 조직의 의사결정에 참여할 수 있을 때 일의 보람을 느낄 수 있을 뿐만 아니라 생산성도 향상된다는 관점에서 참여관리(participatory management)가 형성되었다. 참여관리의 한 유형으로 목표관리(mamagement by objective: MBO)가 출현하게 된 것도 인간관계론에서 비롯되었다고 말할 수 있다.

4 사회복지와 인간관계론

인간관계론의 기본 정신은 사회복지학의 기본 정신과 같은 맥을 가지고 있다. 직업 현장에 관리적인 개입을 통해 근로자의 심리적 욕구와 사회적 욕구를 충족시키고, 그 욕구 충족의 보상으로서 생산성 향상을 기대한다는 인간관계론은 작업장에서의 휴먼 서비스 실현이라고 지칭할 수 있다는 점에서 사회복지와 같은 맥을 가지고 있다(Thompson, 1983). 따라서 관리이론으로서의 인간관계론이 사회복지조직의 관리에 활용될 수 있는 여지는 과학적 관리론보다 더 많다.

인간관계론과 사회복지는 인간을 바라보는 관점이 다르다. 인간관계론은 인간의 감성을 자극함으로써 생산성을 향상시킨다는 하나의 수단으로 인간을 바라보고, 사회복지학에서는 인간의 욕구를 충족시킴으로써 삶의 질을 개선하고자 하는 목적 지향적인 관점에서 인간을 바라보는 점이 다르다.

인간관계론은 인간의 가치를 그 중심에 두고 있다는 기본 정신이 같기 때문에 사회복지 현장에 적용될 수 있는 여지를 과학적 관리론보다 더 많이 남겨놓고 있다. 사회복지사 동료와의 관계를 원만하게 유지함으로써 협업 관계를 형성하도록 하고, 사회복지사가 자발적으로 의사결정 과정에 참여해 조직의 목표를 설정하게 함으로써 클라이언트에 대한 효과적인 지원을 이끌어낼 수 있는 이론의 근저에는 인간관계론이 있다는 점을 기억할 필요가 있다.

5 인간관계론의 비판

인간관계론도 비판을 받았다.

첫째, 인간의 감성을 중시하기는 하지만 여전히 인간을 생산성 향상의 수단으로 보고 있다는 점이 그것이다. 인간은 그 자체로서 의미가 있는 것이지 생산성의 도구는 아니라는 점에서 설득력 있는 비판으로 받아들여지고 있다.

둘째, 인간의 감성이 생산성 향상에 중요하지만 조직의 공식적인 틀을 무시한 채 감성만으로 생산성을 향상시킬 수 없다는 점도 문제점으로 제기되었다. 따라서 인간관계론은 보조관리 수단이지 그 자체만으로는 의미를 가질 수 없다는 문제점도 제기되고 있다.

셋째, 과학적 관리론과 마찬가지로 조직의 외생적 요인에 대해서는 관심을 가지고 있지 않다는 점도 비판의 대상이 되었다. 조직은 환경으로부터 끊임없이 영향을 받기 때문에 관리이론에서는 이를 무시할 수 없기 때문이다.

제 4 절 행태론적 접근법

1 개념

관리이론은 1940년대를 전후해 급속히 발전한다. 인간관계론의 인본주의적 관점(humanistic view)과 과학적 관리론의 과학성이 결합하면서 윗슨(John Watson)에 의해 연구되기 시작한 행태론이 행정관리 이론에 유입된다(Watson, 1924). 행태론에 의하면 사회에 존재하는 문제는 관리기술이나 행정 원리의 부재와 같은 사물(things)에 기인하는 것이 아니라, 사람(people) 때문에 발생하는 것으로 보고 있다.

행태론자들은 행정의 실패도 관리기술에 기인하는 것으로 보지 않는다. 다른 사람을 이해하지 못하거나 다른 사람으로부터 협조를 이끌어내지 못할 경우 발생하는 현상으로 보고 있다(Hersey & Blanchard, 1982).

행태론적 접근법은 조직이나 기관을 구성하는 근로자의 인간 행동을 연구함으로써 조직을 위해 일을 하도록 유인하는 이론으로 구성되어 있다. 인간은 제각기 개성을 가지고 있지만 모든 사람이 공유하는 성향이 존재하며, 그 공유하는 성향을 발견함으로써 조직의 능률성 향상에 기여하는 방법을 모색했다.

인간은 싫증을 잘 느낀다는 보편적 성향이 있다는 메이요(Elton G. Mayo)의 호손 연구에서 시작된 이 연구는 사이먼(Herbert A. Simon)에 의해 실증주의 연구 방법이 더해지게 되고, 머슬로(Abraham H. Maslow)와 같은 학자의 출현으로 인간은 무엇을 위해 일하며, 무엇을 갈구하는가에 대한 연구를 시작함으로써 행정 연구의 주류로 자리잡기 시작했다.

2 행태론적 접근법의 성과

행태론적 접근법에 크게 기여한 학자로 사이먼을 들 수 있다. 사이먼(Simon, 1946)은 기능론적 접근법의 성과물이라고 할 수 있는 행정 원리를 격언 수준에 지나지 않는다고 비판하면서 인간 행태에 대한 실증적 연구를 주장했다. 행정학이 사회과학으로 자리잡기 위해서는 행정의 가치(value) 문제와 사실(fact) 문제를 분리한 후 가치중립적(value-free) 입장에서 사실을 기초로 행정 현상을 연구해야 한다고 주장했다. 사이먼은 행태론적 접근법을 시도한 그의 연구를 통해 행정학의 과학화에 기여한 학자다.

사이먼이 인간 행태에 대해 실증주의적 접근법을 시도함으로써 행정학의 과학화에 기여한 것과 같이 일단의 사회심리학자들은 보편적 인간 행태를 발견함으로써 행정의 능률성 향상에 기여했다. 머슬로(Maslow, 1954)의 욕구계층제(needs hierarchy) 이론, 맥그리거(Douglas McGregor)의 X이론과 Y이론, 그리고 허즈버그(Frederick Herzberg)의 동기-보건위생이론(motivation-hygiene theory)을 대표적인 이론으로 제시할 수 있다.

1) 욕구계층제이론

머슬로(Maslow, 1954)는 인간의 욕구는 5단계 계층제로 구성되어 있다는 욕구계층제이론을 제시했다. 인간은 [그림 8-3]처럼 생리적 욕구, 안정적 욕구, 사회적 욕구, 존중 욕구, 그리고 자아실현 욕구를 단계적으로 충족시키는 특징을 가진다. 가장 낮은 단계의 욕구에 대한 충족의 강도가 가장 강하며, 가장 높은 단계의 욕구에 대한 충족의 강도가 가장 낮다고 머슬로는 주장한다. 인간은 생리적 욕구 충족에 대한 충동을 가장 강하게 느끼며, 그 강도는 자아실현의 욕구에 이르기까지 차츰 낮아지는 것으로 보고 있다.

욕구 5단계를 동기이론에 적용시켜 보면 초기 단계에서 인간은 본능적 욕구(physiological need)를 충족시키기 위해 일하고, 이 욕구가 충족되면 안정적 욕구(security need)를 추구한다. 다음으로는 사회적 욕구의 하나인 귀속 욕구(affiliation need)를 구하게 되며, 곧 4단계 욕구인 존중 욕구(esteem need) 충족으로 발전하게 된다. 인간의 마지막 단계의 욕구는 자아실현 욕구(self-actualization need)다. 인간의 욕구는 사다리를 타고 오르듯 단계별로 충족되는 특징을 가지며, 조직은 인간의 욕구를 충족시킴으로써 조직구성원의 근로 의욕을 높일 수 있다.

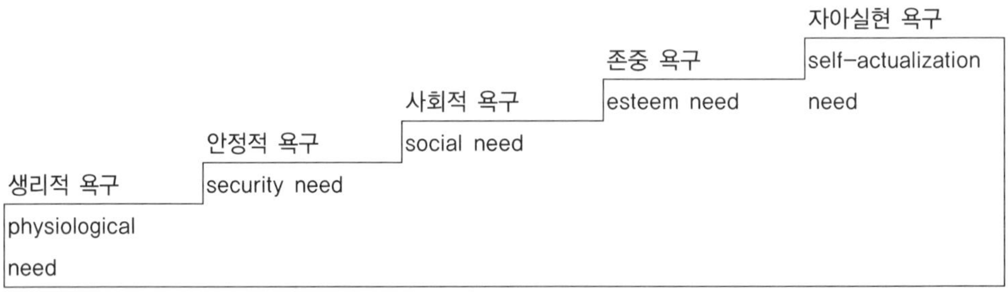

그림 8-3 머슬로의 욕구 5단계

2) X이론과 Y이론

맥그리거(McGregor, 1960)는 X이론과 Y이론을 제시했다. <표 8-1>과 같이 X이론에 의하면 사람은 일하기를 싫어하고, 책임지려고도 하지 않고 지시받기를 좋아하

표 8-1 X이론과 Y이론

항목	X이론	Y이론
일	사람은 일하기를 싫어한다.	사람은 일하기를 좋아한다.
책임과 지시	사람은 야망이 없고 책임지려고도 하지 않으며, 지시받기를 좋아한다.	사람은 자기통제가 가능하며 조직의 목표 달성에 자기통제가 필수적이다.
창조적 능력	사람은 조직의 목표를 달성하기 위한 창조적 능력을 가지고 있지 않다.	사람에게는 창조적 능력이 있고, 이것은 조직의 목표 달성에 필수적이다.
동기유발 요인	사람은 생리적 욕구와 안정적 욕구를 충족시키는 수준에서 동기가 부여된다.	생리적 · 안정적 욕구뿐만 아니라 사회적 · 존중 · 자아실현의 욕구도 동기유발 요인이 된다.
목표 달성	조직 목표 달성을 위해 사람에 대한 통제와 강제가 필요하다.	적절한 동기가 부여되면 스스로 통제를 하고 일할 방향을 설정한다.

자료: Hersey & Blanchard(1982: 49).

며, 문제 해결을 위한 창조적 능력을 가지고 있지도 않고, 생리적 욕구와 안정적 욕구 충족이 동기유발 요인으로 작용하며, 사람에 대한 통제가 관리의 핵심이 되어야 한다는 입장이다. Y이론은 이와 반대다. Y이론에 의하면 사람은 일하기를 좋아하고, 자기통제 하에서 책임을 지는 성향이 있으며, 문제 해결을 위한 창조적 능력을 가지고 있고, 생리적 욕구와 안정적 욕구 충족뿐만 아니라, 사회적 욕구와 존중 욕구, 그리고 자아실현 욕구의 충족까지 동기유발 요인으로 작용하며, 지원을 통한 동기부여가 관리의 핵심이 되어야 한다는 입장이다.

3) 동기-보건위생이론

동기-보건위생이론은 허즈버그(Herzberg, 1966)에 의해 제시되었다. 허즈버그에 의하면, 효과적인 조직관리를 위해 동기유발 요인과 보건위생 요인을 구분해 활용해야 한다는 점을 강조한다. 동기유발 요인은 조직구성원으로 하여금 열심히 일을 하도록 하는 데 기여하지만 보건위생 요인은 조직의 주변 환경 조성에 기여할 뿐 반드시 일을 하도록 유인하는 것은 아니라고 주장한다.

동기유발 요인은 <표 8-2>와 같이 일에 직접적으로 영향을 미치는 요인을 말한다. 성취감, 책임감, 상대에 대한 인정 등이 허즈버그가 제시하고 있는 동기 요인이다. 허즈버그에 의하면 성취감이나 책임감을 느끼도록 하고, 성취에 대한 능력을 인정해 줌으로써 열심히 일하게 할 수 있다. 반면에 보건위생 요인은 주변 환경에 영향

표 8-2 동기요인과 보건위생 요인

동기 요인	보건위생 요인
일에 직접적으로 영향을 미침	주변 환경에 영향을 미침
일은 성취에 영향을 미침	정책과 행정에 영향을 미침
성취에 대한 인정이 동기 유발	감독
일에 대한 도전 정신 유발	일을 할 수 있는 주변 환경 정비
책임감 부여	상호 인간관계 형성
자기성장과 자기발전 유도	돈, 승진, 안정

자료: Hersey & Blanchard(1982: 58).

을 미칠 뿐 일에 직접적으로 영향을 미치지 않는 요인이다. 금전적인 보상을 하거나, 승진을 시켜 주거나 안정된 가운데 직장을 다닐 수 있도록 해주는 것 등은 근로자의 보건위생에 필요한 욕구를 충족시킬 뿐이며 동기를 직접 부여하지는 않는다.

보건위생 요인이 동기유발에 직접적인 영향을 미치지 않는다는 것이 실증적으로도 증명된다. 열심히 일하는 근로자에게 더 많은 임금을 주면 더욱 열심히 일해 더 많은 돈을 벌려고 하지 않는다는 점이 그 증거다. 오히려 여가를 즐기는 데 더 많은 시간을 보내려고 하고 일과는 멀어지는 성향을 발견할 수 있다. 이처럼 승진이나 승급과 같은 보건위생 요인은 동기 유발에 직접적으로 영향을 미치지는 않는다.

3 행태론적 접근법의 발전

행태론적 접근법은 행정학 연구에 실증주의적 접근법을 접목시키면서 1960년대 중반까지 미국 학풍의 주류를 형성했다. 과학적 발견을 기치로 내세운 행태주의의 번성과는 달리 미국 사회는 1960년대부터 좌절을 경험하게 된다. 민권운동으로 지칭되는 극한적인 사회 갈등과 월남전에서의 좌절이 겹치면서 가치중립성을 전제로 하는 논리적 실증주의 사고에 대한 비판을 가하게 된다. 이들은 가치를 무시한 행정연구는 사회문제를 해결하는 데 기여하지 못한다는 입장을 개진하게 된다.

이들이 논리적 실증주의 사고에 비판을 가하더라도 그것을 부정한 것은 아니었다. 발전적 비판이 주류였으며 대표적 학자는 이스턴(David Easton)이었다. 그는 '가치연구도 독립된 연구 대상'이라고 주장하면서 행태론의 외연을 넓히는 데 기여했다.

이스턴의 이 같은 주장은 정책학의 탄생에 기여했으며(deLeon, 1988), 후일 사회적 형평성을 강조하는 신행정학(New Public Administration) 탄생의 초석이 되기도 했다.

4 사회복지와 행태론적 접근법

행태론은 사회복지에도 영향을 미쳤다. 왓슨(Watson, 1924)에 의해 시작된 행태론은 인간의 학습이론을 체계화시키는 데 기여했다. 학습을 통해 효과적인 사회적응 기술을 배우고, 인간다운 삶을 향유할 수 있는 기술을 터득할 수 있기 때문에 행태론은 임상 사회복지에 큰 영향을 미쳤다(Robbins, Chatterjee, & Canda, 1998).

행태론이 사회복지행정에 미친 영향도 무시할 수 없다. 인간 행동에 대한 과학적 탐구를 통해 인간은 무엇을 갈구하는지에 대한 관심이 사회복지행정 연구에 영향을 주게 된다. 사회복지는 인간의 욕구를 충족시켜 줌으로써 삶의 질을 제고하고자 하는 학문 영역이기 때문이다. 특히 머슬로(Maslow, 1954)의 욕구계층제 이론은 사회복지에서 중요한 위치를 차지하고 있는 제공할 휴먼 서비스 유형을 분류하는 데 직접적으로 활용되기도 했다.

행태론이 사회복지에 미친 영향을 더 구체적으로 설명하면 욕구계층제의 최하위 단계에 있으면서도 가장 강도 높게 갈구하는 생리적 욕구 충족은 사회복지행정에서 무엇보다도 중요한 테마로 자리잡고 있다. 머슬로의 안정적 욕구 충족 역시 사회복지의 중요한 관심 분야다. 일시적인 경제적 자립이 아니라 경제적 자립을 지속할 수 있는 상태로의 발전 또한 사회복지행정의 과제다. 사회복지는 물질적인 욕구 충족에 그치지 않는다. 사회적 욕구와 존중의 욕구, 나아가 자아실현의 욕구 충족을 통해 정신적 행복을 향유할 수 있다. 머슬로와 같은 행태론자는 사회복지행정이 추구하는 테마를 구체적으로 설명하게 한 학자이기도 하다.

5 행태론적 접근법의 비판

행태론적 접근법은 사회복지행정과 더불어 행정학의 과학화에 기여했으나, 가치 영역을 경시한다는 비판을 받았다. 순수과학의 세계에서는 가치중립성이 존재할지 모르지만 사회과학에서는 가치를 배제한 이론은 문제 해결에 도움이 되지 않는다는 점이 지적되었다. 예컨대 사회복지는 다른 어떤 학문 분과보다도 형평성(equity)이 중요한 가치라는 전제 하에서 실천에 임할 때와 사회복지의 가치에 대해 인정하지 않고 실천에 임할 때는 그 효과에서 큰 차이가 있다는 점이다. 행태론의 이 같은 가치중립성이 사회복지행정 이론의 처방적 효과를 약화시켰다는 것이 가장 큰 비판이다.

둘째, 행태론적 접근법은 행정을 조직의 효율성을 제고하기 위한 하나의 도구로 전락시켰다는 비판도 거세게 일었다. 행정은 조직 외부와 끊임없는 교류가 있음에도 불구하고, 그것을 무시한 채 행정의 과학성에만 몰두하게 되면 '무엇을 위한 행정'인가에 대한 방향성이 표류할 가능성이 있다는 점이다. 행정이론은 국정관리를 위한 도구로서 역할을 하기도 하지만 국정의 방향을 설정하는 데 중추적인 역할을 함에도 불구하고 행태론적 접근법은 행정의 방향성을 경시하고 있다는 점도 또한 비판의 대상이 되었다.

셋째, 행정은 현실 학문으로서 성격을 가지고 있음에도 불구하고 문제 해결을 위한 처방 능력이 약하다는 비판도 가해졌다. 행정학은 현실 학문이기 때문에 과학성을 가진 형이상학적인 이론보다는 현실 문제 해결에 도움이 되는 이론이 때로는 더 중요할 수도 있다. 그럼에도 불구하고 행태론적 접근법은 과학성 있는 이론 정립에 관심을 둠으로써 현실 문제 해결을 등한시했다는 점도 비판을 받고 있다.

제 5 절 생태론적 접근법

1 개념

행태론이 행정 내부 문제에만 관심을 가지고 있고, 사회문제 해결을 등한시한다는 비판이 생태론적 접근법(ecological approach)을 출현하게 했다. 행정에서의 생태론적 접근법은 행정 체계와 환경과의 관계에 연구의 초점을 두고 있다. 사회에 존재하는 모든 조직은 외부 환경으로부터 영향을 받는다는 것이 생태론의 출발점이다.

생태론적 접근법은 행정 주변의 정치나 경제와 같은 환경이 행정의 성격에 중요한 영향을 미치며, 행정과 주변 환경 요소와의 관계분석을 통해 행정문제를 해결해 나간다는 입장에 서 있다. 생태론적 접근법은 환경과의 관계 속에서 행정의 역할을 탐구하는 방법이기 때문에 체계이론으로 대표되기도 한다. 생태론적 접근법의 대표적인 학자로는 가우스(John M. Gaus)와 리그스(Fred W. Riggs)를 들 수 있다.

가우스(Gaus, 1947)는 행정에 영향을 미치는 환경 요인으로 이념(wishes and ideas), 과학기술(physical technology), 사회적 기술(social technology), 사회구성원의 개성(personality), 국민(people), 장소(place), 그리고 재난(catastrophe)과 같은 일곱 가지를 제시했고, 리그스(Riggs, 1964)는 프리즘 모형을 제시함으로써 행정에 영향을 미치는 환경 요인이 국가 발전 단계별로 차이가 있다는 점을 설명했다.

2 생태론적 접근법의 성과

1) 프리즘 이론

프리즘 이론은 리그스(Riggs, 1964)에 의해 제시된 행정이론이다. 리그스에 의하면 선진국은 산업사회를 의미하며, 사회의 기능이 분화된 사회로서의 특징을 가지고, 흔히 근대사회로 지칭된다. 후진국은 농업사회를 의미하며, 사회의 기능이 융합된 사회로서 특징을 가지고, 흔히 전통사회로 지칭된다. 그러나 발전도상에 있는 국가는 [그림 8-4]에서와 같이 프리즘 사회로서의 특징을 가지며, 전통사회와 산업사회의 중간 단계에 속한다.

전통사회는 정치와 경제와 같은 사회 기능이 분화되어 있지 않고 통합되어 있다. 마치 오래전에 정치와 종교가 분리되어 있지 않은 사회처럼 모든 사회 기능이 하나로 융합되어 있는 특징을 가진다. 프리즘 사회는 사회 기능이 분화되려고 하는 과정이 있다. 빛이 프리즘을 통과해 무지개 빛으로 나뉘려는 과정에 있는 사회를 의미한다. 개발도상국가의 사회구조가 여기에 속한다. 산업사회는 그렇지 않다. 빛이 프리즘을 통과하면 무지개 빛으로 나뉘듯이 사회 기능이 분화되어 있고, 분화된 사회 기능은 제 자리에서 제 기능을 수행함으로써 사회 발전을 추구할 수 있다.

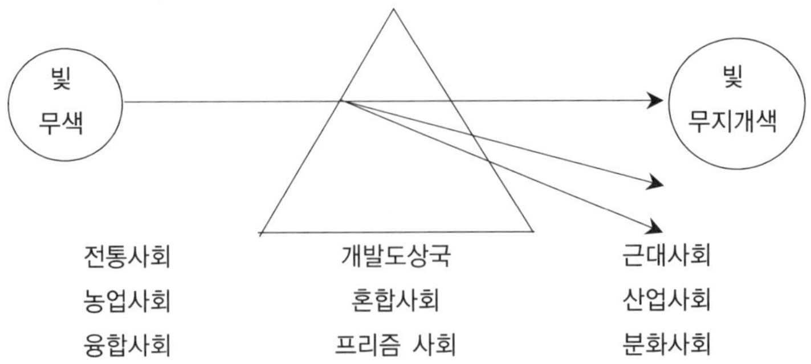

그림 8-4 리그스의 프리즘 모형

사회 기능이 분화되어 있을수록 외부 환경 요인도 다양하다. 전통사회에서는 여러 환경 요인이 융합되어 있지만 산업사회에서는 환경 요인이 세분화되어 있다. 선진국이 후진국에 비해 직업의 수가 더 많은 것은 그만큼 사회가 분화되어 있기 때문이다. 선진국이 후진국에 비해 사회단체의 종류와 수가 많은 것은 그만큼 사회가 분화되어 있기 때문이라고 말할 수 있다. 따라서 선진화된 사회의 행정은 다양한 사회환경 요인으로부터 영향을 받는다.

2) 체계이론

체계이론(systems theory)은 생태론적 접근법의 대표적인 이론이다. 체계이론을 이해하기 위해서는 체계(system)의 개념부터 알고 있어야 한다. 체계는 상호 관련된 부분이 모여 만들어진 전체(a set of interrelated parts)를 의미한다. 사람의 인체를 하나의 체계로 설명할 수 있다. 팔, 다리, 몸통, 그리고 머리라는 부분이 모여 인체라는 하나의 체계를 만든다. 부분에 속하는 팔, 다리, 몸통, 그리고 머리는 따로 떨어져서 움직이지 않고 서로 밀접한 관계를 유지하며, 상호의존적인 관계를 가지고 있다. 체계이론으로 설명할 수 있는 것은 사람의 인체만은 아니다. 가정, 집단, 지역사회, 그리고 더 나아가 사회도 체계이론으로 설명할 수 있다(von Bertalanffy, 1949). 체계이론에서는 전체를 체계, 즉 시스템(system)이라고 지칭하고 상호 관련되어 있는 부분을 하위 체계, 즉 하위 시스템(subsystem)이라고 칭한다. 파슨스(Talcott Parsons)는 시스템 내에 존재하는 하위 체계는 네 가지 기능을 가지고 있다고 주장한다. 적응

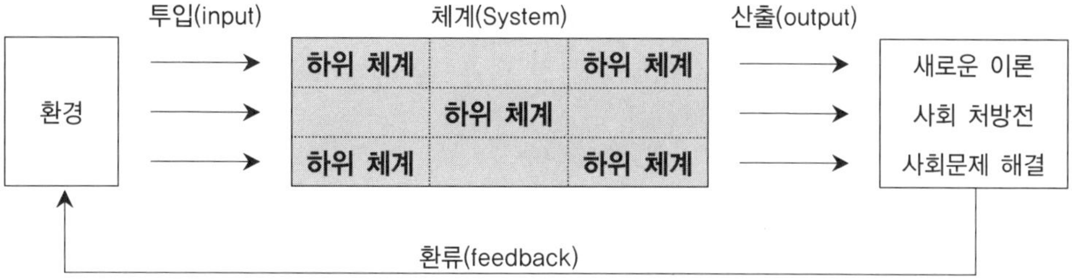

그림 8-5 체계이론: 투입, 산출, 그리고 환류

(adaptation), 목표 달성(goal attainment), 통합(integration), 그리고 유형 유지(pattern maintenance)다 (Parsons, 1960).

이스턴(Easton, 1953)은 투입·산출 모형의 관점에서 체계이론을 설명한다. [그림 8-5]에서처럼 체계는 하위 체계로 이뤄져 있다. 체계는 환경으로부터 영향을 받는다. 이 과정을 체계이론에서는 투입(input)라고 한다. 환경의 영향을 체계가 받으면 그 환경에 적응하기 위해 하위 체계 간의 역할과 기능의 변화가 수반된다. 이 과정을 여과 과정(thruput)이라고 칭한다. 하위 체계가 제 기능을 수행할 수 있을 정도로 건강하면 환경에 대한 적응 과정에서 새로운 이론이 출현하고, 사회문제를 해결하기 위한 새로운 처방전이 나온다. 그리고 종국적으로는 사회문제가 해결될 수 있는 길이 마련된다. 체계이론에서는 이 과정을 산출(output)이라고 한다. 체계이론은 산출로 끝나지 않는다. 산출물은 새로운 환경요인이 되어 다시 체계에 영향을 미친다. 이 과정을 환류(feedback)라고 칭한다.

체계이론의 관점에서 설명할 경우 사회복지행정은 환경의 종속변수로서 역할을 한다. 환경이 변하면 행정은 환경 변화에의 적응을 통해 새로운 산출물을 사회에 내놓게 됨으로써 문제 해결을 해나간다는 입장을 취하고 있다. 예컨대 IMF 경제위기가 닥쳤을 때 대량실업 문제가 발생했다. 대량실업 문제는 환경 요인이 되어 사회복지행정 체계에 투입되었다. 사회복지행정 체계에서는 노동부, 보건복지부, 재경부, 산자부 등의 하위 체계를 자극함으로써 대량실업 문제의 해결 방안을 내놓게 되었다. 고용보험의 조기 실시와 기업의 구조조정을 위한 공적자금 투입과 같은 조치가 산출물로 나왔다. 사회복지행정 체계에서의 산출물은 IMF 구제금융을 조기 상환하는 결과를 이끌어냈다. 환경과 체계 간의 관계는 여기에서 끝나지 않는다. 경제위기를 극복하기 위해 내놓은 각종 조치가 다시 환경 요인으로 작용해 새로운 환경을 만들어 나간다. 체계이론은 이처럼 한 번의 순환에 그치지 않고 반복되는 성향을 가지며 환경과 체계가 존재하는 한 순환이 반복된다.

3 생태론적 접근법의 발전

체계이론으로 대표되는 생태론적 접근법은 카츠와 칸(Katz & Kahn, 1966)에 의해 개방체계이론(open-systems theory)으로 발전했다. 개방체계이론에 의하면 체계와 환경은 '투입-전환-산출-환류'가 반복되는 성향을 가지며, 체계는 일정 수준의 기능을 지속적으로 수행하는 항상성이 있고, 환경에 대해 끊임없는 개방성을 가진다는 이론이다. 개방체계이론은 조직의 사회심리(social psychology of organization) 연구를 위한 기본적인 틀을 제공했다(Bolman & Deal, 1985).

체계이론은 또한 사회기술적 체계이론(sociotechnical systems theory)으로 발전한다. 사회기술적 체계이론은 근로자로 구성된 작업반과 새로운 기술과의 관계를 체계이론의 관점에서 분석하고자 하는 미시적 차원의 분석이다. 작업 현장에 새로운 기술이 유입되면 근로자는 그 기술에 대해 저항하는 자세를 취한다. 그러다가 새로이 유입된 기술이 근로자가 바라는 독특한 방향으로 수정되면 저항은 줄어든다(Bolman & Deal, 1985). 사회기술적 체계이론은 체계와 환경과의 관계를 미시적 분석 도구를 활용해 연구하는 데 기여했다. 후일에 행정의 문화적 접근법의 태동을 이끌어냈다.

4 사회복지와 생태론적 접근법

체계이론으로 대표되는 생태론적 접근법은 사회복지행정의 발전에도 기여한 바가 크다. 환경으로부터 영향을 받아 행정 체계로 투입작용이 일어나고, 행정 체계 내에 존재하는 하위 체계가 적응하는 과정을 거쳐 목표 달성을 위한 산출물을 제시하는 사례는 많이 있다. 미국의 사회복지행정의 역사에서뿐만 아니라 한국의 사회복지행정의 역사에서도 흔히 찾아볼 수 있다.

미국에서 세계 대공황 직후에 제정된 사회보장법(Social Security Act)도 환경의 영향을 받아 만들어진 정책이라고 할 수 있다. 민권운동 직후에 만들어진 빈곤과의 전쟁(War on Poverty)도 환경의 영향을 받아 형성된 하나의 산출물이라고 말할 수 있다. 한국 사회도 노령화 사회로 진입하고 있다는 환경 요인이 작용해 노인복지법이 1981년에 제정된 것도 체계이론의 관점에서 설명할 수 있는 내용이다.

5 생태론적 접근법의 비판

체계이론으로 대표되는 생태론적 접근법은 환경 요인을 행정연구의 영역으로 끌어들이고 처방적인 관점에서 문제 해결 방안을 제시하고자 한다는 점에서 높이 평가된다. 그러나 사회복지행정을 환경의 종속변수로 간주하고 있기 때문에 지나치게 환경에 순응적이고, 변화를 유도할 수 없다는 문제점을 가지고 있다. 하위 체계가 건강하지 못해 환경 변화에 적응하지 못할 경우 사회 병리에 대한 처방보다는 오히려 사회를 파국으로 이끌 수 있다는 비판도 받는다.

제 6 절 관리과학

1 개념

관리과학(management sciences)의 뿌리는 과학적 관리론에 있다. 과학적 관리론자 중에서 테일러(Frederick W. Taylor)와 동시대에 살면서 한때 생사고락을 같이하기도 한 갠트(Henry L. Gantt)가 관리과학에 직접적인 영향을 미쳤다. 그는 갠트 차트(Gantt Chart)를 개발해 시간 통제 수단으로 활용했을 뿐만 아니라 보너스 시스템을 최초로 도입한 학자이기도 하다. 갠트 차트는 프로젝트가 언제 시작해 언제 끝날 것인지를 예측할 수 있도록 하는 관리기법으로서 퍼트 차트(PERT Chart)의 뿌리가 되기도 한다.

관리과학은 과학적이며, 예측 가능한 행정을 구현하기 위한 이론과 기술이 중심이 된 관리학의 한 유형이다. 관리문제를 계량적, 혹은 체계적으로 분석하려는 학풍을 형성하고 있다. 관리과학은 행정학의 계량적 접근법이 활발하게 연구되면서 발전해 왔으며, 사회복지 프로그램 관리기법으로도 널리 활용된다.

2 관리과학의 성과

관리과학은 많은 계량적 관리기법을 개발시켰다. 갠트 차트와 퍼트 차트뿐만 아니라 대기행렬이론(waiting-line theory, 혹은 queuing theory), 선형계획이론(linear programming), 비용편익분석(benefit cost analysis) 등과 같은 기법을 예로 들 수 있다. 모두 관리과학의 성과라고 평할 수 있다. 여기에서는 갠트 차트와 퍼트 차트에 대한 개념을 소개한다.

1) 갠트 차트

갠트 차트는 시간을 X축에 놓고 사업 완성에 필요한 각종 활동을 Y축에 놓고 작성한 일종의 그래프다. 최근 컴퓨터 출현과 함께 상당히 진보된 분석 도구가 개발된 상황에서 이 갠트 차트는 아무것도 아닌 것처럼 보일지 모르지만 갠트가 이 기법을 세상에 내놓을 당시만 해도 이 그래프는 근로자의 생산활동과 시간을 통제하기 위해 사용할 수 있는 하나의 혁명적인 도구였다. 갠트 차트는 시작과 끝이 분명한 관리 업무이면 어느 곳에서나 적용할 수 있기 때문에 프로젝트 관리에 그 우수성이 증명되어 오늘에 이르기까지 널리 사용된다. 갠트 차트의 모습은 [그림 8-6]과 같다.

그림 8-6 갠트 차트

갠트 차트를 보면 작업 A는 5일, 작업 B는 4일, 작업 C는 3일, 그리고 작업 D는 6일이 걸린다. 작업 A에서 D까지 완성하는 데 걸리는 시간은 네 개의 작업 단계를 모두 더한 18일인 것처럼 보인다. 그러나 이것은 물리적인 작업 시간일 뿐이다. 작업 A를 시작한 지 3일 후부터 작업 B가 들어가고, 작업 C와 작업 D는 동시에 시작할 수 있기 때문에 실질적인 관리 시간은 13일밖에 되지 않는다는 사실을 알 수 있다. 갠트 차트는 이 같은 간단한 계산 방식을 활용해 근로자의 시간을 통제하는 역할을 하고 프로그램을 관리하는 기능을 수행하는 데 활용된다.

2) 퍼트 차트

퍼트(PERT)는 1950년대 미국 해군에서 폴라리스 미사일(Polaris missile)을 개발할 당시에 처음 사용된 프로그램 관리기법이다. 이 미사일 개발 사업은 엄청난 규모의 프로젝트였다. 해군에서는 미사일 개발을 위해 입찰 계약자로 2백 50여 회사를 우선 선정했고, 이들에 의한 하도급자도 9천여 개 회사에 이르렀다는 사실만 보아도 그 규모의 방대함을 짐작할 수 있다. 이러한 방대한 프로젝트를 앞에 놓고 해군은 입찰자 및 하도급자의 작업 진행 상황을 수시로 파악해 미사일 개발에 박차를 가할 수 있는 관리기술 개발도 아울러 원했다. 이것을 경영자문회사에 의뢰하고 이 회사의 부즈(Edwin Booz), 앨런(Jim Allen), 그리고 해밀턴(Carl Hamilton)에 의해 PERT라는 관리기법이 탄생하게 되었다.

퍼트 차트는 [그림 8-7]과 같이 갠트 차트를 입체적으로 연결시켜 놓은 것과 같다. 좌측의 시작 지점에서 우측의 완성 지점까지 작업을 보면 A에서 H까지 8단계 작업

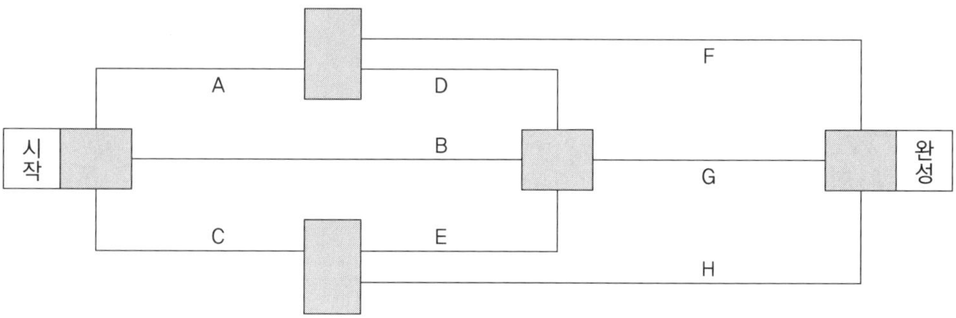

그림 8-7 퍼트 차트

이 필요하다. 이 8단계의 작업은 단계별로 보면 분업을 의미하며, 유기적으로 보면 순차적으로 연결되어 있음을 알 수 있다.

퍼트 차트에서는 동시에 시작할 수 있는 작업 단계와 선·후행으로 연결된 작업 단계를 우선 찾아내어야 한다. 작업 A와 작업 B와 작업 C는 동시에 시작할 수 있는 작업이고, 작업 D와 작업 F도 동시에 시작할 수 있는 작업이며, 작업 E와 작업 H도 동시에 시작하는 성격을 가진 작업이다. 선·후행으로 연결된 작업은 A와 D, A와 F, 그리고 B와 G와 같은 작업 단계 등이다. 동시에 시작할 수 있는 작업 단계와 선·후행으로 연결된 작업을 파악함으로써 갠트 차트에서처럼 물리적인 작업 시간과 관리 시간을 탐색할 수 있으며 시간을 통제할 수 있다.

퍼트 차트도 갠트 차트와 마찬가지로 주어진 시간에 프로젝트를 완성하도록 하기 위해 조직구성원의 시간을 통제하는 데 활용된다. 여기에 그치지 않고, 퍼트 차트는 예산을 배분하는 관리기법으로서 활용되기도 한다(Levin, Kirkpatrick, & Rubin, 1982). 퍼트 차트는 경영학이나 행정학에서 널리 활용되고 있을 뿐만 아니라, 사회복지 프로그램 관리기법으로 사용되고 있다.

3 관리과학의 발전

관리과학은 컴퓨터가 대중화되면서 더욱 큰 발전을 하게 된다. 수치를 중심으로 계량적 접근법을 활용하기 때문에 컴퓨터가 관리과학의 도구로 활용되면서 경영정보시스템(Management Information System: MIS)의 출현에 크게 영향을 미쳤다. 관리과학은 특히 의사결정 지원 시스템(Decision Support System: DSS)과 접목되어 새로운 모습으로 발전하고 있다.

4 사회복지와 관리과학

관리과학 이론은 사회복지행정에도 영향을 미쳤다. 갠트 차트와 퍼트 차트는 사회복지 프로그램 관리기법으로 널리 활용되고 있다. 사회복지 기관뿐만 아니라 행정기관에서도 특정 사회복지 프로젝트를 주어진 시간 내에 완성할 필요가 있을 경우 프로젝트 계획 단계에서부터 갠트 차트나 퍼트 차트를 활용하기도 한다. 관리과학에서도 널리 활용되는 비용편익 분석은 사회복지 정책분석과 평가에도 활용된다.

5 관리과학의 비판

관리과학은 예측 가능한 관리이론이라는 점에서 실무자들로부터도 호평을 받았지만 비판도 있다.

첫째, 관리 현상은 수치로만 분석할 수 없는 부분이 있다는 점이다. 관리 현상에 대한 계량적 접근은 만능이 아니며, 조직구성원은 수치로 예견한 대로 움직이지 않을 수도 있다는 점이 문제로 제기되었다.

둘째, 관리 현상을 수치로 예측이 가능하다고 하더라도 갑작스런 외부 환경 변화에 따라 예측이 얼마든지 빗나갈 수 있다는 점도 관리과학의 문제점으로 제기된다.

제 7 절 문화적 접근법

1 개념

현실 세계에는 틀이 있는 현실과 틀이 없는 현실이 존재한다. 앞에서 논의한 관리이론은 틀이 있는 현실을 바탕으로 형성된 관리이론이었다(Bolman & Deal, 1985). 과학적 관리론과 관리과학은 말할 것도 없고, 행태론적 접근법과 생태론적 접근법에서도 조직과 조직구성원은 어떻게 활동할 것이라는 틀을 바탕으로 관리이론이 다듬어졌다. 인간관계론에서도 인간은 제각기 개성이 다르고, 감성이 다르지만 감성에는 일정한 유형이 존재한다는 것을 전제로 관리이론이 형성되었다. 그러나 틀이 없는 현실을 전제로 관리이론을 체계화시켜 나가야 할 필요성을 느끼게 되었다. 무형의 현실을 바탕으로 형성된 관리이론이 문화적 접근법이다.

문화적 접근법의 개념을 제시하기 전에 하나의 사례를 놓고 개념에 접근하기로 한다. 조직구성원이 어느 날 아무런 이유도 없이 열심히 일하는 모습을 보였다고 가정한다. 월급날도 아니었고 기분 좋은 일도 없었는데도 그런 사실을 관찰했을 경우 유능한 관리자는 이 순간을 놓치지 않는다. 외형적으로는 설명할 사건이 아무것도 없는데 왜 그런 진지한 모습을 보이는지를 살펴본 결과 조직구성원이 어느 날 MT에 가서 모두가 하나되는 마음으로 불렀던 노래가 퍼져 나왔기 때문이라는 사실을 알았다. 그 후 관리자는 조직구성원의 사기가 떨어져 있거나 일에 실증을 느낀 듯한 모습을 보일 때마다 아무도 눈치채지 못할 수준에서 그 노래를 들려 줌으로써 사기를 앙양할 수 있다는 사실을 발견했다고 가정한다. 이것이 상징주의(symbolism)로 대표되는 문화적 접근법이다.

문화적 접근법은 조직구성원이 공감할 수 있는 상징(symbol), 의식(ritual)이나 행사(ceremony), 시나리오(scenario), 혹은 신화를 탐색하고, 그것을 조직의 효율성 향상에 활용하는 관리기법을 의미한다(Bolman & Deal, 1985). 대표적 학자는 딜과 케네디(Deal & Kennedy, 1982), 그리고 피터스와 워터맨(Peters & Waterman, 1982)이다.

2 문화적 접근법의 성과

문화적 접근법은 관리자의 사고의 틀을 바꾸는 데 기여했다. 문화적 접근법 이전의 관리이론은 조직구조(structure)와 활동(activity), 활동과 결과(outcome), 혹은 사건(event)과 결과(result)의 관계를 원인과 결과의 관계로 가정하고 있다. 특히 조직활동을 통해 소망스런 효과를 만들어내고, 조직구조를 기반으로 다양한 활동을 통합 조정하며, 각종 미팅의 결과에 따라 정책이 결정된다는 입장이었다. 그러나 [그림 8-8]과 같이 문화적 접근법은 반대의 입장을 가지고 있다. 결과가 활동을 선택하고, 미팅을 하게 되었으니 결정을 내려보자는 입장을 취하며, 구성원은 합리적 활동을 만들어내는 것이 아니라 합리적 활동이 있는 곳에 조직구성원이 몰리는 특징을 가지고 있다고 설명한다.

문화적 접근법을 활용하기 위한 관리 현장에는 활동과 결과만을 가정하지 않는다.

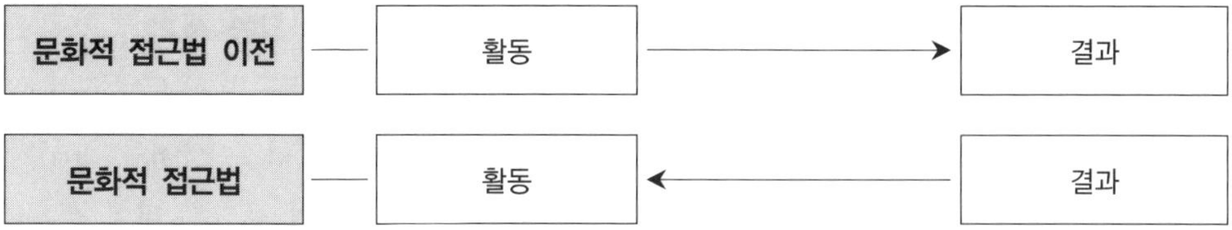

그림 8-8 활동과 결과의 관계

자료: Bolman & Deal(1985: 187).

활동과 결과를 연결하는 매개체가 신념(faith), 믿음(belief), 그리고 의미 파악(meaning)이다. 문화적 접근법이 가정하는 관리의 세 축은 상호의존적 관계를 가지고 있다. 조직활동이 결과를 만들기도 하고, 되돌려 결과에 따른 행동을 선택하도록 하기도 한다. 신념과 믿음이 활동을 만들어내기도 하고, 활동을 하다 보면 신념과 믿음이 생길 수 있다. 신념과 믿음이 결과를 만들어내기도 하고, 역으로 결과가 좋으면 신념과 믿음이 생기게도 할 수 있다. 관리자는 상호의존적인 관리의 세 축을 조정함으로써 관리의 효율성을 높일 수 있다. 이 관계를 [그림 8-9]와 같이 설명할 수 있다.

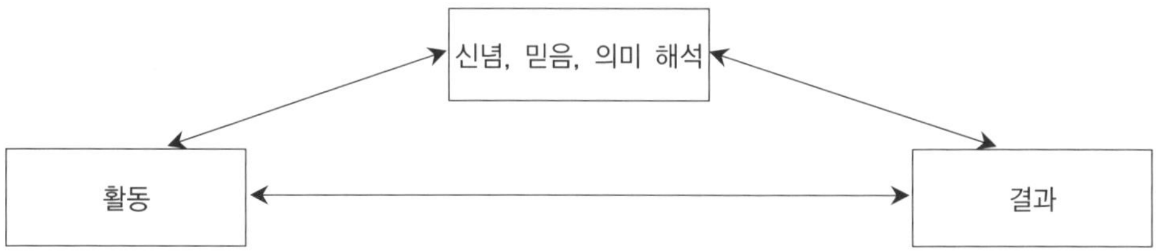

그림 8-9 문화적 접근법이 가정하는 조직생활

자료: Bolman & Deal(1985: 187).

3 문화적 접근법의 발전

문화적 접근법은 관리 현장에 많은 영향을 미쳤다. 디즈니랜드와 같은 회사는 미키마우스와 같은 절묘한 상징과 이벤트로 회사의 문화를 만들어 갔으며, 그것이 상징이 되어 세계적인 기업으로 성장하게 되었다(Peters & Waterman, 1984). 문화가 있는 조직이 한 차원 높은 효율성을 창출할 수 있다는 인식이 확산되는 계기를 맞기도 했다. 미국에서는 1980년대 후반에 접어들어 조직문화에 관한 연구가 활발하게 진행되었고, 한국에서는 1990년대 초반에 대기업은 로고를 바꾸기도 하고, 상징을 바꾸기도 하면서 문화적 접근법을 활용하기도 했다. 문화에 앞서 회사의 로고를 바꿈으로써 새로운 이미지를 구축하려고 노력하기도 했을 뿐만 아니라, 경쟁 회사와 차별성을 둘 수 있는 상징을 찾기 위해 노력한 시기가 문화적 접근법에 관심을 가지기 시작한 1990년대 초였다.

4 사회복지와 문화적 접근법

사회복지행정과 문화적 접근법은 일맥상통하는 부분이 많다. 사회복지행정이 추구하는 서비스의 내용이 휴먼 서비스로서 남다른 신념을 기초로 형성되어 있기 때문이다. 사회복지 서비스나 급여를 제공하는 조직이면 어느 곳이나 휴먼 서비스를 제공하고, 독창적인 문화를 가지고 있다는 점에서 문화적 접근법을 가장 잘 활용할 수 있는 토양이 마련되어 있다고 할 수 있다.

사회복지행정의 현장에는 다양한 이벤트와 다양한 의식(ritual)이 행해지고 있다. 클라이언트와 워커의 팀워크를 형성하기(team-building) 위한 수단으로 사용되기도 하고, 워커가 클라이언트를 치료하기 위한 수단으로 활용되기도 한다. 이러한 관점에서 본다면 문화적 접근법이라고 꼬집어서 말할 수는 없지만 문화적 접근 형태의 관리가 사회복지 관련 기관에서 이미 행해지고 있다고 할 수 있다.

5 문화적 접근법의 비판

문화적 접근법은 상징, 의식 혹은 이벤트를 관리의 도구로 활용할 수 있는 방향을 제시하고 있다는 점에서 그 성과를 인정할 수 있다. 그러나 문화적 접근법은 보조적 관리 수단일 뿐이지 관리의 주류가 되기에는 현실적으로 장벽이 많다는 점에서 비판을 받는다. 의식이나 행사는 일상생활에서 일어나는 다양한 문제를 해결하기 위한 수단이라기보다는 일회성에 그칠 가능성이 높기 때문이다. 관리는 일회성에 그치는 것이 아니라 조직과 함께 호흡하는 지속적인 성향을 가진다.

제 8 절 현대 사회와 관리이론

1 관리이론 요약

관리이론의 여섯 가지 모형에 대해 설명했다. 논의된 여섯 가지 모형은 사회복지행정에서만 배타적으로 활용되는 관리이론은 아니다. 일반 행정학에서도 적용되고, 사회복지행정에서도 활용되며, 민간기업의 관리이론으로 활용되기도 한다. 관리이론의 개념, 사회복지와의 관계, 그리고 비판에 대해 <표 8-3>에 요약표로 제시했다.

여섯 가지 관리이론은 시대적 배경과 가치관을 달리하며 발전했지만 상호연관성을 가지고 있다. 과학적 관리론과 인간관계론은 제각기 인간의 합리성과 인간의 감성을 기반으로 형성되었으며, 행태론과 생태론은 환경에 대한 배타성과 환경에 대한 수용성을 전제로 형성된 이론이다. 관리과학과 문화적 접근법은 예측가능성과 예측불가능성을 기초로 형성된 관리이론이다.

여섯 가지 관리이론은 모두 사회복지행정의 효율성 제고에 기여하고 있다. 과학적 관리론은 과학적 자선행정이라는 이름으로 사회복지 분야에서 관리의 틀을 잡는 데 기여했고, 인간관계론은 인간의 가치를 그 중심에 두고 있다는 점에서 의미를 부여할 수 있다. 행태론은 인간의 욕구를 중심으로 하는 관리이론이라는 점에서 사회복지와의 관계를 조명할 수 있고, 생태론은 사회복지의 정향이 그렇듯이 환경과의 관계를 중시한다는 점에서 그 의미를 부여할 수 있다. 관리과학은 프로그램 관리기법을 사회복지행정에 제공했다는 점에서 의미를 부여할 수 있고, 문화적 접근법은 휴먼 서비스 제공 문화를 기틀로 독특한 기관관리의 가능성을 엿보게 하는 관리이론이라고 설명할 수 있다.

여섯 가지 관리이론은 비판도 받았다. 과학적 관리론은 인간을 기계의 부품과도

표 8-3 사회복지 관리이론에 관한 요약표

관리이론	개념	사회복지와 관계	비판
과학적 관리론	근로자의 동작과 시간을 통일함으로써 생산성을 향상시킬 수 있다는 관리이론	과학적 자선(scientific charity)이라는 관리 유형 형성, 자선조직에도 생산성 개념 도입	인간을 기계처럼 취급한다는 점과 인간은 합리적 동물만은 아니라는 점에서 비판
인간 관계론	인간의 감성을 행정에 접목하려는 관리이론	인간의 가치를 그 중심에 두고 있다는 기본 정신 때문에 사회복지 현장 적용성이 우수	인간의 감성을 중시하는 이론이지만 여전히 인간을 생산성 향상의 수단으로 보는 점
행태론적 접근	조직이나 기관을 구성하는 근로자의 인간 행동을 연구함으로써 조직을 위해 일하게 하는 이론	사회복지행정에서 제공할 휴먼 서비스를 분류하는 데 직접적으로 활용	행태론적 접근법은 행정학의 과학화에 기여했으나, 가치 영역을 경시한다는 비판
생태론적 접근	환경과의 관계 속에서 행정의 역할을 탐구하는 관리방법론	환경으로부터 영향을 받아 목표 달성을 위한 산출물을 제시하는 사회복지행정 과정에 대한 정리에 기여	행정을 환경의 종속변수로 간주하고 있기 때문에 지나치게 환경에 순응적이고, 변화를 유도할 수 없다는 문제점
관리과학	과학적이며, 예측 가능한 행정을 구현하기 위한 이론과 기술이 중심이 된 관리학의 한 유형	사회복지 프로그램 관리이론을 체계화하는 데 기여	관리 현상은 수치로만 분석할 수 없으며 갑작스런 외부 환경 변화에 따라 예측이 얼마든지 빗나갈 수 있다는 점
문화적 접근	조직구성원이 공감할 수 있는 상징, 의식, 행사, 시나리오, 혹은 신화를 탐색하고, 조직의 효율성 향상에 활용하는 관리이론	사회복지조직은 휴먼 서비스를 제공하는 문화를 가지고 있다는 점에서 문화적 접근법을 가장 잘 활용할 수 있는 토양으로 인식	문화적 접근법은 보조적 관리 수단일 뿐이지 관리의 주류가 되기에는 현실적으로 장벽이 많다는 점에서 비판

같이 다룬다는 점에서 비판을 받았으며, 인간관계론은 인간의 감성을 중시하는 이론이지만 여전히 인간을 생산성 향상의 수단으로 보는 점이 비판을 받았다. 행태론적 접근법은 행정의 과학화에 기여했으나, 가치 영역을 경시한다는 비판을 받았으며, 생태론은 행정을 환경의 종속변수로 간주하고 있기 때문에 지나치게 환경에 순응적이고, 변화를 유도할 수 없다는 문제점을 지적받았다. 관리과학은 관리 현상을 수치로만 분석할 수 없으며 갑작스러운 외부 환경 변화에 따라 예측이 얼마든지 빗나갈 수 있다는 점이 문제로 지적되었고, 문화적 접근법은 보조적 관리 수단일 뿐이지 관리의 주류가 되기에는 현실적으로 장벽이 많다는 점에서 비판을 받았다.

2 관리이론과 사회복지행정

앞서 소개한 여섯 가지 관리이론은 하나하나 특성이 있다. 모두 하나의 단면을 설명하고 있을 뿐이다. [그림 8-10]과 같이 과학적 관리론은 합리적인 단면, 인간관계론은 감성적인 단면, 행태론은 조직 내부의 과학성의 단면, 생태론은 조직과 환경과의 관계라는 단면, 관리과학은 계량적인 단면, 문화적 접근법은 무형의 질적인 단면을 중심으로 관리이론을 발전시켰다. 모두가 사회복지 관리이론을 풍요롭게 하고 독자성(identity)을 찾게 하는 데 기여했다. 중요한 사실은 하나의 관리이론이 사회복지 문제 해결을 위해 만능일 수 없다는 점이다. 따라서 효과적인 관리자는 조직의 성격과 조직구성원의 성향을 분석해 어느 현장에 어떤 관리이론이 더 적합한지를 파악할 수 있어야 하며, 현장에 적합한 관리이론을 선택적으로 사용할 수 있어야 한다.

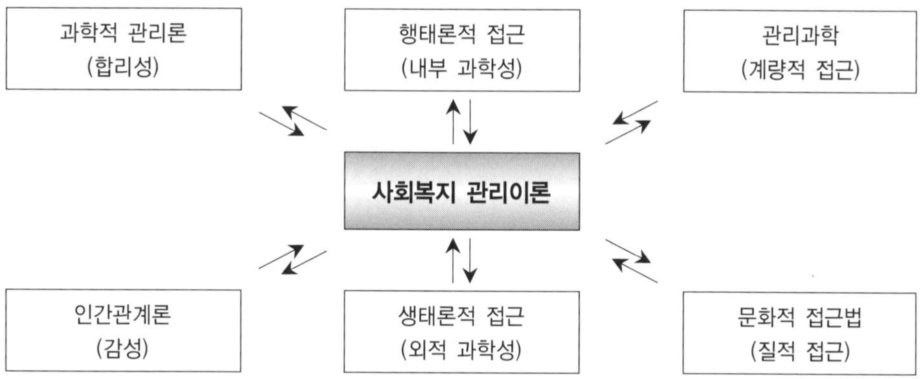

그림 8-10 일반 관리이론의 단면과 사회복지 관리이론

제 9 장

사회복지 전달 체계

제 1 절 사회복지 전달 체계의 개념

사회복지 전달 체계는 사회복지 급여나 서비스의 공급자와 수요자를 연결시켜 주는 틀을 의미한다. 공급자는 전달 체계를 통해 수요자에게 사회복지 급여나 서비스를 제공하고, 수요자는 전달 체계를 통해 원하는 급여나 서비스를 제공받는다. 65세 이상의 노인에게 제공하는 경로연금의 경우 국가와 지방자치단체가 공급자이고, 수요자는 65세 이상의 저소득 노인이다. 전달 체계는 보건복지부에서 광역자치단체와 기초자치단체를 거쳐 읍・면・동 사무소에서 노인에게 경로연금을 전달하는 경로를 의미한다.

사회복지급여나 서비스의 전달 경로는 수요자를 파악하고, 수요자가 원하는 것이 무엇인지를 파악하는 단계에서부터 시작된다. 공급자는 수요자가 원하는 급여나 서비스가 무엇인지를 파악하는 수요자 욕구조사를 실시해야 한다. 공급자는 욕구조사의 결과에 따라 정책결정을 하고 전달 경로를 통해 수요자에게 서비스를 제공한다. 수요자는 급여나 서비스를 전달받고 피드백을 공급자에게 제공하면 공급자는 수정하고 보완해 다시 전달 체계를 거쳐 수요자에게 제공하는 반복 과정을 거친다.

[그림 9-1]은 사회복지 전달 체계를 단순화시켜 표현한 도식이다. "① 공급자의 수

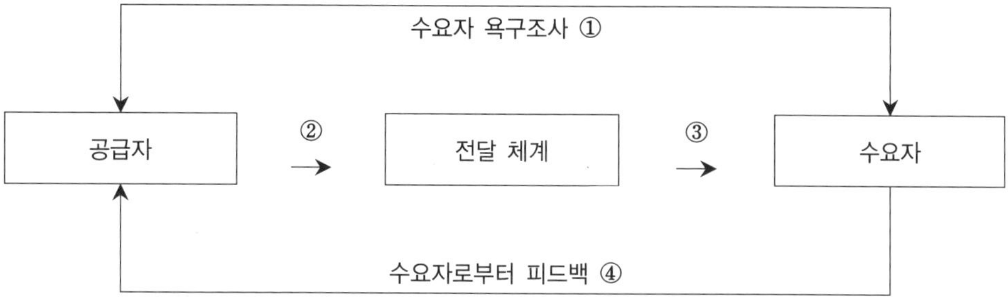

그림 9-1 사회복지 전달 체계의 모형도

요자 욕구조사 → ② 공급자에서 전달 체계로 → ③ 전달 체계에서 수요자로 → ④ 수요자의 피드백"이 공급자로 이르는 과정을 반복하면서 전달 체계의 사이클을 만들어 나가고, 전달 체계가 수정되거나 보완되기도 한다.

사회복지 전달 체계는 시장경제에서 유통구조와도 같은 개념이다. 수요자와 공급자를 잇는 전달 경로를 의미한다. 시장에서 생산자에게서 수요자에 이르는 유통구조가 복잡하면 가격이 비쌀 뿐만 아니라, 질 좋은 상품을 구매하기 어렵듯이 사회복지 전달 체계가 복잡하면 복지예산의 낭비가 심화되고, 질 높은 서비스와 급여 제공이 용이하지 않다.

사회복지 급여나 서비스의 공급자는 국가나 지방자치단체와 같은 정부기관일 수도 있고, 국민연금관리공단과 같은 공공기관일 수도 있으며, 한국복지재단과 같은 비영리법인일 수도 있고, 순수한 민간 차원의 사회복지기관일 수도 있다. 공급자는 급여나 서비스를 필요한 시민에게 제공하는 기능을 수행한다.

수요자는 사회복지 급여나 서비스를 제공받고자 하는 사람을 의미한다. 사회복지에서는 흔히 클라이언트(client)라는 말로 수요자를 지칭하고 있지만 시민도 클라이언트의 한 유형에 속한다. 사회보험처럼 클라이언트가 사회구성원 전체일 수도 있고, 공공부조처럼 빈곤층일 수도 있으며, 노인복지나 장애인복지처럼 목적에 적합한 인구계층일 수도 있다. 사회복지 수요자에게 모든 급여나 서비스를 항상 무료로 제공하는 것은 아니다. 가족치료와 같은 임상 영역에서는 요금을 내고 서비스를 받는 고객도 사회복지 수요자다. 사회복지 수요자는 이처럼 사회구성원 전체를 지칭할 경우도 있고, 본인의 비용으로 특수한 서비스만을 원하는 고객일 수도 있다.

제 2 절 사회복지 전달 체계 이론: 공공 전달 체계와 민간 전달 체계

1 공공 전달 체계 이론

1) 정부간 관계 모형

공공 전달 체계의 대표적 주체는 국가기관이다. 국가기관은 중앙정부와 지방자치단체로 크게 분류할 수 있다. 중앙집권 국가에서 지방은 지방행정기관에 불과하지만 지방자치를 실시하는 국가에서의 지방은 자치권을 가진다. 지방이 자치권을 가지면 중앙과 새로운 관계 설정이 필요하고, 관계 설정의 향방에 따라 공공 분야의 사회복지 전달 체계도 달라질 수밖에 없다. 따라서 중앙과 지방의 관계를 정부간 관계(inter-governmental relations: IGR) 이론으로 정리할 수 있다(Wright, 1988).

정부간 관계 유형은 종속형, 대립형, 그리고 파트너 모형으로 나뉜다. 종속형은 [그림 9-2]에서와 같이 중앙정부에 광역자치단체가 종속되어 있고, 다시 기초자치단체가 광역자치단체에 종속되는 형태를 취한다. 중앙정부만이 결정권이 있을 뿐 광역자치단체나 기초자치단체는 결정권이 없다. 자치권이 위축되어 지방자치단체는 중앙정부의 행정기관의 역할을 수행하는 경향이 종속형에서는 나타나고 있다.

대립형은 중앙정부와 광역단체는 대등한 관계를 유지하는 가운데 광역단체의 자치권이 뚜렷이 보장되지만 기초자치단체는 광역자치단체와 종속적인 관계를 유지하고 있어 자치권의 제한을 받는 유형을 의미한다. 대립형은 미국의 IGR을 잘 반영하고

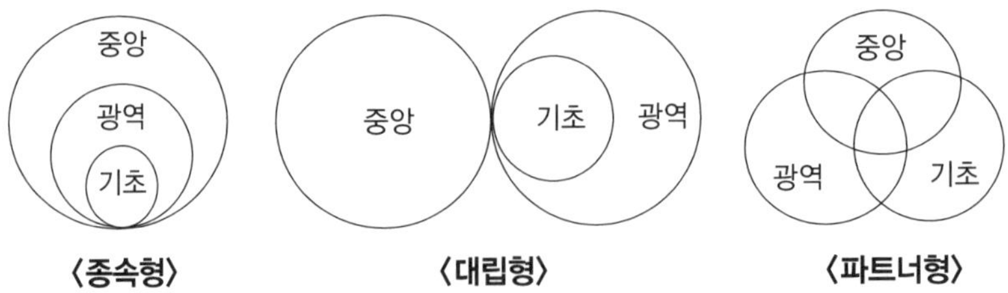

그림 9-2 정부간 관계 모형

있다. 주정부를 광역자치단체와 대응한 입장에 있는 자치단체라고 볼 때 주정부와 연방정부는 대등한 관계를 이루고 있고, 기초자치단체는 주정부의 지휘를 받는다.

파트너 모형은 중앙, 광역자치단체, 그리고 기초자치단체가 동반자적 관계를 가진 유형을 의미한다. 중앙, 광역, 그리고 기초와 같은 세 유형의 정부가 공동으로 정책에 접근하기도 하고, 두 유형의 정부가 짝을 지어 정책에 접근하기도 하지만 각각의 고유 영역도 뚜렷이 가지고 있는 정부간 관계를 의미한다. 파트너 모형에서 광역과 기초자치단체의 자치권이 보장될 뿐만 아니라, 세 유형을 정부는 동반자적 관계를 가지게 된다. 정부간 관계만으로 볼 때 이상적인 유형이 파트너 모형이다.

2) 정부간 관계 모형에 따른 전달 체계

정부간 관계 모형에 따라 사회복지 전달 체계도 달라진다. [그림 9-3]에서와 같이 종속형은 중앙에서 결정된 사회복지 급여나 서비스가 광역자치단체를 경유해 기초자치단체에 내려가고, 기초자치단체에서는 사회복지 대상자에게 전달되는 경로를 가지게 된다. 광역자치단체나 기초자치단체는 자치권이 최소화되어 있는 것이 특징이다.

대립형은 [그림 9-3]에서와 같이 중앙정부와 광역자치단체가 독자적으로 시민에게 사회복지 급여나 서비스를 제공한다. 중앙정부는 직접 사회복지 대상자에게 급여나 서비스를 제공하고, 광역자치단체는 중앙정부와 무관한 상태에서 사회복지정책을 결

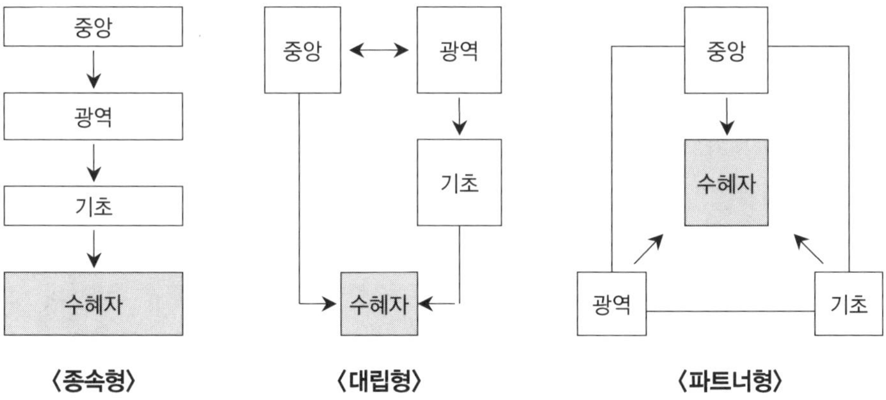

그림 9-3 정부간 모형에 따른 전달 체계

정하며, 제공하기로 결정한 급여나 서비스를 사회복지 대상자에게 제공한다. 중앙정부와 광역단체가 대립적인 관계를 유지할 수 있지만, 사안에 따라서는 상호보완성을 유지하기도 한다. 대립적인 경우에는 중앙정부와 광역단체가 같은 내용의 급여나 서비스를 사회복지 대상자에게 중복으로 제공할 수가 있다. 보완적인 경우에는 중앙정부가 제공하는 급여나 서비스가 미흡하면 광역자치단체는 지역의 사회경제적 특성을 고려해 보충적 급여나 서비스를 제공한다. 기초자치단체는 광역자치단체의 행정기관으로서 역할을 수행할 뿐 특별한 독자적인 자치 기능은 없다.

파트너형은 중앙정부, 광역자치단체, 그리고 기초자치단체가 독자적으로 사회복지 대상자에게 서비스를 제공한다. 독자적으로 급여나 서비스를 제공하지만 파트너로서 협의 체계를 유지한다. 협의 체계가 유지되면 제공되어야 할 서비스의 공백이 최소화될 뿐만 아니라, 중복 급여가 최소화된다. 협의 체계에 이상이 생기면 중복 급여나 서비스 공백이 발생된다. 파트너형에 의하면 중앙정부는 일관성 있게 시민에게 사회복지급여나 서비스를 제공할 수 있고, 자치단체는 지역경제적 여건을 고려해 지역 특성에 맞춰 사회복지급여와 서비스를 제공할 수 있다. 파트너형은 경쟁과 협조를 동시에 이끌어낼 수 있는 모형이다.

2 민간 전달 체계 이론

사회복지의 급여와 서비스는 대체로 공공재로서 성격을 가지고 있다. 사회구성원이 공동으로 누리는 재화이기 때문에 시장 원리에 따라 제공되는 사적 재화와 다르다. 그러나 사회복지 재화라고 하더라도 시장 원리에 따라 사적 재화처럼 제공되는 경우도 있다. 재화를 원하는 사람이 시장에서 스스로의 선택에 따라 가격을 지불하고 구매하기도 한다.

순수한 시장 원리에 따라 사회복지 재화를 구매할 수도 있지만 공공재로서의 성격을 감안해 정부에서 시장에 개입할 수 있는 여지를 남겨놓고 있다. 민간 전달 체계를 통해 제공되는 대부분의 사회복지 재화는 이 경로를 활용하고 있다. 사회복지법인이나 사단법인과 같은 비영리법인만이 특정의 사회복지 재화를 공급할 수 있도록 규제하고 있는 경우를 사례로 제시할 수 있다. 이 경우에는 순수한 시장 원리가 작용하지 않고 정부 개입에 의해 민간 전달 체계가 수정된다.

1) 순수시장 원리에 의한 민간 전달 체계

순수한 의미에서 민간 전달 체계는 시장 원리에 사회복지 재화의 공급을 맡기는 것이다. 수요자의 자유 선택에 의해 수요자의 비용으로 서비스를 전달받도록 하는 시스템을 의미한다. 공급자로서의 사회복지사가 시장 요금을 적용해 사회복지 서비스를 원하는 고객에게 제공하는 경우가 여기에 해당된다.

[그림 9-4]와 같이 공급자는 제공하고자 하는 재화를 시장에 내놓고, 수요자는 시장가격에 따라 사회복지 재화를 구매한다. 미국에서처럼 의료보험을 민간보험회사에서 구매할 경우 사적 재화라고 볼 수 있고, 한국에서 자신의 비용으로 실버타운에 입주할 경우 그것 역시 사적 재화다. 상담 클리닉에서 임상사회복지사로부터 상담 서비스를 받는 경우 역시 사적 재화로서의 성격을 가진다. 이 경우에는 대체로 순수 시장 원리에 의해 사회복지 전달 체계가 형성된다.

그림 9-4 순수 시장 원리에 의한 민간 전달 체계

2) 정부의 시장 개입에 의한 민간 전달 체계

사회복지급여나 서비스는 공공재로서 성격을 가지고 있기 때문에 시장 원리에 따라 재화를 공급하게 하더라도 정부의 개입이 필요한 경우가 많이 있다. 자격 있는 자만이 재화나 서비스의 공급을 할 수 있도록 하는 시장진입 규제가 민간 전달 체계에 대한 정부 개입 유형이다. 미국처럼 임상 사회복지사 자격이 있는 경우에 한해 상담 클리닉을 열어 상담 서비스를 제공하도록 하는 경우가 여기에 속하고, 사회복지법인만이 사회복지기관이나 사회복지시설을 운영할 수 있도록 하는 경우도 여기에 속한다.

[그림 9-5]와 같이 정부는 공급자의 자격에 관해 규제를 실시함으로써 ①과 같이

공급자를 제한하고, ②와 같이 제한된 공급자만이 시장에서 사회복지 재화를 제공할 수 있도록 한다. 정부는 ③과 같이 시장에 대한 감시와 감독을 실시함으로써 사회복지 재화의 질을 통제한다. 이러한 메커니즘을 거쳐 ④와 같이 사회복지 재화가 수요자에게 전달된다.

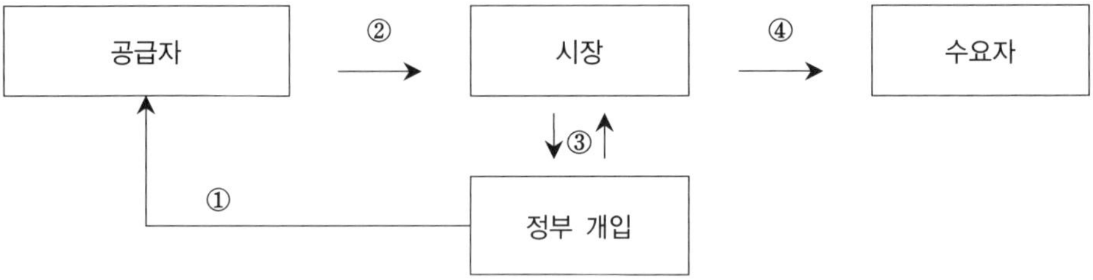

그림 9-5 정부의 시장 개입에 의한 민간 전달 체계

3 혼합이론

사회복지는 공공 전달 체계에만 의존할 수도 없고, 민간 전달 체계에만 의존할 수도 없다. 공공 전달 체계와 민간 전달 체계가 상호 보완 관계를 유지할 때 좀 더 질 높은 서비스를 제공할 수 있고, 급여 효과를 제고할 수 있다.

사회복지 대상자는 대체로 하나의 문제를 가지고 있지 않고 다양한 문제가 복합적으로 연결되어 있다. 빈곤층의 경우를 보더라도 빈곤문제만 있는 것이 아니라, 질병문제도 가지고 있고, 가장의 음주문제도 동시에 있는 경우가 많다는 의미다(허만형, 1999). 따라서 사회복지 대상자의 다양한 측면을 동시에 고려할 수 있어야 하고, 공급 주체도 하나의 기관이 아니라 여러 기관에서 동시에 문제 해결을 시도해야 사회복지 서비스의 효과를 높일 수 있다.

공공 전달 주체와 민간 전달 주체가 사회복지 대상자에게 동시에 접근할 수 있는 사회복지 메커니즘이 확보되면 이 문제를 해결할 수 있다. [그림 9-6]은 공공 영역과 민간 영역이 사회복지 대상자에게 접근할 수 있는 다양한 메커니즘의 존재를 도식화한 내용이다. 공공 전달 주체로서 국가, 지방자치단체, 국민연금공단 등과 같은 기관이 존재하고, 민간 전달 주체로서 사회복지법인, 사회복지기관, 사회복지시설 등이

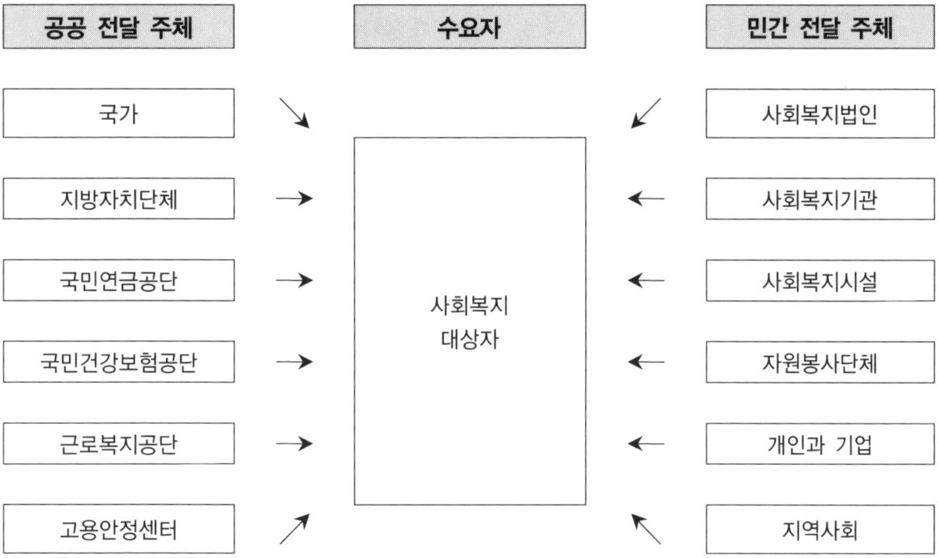

그림 9-6 공공 전달 주체와 민간 전달 주체

존재한다.

제 3 절 사회복지 전달 체계 이론: 기관 중심의 전달 체계와 지역사회 중심의 전달 체계

사회복지 전달 체계는 기관 중심의 전달 체계(institution-based service delivery system)와 지역사회 중심(community-based service delivery system)의 전달 체계로 나눠 설명할 수도 있다. 사회복지 기관이 중심이 되어 주민에게 사회복지 재화를 전달하는 시스템과 지역사회 자체가 중심이 되어 사회복지 재화를 전달하는 시스템은 그 대상이 지역사회 주민이기 때문에 같은 범주에 포함시켜 논의하기로 한다.

1 기관 중심의 전달 체계

기관 중심의 전달 체계는 사회복지기관이 공급 주체가 되어 사회복지 재화를 지역

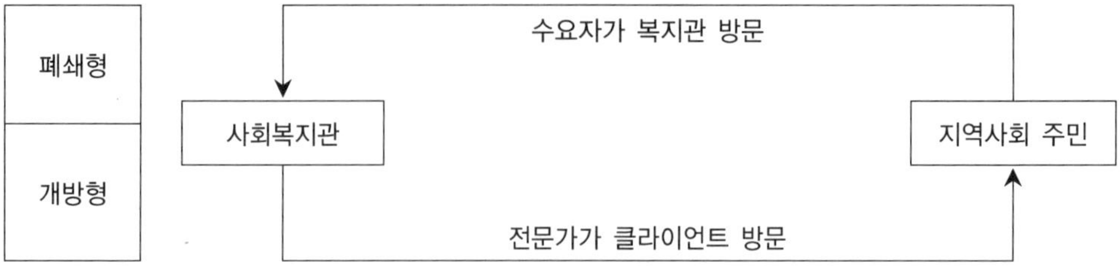

그림 9-7 기관 중심의 전달 체계

사회 주민에게 제공하는 시스템을 의미한다. 지역사회에서 운영되고 있는 사회복지관이 기관 중심의 전달 체계의 중심에 있다. 현재 전국에 걸쳐 사회복지관이 운영되고 있고, 사회복지관에서는 지역사회 주민들이 활용할 수 있는 다양한 프로그램이 개발되어 있다.

기관 중심의 전달 체계는 개방형과 폐쇄형으로 나뉜다. [그림 9-7]과 같이 폐쇄형은 기관은 그 자리에 있고, 지역사회 주민이 기관을 방문해 다양한 서비스를 제공받는 전달 경로를 의미한다. 개방형은 기관에 근무하는 사회복지 전문가가 기관의 문을 열고 나선다. 전문가가 지역에 거주하는 클라이언트를 방문해 서비스를 제공하는 유형을 의미한다.

사회복지관은 대체로 개방형과 폐쇄형을 동시에 운영하고 있다. 지역사회 주민이 방문해 서비스를 받아가는 경우도 있고, 거동이 불편한 클라이언트의 경우에는 사회복지사가 방문해 서비스를 제공하기도 한다.

2 지역사회 중심의 전달 체계

지역사회 중심의 전달 체계(community-based service delivery system)는 지역사회가 중심이 되어 사회복지 재화를 제공하는 시스템이다. 지역사회는 사회복지 서비스의 공급 주체로서 역할을 하기도 하고, 수요 주체로서 역할을 하기도 한다. 지역사회 중심의 전달 체계는 지역사회가 서비스 전달 주체가 되어 지역사회에 거주하는 다른 주민에게 사회복지 서비스를 제공하는 전달 시스템을 의미한다.

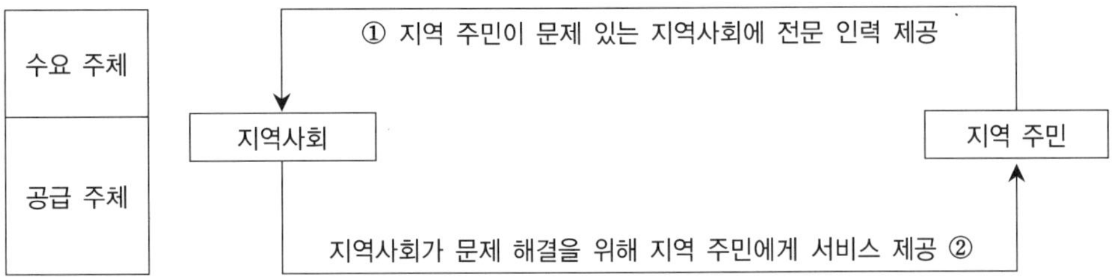

그림 9-8 지역 중심의 전달 체계

지역사회는 [그림 9-8]과 같이 해결해야 할 문제를 가지고 있는 동시에 문제를 해결할 수 있는 자원도 가지고 있다. 지역사회가 문제가 있을 경우 지역사회에 거주하는 주민으로부터 문제 해결 능력을 갖춘 전문 인력을 제공받는다. 지역사회는 전문 인력을 활용해 문제가 있는 지역 주민의 문제를 해결함으로써 해결 능력을 갖춘 지역사회(competent community)로 만들어 나간다(Fellin, 1987).

3 기관 중심의 전달 체계와 지역사회 중심의 전달 체계 비교

기관 중심의 전달 체계와 지역사회 중심의 전달 체계는 상이한 점이 많이 있다. 기관 중심의 전달 체계에서는 기관에 의해 서비스의 종류가 결정된다는 점에서 공급자 중심의 서비스(supply-generated)가 제공되지만 지역사회 중심의 전달 체계에서는 문제를 가지고 있는 지역 주민에 의해 수요가 창출되고 그 수요에 의해 서비스가 제공된다는 점에서 수요자 중심(needs-generated)이라는 특성을 가진다.

서비스 제공 주체에서도 차이가 있다. 기관 중심의 시스템에서는 서비스를 받고자 하는 사람과 서비스를 제공하고자 하는 사람이 별개로 존재하기 때문에 외부인(outsider)에 의해 서비스가 제공된다고 볼 수 있다. 그러나 지역사회 중심의 시스템에서는 서비스를 받고자 하는 사람과 서비스를 제공하고자 하는 사람 모두 지역사회의 일원이기 때문에 참여에 의해 서비스가 제공된다고 말할 수 있다.

서비스 제공 창구에 관해서도 차이가 난다. 기관 중심의 전달 체계는 단일 창구를 활용한다. 기관에 방문하든지 사회복지사의 가정 방문을 통해 서비스를 제공하든지

기관이라는 단일 창구를 활용할 수밖에 없다. 지역사회 중심의 전달 체계에서는 지역사회 자체가 닫혀 있는 공간이 아니고 열려 있는 공간이기 때문에 다양한 지역사회의 자원을 활용해 서비스를 제공받을 수 있다. 따라서 서비스를 받고자 하는 창구가 복수일 수밖에 없고, 서비스를 받기 위한 접근법도 다양하다.

두 전달 체계는 서비스 제공 방식에서도 차이가 난다. 기관 중심의 전달 체계에서는 기관을 방문하도록 하거나, 사회복지사가 클라이언트를 방문해 서비스를 제공하지만 기관의 테두리를 벗어나서 서비스를 제공할 수가 없다. 지역사회 중심의 전달 체계는 다르다. 기관이 아니라 지역사회 그 자체가 서비스 제공 창구이기 때문에 여러 갈래로 열려 있는 문을 통해 서비스를 제공받을 수 있다.

지역사회와의 연계에 관해서도 두 전달 체계는 차이가 있다. 기관은 지역사회에서 활동하면서 지역사회의 자원을 활용할 수는 있으나 원칙적으로 지역사회와 단절되어 있다. 그러나 지역사회 중심의 전달 체계는 지역사회가 서비스 공급 주체이자 수요자이기 때문에 지역사회와의 관계 속에서 서비스가 제공된다는 특성을 가진다. 따라서 기관 중심의 전달 체계는 성격상 폐쇄형(closed system)을 가지고 있고, 지역사회 중심의 전달 체계는 개방형(open system)을 가지고 있다. 전달 체계가 폐쇄형을 유지하고 있으면 전달 과정에서의 통합 조정(coordination)이 중요한 관리 도구로 활용되

표 9-1 기관 중심의 전달 체계와 지역사회 중심의 전달 체계 비교

항목	기관 중심의 전달 체계	지역사회 중심의 전달 체계
서비스 창출 주체	공급자 중심(supply-generated)의 서비스 창출	수요자 중심(needs-generated)의 서비스 창출
서비스 제공 주체	외부인에 의해 수동적으로 서비스 제공	참여에 의한 서비스 제공
서비스 제공 창구	단일 창구 중심의 서비스 제공	복수 창구에 의한 서비스 제공
서비스 제공 방식	기관에서 제공하거나 전문가의 방문으로 서비스 제공	지역사회에서 서비스 제공을 시작해 복수 서비스 제공으로 발전
지역사회와 연계	지역사회 발전과 관련된 다른 프로그램과 단절	지역 사회 발전과 관련된 다른 프로그램과 연계

자료: Disability Action Groups(http://dag.virtualave.net/).

고, 개방형을 유지하고 있으면 전달 과정에서의 시민 참여(citizen participation)가 중요한 관리 도구다(Gilbert & Terrell, 1998: 171).

현재 국정관리 패러다임이 구조 중심의 정부보다는 좀 더 유연한 관리 중심의 거버넌스(governance) 방식으로 전환(Kettl, 1993)됨에 따라 전달 체계도 개방형이 더 주목을 받게 된다.

제 4 절 사회복지 전달 체계 이론: 사회복지 영역에 따른 전달 체계

사회복지급여나 서비스의 영역에 따라 전달 체계가 다르다. 공급 주체가 다르고 수요자도 다르기 때문이다. 사회복지는 공공부조, 사회보험, 그리고 사회복지 서비스로 나눌 수 있으며, 이 세 영역의 전달 체계에 대해 설명하기로 한다.

1 공공부조의 전달 체계

공공부조는 빈곤층에 제공되는 현금(cash) 혹은 현물(in-kind) 급여를 의미한다. 국가의 일반회계 예산에 의해 예산 규모가 결정되기 때문에 국가사업이라고 할 수 있다. 공공부조의 전달 체계는 국가에서 사회복지 대상자에게 전달된다는 특성을 가진다.

공공부조 전달 체계는 [그림 9-9]와 같이 국가에서 여러 단계의 정부기관을 거쳐 빈곤층에게 사회복지급여와 서비스를 전달하는 경로를 의미한다. 공공부조를 받은 빈곤층으로부터 다양한 정책 효과를 분석한 후에 다시 전달하는 과정을 반복한다.

그림 9-9 공공부조 전달 체계

2 사회보험의 전달 체계

사회보험의 전달 체계는 사회보험의 보험자와 피보험자의 관계를 통해 사회보험 급여가 전달된다. 사회보험의 보험자는 정부기관일 수도 있고, 사회보험을 관리하기 위해 설립한 법인체일 수도 있다. 민간기업이 사회보험의 주체인 경우 민간기업이 보험자 역할을 한다.

[그림 9-10]과 같이 보험자는 피보험자인 시민으로부터 보험료를 납부받아 기금화하고 노령, 실업, 산업재해, 그리고 질병과 같은 사회적 사고가 발생하면 집행기관을 거쳐 피보험자에게 급여를 제공한다. 피보험자인 시민은 보험료와 급여에 대한 평가 내용을 다양한 경로를 통해 보험자에게 전달하면 좀 더 개선된 프로그램을 다시 내놓으면서 효과를 최대화시킨다.

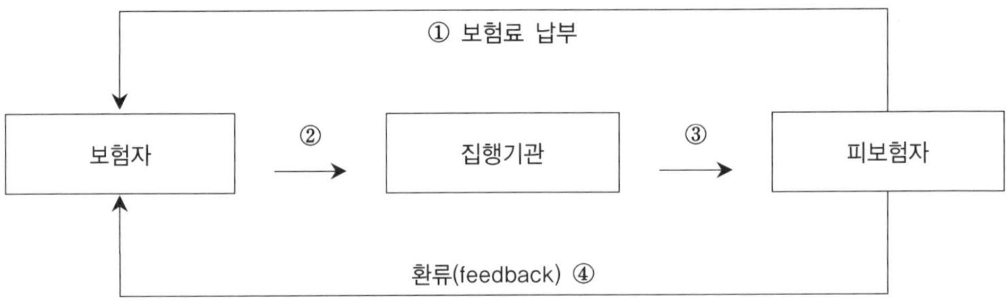

그림 9-10 사회보험 전달 체계

3 사회복지 서비스의 전달 체계

사회복지 서비스의 전달 주체는 지방자치단체와 같은 정부기관과 민간단체로 구분해 설명할 수 있다. 지방자치단체가 주체가 되어 사회복지 서비스를 전달하는 경우에는 [그림 9-11]과 같이 두 개의 전달 경로를 가정할 수 있다. 제1경로는 지방자치단체가 직접 주민에게 다양한 서비스를 제공하는 경우이고, 제2경로는 지방자치단체가 경로당이나 사회복지기관을 지원하고, 기관에서는 그 지원금으로 지역 주민에게 사

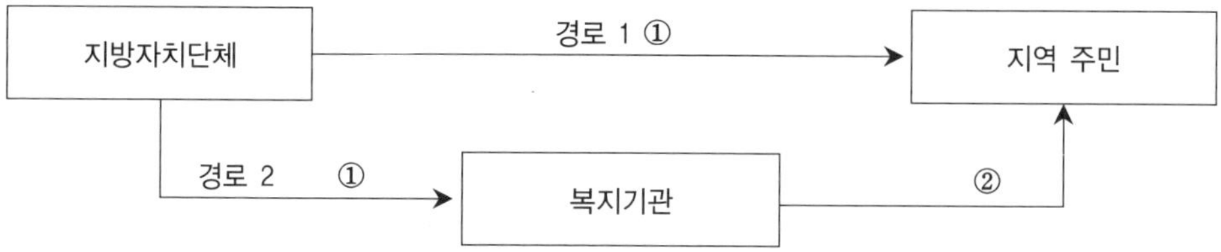

그림 9-11 공공기관이 주체일 경우 사회복지 서비스의 전달 경로

회복지 서비스를 제공하는 경우다. 대체로 두 가지 전달 과정 모두를 활용하고 있다.

사회복지 서비스는 사회복지를 목적으로 형성된 민간 네트워크가 주체가 되어 서비스를 제공하는 경우가 많이 있다. IT 기술의 발전으로 인터넷이 급속히 확산되는 추세를 반영하듯 사회복지 민간 네트워크는 국경을 초월해 활발하게 조직되고 있고 활발하게 활동도 하고 있다. 노인복지 분야에서 실버넷(www.silvernet.ne.kr)이 하나의 사례이고, 빈곤 아동을 위한 국제단체로서 'Free the Children'이라는 민간단체도 사회복지 네트워크의 하나이며, 유엔 산하에 있는 유니펨(UNIFEM: United Nations Development Funds for Women)도 여성복지 네트워트(www.unifem.-undp.org)의 하나다.

사회복지 네트워크가 주체일 경우에도 [그림 9-12]와 같이 두 개의 전달 경로를 가정할 수 있다. 제1경로는 사회복지 네트워크가 직접 주민에게 다양한 서비스를 제공하는 경우이고, 제2경로는 사회복지 네트워크가 사회복지기관을 지원하고, 기관에서는 그 지원금으로 지역 주민에게 사회복지 서비스를 제공하는 경우다. 대체로 두 가지 전달 과정 모두를 활용하고 있다.

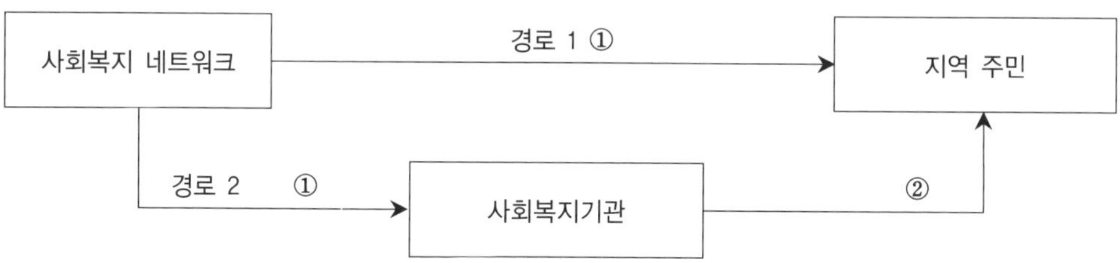

그림 9-12 사회복지 네트워크가 주체일 경우 사회복지 서비스의 전달 경로

제 5 절 한국의 사회복지 전달 체계

1 국민기초생활보장 급여 전달 체계

국민기초생활보장은 대표적인 공공부조 프로그램으로서 최저 생계 수준 이하의 삶을 살아가는 빈곤층에게 생활보장과 자활지원을 그 내용으로 하고 있다. <표 9-2>에서와 같이 생활보장은 현금이나 현물급여를 제공함으로써 생계비를 지원하는 사업이다. 생계급여, 주거급여, 교육급여, 의료급여, 해산 · 장제급여가 제공된다. 자활지원사업은 경제적으로 자립을 할 수 있도록 지원하는 사업이다. 자활후견기관 지원, 자활근로사업 지원, 생활보장기금 출연, 지역봉사, 재활 프로그램, 협회 지원, 자활사업 활성화, 자활사업 실태조사, 그리고 생업자금 융자사업 등의 명목으로 집행된다.

기초생활보장 사업을 담당하는 주무부처는 보건복지부다. 정책을 결정하고, 예산을 편성하며, 사업을 감독하는 역할을 한다. 기초생활보장 사업에 관한 한 보건복지부는 집행 기능까지 수행하지 못하고 있다. 집행은 행정안전부가 담당하고 있기 때문이다. 집행 기능은 [그림 9-13]에서와 같이 행정안전부의 하부조직인 광역자치단체 → 기초자치단체 → 읍 · 면 · 동을 거쳐 빈곤층에 전달된다. 현행 전달 체계는 정책 기능과 집행 기능의 이원화뿐만 아니라, 전달 단계가 많아 제때에 필요한 서비스를 원하는 고객에게 전달하지 못하는 적시성(timeliness) 문제가 제기되어 왔다.

표 9-2 기초생활보장 프로그램의 내용과 종류

프로그램	내용	종류
생활보장	현금이나 현물급여를 제공함으로써 생계비를 지원하는 사업	생계급여, 주거급여, 교육급여, 의료급여, 해산 · 장제급여
자활지원	경제적으로 자립을 할 수 있도록 지원하는 사업	자활후견기관 지원, 자활근로사업 지원, 생활보장기금 출연, 지역봉사, 재활 프로그램, 협회 지원, 자활사업 활성화, 자활사업 실태조사, 생업자금 융자사업

자료: 보건복지부, 2003, 보건복지부 주요 업무 참고자료(완결판), 34.

보건복지부는 공공부조 전달 체계 문제를 해결하기 위해 시범사업을 실시하고 있다. 기초자치단체인 시·군·구에 보건소를 개편해 보건복지사무소를 설치하고, 읍·면·동사무소를 주민복지센터로 전환함으로써 전달 단계를 줄일 수 있을 뿐만 아니라, 보건복지부가 정책 기능과 집행 기능을 동시에 수행할 수 있다. 시범사업을 확정해 전국으로 확대 실시하면 [그림 9-13]에서와 같이 국민기초생활 급여는 보건복지부 → 보건복지사무소 → 주민복지센터를 거쳐 빈곤층에 전달된다.

기초생활보장 제도는 예정 수급자의 급여 신청에서 보장 중지까지 [그림 9-14]와 같이 6단계를 거쳐 실시된다. 이 과정에서 광역자치단체는 개입되지 않고 단지 전달자 기능만 수행한다. 집행 과정의 주요 참여자는 시·군·구와 읍·면·동 사회복지사, 그리고 수급권자다.

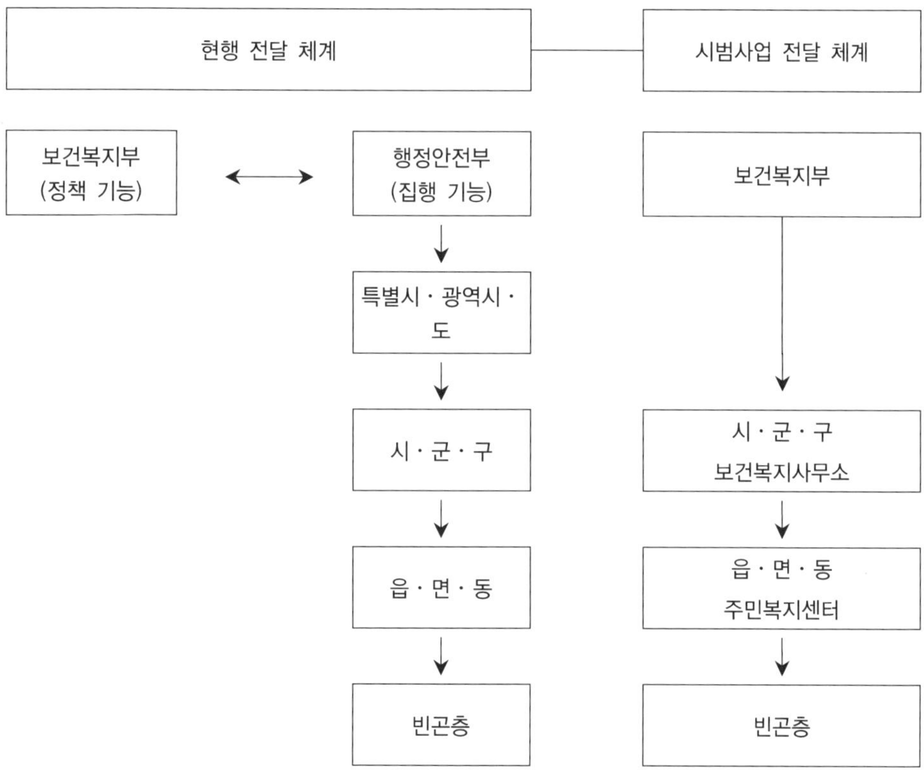

그림 9-13 국민기초생활보장 전달 체계

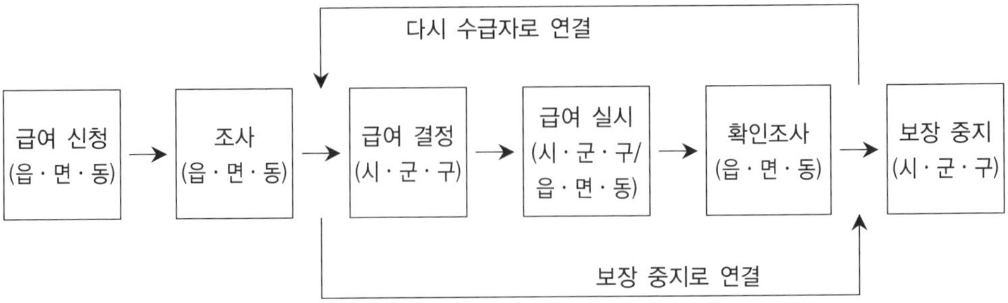

그림 9-14 기초생활보장 절차

급여 신청은 수급권자 본인, 친족 및 기타 관계인이 신청할 수도 있고, 사회복지 전담공무원이 직권으로 신청할 수도 있으며, 민간사회 복지사도 신청할 수 있다. 신청기관은 거주지의 읍 · 면 · 동 사무소다.

조사는 읍 · 면 · 동 사무소의 사회복지 전담 공무원이 중심이 되어 실시한다. 수급권자만을 대상으로 하지 않고 부양 의무자의 소득이나 재산에 대해서도 조사한다. 수급권자의 건강 상태와 가구 특성도 조사하며, 근로 능력, 취업 상태, 자활 욕구 등 자활 지원계획 수립에 필요한 사항도 조사 단계에서 파악하도록 되어 있다.

급여 결정은 읍 · 면 · 동의 상급 기관인 시 · 군 · 구에서 실시한다. 조사 결과에 의거해 급여 실시 여부와 급여 내용을 결정한다. 급여 내용은 서면으로 통지하며, 급여 내용에 대해 이의가 있으면 통지를 받은 날로부터 60일 이내에 이의신청을 할 수 있다.

급여 실시는 수급자로 선정된 가구 또는 개인에 대해 결정된 급여를 제공하는 단계를 의미한다. 생계급여, 주거급여, 교육급여, 해산급여, 장제급여, 그리고 의료급여를 제공한다. 현금급여에 대해서는 시 · 군 · 구에서 계좌로 수급자에게 입금 처리하는 방식을 취하고 있다.

확인조사는 읍 · 면 · 동에 근무하는 사회복지 전담 공무원이 매년 1회 이상 실시한다. 수급자 또는 부양 의무자의 소득이나 재산이 변동 사항이 있는지에 대해 조사를 실시하며, 보건복지부 장관이 정하는 사항에 대해서는 분기별로 조사를 실시한다. 확인조사 결과에 따라 변동 사항이 있을 경우에는 급여 변경이나 급여 중지 등이 결정된다. 변동이 없을 경우에는 다시 수급자로 연결된다.

확인조사 결과 수급자나 부양 의무자의 소득이나 재산이 선정 기준을 초과하는 경우에 급여가 중지된다. 부정 수급자에 대해서는 보장비용 징수 기준에 의거해 보장비용이 징수된다. 보장 중지에 대해서는 시·군·구에서 결정한다.

이상에서 살펴본 바와 같이 기초생활보장 절차와 같은 세부 사항을 두고 보아도 전달 체계의 중심적 역할을 수행하는 기관은 시·군·구와 읍·면·동이다. 그렇지만 현재는 보건복지부에서 정책이 결정되면 행정안전부에서 집행 기능을 담당하고, 행정안전부는 광역자치단체를 경유해 시·군·구에 전달하고, 시·군·구는 읍·면·동과의 업무 협조를 통해 급여를 신청하고, 급여를 제공하며, 급여를 중지하는 역할을 한다.

2 국민연금 전달 체계

국민연금은 사회보험이다. 사회성을 가진 보험이기에 사회안전망 기능을 수행하며, 보험으로서 기능을 가지고 있기 때문에 미래를 위한 금융상품으로서 성격도 가지고 있다. 가입자인 국민이 노령, 폐질 또는 사망으로 근로 능력이 상실 또는 감퇴된 경우 본인이나 그 유족에게 일정액의 연금을 지급함으로써 안정된 생활을 할 수 있도록 국가가 운영하는 장기적인 소득보장 제도로 건강보험 제도와 함께 우리나라 사회보장 제도의 양대 지주다.

국민연금은 연금사업과 기금사업으로 나뉜다. 연금사업은 피보험자에게 보험료를 징수해 연금을 지급하는 사업을 의미하며, 기금사업은 기금증식사업을 실시함으로써 얻어지는 수익으로 노인요양시설을 설치하고 운영하는 사업을 의미한다.

국민연금의 정책 주체는 보건복지부다. 보건복지부의 연금보험국이 연금 제도의 운영과 국민연금관리공단의 감독에 관한 제반 정책을 결정하는 역할을 한다. 국민연금 전달 체계는 [그림 9-15]와 같이 정책 주체인 보건복지부의 연금보험국에서 시작된다. 연금관리공단은 국민연금 가입자로부터 보험료를 납부받아 노령으로 소득이 중단되는 시기에 국민연금을 지급한다. 이것이 연금사업 전달 체계로서 ① → ② → ③ 과정이 반복되면서 연금사업이 실시된다. 국민연금은 기금사업도 실시하고 있다. 일반 국민으로부터 보험료를 납부받아 기금을 마련하고, 그 기금의 증식사업을 실시해 노인복지 시설을 설치해 운영하기도 하고, 요양시설을 설치해 운영하는 복지사업을

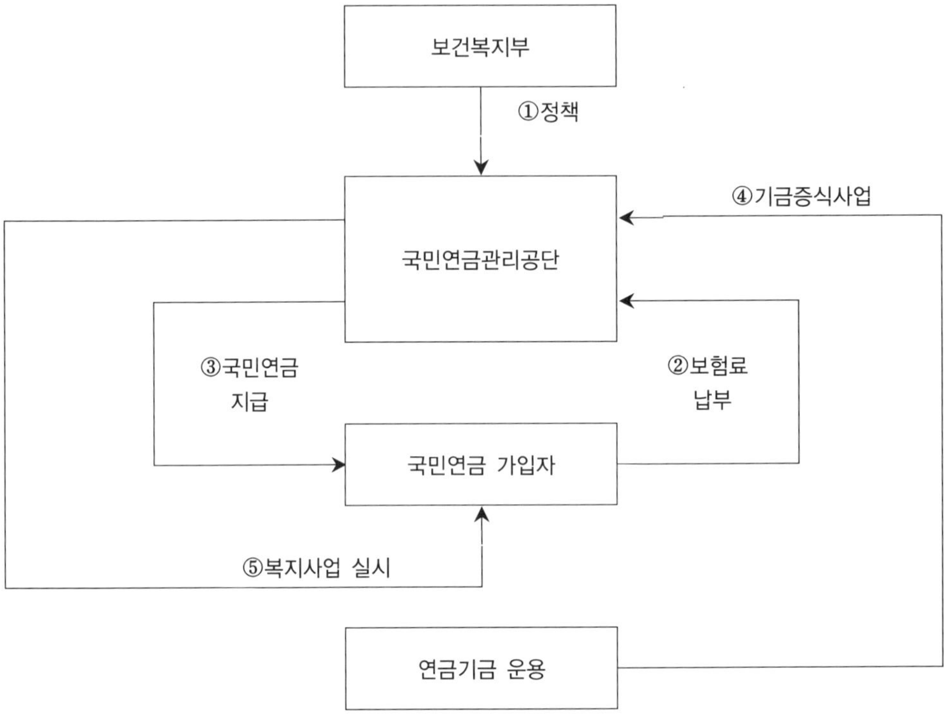

그림 9-15 국민연금 전달 체계

실시한다. 이것이 기금사업 전달 체계로서 ④ → ⑤ 과정이 반복되면서 기금사업이 실시된다.

3 장애인복지 전달 체계

사회복지 서비스에는 노인복지, 아동복지, 여성복지, 그리고 장애인복지가 있다. 장애인복지는 다른 사회복지 서비스 영역과는 달리 장애인 판정이라는 과정이 있기 때문에 사회복지 전달 체계의 이해의 폭을 넓히는 관점에서 장애인복지의 공공 전달 체계에 대해 논의하기로 한다.

장애인복지 전달 체계는 보건복지부의 장애인 등록에 관한 정책에서부터 시작된

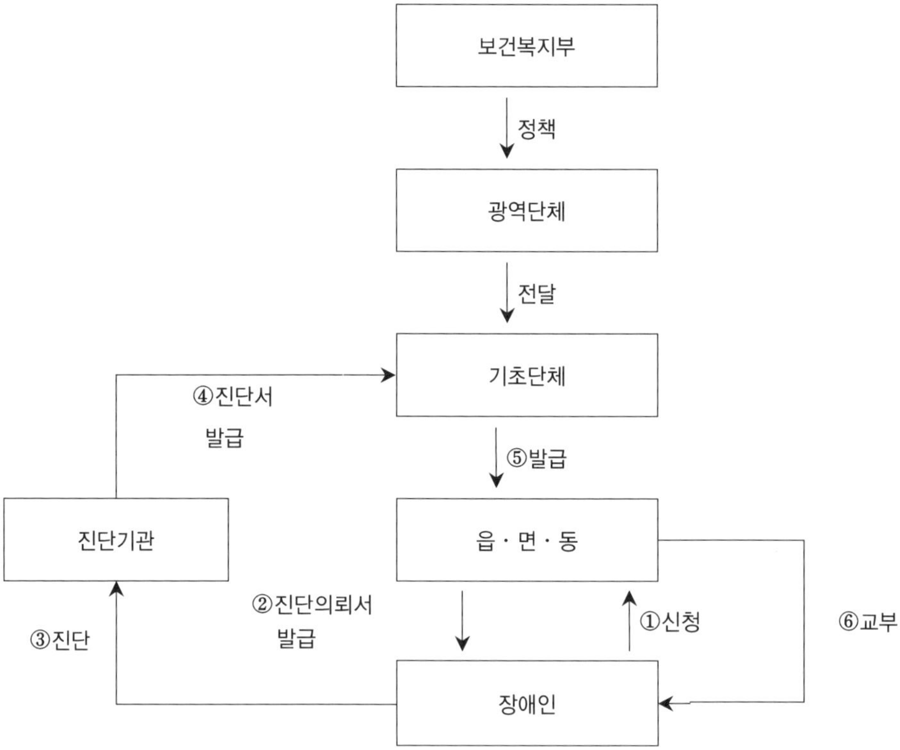

그림 9-16 장애인복지 전달 체계

다. 광역자치단체를 거쳐 시 · 군 · 구로 전달된다. 시 · 군 · 구에서는 장애인 등록을 홍보하게 하고 장애인 등록을 원하는 장애인은 신청을 한다. 구체적으로 [그림 9-16]과 같이 ① 장애인이 읍 · 면 · 동 · 사무소에 신청, ② 진단 의뢰서 발급, ③ 의료기관에서의 진단, ④ 의료기관에서 시 · 군 · 구로 진단서 발급, ⑤ 시 · 군 · 구의 장애인등록증 발급, 그리고 ⑥ 읍 · 면 · 동사무소에서 장애인에게 등록증 교부로 신청절차는 마무리된다.

생활이 어려운 장애인에게 교육비를 지원하는 프로그램이 있다. 지원 내용은 중학교 3학년 재학생의 수업료 전액, 고등학교 입학생과 재학생의 입학금과 수업료 전액이며, 지원 대상은 장애 등급 1급~3급 중·고교 재학생, 또는 1급~3급 장애인의 중·고교에 재학 중인 자녀로서 국민기초생활보장법상의 수급자인 경우다. 전달 과정은 정책 당국인 보건복지부에서 읍·면·동까지 수직적인 전달 과정을 통해 이뤄진다. 구체적으로 제시하면 ① 보건복지부의 정책, ② 광역단체에서 기초자치단체로 전달, ③ 기초자치단체에서 읍·면·동으로 전달, ④ 읍·면·동에서는 장애인에게 교육비 전달의 순으로 서비스가 전달된다.

제 6 절 사회복지 전달 체계의 평가 기준

1 전달 체계 평가 기준

사회복지 전달 체계는 필요한 서비스가 공급자로부터 수요자에게 효과적으로 전달되도록 하는 틀을 의미한다. 효과적 전달의 의미는 다양하게 쓰인다. 필요한 서비스 모두를 전달할 수 있어야 하고(comprehensiveness), 쉽게 필요한 서비스에 접근(accessability)할 수 있어야 한다. 필요한 서비스를 시간에 맞춰 전달(timeliness)할 수 있어야 하며, 여러 가지 서비스가 따로따로 제공되어 수급자를 혼란스럽게 하지 말고 연결되는 것을 느낄 수 있도록(continuity) 해야 한다. 끝으로 전달 체계에 위임함으로써 기대하고 있는 사항을 책임감(accountability) 있게 수행해야 한다. 이상의 가치가 전달 체계의 효과성을 측정하는 기준으로 활용된다.

1) 포괄성

종합성이나 충분성으로 번역되기도 한다. 포괄성(comprehensiveness)은 필요한 서비스 하나만이 아니라 필요한 서비스 모두를 필요한 만큼 전달할 수 있는 틀을 갖추고 있어야 한다는 의미다. 서비스의 종류, 서비스의 양, 서비스의 질, 그리고 서비스 제공 기간에서 일정 수준을 유지할 수 있어야 한다는 의미다.

2) 접근성

서비스를 원하면 신속하고 편리하게 서비스에 다가가 원하는 서비스를 제공받을 수 있는 성향이 접근성(accessability)이다. 클라이언트가 쉽게 접근할 수 없다면 서비스 제공이 용이하지 않으며, 질 높은 수준의 서비스를 아무리 많이 갖추고 있다 하더라도 소용이 없다. 접근성을 해결함으로써 서비스와 고객 사이를 더욱 가까이 할 수 있다.

3) 적시성

시간에 맞춰 서비스를 제공할 수 있어야 한다는 기준을 의미한다. 사회복지는 생활이나 생존에 문제가 있는 경우에 제공되는 서비스가 대부분이다. 필요한 때에 서비스가 제공되지 않으면 심각한 문제를 초래할 가능성이 있다. 재해가 발생하면 그 시간부터 재해를 당한 사람은 고통이 따르게 된다. 그럼에도 불구하고 며칠이 지나거나, 수주일이 지난 뒤에 서비스가 전달된다면 적시성(timeliness) 있는 전달 체계라고 말할 수 없다.

4) 연계성

연속성이나 지속성으로 번역되기도 한다. 연속성은 한번 제공한 서비스가 단절되지 않고 계속 이어진다는 의미가 강하고, 지속성은 일정 기간까지 서비스가 이어진다는 의미가 강하다. 연계성(continuity)으로 번역하기도 한다. 서비스가 이어진다는 의미를 가지고 있는 것이 아니라 서비스와 서비스 사이의 연결고리가 있어야 효과성을 높일 수 있다는 의미로 쓰이기 때문이다.

5) 책임성

책임성(accountability)은 대표성(representativeness)과 연결해 설명하면 이해하기 쉽다. 대통령이나 국회의원과 같은 정치인은 투표로써 대표자로 위임을 받는 것으로 끝나는 것이 아니라, 유권자가 기대하는 바를 충실히 수행해야 할 의무가 있다. 공무원은 공직에 임명되어 일자리를 얻은 것으로 끝나는 것이 아니라, '공직'을 대신 수행해 달라는 국민의 기대에 부응할 책임이 있다. 이것을 대표관료제라고 설명한다. 전달 체계에서의 책임성도 같은 맥락에서 설명할 수 있다. 사회복지와 관련된 각종 서비스의 전달을 공공기관이나 시설에 위임하면, 적어도 위임받은 사항만큼의 기대에 부응해야 한다는 것이 책임감이다.

2 전자적 전달 체계의 효과성

사회복지 전달 체계도 전자적 방식으로 구축되어 있으면 포괄성, 접근성, 적시성, 연계성, 그리고 책임성이 추구하는 사항을 해결할 수 있다. 두 가지 유형이 있다. 하나는 전자 카드 방식이고, 다른 하나는 온라인 방식이다.

1) 전자 카드 방식의 전달 체계

전자적 전달 체계는 교통카드를 충전하는 방식과 유사한 방법으로 클라이언트에게 서비스를 제공하고, 클라이언트는 카드를 가지고 원하는 서비스를 시장이나 국가나 기관이 정한 장소에서 서비스를 제공받는 전달 체계를 의미한다. 전자카드에 여러 가지 서비스를 담을 수 있기 때문에 포괄성도 해결되고, 원하는 서비스를 자신의 판단으로 편리하게 제공받을 수 있기 때문에 접근성이 해결되며, 필요하면 언제나 서비스를 제공받을 수 있기 때문에 적시성도 해결되고, 다양한 서비스를 클라이언트가 원하는 순서대로 제공받을 수 있기 때문에 연계성도 해결된다. 그리고 카드관리를 적절히 하면 책임성도 해결할 수 있다.

2) 온라인 방식의 전달 체계

전자정부에 사회복지급여나 서비스를 제공받을 수 있도록 하는 사이트를 만들어 놓고, 원하는 사람은 그 사이트에서 서비스를 신청하고, 서비스를 제공받을 수 있도록 하는 전달 체계를 의미한다. 금융 업무를 온라인 방식으로 처리하는 것처럼 사회복지행정 업무를 온라인 방식으로 처리함으로써 원스톱(one-stop)이나 논스톱(non-stop) 서비스를 가능하게 하는 전달 체계를 의미한다.

3) 전자적 전달 방식의 과제

전자정부가 구축되고, 보편적으로 활용되면 사회복지 전달 체계도 전자적 방식으로 그 유형이 변한다. 현금과 현물이 전자적 방식으로 전달됨으로써 전달 체계를 평가하는 새로운 기준이 마련되지 않을 수 없다. 디지털 방식으로 서비스를 제공하면 포괄성이나 적시성, 연계성과 같은 문제는 어느 정도 해결이 가능하다. 그러나 시스템 설계가 어떻게 되느냐에 따라 접근성이 달라질 수 있기 때문에 접근성의 문제는 여전히 과제로 남는다. 누구나 쉽게 접근할 수 있도록 시스템이 설계되어 있으면 접근성이 높아지지만, 복잡하게 설계되어 있으면 접근성이 오히려 낮아진다.

전자적 제공 방식은 전자 신호의 본질을 아는 사람에게 노출되면 심각한 개인정보 유출과 같은 문제가 발생될 수도 있다. 개인 정보 유출이 사회복지급여와 서비스의 수급자에게도 피해를 줄 가능성도 있다. 따라서 전자적 전달 체계를 평가하는 새로운 기준으로 비밀 보장이나 프라이버시 보호와 같은 내용이 첨가되어야 할 것으로 판단된다.

제 10 장 사회복지 조직이론

제 1 절 사회복지조직의 개념

1 개념

조직(organization)은 인간이 함께 어울려 살아가는 공간이다. 함께 어울려 살아가는 한 인간은 누구나 조직에서 출생해 조직과 함께 생활하다가 조직에서 생을 마감한다. 인간은 사회적 동물이기 때문에 혼자서는 살 수가 없으며, 조직의 울타리 속에서 살아간다. 그리고 항상 둘 이상 어울려서 살아가기 때문에 공동의 목표가 존재하고, 공동의 목표가 있는 한 조직의 틀은 유지되는 성향을 갖는다.

좀 더 학술적으로 설명하면 조직(organization)은 다수의 인간이 공동의 목표를 달성하기 위해 노력하는 과정에서 형성된 틀을 의미한다(Fulmer, 1978). 조직은 이처럼 한 사람이 아니라 다수의 사람으로 구성되어 있다. 다수의 사람이 다른 목표를 가지고 있을 경우에는 조직이 형성될 수가 없다. 공동 목표가 있어야만 조직 구성이 가능하다. 조직은 목표 달성을 위해 끊임없이 자원을 동원하고 새로운 산출물을 생성한다. 그러므로 정체된 실체가 아니라 쉴 새 없이 움직이는 역동성(dynamics)을 가진다. 조직은 정도의 차이는 있지만 틀을 가지고 있다. 틀이 유지되는 한 조직은 살아 있다고 말할 수 있다.

사회복지조직도 공동 목표를 달성하기 위한 틀을 의미한다는 점에서는 일반 조직과 다름이 없다. 그러나 사회복지조직은 일반 조직과는 달리 공동 목표가 삶의 질의 제고라고 명확하게 규정되어 있는 조직이다. 빈곤층을 지원하기 위한 조직으로서 정부조직도 사회복지조직의 하나이고, 퇴직 후 노후생활을 보장하기 위한 관리기관인 국민연금관리공단도 사회복지조직이다. 노인들의 재취업을 돕기 위해 만들어진 노인재취업지원센터도 사회복지조직에 속하며, 장애인복지시설도 사회복지조직에 속한다.

2 조직의 유형

조직이론을 연구하는 학자들은 다양한 방식으로 조직의 유형을 분류한다. 조직의 유형을 분류함으로써 조직이 추구하는 목표를 좀 더 분명히 할 수 있으며, 목표를 효과적으로 달성할 수 있는 방법을 모색할 수 있다. 조직이론가에 따라 독자적으로 그 유형을 분류하려고 시도하기 때문에 일일이 다 소개할 수는 없다. 여기에서는 사회복지조직의 성격을 포함하고 있는 대표적인 유형을 소개한다. 일반조직의 유형을 보면서 사회복지조직의 위상을 파악한 후에 사회복지조직 고유의 유형에 대해 구체적으로 논의하기로 한다.

1) 일반조직의 유형

조직의 유형에 관한 이론을 전개한 학자로 에치오니, 블라우와 스콧, 파슨스, 민츠버그를 소개하기로 한다. 이들이 분류한 조직의 유형에서 사회복지조직의 성격을 가장 잘 파악할 수 있기 때문에 선택했다.

조직은 순응(compliance) 형태에 따라서 <표 10-1>과 같이 세 가지 유형으로 분류된다(Etzioni, 1964). 에치오니(Amitai Etzioni)는 순응 방식에 따라 강제적 조직(coercive organization), 공리적 조직(remunerative organization), 그리고 규범적 조직(normative organization)과 같이 세 가지로 분류했다. 강제적 조직은 강제수용소, 형무소, 군대와 경찰과 같이 조직구성원은 강제적으로 조직의 명령에 순응하도록 규

표 10-1 순응 형태에 따른 조직의 유형

조직의 유형	의미	사례
강제적 조직	조직구성원에게 강제로 조직의 명령에 순응하게 하는 조직	군대와 형무소
공리적 조직	보수가 조직구성원에게 조직의 명령에 순응하게 하는 조직	산업 현장의 기업
규범적 조직	이념이나 규범이 조직에 순응하도록 하는 조직	종교단체

정되어 있는 조직을 의미한다. 공리적 조직은 산업 현장의 조직처럼 보수가 조직구성원으로 하여금 조직의 명령에 순응하도록 하는 조직을 의미한다. 규범적 조직은 종교조직, 정치조직, 그리고 학교조직처럼 이념이나 규범이 조직에 순응하도록 하는 조직을 의미한다. 에치오니의 분류에 따르면 사회복지조직은 규범적 조직에 속한다. 휴먼 서비스에 대한 사명감이나 이념이 조직구성원으로 하여금 조직의 명령에 순응하도록 하는 성향을 가지고 있기 때문이다. 그러나 모든 조직을 에치오니의 세 가지 유형으로 분류할 수 없다. 휴먼 서비스에 대한 사명감으로 사회복지조직에 근무하는 사람도 있지만 보수를 위해 사회복지조직에 근무하는 사람도 있기 때문이다. 보수를 위해 사회복지조직에 근무한다면 그 조직은 공리적 조직으로서의 성격을 가진다.

조직은 수혜자의 종류에 따라 <표 10-2>와 같이 네 가지로 분류된다(Blau & Scott, 1962). 블라우(Peter M. Blau)와 스콧(W. Richard Scott)에 의하면 호혜적 조직(mutual benefit organization)은 조직구성원의 상호간의 이익 추구가 가장 중요한 조직을 의미하며, 정당이나 노동조합과 같은 조직이 호혜적 조직에 속한다. 사업조직(business organization)은 소유주가 조직의 수혜자로서 역할을 하는 조직을 의미하며, 일반 회사가 여기에 속한다. 서비스 조직(service organization)은 고객이 조직의 수혜자로서 기능을 하는 조직을 의미하며, 병원이나 학교와 같은 조직이 여기에 속한

표 10-2 수혜자 종류에 따른 조직의 유형

조직의 유형	의미	사례
호혜적 조직	조직구성원 상호 이익 추구가 가장 중요한 목표인 조직	정당이나 노동조합
사업조직	소유주가 조직의 수혜자로서 역할을 하는 조직	일반 민간기업
서비스 조직	고객이 조직의 수혜자로서 기능을 하는 조직	병원이나 학교
공익조직	공익 추구 조직으로 일반 시민이 수혜자가 되는 조직	정부기관

표 10-3 사회 기여 종류에 따른 조직의 유형

조직의 유형	의미	사례
생산조직	사회나 사회구성원이 소비하는 상품을 생산하는 조직	민간기업
정치조직	창출하여 배분하는 역할을 수행하는 조직	정당
통합조직	사회구성원의 갈등을 해소하는 역할을 수행하는 조직	사회복지조직
유형 유지조직	교육이나 문화활동으로 사회의 틀이 유지되게 하는 조직	정부기관

다. 끝으로 공익조직(commonweal or ganization)은 공익을 추구하는 조직으로서의 일반 시민이 수혜자가 되며, 정부기관이 여기에 속한다. 블라우와 스콧의 분류에 따르면 사회복지조직은 서비스 조직으로서의 성격을 가진다. 클라이언트가 바로 수혜자이기 때문이다. 사회복지조직은 경우에 따라 공익조직으로서의 성격도 가지고 있다. 사회복지를 제공하는 정부조직의 수혜자는 일반 시민 전체이기 때문이다.

사회 기여 종류에 따라 조직 유형이 분류되기도 한다. <표 10-3>과 같이 파슨스(Parsons, 1960)는 사회 기여 종류에 따라 생산조직(production organization), 정치조직(political organization), 통합조직(integrative organization), 그리고 유형 유지조직(pattern-maintenance organization)으로 분류한다. 생산조직은 사회나 사회구성원이 소비하는 상품을 생산하는 조직을 의미하고, 정치조직은 사회 가치를 창출하고, 권력을 창출해 배분하는 역할을 수행하는 조직을 의미하며, 통합조직은 사회구성원의 갈등을 해소하는 역할을 수행하는 조직을 의미하고, 유형 유지조직은 교육이나 문화활동을 통해 사회의 틀이 오랫동안 유지되도록 하는 조직을 의미한다. 파슨스의 분류에 따르면 사회복지조직은 통합조직으로서 성격을 가진다. 사회구성원이 함께 일하고, 나눠 가지는 가치를 실현함으로써 사회 통합을 추구하는 조직이 사회복지조직이기 때문이다. 카츠와 칸(Katz & Kahn, 1966)도 조직 유형을 생산적 조직, 유형 유지조직, 적응조직, 그리고 정치조직과 같이 네 가지로 분류했으나 이들의 분류는 파슨스의 유형과 유사한 접근을 시도하고 있다.

민츠버그(Mintzberg, 1979)는 조직의 규모와 관리의 복잡성에 따라 <표 10-4>와 같이 다섯 개 유형으로 분류했다. 단순구조(simple structure) 조직은 구조가 간단하고 소규모이면서 유동성이 강한 조직으로서의 성격을 가진다. 민츠버그는 자동차 딜러 조직을 예로 들고 있다. 두 번째 유형은 기계적 관료제(machine bureaucracy) 조

표 10-4 규모와 관리의 복잡성에 따른 조직의 유형

조직의 유형	의미	사례
단순구조조직	구조가 간단하고 소규모이면서 유동성이 강한 조직	자동차 딜러
기계적 관료제조직	대규모로서 복잡하지 않고 표준화되어 있는 안정적 조직	우체국
전문관료제조직	전문가 집단이 일하는 대규모 조직	대학, 병원
대형 지부조직	다수의 지부를 가지고 있는 거대조직	재벌기업
특별위원회기구	복잡한 형태이며 대체로 연구개발과 같은 성향의 조직	특위조직

직이다. 우체국이나 항공사 조직이 여기에 속한다. 조직구성원이 많은 대규모 조직이면서 업무가 복잡하지 않고 표준화되어 있으며, 비교적 안정적인 성향을 가지고 있다. 세 번째 유형은 전문관료제(professional bureaucracy)조직이다. 전문가 집단이 일하는 대규모 조직이라는 성격을 가지고 있다. 대학이나 병원 조직이 여기에 속한다. 네 번째 유형은 대형 지부조직(divisionalized form)이다. 다수의 지부를 가지고 있는 거대조직으로서 성격을 가지고 있으며, 여러 개의 캠퍼스를 가지고 있는 대학이나 다국적 재벌기업 등의 조직이 여기에 속한다. 끝으로 특별위원회 기구(adhocracy)가 있다. 특별위원회 조직은 복잡한 형태를 가지고 있으며 대체로 연구개발조직과 같은 성향을 가지고 있다. 사회복지조직은 전문관료제 조직에 속한다. 전문가라고 할 수 있는 사회복지사를 중심으로 형성되어 있는 조직이기 때문이다.

조직의 유형을 기초로 분석한 사회복지조직의 특성은 <표 10-5>와 같은 성격을 가지고 있음을 알 수 있다. 에치오니의 분류에 따르면 사회복지조직은 휴먼 서비스에

표 10-5 조직의 유형과 사회복지조직

사회복지조직의 유형	유형 분류 학자	이 유
규범적 조직	에치오니	휴먼 서비스에 대한 사명감이나 이념이 조직구성원으로 하여금 조직의 명령에 순응하도록 하기 때문
서비스 조직이자 공익조직	블라우와 스콧	클라이언트가 바로 수혜자이며, 사회복지를 제공하는 정부조직의 수혜자는 일반 시민 전체이기 때문
통합조직	파슨스	사회구성원이 함께 일하고, 나눠 가지는 가치를 실현함으로써 사회통합을 추구하는 조직이기 때문
전문관료제조직	민츠버그	전문가라고 할 수 있는 사회복지사를 중심으로 형성되어 있는 조직이기 때문

대한 사명감이나 이념이 조직구성원으로 하여금 조직의 명령에 순응하도록 하는 성향을 가지고 있기 때문에 규범적 조직에 속한다. 블라우와 스콧에 따르면 사회복지조직은 클라이언트가 바로 수혜자이기 때문에 서비스 조직으로서의 성격을 가진다. 또한 사회복지조직은 사회복지를 제공하는 정부조직의 수혜자는 일반 시민 전체이기 때문에 공익조직으로서의 성격도 가지고 있다. 파슨스의 분류에 따르면 사회복지조직은 통합조직으로서의 성격을 가진다. 사회구성원이 함께 일하고, 나눠 가지는 가치를 실현함으로써 사회 통합을 추구하기 때문이다. 민츠버그에 따르면 사회복지조직은 전문관료제 조직에 속한다. 전문가라고 할 수 있는 사회복지사를 중심으로 형성되어 있는 조직이기 때문이다.

2) 휴먼 서비스 조직의 유형

사회복지조직은 휴먼 서비스 조직으로서의 성격을 가지고 있다. 사람을 대상으로 하는 서비스이기 때문에 일반 조직과는 다른 독특한 성향을 가지고 있다. 하센펠드(Hasenfeld, 1983)는 두 가지 관점에서 휴먼 서비스 조직의 유형에 대한 분류를 시도했다. 첫째, 휴먼 서비스 조직은 인간 행동의 변화를 이끌어내는 기술(transformation technology)을 가진 조직이라는 관점이다. 이 관점에서 휴먼 서비스 조직은 <표 10-6>과 같이 클라이언트 업무 처리 조직(people-processing organization), 클라이언트 지지 조직(people-sustaining organization), 그리고 클라이언트 변화 조직(people-changing organization)과 같은 세 가지 유형으로 분류한다.

클라이언트 업무 처리 조직은 인간의 속성 변화를 통해 클라이언트를 변화시키려는 조직이 아니라, 클라이언트에게 붙여진 불편한 라벨을 제거하거나 정상적인 라벨

표 10-6 인간 행동의 변화 유형에 따른 휴먼 서비스 조직의 유형

조직의 유형	의미	사례
클라이언트 업무 처리 조직	클라이언트에게 붙여진 라벨을 제거함으로써 클라이언트를 변화시키려는 조직	교정복지조직
클라이언트 지지 조직	개인의 복지가 더 악화되는 것을 예방하거나 인간의 복지를 유지하도록 하는 조직	국민연금공단
클라이언트 변화 조직	복지를 향상시키기 위해 클라이언트의 속성을 변화시키는 조직	임상사회복지조직

을 계속 유지하게 함으로써 클라이언트를 변화시키려는 조직을 의미한다. 신용불량자를 구제하는 기관이 존재한다면 그 조직이 클라이언트 업무처리 조직에 속한다. 클라이언트 지지 조직은 개인의 복지가 더 악화되는 것을 예방하거나 복지를 계속 유지하도록 하는 조직을 의미한다. 국민기초생활을 유지할 수 있도록 하는 조직과 국민연금관리공단이 여기에 속한다. 클라이언트 변화 조직은 복지를 향상시키기 위해 클라이언트의 속성을 변화시키는 조직을 의미한다. 교육이나 상담을 통해 인간이 가지고 있는 속성을 개선하는 조직이 여기에 속한다.

인간 행동의 변화를 유도하는 휴먼 서비스 조직의 유형은 사회복지조직에도 그대로 적용된다. 사회복지조직에는 청소년교정복지와 같이 클라이언트 업무 처리조직이 있고, 국민연금관리조직처럼 클라이언트 지지 조직이 있으며, 임상사회복지조직처럼 클라이언트 변화 조직도 있다.

하센펠드(Hasenfeld, 1983)는 휴먼 서비스 조직이 인간 행동의 변화를 이끌어내는 기술을 가진 조직이라는 관점 이외에도 인간에게 제공하는 기능에 따라 다시 두 가지 유형으로 분류하고 있다. <표 10-7>과 같이 하나는 순기능을 유지하는 조직(functioning organization)이고, 다른 하나는 역기능을 방지하는 조직(mulfunctioning organization)이다. 이 같은 휴먼 서비스 조직의 유형은 사회복지조직의 유형에도 그대로 적용된다. 순기능 유지 조직은 퇴직 후에도 퇴직 전의 생활을 유지하도록 하는 국민연금과 같은 기능을 수행하는 조직 등을 의미하며, 역기능 예방조직은 더 이상 빈곤으로부터 열악한 생활을 하지 않도록 하는 공공부조를 관리하는 조직 등을 의미한다.

표 10-7 인간에게 제공하는 기능에 따른 휴먼 서비스 조직의 유형

조직의 유형	의미	사례
순기능 유지 조직	평상시 순기능이 유지되게 하는 휴먼 서비스 조직	국민연금공단
역기능 예방 조직	삶이 더 악화되는 것을 방지하는 휴먼 서비스 조직	공공부조 조직

하센펠드(Hasenfeld, 1983)는 휴먼 서비스 조직을 여섯 가지 유형으로 세분화하고 있다. 첫 번째 관점인 인간 행동의 변화에 따른 휴먼 서비스 조직의 유형과 두 번째 관점인 기능에 따른 조직의 유형을 결합하면 <표 10-8>과 같은 여섯 가지 유형으로 나뉜다.

표 10-8 휴먼 서비스 조직의 유형

	클라이언트 업무 처리	클라이언트 지지	클라이언트 변화
순기능 유지 조직	제1 유형 신용평가기관	제3 유형 국민연금공단	제5 유형 공립학교 및 YMCA
역기능 예방 조직	제2 유형 청소년범죄재판소	제4 유형 양로원	제6 유형 임상사회복지조직

순기능적인 클라이언트 업무 처리 조직은 클라이언트에게 붙여진 정상적인 라벨을 유지하게 함으로써 클라이언트의 행동 변화를 지원하는 역할을 하는 조직을 의미한다. 제1 유형에 속한 조직은 신용평가기관이다. 역기능적인 클라이언트 업무 처리 조직은 클라이언트에게 붙여진 불편한 라벨을 제거함으로써 클라이언트의 행동 변화를 지원하는 역할을 하는 조직을 의미한다. 소년범죄재판소가 제2 유형에 속한다.

제3 유형은 순기능적인 클라이언트 지지 조직을 의미한다. 클라이언트의 복지를 지속적으로 유지하도록 하는 국민연금과 같은 기능을 담당하는 조직이 여기에 속한다. 제4 유형은 역기능적인 클라이언트 지지 조직을 의미한다. 양로원과 같이 개인의 복지가 더 악화되는 것을 방지하는 기능을 수행하는 조직을 의미한다.

제5 유형은 순기능적인 클라이언트 변화 조직을 의미한다. 클라이언트의 바람직한 속성을 지속적으로 유지하도록 하는 YMCA와 같은 조직이 여기에 속한다. 제6 유형은 역기능적인 클라이언트 변화 조직이다. 병원과 같이 나빠질 가능성이 있는 클라이언트의 속성을 개선하는 조직이 여기에 속한다.

하센펠드가 분류한 여섯 가지 유형은 휴먼 서비스 조직의 유형이지만 휴먼 서비스 조직에 속하는 사회복지조직의 유형이라고 해도 큰 무리가 없다. 사회복지조직도 제1 유형과 같이 신용평가를 지원하는 조직이 있으며, 제2 유형과 같은 청소년 범죄자에게 전과자라는 굴레를 씌우지 않기 위한 교정복지조직이 있다. 사회복지조직에도 제3 유형처럼 개인의 복지가 지속적으로 유지되도록 하는 국민연금조직이 있으며, 제4 유형처럼 개인의 복지가 더 악화되는 것을 예방하는 공공부조 조직이 있다. 그리고 건전한 행태를 지속적으로 유지되도록 하는 청소년복지기관처럼 제5 유형에 속한 조직이 있으며, 제6 유형처럼 바람직하지 않는 행태를 바람직한 방향으로 개선하는 임상사회복지조직과 같은 역기능적인 클라이언트 변화 조직도 있다.

휴먼 서비스 조직과 더불어 사회복지조직의 유형에 대해 이해함으로써 사회복지조직의 목적이 무엇인지에 대해 구체적으로 파악할 수 있는 이점이 있다. 클라이언트의 순기능적 면을 유지할 수 있도록 하고 역기능적인 면을 개선하도록 하는 것이 사회복지조직의 목적 중 하나라고 말할 수 있다. 사회복지조직은 순기능 혹은 역기능을 고려하지 않고 클라이언트의 현황을 유지하도록 하고, 지지하기도 하며, 행태 변화를 유도하는 목적도 아울러 가지고 있다.

3 조직의 원리

조직의 원리는 과학적 관리론자들에 의해 구체화된 이론으로서 오늘날까지 조직 구성의 기본 원리로 활용되고 있다. 조직의 원리는 과학적 관리론자 중에서 기능적 접근법(functional approach)을 시도한 귤릭과 어윅(Gulick & Urwick, 1937)에 의해 체계화되었다. 현대 조직이론에서 약간 수정되거나 보완되기는 했지만 여전히 귤릭과 어윅의 이론은 조직의 원리로 확고부동한 자리를 지키고 있다.

조직의 원리는 <표 10-9>와 같이 여섯 가지로 요약된다. 계층제(hierarchy) 원리, 명령 통일(unity of command)의 원리, 통솔 범위(span of control)의 원리, 분업 · 전문성(functional specialization)의 원리, 통합 조정(coordination)의 원리, 그리

표 10-9 조직의 원리

조직의 원리	내용
계층제 원리	상급자와 하급자는 수직적인 관계에 있어야 하며, 그 관계는 체인이나 사다리처럼 연결되어 있어야 한다는 원리
명령 통일의 원리	조직에서는 하나의 정점이 있으며, 그 정점에 있는 개인의 지시에 따라 움직여야 한다는 원리
통솔 범위의 원리	한 조직의 정점에 있는 개인이나, 단위조직의 정점에 있는 개인이 통솔할 수 있는 하급자의 수는 제한되어 있다는 원리
분업 · 전문성의 원리	조직의 작은 단위는 분업과 전문성에 따라 나누어져야 한다는 원리
통합 조정의 원리	전문화되거나 분업화된 조직 단위의 업무를 조직의 목표 달성이라는 관점에서 일관성이 유지되어야 한다는 원리
권한에 준하는 책임의 원리	권한 행사에는 반드시 권한 행사에 준하는 책임이 수반된다는 원리

고 권한에 준하는 책임(authority parallel with responsibility)의 원리가 그것이다.

계층제 원리는 조직구성원 상하간의 수직적 관계에 관한 원리다. 조직 내에서 상급자와 하급자는 수직적인 관계에 있어야 하며, 단절된 수직 관계가 아니라 수직적이면서 체인이나 사다리처럼 연결되어 있어야 한다는 원리다.

명령 통일의 원리는 조직에서는 하나의 정점이 있으며, 그 정점에 있는 개인의 지시에 따라 움직여야 한다는 원리를 의미한다. 하나의 정점에 의해 조직이 움직이기 때문에 명령이 계층제의 사다리를 타고 내려오더라도 일관성을 유지할 수 있다.

통솔 범위의 원리는 한 조직의 정점에 있는 개인이나, 단위 조직의 정점에 있는 개인이 통솔할 수 있는 하급자의 수는 제한되어 있다는 원리를 의미한다. 한 사람의 상급자가 통솔하는 하급자의 수가 적으면 신속하고 정확하게 통솔할 수 있지만 하급자의 수가 많으면 통솔의 효과성이 떨어질 수 있다.

계층제 원리와 통솔 범위의 원리는 밀접한 관계가 있다. 수직적인 관계가 강조되면 직할 하급자가 상대적으로 적어지기 때문에 [그림 10-1]의 좌측 그림처럼 상대적으로 뾰족한 계층제 조직이 그려진다. 이와는 반대로 수평적으로 통솔 범위의 폭이 넓어지면 한 사람의 상급자가 관리해야 할 수평적인 하급자의 수가 많아지기 때문에 [그림 10-1]의 우측 그림처럼 상대적으로 편편한 계층제 조직이 그려진다.

분업·전문성의 원리는 조직의 작은 단위는 분업과 전문성에 따라 나뉘어야 한다는 원리를 의미한다. 분업이나 전문성을 지나치게 세분화하면 통솔 범위가 넓어지고, 대분류를 하면 통솔 범위가 좁아지는 성향을 가진다.

통합 조정의 원리는 전문화되거나 분업화된 조직 단위의 업무는 조직의 목표 달성

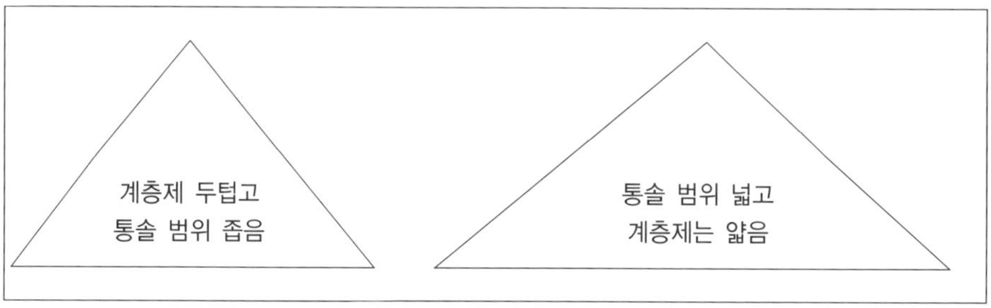

그림 10-1 계층제와 통솔 범위의 관계

이라는 관점에서 일관성이 유지되어야 한다는 원리를 의미한다. 조직이 세분화되어 있거나 전문화되어 있을 경우에도 통합 조정에 문제가 없으면 조직은 효율성을 유지할 수 있지만 그렇지 못할 경우에는 세분화 혹은 전문화 영역별로 분파주의(sectionalism)가 발생해 조직의 목표 달성에 심각한 장애 요인이 될 수도 있다.

권한에 준하는 책임의 원리는 권한 행사에는 반드시 책임이 수반된다는 원리를 의미한다. 조직 내에서의 상급자에게는 권한이 부여되지만 그 권한에 따르는 책임이 반드시 수반되어야 한다. 권한만 있고 책임이 수반되지 않을 경우 조직의 목표가 표류할 가능성이 있으며, 권한은 없고 책임만 수반된다면 통솔이 불가능하게 된다.

현대 조직이론에서도 이상의 여섯 가지 원리를 조직의 원리로 원용하고 있다. 달라진 것이 있다면 사회구조가 복잡해짐에 따라서 전문성이 강조되고 있다는 점이다. 전문성이 강조됨으로써 조직의 사다리꼴이 편편하게 되는 경향이 있으며, 명령이나 권위를 중심으로 조직의 틀이 유지되기보다는 전문성을 중심으로 조직의 틀이 유지되는 매트릭스 조직(matrix organization)으로 그 모습이 변화되기도 한다(Baber, 1970).

매트릭스 조직은 전문성이 강조되는 조직으로서 상급자의 권한 행사나 명령이 최소화되는 조직을 의미하며, 권한 행사나 명령에 의해 조직이 움직이는 것이 아니라 수평적인 성향을 가진 조직구성원의 전문성에 의해 조직이 움직인다. 사회복지조직은 다른 조직에 비해 전문성이 강한 조직이다. 종합적인 복지 기능을 담당하는 기관이 있다고 가정할 때 그 기관에는 노인복지, 장애인복지, 아동청소년복지와 같은 전문성을 가진 사회복지사가 조직의 중추적인 역할을 수행한다. 이 경우에는 기관장의 권한 행사나 명령보다는 사회복지사의 전문성에 의해 조직이 움직이는 성향이 강하다.

제 2 절 사회복지 조직이론

사회복지 조직이론을 논의하는 목적은 이 분야의 지식 발전에 기여한 이론을 탐색하는 데 있다. 조직이론도 테일러(Frederick W. Taylor)로부터 시작된 관리이론에 그 뿌리를 두고 있으며, 관리이론이 사회복지기관의 현장관리에 접목되면서 사회복지행정이라는 영역을 탄생시켰다. 따라서 사회복지 조직이론도 관리이론에 그 뿌리를 두고 있으며, 조직이론의 발전에 핵심적인 역할을 한 관료제이론, 과학적 관리론, 인간관계론, 조직 휴머니즘 이론, 그리고 의사결정이론은 사회복지 조직이론에 지속적으로 접목되어 왔다. 조직이론의 이 같은 기반은 현대적 의미의 사회복지 조직이론의 모태가 되었다. 홀(Hall, 1996)이 지적한 바와 같이 상대적으로 현대적 의미를 가지고 있는 인구생태모형, 자연의존모형, 합리적 상황모형, 교환비용모형, 그리고 기관모형으로 요약할 수 있다. 여기에서는 이상의 아홉 가지 모형을 차례로 소개하기로 한다.

1 관료제

관료제(bureaucracy)는 분업과 전문성을 기초로 편성된 계층제 조직을 의미한다. 횡적으로 분업과 전문성을 기초로 조직을 편성할 때 기능의 중첩이 없어야 하며, 종적으로 권위(authority) 중심으로 조직을 편성할 때 명령의 통일이 지켜져야 한다. 분업이나 전문성과 계층제 조직이라는 공식적인 틀을 관료제 이론에서는 강조하고 있다. 관료제는 독일의 사회학자 베버(Max Weber)에 의해 체계화된 이론으로서 조직이론의 뿌리를 형성하고 있다.

베버는 조직을 이끌고 가는 동력을 권위(authority)에서 찾는다. 그는 권위의 유형으로 세 가지를 제시한다. 전통적 권위(traditional authority), 카리스마적 권위(charismatic authority), 그리고 합법적 권위(legal authority)가 그것이다. 전통적 권위는 예부터 내려오는 신분이나 계급과 같은 전통에서 형성된 권위를 의미하며, 카리스마적 권위는 인물이 가지고 있는 개성이나 특성으로부터 형성된 권위를 의미하고, 합법적 권위는 법에 의해 정당성이 부여된 권위를 의미한다(Weber, 1947). 현대적 의미의 권위는 대부분 합법적 권위에서 비롯되지만 경우에 따라서는 전통이나 개인의 카리스마가 권위를 만들어내기도 한다.

관료제는 정부조직과 동의어로 사용되기도 하지만 개념으로서의 관료제 이론은 민간기업의 조직에도 영향을 미쳤다. 민간기업의 조직구조가 분업과 계층제를 기초로 형성되어 있다는 사실에서 확인할 수 있다. 관료제는 사회복지조직에도 영향을 미쳤다. 기관장을 정점으로 편성된 사회복지조직은 계층제 모형을 원용했고, 노인복지나 장애인복지와 같은 영역을 중심으로 편성된 사회복지조직은 계층제 모형의 분업과 전문성을 원용했다고 말할 수 있다.

2 과학적 관리론

과학적 관리론은 테일러에 의해 체계화된 이론으로서 조직을 생산성이나 능률성을 향상시키기 위한 도구로 간주한다는 특징을 가지고 있다. 과학적 관리론자는 조직편성 방법도 생산성 향상이라는 지상 과제를 해결하는 데 집중되어 있다. 관료제 모형과 마찬가지로 과학적 관리론도 조직편성에서 합리성(rationality)을 강조한다. 과학적 관리론의 조직편성 방법은 세 가지 정도로 요약된다(Hasenfeld, 1983). 첫째, 조직의 생산성을 최대한 끌어올리기 위해 조직은 외부 환경의 영향을 받지 않는 폐쇄 시스템(closed system)을 갖추고 있어야 한다. 둘째, 횡적으로 조직은 조직이 추구하는 목표 달성 세트(a set of goal)를 중심으로 편성되어야 한다. 관료제에서 조직의 횡적 편성 원리는 분업과 전문성이라는 점과는 약간의 차이가 있다. 셋째, 종적으로 조직은 추구하는 목표가 무엇인지에 대해 규정을 내릴 수 있는 엘리트를 중심으로 편성되어야 한다. 과학적 관리론에서는 이 엘리트를 관리자(manager)로 지칭한다.

과학적 관리론자들은 조직을 움직이는 동력을 경제적 유인책을 바탕으로 하는 상하 간의 협력(cooperation)에서 찾는다. 상하 간의 협력을 이끌어내기 위한 도구 중 하나가 바로 경제적 유인책(monetary incentives)이라는 의미다. 근로자는 최대한의 임금을 얻기 위해 일하고, 조직은 생산성을 최대화시켜 최대 임금이라는 근로자의 경제적 욕구를 충족시킴으로써 상하 간의 협력을 이끌어낼 수 있는 것으로 보고 있다(Mouzelis, 1967). 과학적 관리론자에 의하면 조직은 폐쇄 시스템을 갖고 있기 때문에 정치적으로 영향을 받지도 않으며, 외부 환경으로부터도 영향을 받지 않을 뿐만 아니라 생산성 향상이라는 과제를 상하 간의 공동 목표로 삼고 있기 때문에 갈등이 존재하지도 않는 것으로 보고 있다(Hasenfeld, 1983).

과학적 관리론에서 내세우고 있는 조직이론 중 일부는 사회복지 조직이론에도 긍정적인 영향을 미치고 있다. 특히 목표 달성 세트를 중심으로 조직이 횡적으로 편성된다는 사실을 밝힘으로써 사회복지기관의 조직편성에 기여하고 있다. 장애인복지나 노인복지를 구분하지 않고 재가복지라는 새로운 목표 달성 세트가 조직편성의 한 축을 형성하고 있다는 점을 예로서 제시할 수 있다. 그러나 경제적 유인책만으로 사회복지조직의 구성원으로부터 협력을 이끌어낼 수 있다는 조직의 동력에 관한 한 사회복지조직이 원용하기 어려운 점이 많다. 왜냐하면 휴먼 서비스 조직의 구성원은 경제적 유인책만으로 동기를 부여받는 것이 아니라 사명감으로부터도 동기를 받는 경우가 많기 때문이다.

3 인간관계론

인간관계론은 메이요(Elton G. Mayo)의 호손 공장 실험으로부터 시작되어 조직이론에도 많은 영향을 미쳤다. 인간관계론은 관료제나 과학적 관리론에서처럼 조직을 공식적인 틀(formal framework)로 보지 않을 뿐만 아니라 합리성에 대해서도 강조하지 않는다. 대신에 조직을 비공식적 구조로 간주한다. 인간관계론자에 의하면 조직은 보통 사람들이 알고 있는 공식적인 틀이 아니라, 조직구성원 사이에 존재하는 사회구조(social structure)와 상호교류 관계(worker interaction)를 의미한다(Gordon, 1982). 조직구조를 결정하는 사회구조나 상호교류 관계는 분업이나 목표 세트가 아니라 조직구성원의 태도와 감정이나 인간관계 유형에 의해 결정된다. 인간관계론의 관심 대상은 공식적 조직이 아니라, 조직에서 자생적으로 발생한 비공식 그룹(informal group)이다. 공식조직은 분업과 목표 세트에 따라 구축되고 눈에 보이지만 비공식 그룹은 인간관계의 친소, 취미, 혹은 출신 학교나 동향 등을 중심으로 형성되기 때문에 눈에 보이지 않는 특징을 가지고 있다. 비공식 그룹은 조직내 조직으로 유형적인 것도 있지만 형태를 가지지 않는 것도 존재한다. 인간관계론자들은 비공식 그룹이 조직의 목표 달성에 영향을 미치는 것으로 보고 있다.

인간관계론자들은 조직을 움직이는 동력을 경제적 유인책으로 보지 않는다. 비경제적인 유인책(noneconomic incentive)과 동기(motivation) 부여가 조직을 움직이는 동력이라고 본다. 인간관계론자들은 조직의 동력으로서 리더십 연구에 관심을 가졌다. 리더십 연구에 관심을 가졌던 버나드(Barnard, 1938)는 리더와 조직구성원의 관계를 연구하면서 무관심 지대(zone of indifference) 혹은 수용지대(zone of acceptance)를 규명했다. 아무런 저항 없이 리더의 명령이나 지시에 따르는 범위를 무관심 지대라고 정의했다. 버나드의 리더십 연구는 베니스(Bennis, 1981)에 의해 교환이론(exchange theory)으로 발전했다. 조직의 리더는 조직구성원에게 열심히 일하도록 동기를 부여하는 역할을 하고, 조직구성원은 조직 전체의 복지에 기여함으로써 리더의 역할을 보상한다는 이론이다. 베니스는 리더십 유형에는 강제적 리더십(coercive leadership)과 지지적 리더십(supportive leadership)이 있으며, 전자는 정직이나 감봉과 같은 처벌을 도구로 하여 리더십을 행사하는 유형을 의미하고, 후자는 다양한 유형의 보상을 도구로 하여 리더십을 행사하는 유형을 의미한다. 인간관계론자들은 지지적 리더십을 선호하고 있다.

인간관계론도 사회복지 조직이론에 영향을 미쳤다. 사회복지기관에서 일하는 구성원의 사회 관계를 중심으로 형성된 다양한 유형의 그룹이 조직의 목표 달성에 기여하는 방법을 모색함으로써 사회복지기관의 능률성을 최대화시킬 수도 있다. 또한 사회복지조직을 움직이는 동력으로서의 리더십 이론을 활용함으로써 사회복지조직의 목표 달성에 기여할 수도 있다.

4 조직 휴머니즘 모형

조직 휴머니즘(organizational humanism)은 조직구성원과 그들이 수행하는 일과의 관계에서 조직의 원리를 탐색하려고 하는 모형이다. 이 모형은 인간관계론에 그 뿌리를 두고 있다. 그러나 조직내 사회구조나 인간관계에서 조직의 원리를 탐색하지 않는다. 조직구성원의 일에 대한 태도에서 조직의 원리를 탐색하려는 행태주의 이론이다. 조직 휴머니스트들은 조직을 가치 실현의 장소, 혹은 욕구 충족의 현장으로 간주하고 있다. 인간관계론자들은 조직내의 인간관계를 결정하는 상하 간의 관계와 연계되어 있는 리더십이 주요 관심사이지만, 조직 휴머니스트들은 무엇을 얻기 위해 일을 하는지에 대한 연구가 주요 관심사다. 조직 휴머니즘에 대한 연구를 한 학자로는 맥그리거(McGregor, 1960), 머슬로(Maslow, 1954), 허즈버그(Herzberg, 1966) 등을 들 수 있다.

조직 휴머니즘에서는 조직을 움직이는 동력은 인간의 욕구와 일에 대한 태도라고 보고 있다. 조직 휴머니즘 모형의 개척자 중 한 사람인 맥그리거(Douglas McGregor)는 X이론과 Y이론을 제시함으로써 일에 대한 태도와 조직의 동력에 대해 설명했다. X이론 모형의 사람은 일하기를 싫어하고, 책임지려고도 하지 않고, 지시받기를 좋아하며, 문제 해결을 위한 창조적 능력을 가지고 있지도 않고, 생리적 욕구와 안정적 욕구 충족이 동기 유발 요인으로 작용하며, 사람에 대한 통제가 관리의 핵심이 되어야 한다는 입장이다. Y이론은 이와 반대로 일에 대한 태도가 긍정적이다. 사람은 일하기를 좋아하고, 자기통제 하에서 책임을 지는 성향이 있으며, 문제 해결을 위한 창조적 능력을 가지고 있고, 지원을 통한 동기부여가 관리의 핵심이 되어야 한다는 입장이다. 조직 휴머니스트들은 조직구성원을 스스로에게서 일을 하려고 하는 동기를 찾으려는(self-motivating) Y이론의 관점을 중시한다.

머슬로(Abraham H. Maslow)에 의하면 인간은 계층제적 방식으로 욕구를 충족시키며 하나의 욕구가 충족되면 그것으로 그치지 않고 다음 단계의 욕구를 충족하기 위해 일을 하는 자체 동기부여 시스템(self-motivating system)이 있다고 주장했다. 초기 단계에서 인간은 본능적 욕구(physiological need)를 충족하기 위해 일하고, 이 욕구가 충족되면 안정적 욕구(security need)를 추구한다. 다음으로는 사회적 욕구의 하나인 귀속 욕구(affiliation need)를 구하게 되며, 곧 4단계 욕구인 존중의 욕구(esteem need) 충족으로 발전하게 된다. 인간의 마지막 단계의 욕구는 자아실현의 욕구(self-actualization need)다. 인간의 욕구는 사다리를 타고 오르듯 단계별로 충족되는 특징을 가지며, 조직은 인간의 욕구를 충족시키는 틀로 이해하고 있다.

허즈버그(Frederick Herzberg)는 동기/보건위생이론을 제시했다. 동기 유발 요인은 조직구성원으로 하여금 열심히 일을 하도록 하는 데 기여하지만 보건위생 요인은 조직의 주변 환경 조성에 기여할 뿐 반드시 일을 하도록 유인하는 것은 아니라고 주장한다. 동기 유발 요인은 일에 직접적으로 영향을 미치는 요인으로서 성취감을 느끼도록 하고, 책임감을 부여하며, 성취에 대한 능력을 인정해 줌으로써 고취될 수 있다. 반면에 보건위생 요인은 주변 환경에 영향을 미칠 뿐 일에 직접적으로 영향을 미치지 않는 요인이다. 금전적인 보상을 하거나 승진을 시켜 주거나 안정된 가운데 직장을 다닐 수 있도록 해주는 것 등은 근로자의 보건위생에 필요한 욕구를 충족시킬 뿐이며 동기를 직접 부여하지는 않는다. 조직은 동기유발 요인을 제공함으로써 조직구성원의 동기부여 시스템이 움직이도록 해야 한다는 점을 허즈버그는 강조한다.

조직 휴머니즘은 사회복지 조직이론에도 큰 영향을 미쳤다. 사회복지기관의 조직관리에 그대로 적용할 수 있는 이론이기 때문이다. 전문가로서 사명감을 가지고 있는 사회복지사의 경우에도 일에 대한 태도를 중심으로 X이론 유형과 Y이론 유형으로 분류할 수도 있고, 머슬로가 제시한 욕구5단계를 차례로 충족시켜 줌으로써 그들의 자체 동기부여 시스템이 작동되도록 할 수도 있다.

허즈버그의 동기 요인과 보건위생 요인도 사회복지 조직관리에 그대로 적용될 수 있는 이론으로 꼽히고 있다. 사회복지사의 전문성을 인정해 주고, 성취감을 느낄 수 있도록 조직이 분위기를 만들어 주며, 능력에 부응하는 책임을 부여함으로써 조직 발전에 기여하도록 할 수 있기 때문이다. 맥그리거에 의하면 사람은 일하기를 좋아하는 성향이 있기 때문에 일을 하고, 머슬로에 의하면 욕구 충족을 하기 위해 일하며, 허즈버그에 의하면 성취감을 맛보거나 남에게 인정받기 위해 일한다고 요약할 수 있다.

조직 휴머니즘은 무엇보다도 현대적 의미의 조직이론이 출현하는 데 가교 역할을 수행했다는 점에서 그 의미를 부여할 수 있다. 조직 휴머니즘은 심리학이나 관리학과 같은 다양한 학문 분과와 활발한 교류를 하는 가운데 출현했다는 점에서 현대적 의미의 조직이론에 대한 기여도를 평가할 수 있다. 왜냐하면 현대적 조직이론은 조직 휴머니즘처럼 종합학문적 접근법(multidisciplinary apporach)을 취하고 있다는 특성을 가지고 있기 때문이다(Gordon, 1982).

5 의사결정이론

의사결정이론은 조직을 다양한 가치와 다양한 개인적인 목표를 가지고 있는 사람들의 연합체(a coalition of participants)로 본다(Cyert & March, 1963). 조직은 연합체로서 성격을 가지고 있는 의사결정의 매개체다. 조직은 협상(bargaining) 과정을 통해 의사결정을 하고, 협상을 통해 조직의 목표를 설정하며, 협상을 통해 갈등을 해소할 방안을 모색한다.

의사결정이론에서는 일의 동력을 만족에서 찾으려는 학자가 있다. 의사결정이론가 중에서 사이먼(Herbert A. Simon)은 사람의 합리성에는 한계가 있기 때문에 하나의 최선을 찾기가 불가능하다고 주장한다. 따라서 하나의 최선을 선택하는 것이 조직의 의사결정일 수 없으며, 과거의 경험이나 주변의 사례에 비춰볼 때 다수가 만족할 수 있는 수준의 선택을 찾는다. 사이먼은 이것을 제한된 합리성(bounded rationality)으로 지칭한다.

의사결정이론은 쓰레기통 모형(garbage can)으로 발전한다. 조직은 고도의 불확실성으로 인해 목표가 모호할 수밖에 없다. 조직의 의사결정도 불확실성과 모호성에 영향을 받아 하나의 합리적인 선택을 하기가 불가능한 상태에 이르게 된다. 쓰레기통 모형에 의하면 조직에는 네 가지의 흐름이 자리잡고 있는데 그것은 문제(problem), 해결 방안(solution), 참여자(partici-pants), 그리고 선택 기회(choice opportunity)다. 조직에는 이 네 가지 흐름이 복수로 존재하는 특징을 가진다. 하나의 문제가 아니라 다수의 문제가 존재하며, 하나의 해결 방안이 아니라 다수의 해결 방안이 있고, 한 사람의 참여자가 있는 것이 아니라 다수의 참여자가 존재하며, 선택의 기회도 다수 존재한다는 의미다. 의사결정은 쓰레기통에 들어가 있는 이 네·가지 흐름이 우연히 결합해 만들어지는 것으로 정의된다(March & Olsen, 1976).

의사결정이론은 사회복지조직을 잘 설명할 수 있는 이론 중 하나다. 사회복지기관은 다양한 가치관과 다양한 목표를 가진 연합체로서 성격을 가지고 있으며, 다양한 사회복지 문제를 해결한다. 다수의 사회복지사가 기관을 이끌어가고 있다. 이들의 일상 업무는 쓰레기통 모형에서 설명하고 있는 업무와 유사하다. 문제가 존재하며, 해결 방안도 가지고 있고, 그리고 사회복지사라는 참여자도 있다. 이들이 쓰레기통으로 비유되는 만남의 장소에 모여 토론하는 과정에서 무슨 문제를 어떻게 해결할 것인지에 대해 결정하는 성향을 가진다.

6 인구생태모형

인구생태모형(population-ecology model)에 의하면 조직은 만들어지는 것이 아니라, 환경으로부터 선택받는다는 모형이다. 조직의 성격도 정해지는 것이 아니라 환경과의 관계에서 최적의 상태로 변화하는 것으로 보고 있다(Hall, 1996). 환경과의 관계가 조직편성의 기본 원리로 자리잡고 있다는 점에서 체제이론(systems theory)과 같은 맥을 형성하고 있다.

인구생태모형에 의하면 조직을 움직이는 동력은 조직 내에 있지 않다. 환경에 조화를 이루려고 하는 조직의 선택을 동력으로 본다. 조직은 3단계를 거쳐 환경과 조화를 이룬다. 첫 단계는 조직 유형(organizational forms)의 변화다. 계획된 것이든 계획된 것이 아니든 조직구조는 항상 변화하는 성향을 가지고 있다. 조직구조의 변화는 긍정적인 방향으로 기능을 수행할 때도 있지만 그렇지 못한 경우도 있다. 두 번째 단계에서는 선택이 일어난다. 긍정적으로 기능을 수행하는 유형은 선택되고, 그렇지 못한 유형은 선택되지 않는 과정을 거치면서 조직은 진화를 한다. 세 번째는 보존 단계다. 선택된 유형의 조직은 계속 남아 유지된다(Aldrich, 1979).

사회복지조직도 인구생태모형에 의해 설명할 수 있다. 한국 사회도 급속히 노령화사회로 진입을 시도하고 있다는 것은 주지의 사실이다. 여러 사회복지기관에서는 노인을 위한 케어복지(care work) 프로그램을 만들어 실천함으로써 노령화사회와 조화를 맞추려 하고 있다. 노령화사회라는 환경에 조화롭게 형성된 케어복지 프로그램은 남고 그렇지 못한 프로그램은 사라지게 된다. 환경과 조화를 이룬 케어 프로그램을 가지고 있는 복지기관은 발전할 가능성이 있지만 그렇지 못한 기관은 발전할 수 없다.

7 자원의존모형

자원의존모형(resource-dependence model)은 조직을 환경과의 교류(interaction)에 의해 형성된 구조로 보고 있다. 자원의존모형에 의하면 조직은 환경과의 교류를 통해 생존뿐만 아니라 발전 방법을 모색한다. 조직은 환경으로부터 영향을 받는 실체가 아니라 환경에 영향을 미치는 역할도 동시에 수행한다고 보고 있다. 따라서 조직의 운명은 조직에 의해 결정되는 것이 아니라 환경에 의해 결정된다는 수동적 성격을 가지고 있는 인구생태모형과도 구별된다(Hall, 1996).

자원의존모형에 의하면 조직을 움직이는 동력은 전략적 선택(strategic choice)에 있다(Child, 1972). 조직은 외부 환경으로부터 조직이 필요한 다양한 자원을 동원한다. 인적 자원과 물적 자원을 외부에서 동원한다. 조직을 유지할 자원을 외부에서 동원하기 때문에 환경이 조직의 중요한 변수다. 그러나 조직은 수동적인 입장에서 환경으로부터 영향을 받지 아니한다. 끊임없이 환경을 자신의 편으로 끌어들이기 위해 조직은 의사결정을 하며, 의사결정 과정에서는 조직 내부의 정치력과 외부 환경의 요구사항이 교류하게 된다. 조직은 합리적 선택보다는 조직 내부의 정치적 역학 관계에서 외부 환경문제를 효과적으로 해결할 전략적 선택을 하지 않을 수 없다.

사회복지기관도 환경으로부터 영향만을 받는 조직이 아니다. 때로는 환경 변화를 유도하는 선택도 한다. 변화하는 환경에 가장 효과적으로 대처할 수 있는 방안뿐만 아니라 환경 변화를 유도하는 의사결정을 하기도 한다. 사회복지조직에서도 조직 내부 구성원의 정치적 역학 관계가 존재하며, 그 역학 관계와 외부 환경이 교류하는 가운데에서 전략적 선택을 한다.

8 합리적 상황모형

합리적 상황모형(rational-contingency model)은 조직을 목표 달성과 동시에 환경과의 관계에 따라 형성된 구조로 보고 있다. 조직은 끊임없이 목표 달성을 시도하는 실체이지만 목표 달성을 위해 하나의 최선(one best way)만을 추구하지는 않는다. 최선이 존재한다면 그것을 선택할 수밖에 없지만 주변 환경을 관찰하면 하나의 최선을 선택할 수 있을 정도로 환경은 간단하지가 않다. 따라서 조직은 목표 달성을 추구하지만 하나의 최선은 반드시 존재하는 것은 아니라는 현실적 자각을 바탕으로 행동해야 한다는 점이 합리적 상황모형에서는 강조되고 있다. 합리적 상황모형은 조직구성의 원리로 목표를 중시하고 있다는 점에서 목표를 경시하는 인구생태모형이나 자원의존모형과 차이가 있으며, 조직은 목표 달성의 실체라는 점을 강조함으로써 조직 주변을 둘러싸고 있는 환경의 성격에 따라서 조직구조가 설정된다는 상황이론(contingency theory)과도 구별된다(Hall, 1996).

합리적 상황모형에 의하면 조직을 움직이는 동력은 목표 달성을 위한 합리성 요인과 동시에 환경적 요인이라고 말할 수 있다. 조직은 목표 달성을 위해 행동을 하지만 목표 달성의 기준이 되는 합리성이 항상 달성된다고 보지 않는다. 오직 시도될 뿐이라는 입장을 가지고 있다. 조직을 움직이게 하는 것은 기회와 위기가 공존하는 환경 속에서 목표 달성을 위해 선택된 결과라고 보고 있다(Drazin & Van de Ven, 1985).

합리적 상황모형도 사회복지기관에 적용될 수 있다. 사회복지기관도 최선의 사회복지 목표를 달성하기 위해 노력하지만 항상 그 목표가 달성되지는 않는다. 오직 시도할 뿐이다. 사회복지기관 역시 주어진 환경을 고려하지 않을 수 없으며, 기관의 행동은 목표 달성과 환경적 요인이 조화를 이루는 점에서 결정된다.

9 교환비용모형

교환비용모형(transaction-cost model)은 상품이나 서비스를 교환하는 과정에서 형성된 틀을 조직으로 본다. 교환비용모형에 의하면 두 사람 사이의 물물 교환이 장구한 역사를 거쳐 시장을 형성한 것처럼 조직도 상품이나 서비스를 교환하는 과정에서 형성된 구조다. 그러한 교환의 결과로서 계층제와 같은 조직의 틀이 형성된다(Hall, 1996).

교환비용모형에서는 조직을 움직이는 동력은 교환이라고 본다. 그 교환의 비용이 사회적인 것이든, 경제적인 것이든 상관하지 않는다. 교환하는 과정에서 조직은 환경과 교류를 하게 되고, 목표 달성의 방법을 모색하게 된다. 이 모형은 사회복지기관에도 적용된다. 사회복지기관에서는 다양한 서비스를 클라이언트에게 제공하는 가운데에서 기관의 목표를 달성할 수 있고, 외부 환경과 교류를 하게 되며, 조직의 틀이 결정된다.

10 기관모형

기관모형(institutional model)에 의하면 조직은 목표 달성을 위한 합리적 과정을 따라 형성되는 것이 아니라 서로 닮아가려고 하는 내외부 압력의 결과로 형성된 구조로 본다(Hall, 1996). 디매기오와 파월(DiMaggio & Powell, 1983)은 기관모형에 의해 조직이 다듬어지는 과정을 3단계로 설명한다. 조직구조가 다듬어지는 첫 단계는 환경으로부터 강제적 힘(coercive power)이 작용한다. 규제나 글로벌 스탠더드

(global standard)와 같은 것을 강제적 힘의 예로 제시할 수 있다. 다음으로 조직은 서로 닮아가려는 노력을 스스로 시작한다. 외부 환경이 불확실할수록 벤치마킹을 통해 닮아가려는 성향이 강하게 나타난다. 마지막 단계가 동형이질(同形異質, isomorphism)의 조직구조로 정착하는 단계다. 이 3단계 과정을 거치게 됨으로써 조직은 스스로의 틀을 가지게 된다는 모형이 기관모형이다.

기관모형에 의하면 조직을 움직이는 동력은 닮아가려는 내외부 압력(internal and external pressure)이다. 사회복지기관도 예외는 아니다. 조직은 끊임없이 변신을 시도한다. 내부 압력에 의해 변화를 시도하기도 하지만 외부로부터의 압력에 의해 변신을 시도한다.

11 요약

하나의 모형에 따라 조직을 설명할 수 없다. 이상에서 논의한 조직이론은 하나의 단면일 뿐이다. 사회복지조직이론은 [그림 10-2]에서와 같이 조직에는 공식적인 단면도 있고, 비공식적인 단면도 아울러 가지고 있다. 조직은 다양한 인간으로 구성된

관료제: 분업과 전문성에 의한 공식적 틀	과학적 관리론: 생산성이나 목표 달성 세트로 형성된 틀	인간관계론: 구성원의 인간관계 구조로 형성된 느슨한 관계	조직 휴머니즘 모형: 욕구 충족의 현장
기관모형: 서로 닮아가려는 내 · 외부의 힘에 의해 형성된 구조	사회복지 조직이론		의사결정이론: 다양한 성향으로 구성된 개인의 연합체
교환비용모형: 상품이나 서비스를 교환하는 과정에서 형성된 구조	합리적 상황모형: 목표 달성뿐 아니라 환경과의 관계에서 형성된 구조	자원의존모형: 환경과의 교류에 의해 형성된 구조	인구생태모형: 환경으로부터 선택된 구조

그림 10-2 사회복지 조직이론: 관료제에서 제도모형까지

욕구 충족의 현장이라는 단면도 있고, 개인의 연합체이기 때문에 합리적인 수준이 아니라 만족한 수준에서 기능을 수행한다는 단면도 있다.

환경과의 관계를 통해 조직을 이해하려는 측면도 있다. 조직은 환경으로부터 선택된 구조에 불과하다는 입장에서 조직이론을 전개한 모형도 있고, 환경으로부터 영향을 받기도 하고 환경을 변화시키기도 하는 양면성을 가지고 있다는 관점에서 이론을 전개한 모형도 있다. 조직은 목표 달성을 위해 움직일 뿐만 아니라, 환경과의 관계 설정도 무시할 수 없다는 관점에서 이론을 전개하는 모형도 있고, 상품이나 서비스를 교환하는 과정에서 형성된 구조라는 단면을 강조한 모형도 있다. 기관모형에서 주장하고 있는 것처럼 조직은 서로 닮아가려는 내외부의 힘에 의해 끊임없이 변화하고 토착화되는 성향도 동시에 가지고 있다.

제 3 절 조직구조

1 조직구조의 개념

조직구조는 조직을 구성하는 틀을 의미한다. 어느 조직이든 대체로 조직구조는 수직적으로는 계층제를 유지하고 있으며, 수평적으로는 통솔 범위가 설정되어 있다. 조직구조의 수직적인 관계를 보면 명령 통일이 가능하도록 구성되어 있고, 수평적으로는 전문성이나 분업에 따라 나뉘어 있음을 알 수 있다. 수평적으로 분업이나 전문성을 기초로 조직구조가 분화되어 있는 만큼 공동의 목표를 추진할 수 있도록 통합 조정의 기능도 조직구조에 용해되어 있다. 이 같은 바탕 위에서 권한에 준하는 책임이 부여됨으로써 조직의 역학 관계가 설정된다.

조직이론이 조직의 단면을 이해하는 데 도움을 주는 영역이라면 조직구조는 조직이 내부적으로 운영되는 과정을 이해하는 데 도움을 준다. 조직의 내부 운영 과정에서는 다양한 조직 행태가 표출된다.

2 조직역학

조직구조를 보면 조직역학(dynamics of organization)을 가늠할 수 있다. 조직역학의 구성 요소는 커뮤니케이션, 통합 조정(coordination), 계선과 참모의 기능, 집권과 분권, 계층제구조가 고려되어야 한다(Gordon, 1982).

1) 커뮤니케이션

커뮤니케이션은 메시지를 주고받는 과정을 의미한다. 조직의 움직임을 파악할 수 있는 요인이다. 커뮤니케이션은 위에서 아래로 일방향만으로 이뤄지지 않는다. 아래에서 위로도 커뮤니케이션이 가능하다. 조직 내에서의 상급자가 하급자에게 명령 형식으로 의사를 전달하는 것도 커뮤니케이션이고, 하급자가 상급자에게 건의 형식으로 의사를 전달하는 것도 커뮤니케이션이다. 전자를 하향식 커뮤니케이션(downard communication)이라고 하고, 후자를 상향식 커뮤니케이션(upward communitcation)이라고 한다.

공식적 과정을 거쳐서 의사를 주고받는 것만을 커뮤니케이션이라고 하지 않는다. 친소 관계에 따라서 비공식적인 자리에서 은밀하게 주고받는 것도 커뮤니케이션의 일종이다. 조직 내부에는 부장이나 과장과 같은 공식조직(formal organization)이 있고, 사적인 인간관계에 의해 형성된 비공식 그룹(informal group)도 있다. 공식적 커뮤니케이션(formal communication)은 공식조직의 선을 따라 의사를 주고받는 과정을 의미하고, 비공식 커뮤니케이션은 비공식 그룹의 선을 따라 의사를 주고받는 과정을 말한다.

사회복지조직에서도 커뮤니케이션은 일상생활화되어 있다. 사회복지사는 일상의 업무에 대해 선임 사회복지사에게 보고하는 공식적 커뮤니케이션 기능을 수행하기도 하지만 클라이언트와의 관계에서 발생한 일상의 문제들에 대해 의견을 주고받는 비공식 커뮤니케이션 기능을 수행하기도 한다.

2) 통합 조정

통합 조정은 다양하게 분화된 업무를 공동 목표나 공동 이익이라는 이름으로 묶는 과정을 의미한다. 역시 조직역학의 중요한 요인이다. 통합 조정을 함으로써 조직의 행동에 일관성(consistency)을 유지할 수 있다. 통합 조정에는 두 가지 유형이 있다. 하나는 수직적 통합 조정(central coordination)이고, 다른 하나는 수평적 통합 조정(lateral coordination)이다. 수직적 통합 조정은 집권적 통합 조정이라는 말로 대신할 수 있고, 수평적 통합 조정은 상호조정(mutual adjustment)이라는 말로 대신할 수 있다.

수직적 통합 조정은 상급자가 하급자들의 의견을 조정하는 과정을 의미한다. 하급자의 업무는 분업을 중심으로 분리되어 있기 때문에 자신이 담당하고 있는 분야를 제외하고는 이해가 부족하다. 상급자가 분업화되어 있는 하급자의 업무를 조직의 공동 목표에 맞춰 조정하는 기능을 수직적 통합 조정이라고 한다. 수평적 통합 조정은 분업화되어 있는 전문 분야를 담당하는 구성원들 스스로가 의견을 조율하는 과정을 의미한다. 상급자가 조정하지 않더라도 담당 분야의 조직구성원들은 협의나 협상 과정을 거쳐 업무 조정을 하기도 한다. 이것이 수평적 통합 조정이다.

사회복지조직에서도 수직적 통합 조정과 수평적 통합 조정 기능을 수행한다. 노인복지, 장애인복지, 아동복지 등을 담당하는 담당 사회복지사 사이에 의견 대립이나 업무 중복과 같은 문제가 발생할 경우가 있고, 이 경우 선임 사회복지사가 업무에 대한 조정 역할을 하는 것이 수직적 통합 조정이며, 담당 사회복지사 사이의 의견 조율이나 협의를 통해 업무 조정을 하는 것이 수평적 통합 조정이다. 사회복지조직의 일상에서도 통합 조정이 필요하다.

3) 계선과 참모

조직은 계선 기능(line function)과 참모 기능(staff function)을 동시에 가지고 있다. 계선과 참모 역시 조직의 동태성을 파악하는 요인이다. 계선 기능은 조직 내에서 의사결정을 직접 할 수 있는 기능을 의미하며, 참모 기능은 의사결정을 직접 할 수는 없지만 의사결정에 영향을 미치는 업무를 수행하는 기능을 의미한다. 대표적인 참모 기능을 제시하면 기획, 연구, 자문을 들 수 있다. 조직에는 계선과 참모 기능 외에도 보조 기능(auxiliary function)이 있다(White, 1948). 계선 기능 담당자를 위해 전화를 받고, 스케줄을 담당하며, 문서를 수발하는 등의 업무를 수행하는 기능을 의미한다. 사회복지조직에서도 계선 기능과 참모 기능이 공존하며, 보조 기능을 담당하는 구성원이 있다.

4) 집권과 분권

집권(centralization)은 의사결정권과 집행권이 조직의 최고관리자에게 집중되어 있는 조직구조를 의미하고, 분권(decentralization)은 집권과 반대로 의사결정권과 집행권이 하급 직원에게 분산되어 있는 조직구조를 의미한다. 집권과 분권 역시 조직의 역학 관계를 설명하는 중요한 요인이다. 집권적 조직구조를 가지고 있을 경우 하향식 커뮤니케이션과 수직적 통합 조정이 보편적인 현상이 되고, 분권적 구조를 가지고 있을 경우 상향식 커뮤니케이션과 수평적 통합조적이 보편적 조직 행태로 자리잡는다. 사회복지조직에서도 집권적 성향을 가진 조직이 있고, 분권적 성향을 가진 조직이 있고, 어느 성향이 더 강하게 나타나느냐에 따라 조직의 역학 관계가 달라진다.

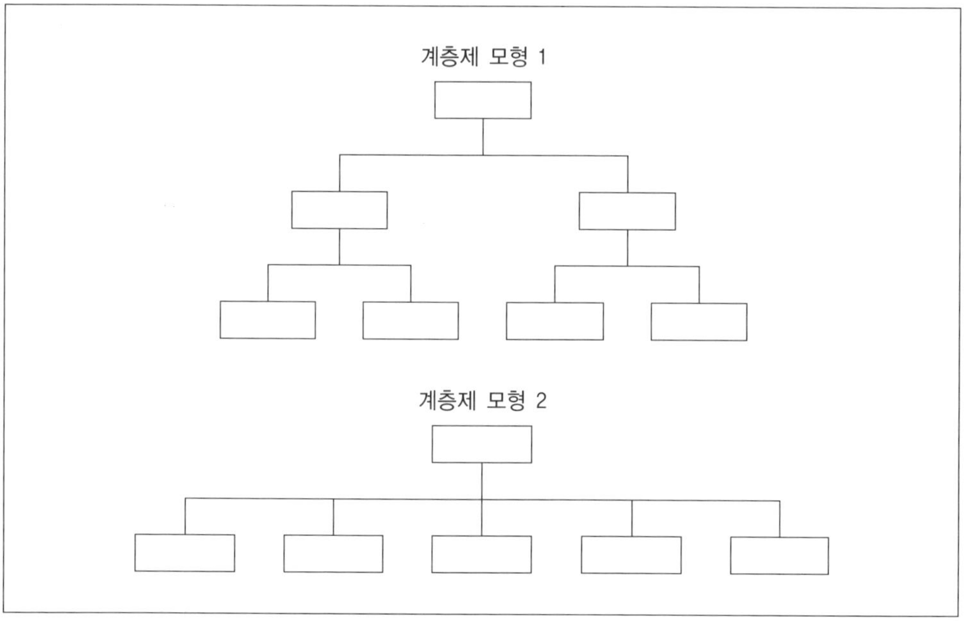

그림 10-3 계층제의 조직모형

5) 계층제 구조

계층제(hierarchy)는 조직 내에서 상급자와 하급자는 수직적인 관계를 의미한다. 계층제는 단절된 수직 관계가 아니라 체인이나 사다리처럼 연결된 수직구조로서의 성격을 갖는다. [그림 10-3]과 같이 조직은 수직적 관계를 결정하는 층이 많으면 뾰족한 구조를 가지게 되고, 수직적인 관계를 결정하는 층이 적고 수평적 통솔 범위가 넓으면 편편한 구조를 가지게 된다.

사회복지조직도 계층제 조직구조를 가지고 있다. 해당 기관의 업무 성격이나 조직을 이끌고 가는 리더의 가치관에 따라서 뾰족한 계층제로 정착할 수도 있고, 편편한 계층제가 될 수도 있다.

3 조직구조의 유형

전통적으로 조직의 대표적인 구조는 계층제 구조였다. 그러나 계층제 조직구조는 환경 변화에 적응하는 과정을 거치면서 새로운 모습을 드러내기 시작했다. 프로젝트 조직(project organization)과 매트릭스 조직(matrix organization)이 그것이다.

1) 계층제 조직

계층제 조직은 [그림 10-4]와 같이 사다리꼴 모양을 가지고 있다. 최고관리자(top)는 직속 부하에 해당되는 X와 Y를 통해 명령을 내린다. X는 M과 O에게 명령을 내리고 그 명령을 A, B, C, 그리고 D에 전달된다. Y는 N과 P를 통해 E, F, G, 그리고 H에게 전달한다. 전달된 명령에 대한 해답도 역의 과정을 거쳐 최고관리자에게 전달되는 특성을 가진다. 보고 라인도 분명하기 때문에 M이나 O는 직접 최고관리자에게 보고하지 않고, 반드시 X를 거쳐 보고하도록 되어 있다. 계층제 조직은 일사불란하게 명령을 전달하는 데는 문제가 없고, 수직적 통합 조정에도 문제가 없지만 상향식 커뮤니케이션이 원활하지 못하거나 조직 단위가 다른 곳에서 일할 경우 수평적 통합 조정이 용이하지 않다. 예컨대, A와 C가 업무 협조를 하고자 한다면 두 사람이 만나서 업무 협조를 상의하는 것이 아니라 각자는 직속 상관인 M과 O에게 보고를 해야

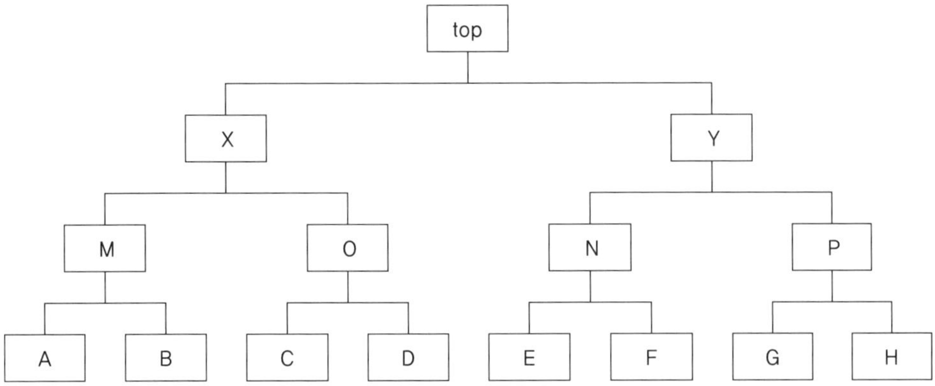

그림 10-4 계층제 조직

하고, M과 O는 그들의 직속 상관인 X의 결정을 기다려 업무 협조를 할 수밖에 없는 조직구조를 가지고 있다.

계층제 조직은 명령의 통일을 유지하기에는 효과적인 구조를 가지고 있지만 조직이 다뤄야 할 문제가 복잡해지고, 한 사람의 담당자가 아니라 공동으로 수행해야 할 일이 많아지는 경우에는 수평적 통합 조정이 용이하지 않아 비효과적일 가능성이 있다. 사회복지조직에서도 다를 바 없다.

2) 프로젝트 조직

계층제 조직구조를 가질 경우 수평적 통합 조정이 용이하지 않다는 문제는 전문가 조직에서 더욱 심각하게 나타난다. 전문가 조직에서는 상하간의 관계보다는 다양한 전문성을 가지고 있는 동료들 간의 수평적 통합 조정이 더욱 중요한 역할을 한다. 이 경우에는 계층제가 조직의 효율성을 떨어뜨리는 요인으로 작용하게 된다. 이 문제를 해결하기 위해 조직은 프로젝트 팀이라는 일종의 임시조직을 활용하게 된다. 특정 사안을 해결하기 위해 부처의 경계를 두지 않고 다양한 전문성을 가진 구성원을 팀으로 조직해 그 사안이 해결될 때까지 운영하도록 하는 조직을 의미한다. 이 경우에는 조직구성원의 관계가 수직적인 관계라기보다는 수평적인 관계에서 운영된다. 비록 상급자 한 사람이 팀을 주도한다고 하더라도 상명하복의 관계가 아니라 전문성을 가진 팀원으로서 역할을 하며 상급자는 조정자 역할을 수행하는 권한을 행사할 뿐이다.

팀장	팀원			
M	B	D	F	H

그림 10-5 프로젝트 조직

예컨대, [그림 10-4]에서 B, D, F, 그리고 H를 차출해 하나의 프로젝트 팀을 구성하고, M으로 하여금 팀장을 맡아서 운영하는 구조를 가지도록 한다면 그것이 프로젝트 조직이다. 프로젝트 조직은 계층제 조직을 그대로 운영되도록 하고 M을 팀장으로 하는 임시 조직을 의미한다. [그림 10-5]가 프로젝트 조직의 한 예다.

정부에서는 다양한 위원회 형태의 프로젝트 팀이 운영되기도 한다. 노령화사회 대책 프로젝트 팀과 같은 팀을 그 사례로 제시할 수 있다. 팀장은 보건복지부와 같은 정부부처에서 맡을 수도 있고 학계와 같은 외부 전문가가 맡을 수도 있다. 팀원은 보건복지부, 노동부, 기획예산처, 그리고 산업자원부에서 위촉해 정책결정과 더불어 예산집행에서도 차질이 발생하지 않도록 다양한 전문가가 자신의 역할을 수행할 수 있다. 이 팀은 고령화사회 대책을 수립하고, 예산편성뿐만 아니라 집행계획까지 완성한 후에 자신의 부처로 돌아와 예전과 같은 업무를 수행한다.

프로젝트 조직은 임시조직이라는 점에서 한계가 있다. 임시조직으로서 일정한 역할을 수행하고 해체되는 특성을 가지고 있기 때문에 끝까지 프로젝트 조직에서 제안한 정책이 집행되지 않거나 변질될 가능성이 있다는 문제점을 가진다.

3) 매트릭스 조직

매트릭스 조직은 프로젝트 조직을 임시조직이 아니라 공식조직으로 전환할 경우에 나타나는 조직이다. 계급에 의해 조직이 그려지지 않고, 전문성을 기초로 조직이 그려진다. 전문성이 조직구조의 중요한 요인으로 역할을 하기 때문에 민주적 의사결정이 조직의 동력으로서 작용한다. 권한도 당연히 전문성을 가진 조직구성원에게 할당되어 있다(Barber, 1970). 매트릭스 조직의 좋은 사례로 미국의 NASA 조직을 제시하고 있다.

매트릭스 조직은 행렬식 조직이라고도 한다. 계층제 조직은 모두 상하 관계에 의해 구조화되어 있기 때문에 업무 내용이 달라도 조직구조는 같다. 매트릭스 조직은 제조, 판매, 재무, 노동 등 직능을 종축으로 하는 계층제에 서비스나 제품별로 횡축을 첨가하는 형태의 조직이다. [그림 10-6]에서 볼 수 있듯이 노인복지 프로젝트 팀에서 손발을 맞추던 전문인력, 가족복지 프로젝트 팀에서 함께 일하던 사회복지 인력, 그리고 정신보건사회복지 프로젝트 팀에서 활동하던 구성원이 임시조직이 아니라 하나의 공식적인 조직으로 활동하게 되는 경우를 말한다. 각 팀에는 예산, 정보화, 클라이언트 지원, 상담 및 교육 등의 서비스가 제공된다.

행정관리	노인복지	가족복지	정신보건사회복지
예산			
정보화			
클라이언트 지원			
상담 및 교육			

그림 10-6 매트릭스 조직

4 사회복지 조직구조

현장감을 높이기 위한 대표적 사회복지조직으로 세 가지를 선정했다. 복지관 조직구조를 선택했고, 4대 사회보험 중 하나인 국민연금관리 조직을 선택했으며, 마지막으로 보건복지부의 조직구조를 제시하고자 한다.

종합사회복지관 중에서 신라대학에서 운영하는 복지관의 조직에 대해 살펴보면 관장, 부장, 그리고 5개팀으로 구성되어 있다. 대규모 조직이 아니어서 그런 면도 있지만 계층구조가 강조된 조직이 아니라는 점을 알 수 있다. [그림 10-7]에서 볼 수 있듯이 계층구조보다는 가족복지. 케어복지, 통합복지, 사회복귀 등과 같은 전문 영역을 기반으로 조직구조가 형성되어 있음을 알 수 있다. 조직구조는 계선 기능과 참모 기능으로 구성되어 있다. 관장, 부장, 5개팀은 계선조직이고, 운영자문위원회는 참모 기능을 하는 조직이다. 전문성을 가지고 있는 계선조직의 역할이 강조되고 있음을 알 수 있다.

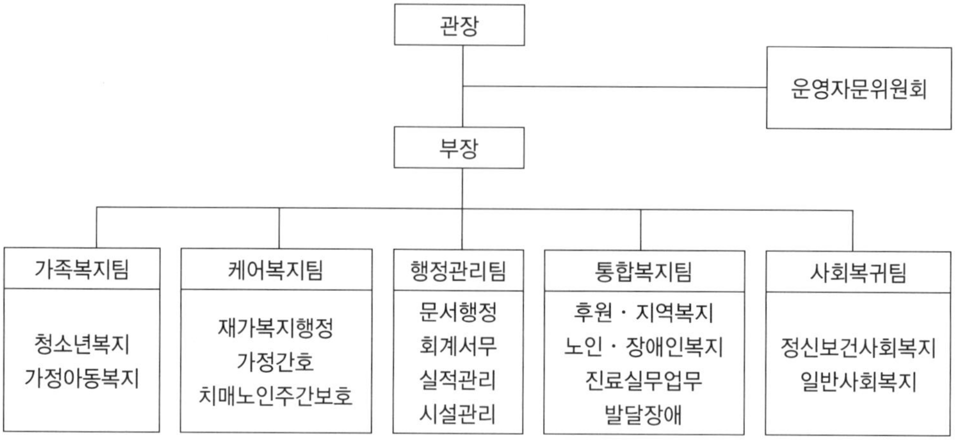

그림 10-7 복지관 조직구조

자료: 사직종합사회복지관(http://lotus.silla.ac.kr/~welfare).

국민연금관리공단은 1987년 10월 설립된 후 국민연금 적용 대상의 확대와 특례노령연금 지급, 농어촌지역 국민연금 확대 실시 등 조직 발전의 계기가 여러 차례 있었다. 2012년 현재 11실, 1연구원, 1기금운용본부, 91개 지사, 4개 센터, 50개 상담소에 총 4,380여 명의 임직원이 근무하고 있다.

국민연금관리공단의 조직구조도 계선 기능과 참모 기능으로 편성되어 있다. 이사장, 3명의 이사, 그리고 이사 아래에 있는 실장과 본부장 및 센터장으로 이어지는 계선조직을 가지고 있다. 기획이사 아래에는 기획조정실, 인재경영실, 총무지원실, 홍보실이 있고, 업무이사 아래에는 고객지원실, 가입지원실, 연금급여실, 장애인지원실, 정보시스템실, 그리고 기초노령연금지원센터와 4대 사회보험정보연계센터가 있다. 기금이사의 경우에는 아래에 기금운용본부장을 두고 있다. 이사장의 참모조직은 3개가 있다. 조직도 상으로는 비서실만이 참모조직으로 보이나, 실제로는 국민연금연구원과 준법감시인이 참모조직의 역할을 한다. 감사실을 밑에 두고 있는 감사는 본부조직 내에 있으나 업무의 특수성에 따라 이사장을 중심으로 하는 계선에 있지 않고 독립적으로 운영되고 있음이 눈에 띈다.

외형적으로 나타난 국민연금관리공단의 조직구조의 특성은 이사장, 이사, 실장과 본부장 및 센터장으로 계층제 구조를 가지고 있다. 감사 아래에 있는 감사실이 따로

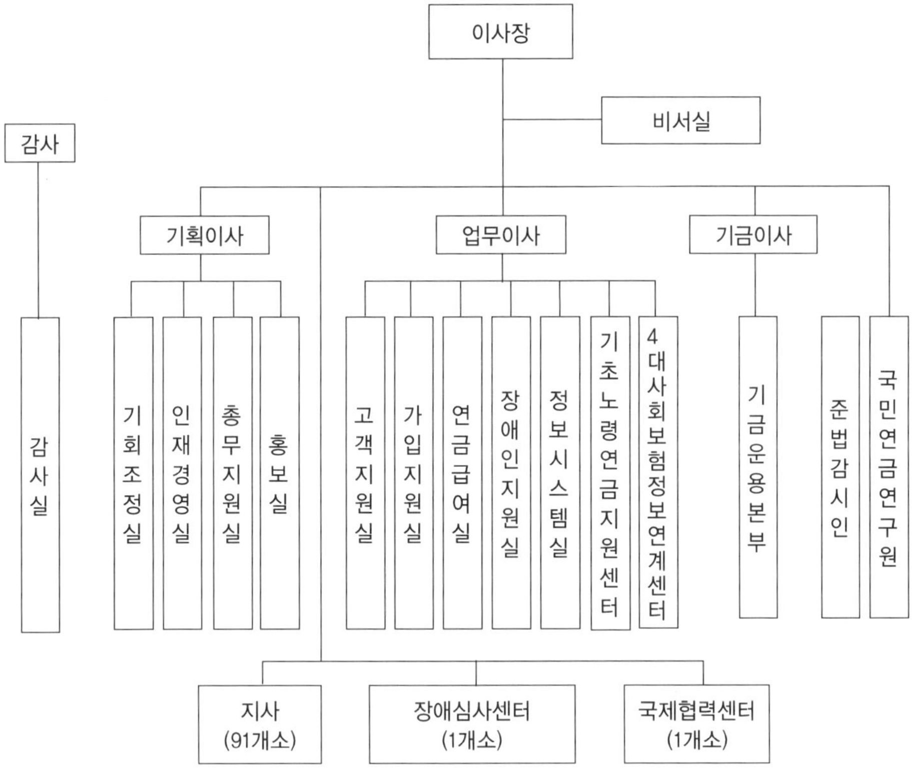

그림 10-8 국민연금공단 조직구조

떨어져 있기는 하지만 그 외 모든 기능이 이사장 휘하에 있어 이사장에게 권한이 집중된 조직구조를 가지고 있다.

보건복지부는 사회복지의 축을 담당하고 있는 중앙부처다. 장관-차관-실·국장-과장-계장과 같은 계선조직의 축이 되어 구성되어 있다. 계 단위까지 정리하기가 너무 많기 때문에 과 단위까지만 정리하면 [그림 10-9]와 같다.

보건복지부의 계선조직은 [그림 10-9]와 같이 장관 → 차관 → 실장 → 국장 → 과장을 잇는 선상의 조직이다. 장·차관 아래에 실장급으로서 기획관리실장과 사회복지정책실장이 있고, 국장급으로는 비상계획관, 기초생활보장심의관, 가정복지심의관, 장애인복지심의관, 보건정책국장, 그리고 건강증진국장이 있다. 기획관리실 아래에는 계선조직으로 기획예산담당관 등 6개 과가 있다. 기초생활보장심의관 아래에는 복지

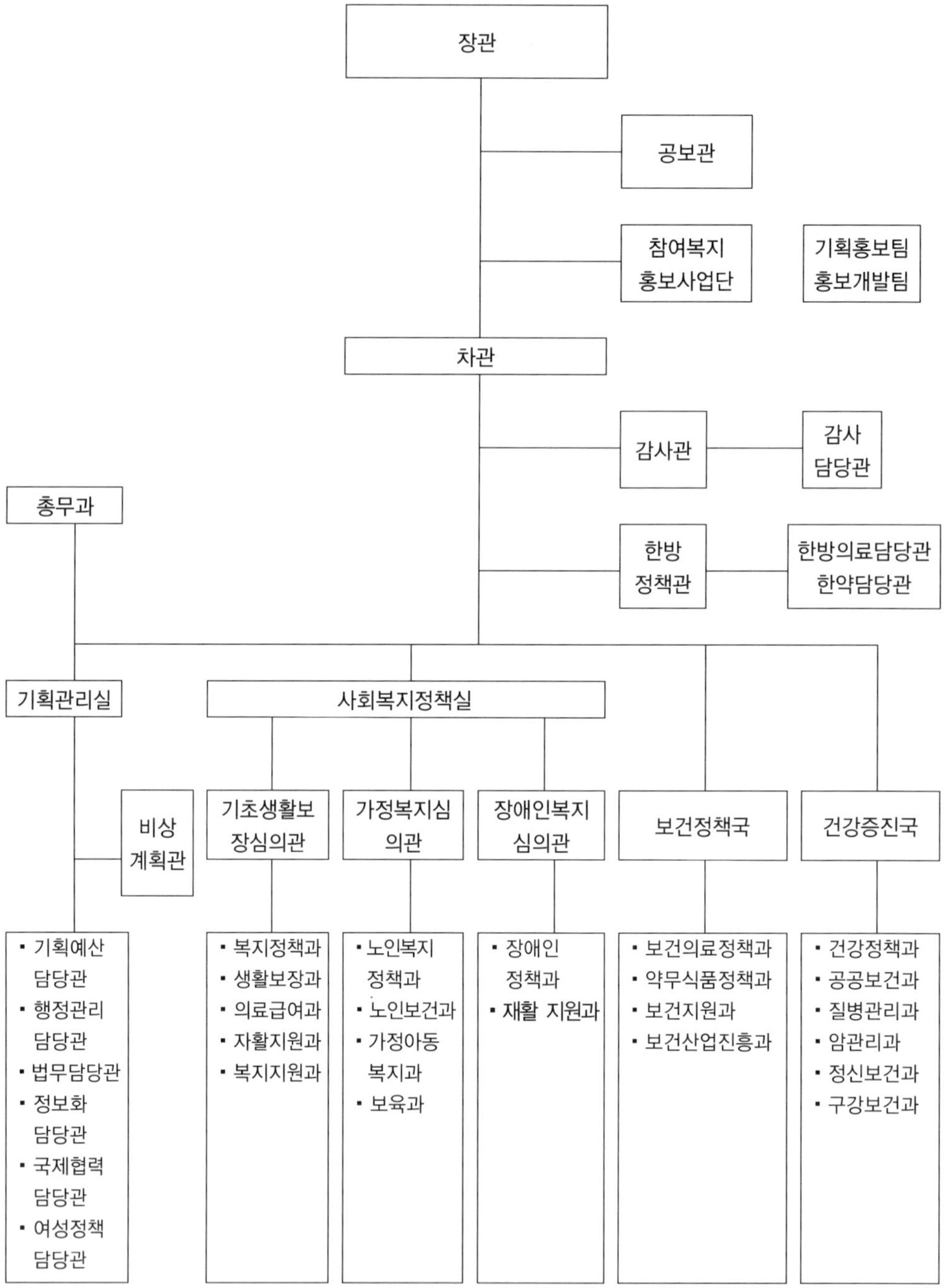

그림 10-9 보건복지부 조직구조

정책과를 포함한 5개 과가 있고, 가정복지심의관 아래에는 노인복지정책과를 포함해 4개 과가 있으며, 장애인복지심의관 아래에는 장애인정책과를 포함해 2개 과가 있다.

보건정책국 아래에는 계선조직으로서 보건의료정책과를 포함해 2개 과가 있고, 건강증진국에는 건강정책과를 포함해 6개 과가 있다. 참모조직으로서 장관 아래에는 공보관과 참여복지홍보사업단이 있고, 차관 아래에는 감사관과 한방정책관이 있으며, 기획관리실 아래에는 국장급으로 비상계획관이 있다.

제 4 절 리더십

1 개념

조직은 목표 달성을 향해 항상 스스로 움직이지는 않는다. 다양한 가치관과 다양한 욕망을 가진 개인으로 구성되어 있기 때문에 조직을 이끌고 가는 중심 세력이 없으면 표류할 가능성이 있다. 크게는 국가도 하나의 거대 조직이라는 점에서 그 중심 세력이 있어야 국정이 표류하지 않고 안정적으로 운영될 수 있듯이 사회복지기관과 같은 작은 조직이라고 하더라도 중심 세력이 있어야 조직은 목표 달성을 효과적으로 할 수 있다.

조직을 이끌고 나가는 힘은 여러 곳에서 찾을 수 있지만 그 중에서 가장 중요한 것은 리더십이다. 리더십은 주어진 상황에서 조직의 목표 달성을 위해 개인이나 그룹의 활동에 영향을 미치는 과정을 말한다. 리더십에 영향을 미치는 요인을 세 가지로 나눠 설명할 수 있다. 리더십은 개인이나 그룹의 활동을 이끌고 나가는 리더(leader)의 능력이나 자질에 따라 달라질 수 있다. 리더십은 리더만의 것이 아니라 리더를 따르는 추종자(follower)나 부하가 어떤 행동을 보이느냐에 따라 달라진다. 마지막으로 리더십은 상황(situation)에 따라 달라질 수도 있다. 따라서 리더십은 아래의 공식과 같이 리더, 추종자, 그리고 상황과 함수 관계에 있음을 알 수 있다(Heersey & Blanchard, 1982).

$$\text{리더십} = f(\text{l, f, s})$$
$$(\text{l = leader, f = follower, s = situation})$$

리더십은 조직구성원에게 영향을 미친다는 의미에서 권력(power)과 유사하다. 그러나 두 개념은 본질적으로 다르다. 권력 행사는 힘을 가진 사람에게서 상대방에게 명령이나 지시가 전달되는 일방향성을 가지고 있지만 리더십은 리더의 영향력뿐만 아니라 조직구성원, 혹은 추종자의 수용 태도에 따라 달라질 수 있다는 점에서 차이가 있다. 물론 리더가 권력을 가지고 있을 경우에는 리더십의 유형이 변할 수는 있지만 권력 그 자체가 리더십은 아니다.

리더가 가지는 권력의 기반은 다양하다. 전문성을 권력 기반으로 하는 전문적 권력(expert power), 주변에 있는 여러 지지자 혹은 옹호자를 권력 기반으로 하는 지지적 권력(referent power), 법에 의해 부여되는 권력을 기반으로 하는 합법적 권력(legitimate power), 보상 제공을 기반으로 하는 보상적 권력(reward power), 강제력 행사를 기반으로 하는 강제적 권력(coercive power), 조직구성원들의 욕구에 의해 형성되는 상향식 권력(upward power), 그리고 동료들의 지원을 기반으로 하는 수평적 권력(lateral power)이 있다. 리더는 개성에 따라 다양한 권력 기반을 선별적으로 활용하기도 하고, 상황에 따라 다르게 선택하기도 한다.

2 리더십이론

리더십이론은 리더의 자질을 강조하는 자질론(trait approach)과 리더십은 상황에 따라 변하며 유동적이라는 상황론(situational apporach)이 양 축을 형성하고 있지만 행태론적 접근법(behavioral approach)이 리더십 연구에 활용되면서 효과적 리더십(effective leadership)에 대한 연구로 발전했다.

리더십 연구도 제8장에서 다룬 사회복지관리 일반이론과 그 맥을 같이한다. 리더십은 인간관계론의 대두 이후에 본격적으로 연구되기 시작했으나 과학적 관리론에서도 리더에 대한 관심을 가지기 시작했다. 리더의 역할이 생산성 향상이라는 조직의 욕구(organizational need)에 관련된 것이라는 전제가 인간관계론과 차이가 있을 뿐이었다. 인간관계론에서는 리더의 관심은 개인의 욕구(individual need)였다. 리더십 연구는 1940년대 행태론적 접근법이 자리를 잡으면서 그 전성기를 맞았다.

1) 자질론과 상황론

리더십 이론은 리더십, 즉 지도력이 어디에서 비롯되는지를 중심으로 형성되어 있다. 이에는 두 가지 접근법이 있다. 하나는 자질론이고 다른 하나는 상황론이다. 리더는 외모, 성격, 그리고 그 사람의 배경에 의해 결정되는 것이라고 보는 이론이 자질론이고, 리더는 상황에 따라 다르며, 시대가 리더를 만들어내는 것이라고 보는 이론이 상황론이다.

경험적으로 보면 리더는 자질론이나 상황론 하나만으로 설명할 수는 없다. 전통사회에서는 자질론이 더욱 설득력이 있었다. 외모나 집안의 배경이 리더가 되는 데 더 중요한 요인이었다. 좀 더 현대적 의미의 사회에서는 상황론이 더 설득력 있는 리더십 이론으로 인정을 받을 수 있지만 자질이나 상황 하나만으로 리더십을 설명할 수 없다. 자질과 상황은 모두 리더십을 구성하는 한 요인으로 이해해야 한다.

2) 행태론적 접근법

리더십에 대한 행태론적 접근법은 1940년대에 대두되었다. 리더십을 자질론이나 상황론으로 설명하려는 것은 일종의 규범적 접근법(normative apporach)일 수밖에 없다는 비판이 일자 경험론적 관점에서 리더십을 연구하려는 움직임이 일기 시작했다. 그 움직임의 중심에 행태론적 접근법이 위치하면서 경험적으로 리더십 연구가 그 모습을 갖췄다.

리더십에 대한 행태론적 접근법은 효과적 리더십(effectiveness)의 결정 요인이나 유형을 탐색하려는 쪽으로 발전했다. 타넨바움과 쉬미트(Tannenbaum & Schmidt, 1957; 1973)의 연구, 미시간 리더십 연구(Michigan Leadership Studies), 그룹 다이내믹 연구(Group Dynamics Studies), 그리고 오하이오 주 리더십 연구(Ohio State Leadership Studies) 등이 행태론적 접근법의 주류를 형성했다.

3 유형

1) 강제적 리더십과 지지적 리더십

리더십의 유형에 관해 다양한 접근법이 있다. 버나드(Barnard, 1938)는 조직구성원을 움직이게 하는 수단에 따라 강제적 리더십(coercive leadership)과 지지적 리더십(supportive leadership)으로 분류한다. 강제적 리더십은 감봉이나 정직과 같은 벌칙을 수단으로 조직구성원을 움직이게 하는 리더십의 유형을 말하고, 지지적 리더십은 승진이나 승급과 같은 보상을 전제로 부하를 움직이는 유형을 의미한다. 어느 조직에서든 두 유형의 리더십이 공존한다. 사회복지조직에서도 지지적 리더십만이 존재하는 것은 아니다. 강제적 리더십이 두드러진 사회복지조직도 얼마든지 있다.

2) 권한과 재량의 범위에 따른 의사결정 유형

타넨바움과 쉬미트는 리더십 행태를 연속선상에서 놓고 분석했다. 리더십 유형은 상관의 권한과 부하의 재량이라는 두 변수에 의해 결정된다는 입장에서 연구를 시작했다. 타넨바움과 쉬미트는 의사결정에서 리더가 어느 정도로 권한 행사를 하고, 부하가 어느 정도 재량권을 가지느냐에 따라 [그림 10-10]과 같이 7단계로 분류했다.

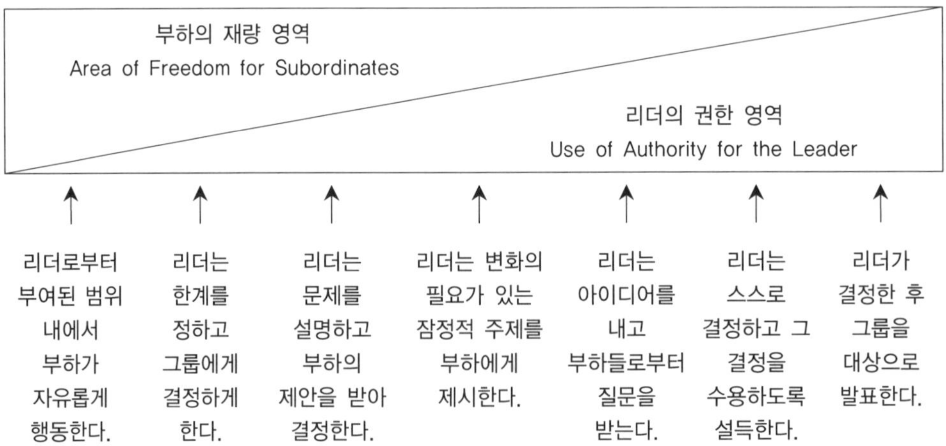

그림 10-10 권한과 재량 범위에 따른 의사결정 모형

그림에서 오른쪽으로 갈수록 리더의 권한이 강화되고, 왼쪽으로 갈수록 부하의 재량권이 강화되는 특징을 가진다. 맨 오른쪽은 리더의 권한이 가장 확대된 모형으로서 리더가 일방적으로 결정해 발표하는 형태를 취하지만, 맨 왼쪽은 부하의 권한이 가장 확대된 모형으로서 리더에 의해 부여된 권한의 범위 내에서 부하가 재량으로 결정을 할 수 있는 자유방임적 모형이다. 사회복지조직에서도 권한과 재량의 관계에 따라 리더십 유형이 다르게 나타난다.

3) 권위적 리더십, 자유방임적 리더십, 민주적 리더십

타넨바움과 쉬미트의 리더십 연구는 레빈(Kurt Lewin)과 그의 동료(Cartwright & Zander, 1960)에 의해 구체화되었다. 레빈은 그룹 다이내믹 연구의 창시자다. 오하이오대학에 재직 중이던 그는 리더십 유형과 효과적 리더십의 상관관계에 대해 연구했다. 권위적 리더십(authoritarian leadership)은 리더의 권한이 강조되는 유형으로서 성격을 가지며 자유방임적 리더십(laissez-faire leadership)은 부하의 재량이 강조되는 유형이고, 민주적 리더십(democratic leadership)은 부하의 참여에 의해 리더가 의사결정을 하는 유형으로서 참여형 리더십이라고 지칭되기도 한다.

레빈은 경험적 연구 결과 세 유형의 효과성을 검증했다. 권위적 리더십이 가장 효과적이며, 자유방임적 리더십이 가장 비효과적이라는 사실을 발견했다. 그러나 리더가 현장에 없을 경우에는 민주적 리더십이 가장 효과적이라는 사실도 밝혀냈다.

4) 일 중심의 리더십과 관계 중심의 리더십

미시간 리더십 연구는 종래의 연구와는 다른 시각에서 리더십 행태에 대해 연구했다. 일과 부하 직원을 대하는 행태에 따른 유형 연구를 시작했다. 그 결과 생산성 중심(production orientation)의 리더십과 근로자 중심(employee orientation)의 리더십으로 유형을 분류할 수 있었다(Katz, Maccoby, & Morse, 1950).

[그림 10-11]에서와 같이 생산성 중심의 리더는 일의 성격을 파악함으로써 조직구성원에 대한 통제권을 장악하면서 조직의 목표를 달성한다는 리더십 유형이며, 근로자 중심의 리더는 근로자와의 인간관계를 통해 조직의 목표를 달성하도록 한다는 리더십 유형이다. 생산성 중심의 리더십은 일 중심(work orientation)의 리더십, 혹은 구조 중심(structure orientation)의 리더십으로 지칭되기도 하고, 근로자 중심의 리

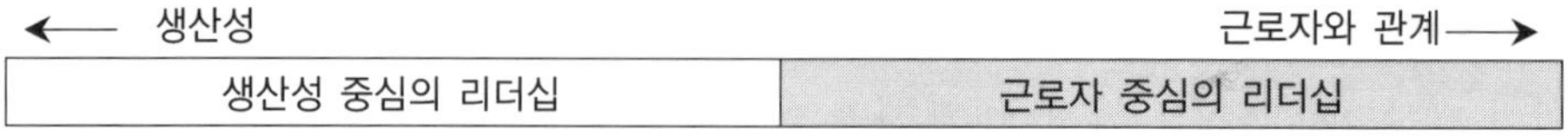

그림 10-11 일 중심과 관계 중심의 리더십

더십은 관계 중심(relation orientation) 리더십이나 인정 중심(consideration orientation)의 리더십으로 지칭되기도 한다.

오하이오 주 리더십 연구에서는 구조 중심의 리더십과 인정 중심의 리더십이라는 용어를 사용했다. 또한 미시간 연구와는 달리 리더십의 유형을 일과 근로자 양축을 중심으로 하여 분류하지 않고 4개 유형으로 분류했다. 오른쪽에서 시계 방향으로 설명하면 일과 인정을 함께 강조하는 리더십 유형, 일은 강조하지만 인정을 경시하는 리더십 유형, 일과 인정 모두 경시하는 리더십 유형, 그리고 일은 경시하지만 인간관계는 강조하는 리더십 유형이 있다는 사실을 경험적으로 정리하고 있다. 그러나 어느 유형이 효과적 리더십이라는 사실에 대해서는 밝혀내지 못했다.

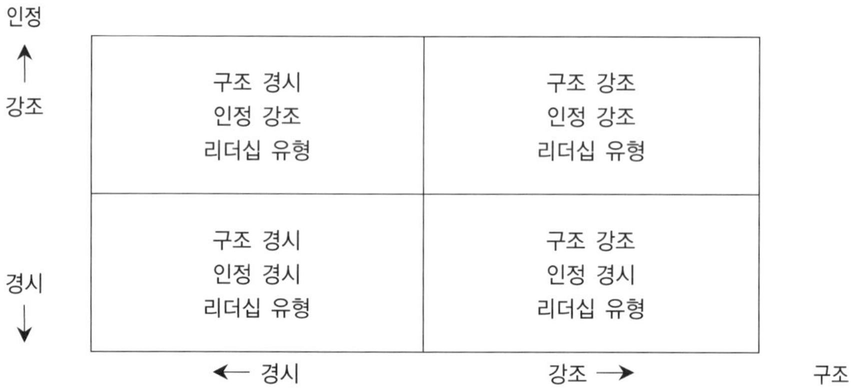

그림 10-12 오하이오 리더십 유형

5) 관리 그리드 모형

오하이오 리더십 연구는 블레이크와 머튼(Blake & Mouton, 1964)에 의해 관리 그리드(Managerial Grid) 이론으로 발전한다. 이 이론에서는 리더십 유형을 다섯 가지로 분류한다.

인간관계와 일 모두를 강조하는 모형은 팀(team) 모형으로 지칭된다. 인간관계도 최고점인 9점 정도로 강조하고 있고, 업무에 대해서도 최고 점수인 9점 정도로 강조하고 있다. 업무 수행에 적극적인 사람들로 구성되어 있을 뿐만 아니라 조직구성원 사이의 공동 이익도 함께 존재하기 때문에 신뢰 관계와 상호 존중도 함께 강조되는 리더십 모형이다.

인간관계는 경시하고 업무만 강조하는 모형은 업무(task) 모형으로 지칭된다. 조직의 효율성은 인간관계의 불합리를 최소화시킬 때 가능하다는 입장에 있는 리더십 모형이다.

인간관계와 업무 모두 경시하는 모형은 무력화(impoverished) 모형으로 지칭된다. 일을 처리하는 데 요구되는 최소한의 노력이 조직구성원을 지원하는 데 가장 적절하다고 보는 리더십 모형이다.

컨트리 클럽(country club) 모형은 업무에 대해서는 최소한의 노력을 기울여도 조직구성원의 인간관계에 집중해 관리를 하면 목표가 달성된다는 입장이다.

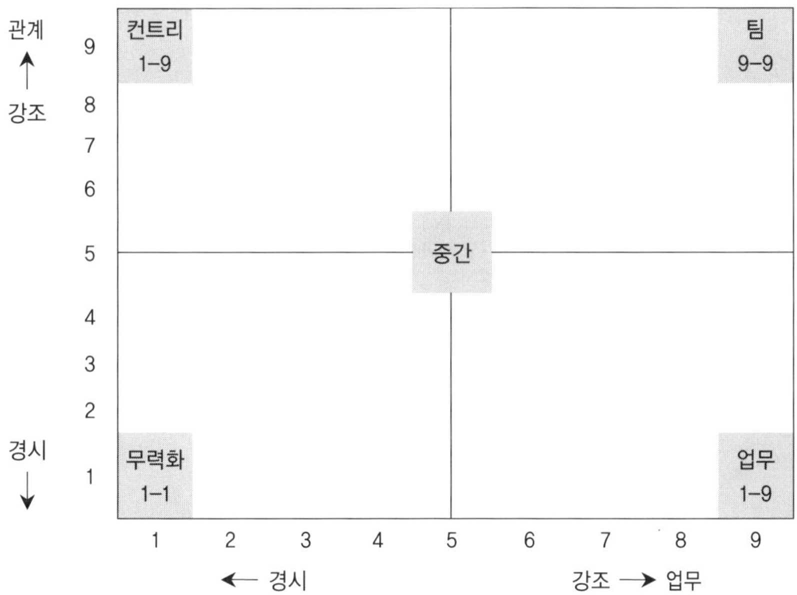

그림 10-3 관리 그리드 모형

끝으로 중간길(middle road) 모형이 있다. 업무와 인간관계의 균형을 강조하는 모형을 의미한다.

블레이크와 머튼도 다섯 가지 유형 중에서 어느 것이 가장 효과적인 리더십이라고 지칭하지 않았다. 환경 변수에 따라 다르다고 주장한다. 환경 변화에 따라 팀모형이 가장 효과적일 수도 있고, 무력화 모형이 가장 효과적일 수 있으며, 컨트리 클럽 모형이 가장 효과적일 수도 있다는 입장이다. 또한 상황이 변하게 되면 업무 모형과 중간길 모형도 가장 효과적인 리더십이 될 수 있다고 주장했다.

4 효과적 리더십

효과적 리더십이란 조직의 목표 달성에 기여할 수 있을 뿐만 아니라 조직의 구성원이 만족할 수 있는 수준에 이르게 하는 리더십을 말한다. 효과적 리더십을 개념적으로 정리할 수는 있다. [그림 10-14]에서와 같이 업무효과성(task effectiveness)을 추구할 수 있어야 한다. 생산성이 향상되어야 하고, 이윤을 최대화시킬 수 있어야 하며, 혁신이 수반되어야 한다. 효과적 리더십의 조건으로서 인간관계 효과성(human effectiveness)도 추구할 수 있어야 한다. 노사관계가 안정되어 있어야 하고, 결근율이 최소화되어야 하며, 조직구성원의 만족도가 높아야 한다. 그리고 조직구성원은 높은 사기를 가져야 한다(Gordon, 1982). 사회복지조직에서도 예외가 아니다.

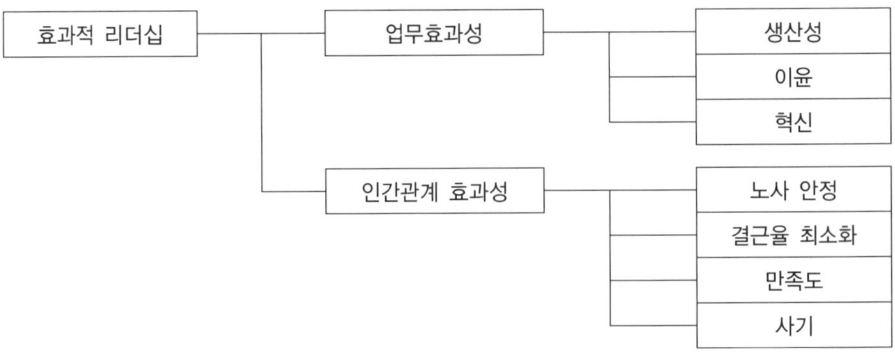

그림 10-14 효과적 리더십 요인

유능한 리더라고 하더라도 일에서의 성공과 인간관계에서의 성공 모두를 추구하기란 용이하지 않다. 왜냐하면 두 요소는 상충적인 관계에 놓일 수 있기 때문이다. 일을 강조하면 인간관계가 경시되기 쉽고, 인간관계를 강조하면 일이 경시될 가능성이 항상 내재되어 있다. 따라서 상황에 적합한 리더십은 존재할 수 있지만 최선의 효과적인 리더십은 존재하지 않는다. 다시 한 번 강조하지만 효과적 리더십은 리더의 자질(leader), 추종자의 협조(follower), 그리고 상황에 따라 그 수준이 달라질 수 있다(Hersey & Blanchard, 1982).

제 5 절 결론

조직은 공동의 목표를 달성하기 위한 틀을 의미한다. 사회복지라는 공동 목표를 달성하기 위해 형성된 틀을 사회복지조직이라고 말할 수 있다. 사회복지조직은 다양한 성격을 가진다. 서비스 조직이자 공익조직이며, 사회구성원이 함께 일하고, 나눠가지는 가치를 실현함으로써 사회 통합을 추구하는 통합조직이기도 하다. 사회복지조직은 또한 전문가라고 할 수 있는 사회복지사를 중심으로 형성되어 있는 조직이기 때문에 전문관료제 조직이기도 하다. 사회복지조직은 휴먼 서비스 조직으로서 성격을 가지고 있다. 사람을 대상으로 하는 서비스이기 때문에 일반 조직과는 다른 독특한 성향을 가지고 있다. 인간 행동의 변화를 이끌어내는 기술을 가진 조직이라는 의미다.

조직의 원리는 여섯 가지로 요약된다. 계층제 원리, 명령 통일의 원리, 통솔 범위의 원리, 분업·전문성의 원리, 통합 조정의 원리, 그리고 권한에 준하는 책임의 원리가 그것이다. 조직 원리에 따라 조직이 구성된다고 하더라도 바로 목표가 달성되는 것은 아니다. 조직구조를 떠받치고 있는 커뮤니케이션, 통합 조정, 계선과 참모의 기능, 집권과 분권, 계층제 구조에 따라 조직이 행동하는 모습도 달라진다. 전문가가 많이 모여 있는 조직은 조직의 틀까지 계층제에서 매트릭스 조직으로 변화하기도 한다.

조직을 움직이는 가장 큰 요인은 리더십이다. 리더십은 조직구성원에게 영향력을 미침으로써 공동의 목표를 달성하는 과정을 의미한다. 리더십에 대한 연구는 정리하기가 힘들 정도로 많이 있지만 무엇이 효과적 리더십이라는 결론을 내리기가 용이하지 않다. 하나의 효과적인 리더십이 존재하는 것이 아니라 상황에 따라 효과적인 리더십의 모습이 달라진다는 것이 연구자들의 공통된 결론이다.

조직이론에 대한 연구는 과학적 관리론에서부터 시작되었다. 인간관계론, 조직 휴머니즘, 의사결정론 등과 같은 이론에서부터 인구생태모형, 자연의존모형, 합리적 상황모형, 교환비용모형, 그리고 제도모형 등에 대해 논의했다. 그러나 하나의 이론이 조직의 총체적인 모습을 설명할 수 없다는 결론을 얻었다.

제 11 장 사회복지 인사관리

제 1 절 사회복지 인사관리의 개념

1 개념

인사가 만사라는 말이 있듯이 사람에 대한 관리는 조직의 성공과 실패를 좌우한다. 국가뿐만 아니라 사회복지기관과 같은 작은 조직에서도 마찬가지다. 인사관리는 여러 시각에서 정리되지만 간결하게 표현하면 인적 자원을 동원해 활용하는 행정관리의 한 영역이다. 인사관리를 통해 우수한 인적 자원이 잠재적 능력을 최대한 발휘되도록 해야 하며, 인적 자원의 능력이 조직의 목표 달성을 위해 최대한 발휘될 수 있도록 해야 하고, 인적 자원이 조직으로부터 최대한의 만족을 얻을 수 있도록 해야 한다.

사회복지 분야의 인사관리도 그 본질은 다를 바 없다. 사회복지 분야의 인적 자원을 동원해 활용하는 과정이 사회복지 인사관리다. 사회복지 인사관리라는 일반적인 관리 현상에 사회복지라는 전문성이 가미된 전문적인 인사관리다. 사회복지 분야의 인적 자원도 잠재적 능력이 최대한 발휘되도록 해야 하며, 최대한의 업무 성과가 달성될 수 있도록 해야 한다. 사회복지 영역에서 일하는 사람도 역시 일을 통해 보상을 얻고 만족을 느낄 수 있어야 한다.

하드 사이드 인사관리		소프트 사이드 인사관리
모집, 선발, 임용, 교육훈련, 배치 단계	→	활용 단계
계급제와 직위분류제	←	사기와 동기이론
직무분석		QC(Quality Circles)

그림 11-1 하드 사이드 인사관리와 소프트 사이드 인사관리

2 구성

사회복지 인사관리에도 [그림 11-1]에서와 같이 하드 사이드와 소프트 사이드가 공존한다. 하드 사이드 인사관리는 대체로 모집과 배치에 이르는 과정에서 활용되며, 소프트 사이드 인사관리는 대체로 배치된 인적 자원을 효과적으로 활용하는 단계에서 필요하다. 하드 사이드 인사관리는 계급제나 직위분류제, 그리고 직무분석과 같은 내용으로 구성되어 있고, 소프트 사이드 인사관리는 사기와 동기이론, 그리고 QC, 즉 Quality Circle 이론 등으로 구성되어 있다. 인사관리에서 하드 사이드와 소프트 사이드가 조화롭게 결합되어야 조직은 효율성을 높일 수 있다.

제 2 절 인사관리의 과정

인사관리의 과정은 여섯 단계로 나누어 설명할 수 있다. 순서대로 설명하면 모집(recruitment), 선발(selection), 임용(appointment), 교육훈련(orientation), 배치(placement), 그리고 활용(utilization)이다. 인사관리에서 이 여섯 과정은 [그림 11-2]와 같이 순차적으로 발생하며, 사회복지 인사관리뿐만 아니라, 공공 분야나 민간 분야의 인사관리에 모두 적용될 수 있다. 이 여섯 단계의 과정에 관한 이론적인 대립은 없다.

모집 → 선발 → 임용 → 교육훈련 → 배치 → 활용

그림 11-2 인사관리의 과정

1 모집

모집은 유능하고 우수한 사람이 해당 직(job)에 관심을 가지고 지원을 하도록 하는 과정이다. 모집 방법은 광고, 안내, 대학과 같은 교육기관에 추천 의뢰 등이 있다. 사회복지 인사관리의 모집도 일반 인사관리의 모집과 다를 바가 없다. 해당 직은 사회복지직이 된다. 더 구체적으로 말하면 노인복지 전공, 장애인복지 전공 등 전공 분야를 의미한다고도 할 수 있다. 사회복지 인사관리에서 유능하고 우수하다는 의미는 클라이언트나 동료 사회복지사와의 관계 설정을 잘할 수 있으며, 업무를 추진할 때 사회복지 분야에 전문성을 갖추고 있어야 한다는 것을 뜻한다.

모집에서 간과해서는 안 되는 부분이 자격 요건과 차별 대우에 관한 내용이다. 한국 사회에도 장애인, 노인, 아동청소년, 그리고 여성과 같은 사회적 소수인(social minority)에 대한 배려가 행해지고 있다. 특히 미국의 소수집단우대정책(Affirmative Action)과 같이 장애인이나 여성에 대한 고용 할당제와 같은 제도가 도입되어 시행되고 있다. 모집 과정에서 이 같은 새로운 사회적 기준에 대해서도 고려해야 한다.

2 선발

선발은 해당 직에 지원한 사람 중에서 조직이 원하는 최적의 인력을 선택하는 과정을 의미한다. 선발 방법에는 서류심사, 필기시험, 면접 등이 있다. 선발에는 두 가지 중요한 요소가 있다. 하나는 기관의 기대치이고, 다른 하나는 지원자의 소망이다. 이 두 가지가 만나는 점에서 선발이 이뤄진다. 경기가 얼어붙어 취업이 용이하지 않을 경우 기관의 기대치가 선발에 더 큰 작용을 하지만 지원자가 많지 않을 경우에는 지원자의 소망이 선발에 더 큰 영향을 미친다. 사회복지 인사관리에서의 선발도 일반 인사관리의 선발과 그 본질에서는 다르지 않다. 클라이언트나 동료 사회복지사와의 바람직한 관계 설정과 해당 사회복지 분야에서의 전문성이 선발 기준이 된다.

3 임용

임용은 선발된 인원 중에서 조직이 필요한 사람을 고용하겠다는 공식적 계약 과정을 의미한다. 공무원이나 민간기업의 직원을 채용할 때에는 보통 시보임용을 하거나 수습임용을 하는 경우가 대부분이다. 시보 혹은 수습 기간이 지나면 공식적으로 임용된다. 한국에서는 관행적으로 행해지지 않지만 미국과 같은 국가에서는 임용 단계에서 직급과 연봉과 같은 계약이 체결된다. 한국에서도 민간기업 분야에서 일부 이 같은 임용 과정이 도입되고 있다. 정부에서도 계약직 공무원을 채용하는 과정에서 직급과 연봉이 계약 과정을 거쳐 결정된다. 사회복지기관에서도 채용 과정에서 계약에 의해 직급과 연봉이 결정되는 경우를 볼 수 있다. 정부에서 직영하는 다양한 형태의 사회복지기관의 효율성을 높이기 위해 기관장의 책임운영제를 도입하고 있으며, 이 경우 기관장에 한해 연봉과 직급이 계약에 의해 결정된다(정윤수 · 허만형, 1999).

임용 방법에는 엽관제(spoils system)와 실적제(merit system)가 있다. 행정학에서 공직을 임용하는 방법으로 소개되는 이론이지만 민간 영역에도 적용되기도 한다. 엽관제란 정당 관계, 혈연 · 지연 · 학벌 관계, 개인적인 충성 등을 기준으로 임용을 행하는 방법을 의미한다. 엽관제란 용어는 미국에서 생겨난 것으로서 전쟁에서 승리한 편이 전리품을 차지하듯이 선거전에서 승리한 정당이 공직을 차지한다는 의미로 활용된다. 실적제는 자격, 능력, 실적 등을 기준으로 임용을 행하는 방법을 의미한다(최창호, 1999). 미국에서 실적제는 1883년 펜들턴 법(Pendleton Act)이 제정되면서 도입되어 그 역사가 1백 년이 넘었음에 대해 주목할 필요가 있다.

4 교육훈련

아무리 우수한 인재라고 하더라도 근무할 조직의 특성이나 분위기를 파악하지 못하고 있는 상태에서 자신의 능력을 발휘할 수가 없다. 일정 기간 동안 업무의 성격을 파악하고 난 후에야 비로소 능력을 발휘할 수 있다. 인사관리 과정에서 교육훈련은 오리엔테이션으로 대표되지만 이것이 전부는 아니다. 오리엔테이션은 조직문화를 이해하도록 하고, 조직구성원과의 관계를 설정하도록 하는 데 의미 있는 과정이 될 수 있다. 채용 후 수습 기간을 두는 것도 교육훈련의 일환이다. 사회복지기관에서도 조직문화에 좀 더 잘 적응하도록 하기 위해 신입 사회복지사에 대한 오리엔테이션이 있고, 수습 기간을 두기도 한다.

5 배치

배치는 조직이 필요로 하는 자리에 가장 적합한 인력을 위치시키는 과정을 의미한다. 적재적소에 사람을 골라서 쓰는 과정이 배치다. 배치는 조직의 목표 달성뿐만 아니라, 인력의 자기계발을 위해서도 중요한 의미를 갖는다. 예산과 회계를 전공한 인력을 영업부에 배치하는 불합리가 문제가 되듯이 아동복지를 전공한 인력에게 노인복지를 담당하도록 하는 불합리를 제거하기 위해 배치는 인력의 전문성을 가장 잘 활용할 수 있는 관점에서 시행되어야 한다.

6 활용

현장에 배치를 받은 후에야 비로소 인력은 조직의 목표 달성에 동참할 수 있으며, 조직을 통해 개인의 욕구를 충족시킬 수 있다.

제 3 절 계급제와 직위분류제

임용된 인적 자원이 현장에 배치를 받는다는 것은 조직 내에서 직위(position)를 정해 준다는 의미다. 예컨대, 행정고시에 합격한 후 연수교육까지 끝내고 보건복지부의 사회복지정책실 생활보장과의 사무관으로 발령이 난 공무원이 있다면 그 공무원은 생활보장과의 사무관으로 직위를 부여받은 것을 의미한다. 직위가 체계적으로 잘 분류되어 있으면 업무 수행이 용이하지만, 그렇지 않을 경우에는 무엇을 해야 할지 판단이 서지 않기 때문에 인사관리에서 직위를 분류하는 방법은 조직의 업무 수행과 직결되는 내용이라고 말할 수 있다. 직위분류 방법은 계급제와 직위분류제 두 가지가 있다.

1 계급제

계급제(personal rank system)는 인적 요소를 기준으로 하여 직위를 분류하는 제도다. 직무 수행에 필요한 전문성, 직무의 난이도, 조직 내에서의 책임도 등을 고려하지 않고 학력이나 경력에 따라 하위 직급에서 상위 직급으로 인적 자원을 분류하는 시스템이다. 계급제를 채택하고 있는 대표적인 조직은 군대나 경찰이다. 한국의 공무원 인사제도는 원칙적으로 계급제를 중심으로 구성되어 있으며, 직위분류제가 가미되는 형태를 취하고 있다.

계급제는 일의 난이도나 책임의 범위에 따라 보수가 결정되지 않는다. 보수의 결정 요인은 계급과 근무 기간이다. 계급제는 일의 난이도나 책임의 범위에 따라 직무가 결정되지 않고, 계급에 따라 직무가 결정되기 때문에 일반행정가를 양성하기 위해서는 용이한 제도이지만 전문행정인을 양성하기 위해서는 문제가 있는 제도다.

계급제도 장점을 가지고 있다. 선발 과정에서 전문성을 고려하지 않기 때문에 폭넓은 교양을 갖춘 사람을 임용할 수 있으며, 같은 계급끼리 전보가 용이하기 때문에 순환보직을 통해 시야를 넓힐 수 있다. 계급제는 단점도 있다. 사회가 전문화됨에 따라 행정 업무도 전문화되어야 함에도 불구하고 계급제는 수직적으로만 등급화되어 있어 행정의 전문화에 장애가 된다. 계급제는 상하 계층만으로 구분되어 있기 때문에 책임의 경중이나 직무의 난이도에 따른 보수 체계를 확립하기가 용이하지 않을 뿐만 아니라, 직무 내용이 명확하게 규정되어 있지 않기 때문에 객관적인 근무평정을 확보하기가 어렵다. 그리고 개개인의 책임과 역할이 불분명하기 때문에 성과주의 인사제도 도입도 용이하지 않다는 문제로도 비판을 받는다.

2 직위분류제

직위분류제(position classification system)는 일의 종류와 전문성, 그리고 난이도와 책임도에 따라 직위를 분류하는 제도다. 직급이 같더라도 난이도에 따라 서로 다른 보수를 받고, 권한과 책임의 영역이 명확하며, 객관적인 실적평가가 가능한 제도다. 계급제와는 달리 전문성이 강조되는 분류 방식이다. 직위분류제는 1923년 미국에서 분류법(Classification Act)이 제정되면서 시행해 온 제도로서 직무분석을 통한 직무의 종류·난이도·중요도를 평가한 직무값으로 보수와 등급을 결정한다.

직위분류제는 여러 가지 장점이 있다. 분업과 전문성을 기초로 직위가 나뉘기 때문에 행정의 전문화에 용이하다. 책임의 경중이나 직무의 난이도에 따라 보수 체계를 확립하기 때문에 직무 내용이 명확하게 규정되어 있고, 객관적인 근무평정을 담보하기가 쉽다. 그리고 개개인의 책임과 역할이 분명하기 때문에 성과주의 인사제도 도입도 용이하다는 이점도 있다. 직위분류제는 단점도 가지고 있다. 선발 과정에서 전문성을 고려하기 때문에 폭넓은 교양을 갖춘 사람을 임용할 수 있을 뿐만 아니라, 순환보직을 통해 시야를 넓히도록 하는 기회를 제공하기 어렵다.

3 직위분류제와 직무분석

직위분류제를 채택할 경우 선행되어야 할 내용은 직무분석(job analysis)이다. 직무는 각 직위에 배당된 일을 말하며, 직무분석은 해당 직위를 담당하는 자가 해야 할 일의 내용과 책임을 체계적으로 정리하는 작업을 의미한다. 직무분석은 직군, 직렬, 그리고 직류로 나눠 접근한다. 직류는 가장 세분화되어 있는 직무 단위를 의미한다. 직류가 모여 직렬을 이루고 직렬이 모여 직군을 형성한다.

시·군·구에 배치되어 있는 사회복지 전담 공무원은 사회복지 직렬에 속해 있는 직위를 가지고 근무하며, 행정직군에 속한다. <표 11-1>은 서울시 지방공무원 임용 공고에 있는 내용의 일부로서 직군, 직렬, 그리고 직류를 이해하는 데 도움이 될 것 같아 일부를 옮겨 적었다. <표 11-1>에서와 같이 행정직군에는 사회복지직 이외

표 11-1 직군, 직렬, 그리고 직류와 난이도에 따른 등급

직무분석	직군	행정직군				기술직군														
	직렬	세무	사회복지	전산	사서	기계	전기	농업	임업	수의	약무	간호	보건	의료기술				환경		
	직류													임상병리	방사선	물리치료	치과위생	일반환경	수질	대기
난이도에 따른 등급	2급																			
	3급																			
	4급																			
	5급																			
	6급																			
	7급																			
	8급																			
	9급																			

에도 세무직렬, 사서직렬, 그리고 전산직렬이 있다. 기술직군에는 전기, 기계, 농업, 임업, 수의와 같은 직렬이 있다. 특히 의료기술 직렬에는 임상병리, 방사선, 물리치료, 치과위생과 같은 직류가 있고, 환경직렬에도 일반환경, 대기, 그리고 수질과 같은 직류가 있다. 직무분석 단계에서는 직무의 난이도와 책임을 <표 11-1>처럼 등급화시킴으로써 이 등급이 직렬과 교차되도록 하는 작업도 아울러 수행한다. 책임과 난이도에 따른 등급과 직렬이 교차됨으로써 직위 분류를 위한 자료로 활용된다.

해당 직에 대한 직무분석의 결과는 직원의 모집, 선발, 그리고 임용의 기준이 된다. 임용한 인적 자원이 해당 직무를 수행하는 데 부족한 점이 발견될 경우에는 직무분석 자료를 기초로 훈련계획을 세우기도 한다. 직무분석의 결과는 직원의 보수 체계를 결정하는 기준이 되기도 한다.

4 임용시험과 직렬, 혹은 직류

공무원 임용시험에서 직렬 혹은 직류에 따라 과목이 달라진다. 일의 성격이 다르기 때문이다. <표 11-2>와 같이 직급은 9급으로 같아도 사회복지 직렬과 세무직렬

표 11-2 직렬에 따른 시험과목

직무분석	직군	행정직군			
	직렬	세무	사회복지	전산	사서
직급		9급	9급	9급	9급
시험과목		필수(5): 국어, 국사, 영어, 세법개론, 부기(상업부기, 공업부기)	필수(5) : 국어, 국사, 영어, 사회, 사회복지학, 행정법총론	필수(6) : 국어, 국사, 수학, 전자계산일반, 자료처리, 프로그래밍언어론	필수(2) : 사회, 자료조직법

의 시험 과목은 5개이고, 전산직의 시험 과목은 6개이며, 사서직은 2개다. 세무직과 사회복지직의 과목이 5개라고 하더라도 같은 과목은 3개일 뿐이고, 2개 과목은 완전히 다르다. 직렬은 채용시험 과목에 영향을 미친다.

사회복지기관에서도 전문성의 수준을 높이기 위해 직군이나 직렬의 개념을 도입할 수 있다. 사회복지정책 직군과 임상사회복지 직군으로 나눠 직위 분류를 할 수 있고, 정책직군에는 사회보장직, 노인복지정책직, 장애인복지정책직 등과 같이 나누고, 임상사회복지직군은 다시 가족상담직, 정신의료사회사업직 등과 같이 나눌 수 있다.

제 4 절 사회복지사와 사회복지 전담 공무원

1 사회복지사

1) 정의

사회복지사는 사회복지에 관한 전문지식과 기술을 개발·보급하는 전문가를 의미한다. 사회복지사 자격은 1급, 2급, 그리고 3급으로 분류되어 있으며, 1급 사회복지사는 소정의 자격을 갖춘 자가 국가시험에 합격을 하면 발급된다.

표 11-3 사회복지사 자격 기준

구분	자격 기준
1급	• 2급 사회복지사 중에서 국가시험에 합격한 자(시험 과목은 필수6개 과목과 선택 2과목이며, 필수과목은 인간 행동과 사회환경, 사회목지정책론, 사회복지행정론, 사회복지실천론, 사회복지실천기술론, 사회복지조사론임)
2급	• 대학원에서 사회복지학 또는 사회사업학을 전공하고 석사학위 또는 박사학위를 취득한 자. 다만, 대학에서 사회복지학 또는 사회사업학을 전공하지 아니하고 동 석사학위를 취득한 자는 보건복지부령이 정하는 사회복지학 전공 교과목과 사회복지 관련 교과목 중 사회복지현장실습을 포함한 필수 과목 6과목 이상(대학에서 이수한 교과목을 포함하되 대학원에서 4과목 이상을 이수하여야 함)과 선택과목 2과목 이상을 이수한 경우에 한하여 사회복지사 자격을 인정 • 대학에서 보건복지부령이 정하는 사회복지학 전공 교과목과 사회복지 관련 교과목을 이수하고 학사학위를 취득한 자 • 대학을 졸업한 자와 동등 이상의 학력이 있다고 인정되는 자의 범위로서 보건복지부령이 정하는 사회복지학 전공 교과목과 사회복지 관련 교과목을 이수한 자 • 전문대학에서 보건복지부령이 정하는 사회복지학 전공 교과목과 사회복지 관련 교과목을 이수하고 졸업한 자 • 전문대학을 졸업한 자와 동등 이상의 학력이 있다고 인정하는 자로서 보건복지부령이 정하는 사회복지학 전공 교과목과 사회복지 관련 교과목을 이수한 자 • 대학을 졸업하거나 이와 동등 이상의 학력이 있는 자로서 보건복지부 장관이 지정하는 교육훈련기관에서 12주 이상 사회복지사업에 관한 교육훈련을 이수한 자 • 사회복지사 3급 자격증 소지자로서 3년 이상 사회복지사업의 실무 경험이 있는 자
3급	• 전문대학을 졸업한 자 또는 법령에서 이와 동등 이상의 학력이 있다고 인정하는 자로서 보건복지부 장관이 지정하는 교육훈련기관에서 12주 이상 사회복지사업에 관한 교육훈련을 이수한 자 • 고등학교를 졸업하거나 이와 동등 이상의 학력이 있는 자로서 보건복지부 장관이 지정하는 교육훈련기관에서 24주 이상 사회복지사업에 관한 교육훈련을 이수한 자 • 3년 이상 사회복지사업의 실무 경험이 있는 자로서 보건복지부 장관이 지정하는 교육훈련기관에서 24주 이상 사회복지사업에 관한 교육훈련을 이수한 자 • 법 2조 제1항의 규정에 의한 업무에 8급 상당 이상으로 3년 이상 종사한 공무원으로서 보건복지부 장관이 지정하는 교육훈련기관에서 4주 이상 사회복지사업에 관한 교육훈련을 이수한 자

2) 자격 취득 및 관리

사회복지사 자격은 사회복지사업법에서 규정하고 있다. <표 11-3>과 같이 사회복지사는 1급, 2급, 그리고 3급으로 구분하고 있다. 2급과 3급은 대학이나 전문대학과 같은 전문교육기관에서 교육을 받거나, 단기 사회복지교육기관에서 일정 기간 교육을 이수한 자에게 부여되는 자격증이다. 사회복지사 1급은 국가시험에 합격한 자에게 발급함으로써 그 전문성을 제고하는 방법을 모색하고 있다. 사회복지사 1급 시험은 2003년 4월에 최초로 실시되어 현재는 초기 단계이기는 하지만 사회에서 인정받는 전문가를 양성하는 관문으로서 긍정적인 역할을 할 것으로 기대하고 있다. 그러나 시험 과목이 많고, 자격 취득을 위해 들이는 노력에 비해 1급 자격자에 대한 처우 개선이 뒤따르지 않고 있다는 문제가 제기되기도 한다.

사회복지사 자격관리는 한국사회복지사협회에서 실시하고 있다. 사회복지사 자격을 심사해 자격증과 회원증을 교부하고, 전문사회복지사 자격 확보를 위한 교육 및 시험도 실시한다. 자격관리는 자격증을 발급하는 업무만을 의미하지 않는다. 현장에서 근무하는 사회복지사나 예비 사회복지사에게 필요한 교육 프로그램을 개발해 실시하는 업무도 포함된다. 예비 사회복지사를 위해서는 현장 근무 능력을 배양하는 교육훈련이 자격관리에 포함될 수 있고, 현장에 이미 근무하고 있는 사회복지사에게는 수퍼비전(supervision) 능력 향상을 위한 교육훈련이 필요하다. 대학원에 진학해 석사학위를 취득하거나 박사학위를 취득함으로써 능력을 개발하는 프로그램도 자격관리의 한 부분이다.

자격관리의 일환으로 좀 더 전문화된 사회복지사 자격을 개발하는 것도 의미가 있다. 현재 한국사회복지사협회에서는 민간자격제도로서 사회복지사 특성화 자격제도를 실시하고 있다. 사회 전반적인 사회복지 욕구의 다양화에 따라 직접 서비스를 전달하는 사회복지 인력의 자질이나 전문성이 중요한 요인으로 대두되고 있지만 현재 사회복지사업법에는 사회복지사의 전문성을 높일 수 있는 자격제도나 보수교육 훈련제도가 없다는 점에 기인해 전문사회복지사 자격제도를 개발해 시행하고 있다.

3) 사회복지사의 근무 현황

사회복지사의 근무 현황을 분석한 자료에 의하면 지방자치단체에 사회복지 전담 공무원으로 종사하는 비율이 가장 높은 32%이고, 다음이 지역사회복지관으로 12.4%이며, 세 번째가 장애인복지시설로 9.5%가 종사하는 것으로 나타났다(한국사회복지사협회, 2000). 반면에 사회보장의 중추 기능을 담당하고 있는 국민연금관리공단, 국민건강보험공단, 혹은 근로복지공단과 같은 사회보험관리기관의 근무자는 매우 그 비율이 낮은 실정이다.

4) 사회복지사의 진출 전망

사회복지에 대한 수요가 증가하고 있지만 사회복지사의 진출 분야는 사회복지 전담 공무원, 지역사회복지관, 사회복지시설과 같은 영역으로 한정되어 있다. 사회복지사의 역할이 요구되는 새로운 사회복지 영역으로의 발전이 필요하다. 새로운 사회복지 영역으로 발전가능성이 있는 분야를 소개하면 <표 11-4>와 같다.

교정사회복지사(correctional social worker)는 교정시설에서 범죄인의 재활과 범죄 예방에 개입하고 있는 사회복지 실천 기능을 담당한다. 학교사회복지사(school social worker)는 청소년 비행, 약물 남용, 학교 폭력 등과 같은 학교교육 현장의 병리적 현상뿐만 아니라, 학교 외부의 청소년 문제에 대한 사회복지 실천 기능을 담당한다. 산업사회복지사(industrial social worker)는 노동 과정과 노동환경의 사회적 위험으로부터 노동자와 그 가족을 보호해 주는 구체적인 사회복지 실천 기능을 담당한다. 의료사회복지사(medical or psychiatric social worker)는 지역 주민의 보건 예방, 의료기관에서의 질병 치료, 퇴원 후의 사회복귀에 이르는 포괄적인 실천 기능을 담당한다. 끝으로 군사회복지사(military social worker)는 군인과 그 가족이 지닌 기

표 11-4 새로운 영역의 사회복지사

새로운 사회복지 분야	기능
교정사회복지사 Correctional Social Worker	교정시설에서 범죄인의 재활과 범죄 예방에 개입하고 있는 사회복지 실천 기능
학교사회복지사 School Social Worker	청소년 비행, 약물 남용, 학교 폭력 등과 같은 학교교육 현장의 병리적 현상뿐만 아니라, 학교 외부의 청소년 문제에 대한 사회복지 실천 기능
산업사회복지사 Industrial Social Worker	노동 과정과 노동환경의 사회적 위험으로부터 노동자와 그 가족을 보호해 주는 구체적인 사회복지 실천 기능
의료사회복지사 Medical or Psychiatric Social Worker	지역 주민의 보건 예방, 의료기관에서의 질병 치료, 퇴원 후의 사회 복귀에 이르는 포괄적인 실천 기능
군사회복지사 Military Social Worker	군인과 그 가족이 지닌 기본적인 욕구를 충족시키기 위한 사회복지 실천 기능

본적인 욕구를 충족시키기 위한 사회복지 실천 기능을 담당한다(정무성 · 고은숙, 2001).

2 사회복지 전담 공무원

1) 사회복지 전담 공무원의 정의

사회복지 전담 공무원은 지방자치단체에서 근무하는 공무원이다. 사회복지 전담 공무원은 1987년 7급 별정직 공무원으로 49명이 최초로 배치되었다. 당시의 공식 명칭은 사회복지 전문 요원이었다. 2000년부터는 별정직 공무원에서 일반직으로 전환되어 현재에 이르고 있다. 사회복지 전담 공무원의 정원은 <표 11-5>와 같이 꾸준히 증가해 현재 7,200명으로 규정되어 있다. 현재 배치되어 있는 현인원은 정원에서 미달이 되는 6,738명이다. 사회복지 전담 공무원의 수요가 증가하고 있다는 점을 감안해 2010년까지 그 정원이 계속 늘어날 전망이다(송근원, 2002).

표 11-5 사회복지 전담 공무원

구분	1987	1991	1992	1994	1999	2000	2001	2002
신규	49	1,676	481	519	1,200	600	700	1,644
누계	49	2,000	2,481	3,000	4,200	4,800	5,500	7,144
구분	**2003**	**2004**	**2005**	**2006**	**2007**	**2008**	**2009**	**2010**
신규	0	15	2,597	467	310	191	1,564	-636
누계	7,144	7,159	9738	10,205	10,515	10,706	12,270	11,634

자료: 보건복지가족부, 2011 보건복지가족 통계연보.

2) 사회복지 전담 공무원의 직무

사회복지 전담 공무원의 직무는 ① 서비스 대상자 조사 및 선정: 기초생활보장 대상자 및 부양자에 대한 재산 · 소득 조사 및 노인, 장애인, 소년소녀 가장, 모 · 부자가

정 등 서비스 대상 조사 및 선정, ② 생계·교육·의료 등 기초생활보장 급여, 장애수당·경로연금 등 각종 급여 지급 업무, ③ 취약계층의 가정문제 등 고충상담 후 해당 기관 연계, ④ 저소득가구 자활·직업훈련·취업 알선·융자 등 자립 지원, ⑤ 장애인 노인 등에 대한 각종 지원 시책 안내 및 제공, ⑥ 자원봉사, 결연사업 등 민간복지 자원 발굴·연계 등으로 되어 있다(보건복지부, 2002).

3) 일반행정직과 사회복지 전담 공무원과의 관계

사회복지 전담 공무원은 공공 사회복지 전달 체계의 일선에서 근무하는 공무원으로서 사회복지 전달 체계의 문제로 인해 대부분 읍·면·동사무소에서 일반행정직과 같은 장소에서 근무를 하고 읍·면·동장의 지휘 감독을 받는다. 일반직과 전문직이 함께 근무하는 현장의 구조와 사회복지에 대한 이해가 부족한 읍·면·동장의 지휘 감독으로 인해 갈등이 발생하고 있다.

일반행정직과 사회복지 전담 공무원의 갈등을 초래하는 가장 큰 요인은 사회복지 전담 공무원이 일반행정 업무를 수행하도록 요구받을 경우다. 보건복지부에서 조사한 결과에 의하면 문제가 있을 것으로 판단되는 15개 시군구를 조사한 결과 사회복지 전담 공무원 617명 중에서 169명이 세무 및 산업 등 다른 업무에 매달려 있는 것으로 나타나기도 했으며, 몇몇 지방자치단체에서는 사회복지 업무를 전혀 수행하지 않고 다른 업무만을 전담하는 사례도 있었다(보건복지부, 2002). 사회복지 전담 공무원의 설치 취지에 크게 벗어나는 사례라고 할 수 있다.

사회복지 전담 공무원과 일반행정직의 갈등은 사회복지 전달 체계를 개선해 사회복지 전담 공무원이 사회복지 업무에 전념할 수 있는 시·군·구 보건복지사무소와 읍·면·동 수준의 주민복지센터를 만들어 운영하면 해소될 수 있다. 현재 같이 사회복지 전담 공무원이 일반행정직과 함께 근무하는 근무환경 하에서는 상호간의 업무를 이해하는 교육훈련을 통해 갈등 관계를 해소할 필요가 있다. 사회복지 전담 공무원의 입장에서도 같은 조직 내의 일원이라는 인식을 가지고 있을 때 갈등 관계의 해소가 가능할 것으로 판단된다(송근원, 2002). 최선의 방법은 사회복지 전달 체계의 개선으로 일반행정직에서 사회복지직을 분리시키는 방안이다.

제 5 절 동기부여

1 개념

동기(motivation)는 "일을 하고자 하는 이유(whys of work)"를 의미한다(Hersey & Blanchard, 1982). 과학적 관리론자들도 동기에 대해 연구하지 않은 것은 아니지만 대체로 동기이론은 인간관계론의 대두 이후에 본격적인 연구가 시작되었다. 과학적 관리론에서의 동기는 경제적 욕구로 가정하고 출발한 반면에 인간관계론과 조직휴머니즘 이론은 경제적 욕구 이외에도 다양한 동기 요인이 있음을 밝히고 있다. 사회심리학자 혹은 조직심리학자들은 일에 대한 인간의 동기에 대해 끊임없는 연구를 한 결과 일의 동기는 인간의 욕구(need)와 밀접한 관계가 있음을 파악했다.

2 동기이론

동기이론은 <표 11-6>과 같이 다양한 영역에서 접근이 가능하다. 욕구계층제(needs hierarchy) 이론, X이론과 Y이론, 성취이론(achievement theory), 기대이론(expectancy theory), 그리고 보건위생-동기이론(hygiene-motivator theory)으로 정리할 수 있다.

머슬로(Maslow, 1954)는 인간의 욕구는 계층제 방식으로 충족되는 성향이 있다고 본다. 인간은 가장 아래 단계에 있는 생리적 욕구를 충족시킨 후 점점 안정적 욕구, 사회적 욕구, 자기 존중의 욕구, 그리고 자아실현의 욕구를 차례로 충족시키는 방법으로 동기를 부여할 수 있다고 주장한다.

맥그리거(McGregor, 1960)에 의하면 인간은 두 가지 유형이 있다고 본다. X 유형의 사람은 일을 싫어하고, Y유형의 사람은 일을 좋아한다. X 유형의 사람에게는 통제 방식으로 동기를 부여하고, Y 유형의 사람에게는 지원 방식으로 동기를 부여할 수 있다고 주장한다.

표 11-6 동기이론과 동기부여 방법

동기이론	대표 학자	동기부여 방법
욕구계층제 이론	Abraham H. Maslow	생리적 욕구, 안정적 욕구, 사회적 욕구, 자기존중의 욕구, 그리고 자아실현의 욕구를 차례로 충족시키는 방법으로 동기부여
X이론과 Y이론	Douglas McGregor	X 유형의 사람에게는 통제 방식으로 동기를 부여하고, Y 유형의 사람에게는 지원 방식으로 동기 부여
성취이론	David C. McClelland	경제적 성취, 인간관계 성취, 그리고 지배욕구 성취와 같은 개인의 성취 욕구와 직무를 연결시키는 방식으로 동기부여
기대이론	Victor H. Vroom	성과가 좋으면 더 나은 보상을 받는다는 기대심리를 충족시키는 방식으로 동기부여
보건위생/동기이론	Frederick Herzberg	보건위생 요인(임금, 작업조건, 수당 등)과 동기요인(인정이나 책임감 부여)을 구분하고, 동기요인에 개입함으로써 동기부여

맥클랜드(McClelland, 1976)에 의하면 인간은 성취 욕구를 충족시켜 주면 일을 열심히 한다고 보고 있다. 인간의 성취 욕구에는 경제적 성취 욕구, 인간관계 성취 욕구, 그리고 권력 성취 욕구가 있으며, 개인의 성취 욕구와 직무를 연결시키는 방식으로 동기부여를 할 수 있다고 주장한다.

브룸(Vroom, 1973)에 의하면 인간의 기대심리(expectancy)가 동기로 연결된다고 보고 있다. 성과가 좋으면 더 나은 보상을 받는다는 기대심리를 충족시키는 방식으로 동기부여를 해야 한다고 주장한다.

허즈버그(Herzberg, 1966)는 보건위생 요인과 동기 요인으로 분류한 후에 보건위생 요인은 동기에 거의 영향을 미치지 않고 동기 요인만이 동기부여에 영향을 미친다고 주장한다. 보건위생 요인은 임금, 작업 조건, 수당 등을 의미하고, 동기 요인은 인정(recognition)이나 책임감 부여 등을 의미한다. 동기 요인만이 동기부여에 기여할 수 있다는 것이 허즈버그의 입장이다.

3 보수

1) 개념

일의 대가로 지급하는 경제적·비경제적 보상이 보수다. 보수는 일의 대가로 지급되기 때문에 성과급으로서 성격을 가지고 있다. 성과급이란 일을 한 것만큼 보수를 받는다는 개념이다. 보수는 성과급만으로 결정되지는 않는다. 생활급도 고려되어야 한다. 생활을 할 수 있는 수준에서 보수가 지급되어야 한다는 의미다. 따라서 보수는 성과급과 생활급의 개념을 동시에 가지고 있는 개념이라고 말할 수 있다.

보수에 생활급으로서의 개념이 포함된 것이 최저 임금이다. 노동부는 해마다 최저 임금을 추계해 공시함으로써 근로 현장에 있는 근로자는 어떤 일에 종사하든 인간다운 기본적인 삶을 살아갈 수 있도록 하는 최저임금제를 채택하도록 하고 있다. 적용 산업은 모든 산업이기 때문에 사회복지기관도 여기에 포함된다. 2011년에 적용되는 최저 임금은 <표 11-7>과 같이 월급을 기준으로 할 경우 90만 2,880원이다.

표 11-7 최저 임금

최저 임금액		
시간급	일급(8시간 기준)	월급
4,320원	34,560원	902,880원

적용 기간: 2011년.

2) 사회복지사의 보수

한국사회복지사협회의 실태조사에 의하면 사회복지사의 연봉액은 평균 1,671만 원으로서 직장 경력이 평균 9.6년인 것을 고려하면 매우 낮은 수준이다. 비사회복지 분야에 근무하고 있는 조사 대상자의 평균 연봉액 2,162만 원보다 491만 원이 낮게 나타났다. 현재의 봉급 수준에 대하여 58.8%가 적은 편이라고 응답했고, 이직 희망 여부에 대해는 47.8%가 이직을 고려하고 있는 것으로 나타났다(정무성·고은숙, 2001).

낮은 보수 수준은 사회복지사의 사기 저하와 연결되기도 한다. 이 같은 문제점은 사회복지사의 전문성 확보에 장애요인이 될 수도 있다. 사회복지사의 근로 조건 개선을 위해서는 국가자격증인 사회복지사 자격수당 및 공무원·간호사·교사 등 일반 다른 직종에 준하는 수당의 신설이 필요하며, 근로 조건을 총체적으로 해결하기 위해서는 교사나 공무원들과 같이 단일호봉제 실시를 통해 신분 보장을 해야 한다.

제 6 절 수퍼비전

1 개념

수퍼비전(supervision)은 조직구성원의 업무 성과가 조직의 목표 달성과 연결되도록 지시하거나 감독하는 활동을 말한다(Fulmer, 1976). 지시 혹은 감독이 중심이 되는 활동이라고 해서 명령과 같은 의미를 가지지는 않는다. 명령 이외의 인간관계 활동도 그것이 상하 간의 관계로 형성되어 있으면 수퍼비전에 포함된다. 따라서 수퍼비전은 상관과 부하 직원의 관계를 중심으로 형성된 활동이다.

2 효과적 수퍼비전의 조건

효과적인 수퍼비전을 위해서는 세 가지 조건이 필요하다. 첫째는 바람직한 수퍼비전의 관계 설정이 요구되고, 둘째는 건설적인 비판이 제공되어야 하며, 셋째는 기대하는 바가 무엇인지 분명히 전달해야 한다(Brody, 2000).

1) 바람직한 수퍼비전 관계 설정

상하 간의 바람직한 관계 설정을 위해 다섯 가지 사항을 제시할 수 있다. 첫째, 일에 대한 열정(enthusiasm for the job)을 가지고 있다는 모범적인 사례를 수퍼바이저 스스로가 만들도록 해야 한다. 조직구성원이 시간만 보내려는 수퍼바이저인지, 아니면 일에 대한 열정을 가지고 있는지에 대해 먼저 알게 된다는 사실을 인지하고 열정의 모범을 보여야 한다.

둘째, 시간을 가지고 부하 직원을 파악해야 한다. 효과적인 수퍼바이저는 부하 직원과 공식적인 미팅이나 비공식적인 미팅을 자주 가진다. 일에 대한 고충뿐만 아니라, 성취감에 대해서도 동시에 의견을 교환한다. 그렇게 함으로써 부하 직원을 '바르게' 파악할 시간을 얻게 되며, 부하 직원은 되돌려 상관에 대한 신뢰감을 보내게 된다.

셋째, 말하는(tell) 것 대신에 판매하는(sell) 태도로 임해야 한다. 판매하는 태도는 조직 단위에서 성과 수준이 높으면 공동의 이익이 돌아온다는 내용을 조직구성원에게 인지시킬 수 있어야 수퍼바이저의 지시에 따른다는 의미다. 열심히 일을 할 것을 독려하는 열 마디의 말보다는 열심히 일한 성과를 모두가 나눠 가진다는 판매 정신을 보여 주는 것이 효과적인 수퍼비전의 지름길이다.

넷째, 수퍼비전과 치료(therapy)를 분명히 구분해야 한다. 효과적인 수퍼바이저는 부하 직원의 '개인적인' 문제에 대해 알고는 있어야 하지만 해결사는 아니다. 따라서 그 문제에 대한 부하 직원의 문제가 상관의 책임일 수는 없다. 수퍼바이저는 이러한 문제에 봉착할 때 개인 관계의 입장이 아니라 전문가의 입장에서 접근해야 한다. 부하 직원 개인의 문제가 업무에 지장을 초래할 경우 근로자 지원 프로그램(employee assistance program: EAP)에 의뢰를 하거나 상담을 받을 수 있도록 조치를 취해야 한다.

다섯째, 업무상 문제를 해결하는 과정에 부하 직원을 참여시켜야 한다. 효과적인 수퍼바이저는 기회가 있을 때마다 문제 해결 과정에 부하 직원을 참여시킴으로써 제안을 하도록 하고, 아이디어를 내도록 한다. 그렇게 함으로써 문제 해결을 위해 새로운 접근을 시도할 수 있고, 문제 해결의 효과성을 높일 수 있다.

2) 건설적인 비판의 제공

부하 직원에 대한 수퍼비전에서 단순한 지적은 의미가 없을 뿐만 아니라, 그들의 행동 교정에 긍정적인 역할을 수행하지 못한다. 건설적인 비판을 함으로써 수퍼비전의 효과를 높일 수 있다. 건설적인 비판은 다음과 같은 요건을 갖춰야 한다.

첫째, 비판은 신뢰가 전제될 때 수용이 가능하다는 점을 상관은 기억하고 있어야 한다. 비판에 앞서서 상호 존중(mutual respect)의 관계를 가질 수 있도록 인간관계의 구축이 필요하다.

둘째, 모호하거나 평가적인 피드백보다는 설명적이고 구체성이 있는 피드백이 필요하다. 평가에 대해 반가워할 사람은 아무도 없기 때문에 부하 직원에게 피드백을 줄 때에도 우열을 가리는 가치판단보다는 바른 방향에 이르게 하는 길을 안내하는 설명이 더 효과적이다.

셋째, 부하직원이 바꿀 수 있는 행동에 대해서만 지적해야 한다. 아무리 강조해도 변할 가능성이 없는 행동을 고치라고 지적하면 결코 효과적인 결과를 기대할 수 없다.

넷째, 가장 효과성이 높을 것 같은 시간을 택해 수퍼비전을 해야 한다. 때로는 사건의 발생과 동시에 수퍼비전이 필요한 경우도 있고, 때로는 사건으로 인해 발생한 열기를 식히고 난 다음에 수퍼비전이 필요한 경우가 있다.

다섯째, 부하 직원의 동기나 의도를 잘못 해석할 수도 있다는 점에 대해 세심한 관심을 기울여야 한다. 의도를 잘못 파악하고 한 비판은 건설적인 비판이 아니라 파괴적인 비판으로 작용할 수 있다.

여섯째, '반드시 해야 한다(you should)'와 같은 화법의 사용에 대해 경계해야 한다. 이 같은 화법은 부하 직원의 감정을 자극할 수도 있다. 감정은 건설적인 비판에 대한 수용에 장애 요소가 된다.

일곱째, 직설적인 지적보다는 부하 직원의 행동이 조직에 어떤 영향을 미칠 가능성이 있는지를 지적함으로써 스스로 문제의 심각성을 인지하도록 해야 한다. 행동이 좋지 않다는 지적보다는 그러한 행동이 조직의 이미지에 좋지 않은 영향을 미친다와 같은 방식의 화법이 건설적인 비판으로 작용할 가능성이 있다는 점이다.

3) 기대치의 분명한 전달

효과적인 수퍼비전을 위해서는 상관의 기대치를 부하 직원에게 분명히 전달해야 한다. 기대치가 정확하게 전달되지 않으면 부하 직원이 수행해야 할 일의 목표를 설정할 수 없다. 효과적으로 기대치를 전달하는 과정은 여섯 가지로 정리할 수 있다.

첫째, 부하 직원이 어디까지 달성할 수 있는지에 대해 결정해야 한다. 그렇게 함으로써 부하 직원은 목표 지점을 그리면서 업무에 전념할 수 있다.

둘째, 부하 직원의 능력이 그 직무를 담당할 만큼의 수준이 되는지를 결정해야 한다. 능력에 따라 업무를 분담함으로써 상관의 기대치를 충족시킬 수 있다.

셋째, 반드시 처리하지 않으면 안 되는 업무를 정해야 한다. 업무에는 여러 가지 종류가 있다. 반드시 해야 할 일이 있고, 약간 뒤로 연기해도 될 일이 있다. 반드시 처리해야 할 일을 명시함으로써 업무 처리에 유연성을 가지도록 해야 한다.

넷째, 부하 직원에게 전달하는 업무지침에 관한 한 정확한 커뮤니케이션이 중요하다. 의사전달 과정에서의 오해는 업무 수행의 오류를 초래한다.

다섯째, 성과가 능력에 일치되는지에 대해 평가를 해야 하며, 필요하다면 왜 성과가 적정 수준에 이르지 못했는지에 대해 그 원인을 밝혀야 한다.

제 7 절 결론

사회복지 인사관리도 인간에 대한 관리이기 때문에 인간에 대한 파악이 전제가 되어야 한다. 산업사회의 인간의 모습은 조직인(organization man)이었다(Whyte, 1956). 조직인은 조직에서 나서, 조직에서 일을 하다가, 조직 속에서 삶을 마감하는 특징을 가지고 있다. 조직의 가치를 수용함으로써 조직에 매몰되어 삶을 살아가는 인간의 모습이 바로 조직인이다. 사람의 모습이 조직인으로서의 특징을 가지면 조직의 가치관과 조직의 문화를 수용하는 교육과 훈련을 통해 효율성을 높일 수 있다.

현대인 중에는 조직인이 있기는 하지만 대체로 조직인에서 탈출해 전문인(professional person)으로 변신을 거듭하고 있다(Silverman & Heming, 1975). 전문인이기 때문에 조직의 가치관이나 조직의 문화보다는 개인의 전문성에 더 많은 비중을 둔다. 조직 속에서 삶을 영위하기보다는 전문성을 기반으로 삶을 살아간다. 이 인간상이 지식정보화사회를 살아가는 인간의 모습에 더 가깝다.

조직인이 집단적으로 업무를 수행하는 경향이 있다면 전문인은 개별적으로 스스로의 전문성에 입각해 업무를 수행한다. 조직인은 조직의 규범에 따라서 삶을 살아가지만 전문인은 전문가의 직업윤리에 따라 삶을 살아가는 경향이 있다. 조직인은 조직 내부의 구성원과 하나의 커뮤니티를 만들어 삶을 영위하고 경쟁을 하지만, 전문인은 유사한 전문성을 가진 조직 외부의 사람들과 인간관계를 맺으며 자기 발전을 추구한다.

사회복지 영역에서 종사하는 사회복지사는 전문인에 더 가깝다. 조직 내부의 규범보다는 사회복지사로서의 직업윤리를 더 강조하는 경향이 나타나기도 한다. 사회복지 인사관리에서 전문인으로서 사회복지사를 고려하지 않을 경우 인사관리의 실패를 초래할 가능성이 있다.

제12장 사회복지 예산관리

제1절 사회복지 예산관리의 개념

1 예산의 개념

예산은 물적 자원을 동원해 활용하는 과정이다. 물적 자원을 동원한다는 의미는 수입에 해당되며, 물적 자원을 활용한다는 의미는 지출에 해당되는 부분이다. 예산은 여기에서 끝나지 않는다. 동원해 활용하는 데에는 목적이 있어야 하기 때문이다. 따라서 예산의 구성 요소는 조직의 목표, 물적 자원의 동원, 그리고 물적 자원의 활용이라고 설명할 수 있다. 이 같은 관점에서 예산은 조직의 목표 달성을 위해 물적 자원을 동원하고 활용하는 과정을 의미한다.

현실적으로 보면 예산은 일정 기간 동안 국가나 지방자치단체 혹은 기관의 재원 조달과 지출에 대한 계획을 금액으로 표시한 내용을 담고 있다. 국가가 주축이 되어 편성한 예산을 국가 예산이라고 하고, 지방자치단체가 주체가 되어 편성된 예산을 지방자치단체의 예산이라고 한다. 사회복지기관도 국가나 지방자치단체처럼 예산을 편성한다.

예산에 합법성이 부여되지 않을 경우 그 효력을 발휘할 수 없다. 국가 예산의 경우 예산편성 후에는 국회의 의결을 통해 합법성을 부여받아야 하고, 지방자치단체의 경우 지방의회의 의결을 거쳐야 한다. 합법성에 대한 요구는 사회복지기관에서도 예외가 있을 수 없다. 복지기관에서 이사회가 국가의 입법부와 유사한 기능을 수행하기 때문에 복지기관의 예산은 이사회의 의결을 거쳐야 합법성을 부여받는다.

사회복지기관은 인근 지역 주민과 지역사회 문제를 해결하기 위한 지역사회 네트워크 구축사업을 실시할 수도 있고, 청소년 비행문제가 사회문제로 대두되고 있다는 사실을 감안해 학교생활에 적응이 어려운 청소년을 대상으로 학교 사회사업을 할 수도 있다. 이 같은 개별 사업에 대한 구체적인 목표를 설정한 후 예산을 어느 정도 지출하고, 재원을 어떻게 조달할 것인지에 대한 계획이 사회복지기관의 예산이다.

2 예산의 기능

예산은 통제(control), 관리(management), 그리고 기획(planning)과 같은 세 가지 기능을 수행한다(Schick, 1966). 통제는 계획된 목적에 예산을 사용하도록 개입하는 과정을 의미한다. 예산은 그 집행 과정에서 계획된 목적 이외에는 사용할 수 없도록 하는 통제행위로서 성격을 가진다. 관리는 효율적으로 목표 달성을 하도록 하는 과정을 의미한다. 예산은 집행 과정을 통해 최소한의 예산으로 신속하게 조직의 목표를 달성하도록 하는 기능을 가진다. 기획은 미래 지향적인 목표를 설정하는 과정을 의미한다. 예산은 장기적인 계획뿐만 아니라 단기적인 계획을 아우르는 성격을 가지고 있기 때문에 기획의 기능도 수행한다.

전통적으로 예산은 통제 기능이 강하게 나타났으나 최근에는 관리 기능과 기획 기능이 더 강조되기도 한다. 예산은 주어진 사업을 시행하는 데 사용되어야 하지만 근본적으로는 효율적으로 목표를 달성하고, 미래 지향적 계획을 제시하는 성격을 가지기 때문이다. 관리 기능과 기획 기능이 강조된다고 해서 통제 기능이 경시된다는 의미는 아니다.

제 2 절 사회복지 예산편성 이론

예산은 전통적으로 품목(line-item)을 중심으로 편성했다. 국가나 지방자치단체뿐만 아니라 일반 조직에서도 마찬가지였다. 무슨 사업을 할 것인지를 결정해 필요한 액수만큼의 돈을 배정하면 되는 간단한 방법이기 때문이다. 그러나 최근에는 예산의 효율성을 높이기 위해 다양한 편성기법이 활용되기도 한다. 기능 예산, 성과주의 예산, 기획 예산, 영기준 예산 등이 그것이다.

1 품목별 예산

품목별 예산(line-item budgeting)은 조직의 계선에 따른 세부사업을 중심으로 예산을 할당하는 방식을 의미한다. 미국에서는 1921년 하딩(Warren Harding) 대통령부터 사용하던 예산편성 방식으로서 오늘날까지 널리 사용된다. 품목별 예산은 소관 부처의 소관 국과, 그리고 소관 사업 단위까지 적시해 예산이 편성되기 때문에 통제가 용이하다는 장점이 있지만 예산을 효율적으로 사용해 어느 정도 목표를 달성했는지에 대해서는 파악하기가 어려운 편성기법이다.

국가예산도 대체로 품목별 예산편성의 틀을 크게 벗어나지 않고 있다. 사회복지의 주무부처인 보건복지부의 예산 내용을 보면 품목별 예산 내용의 단면을 살펴볼 수 있다. 보건복지부의 2010년도와 2011년도 분야별 세출예산은 <표 12-1>과 같다. 일반회계의 세출 총액은 20조 9,406억 원이며, 이 중에서 인건비가 2,615억 원이다. 사회복지에는 15조 3,154억 원이 배정되었으며, 이 중에서 기초생활보장 사업에 7조 5,168억 원, 노인복지에 3조 7,145억 원이 소요되었다는 사실을 알 수 있다. 또한 공적 연금에 소요되는 예산은 387억 원이라는 사실을 확인할 수도 있다. 품목별 예산은 이처럼 예산의 소재가 명확해, 집행 후 책임 소재를 명확하게 파악할 수 있게 한다. 따라서 통제가 용이한 예산편성 기법이라고 할 수 있다.

표 12-1 보건복지부의 분야별 일반회계 세출예산: 품목별 분류

(단위: 백만 원)

구분		2010년 예산	2011년 예산
총계		19,816,635	20,940,663
인건비		253,826	261,524
사회복지	합계	14,275,740	15,315,372
	기초생활보장	7,286,456	7,516,784
	아동 · 장애인 등	880,784	1,046,026
	공적 연금	395	387
	보육 및 저출산	2,159,819	2,510,736
	노인	3,500,668	3,714,510
	사회복지 일반	447,618	526,929
보건	합계	5,197,840	5,376,807
	보건의료	878,289	729,665
	건강보험	4,319,551	4,647,142

자료 : 보건복지부 홈페이지(http://www.mohw.go.kr/html/kor/08_mohw_info/sub05.htm).

2 기능 예산

예산이 품목별로 편성될 경우에는 예산의 목적이 어디에 있는지를 이해할 수 없는 경우가 많다. 기능 예산은 품목별 예산의 이 같은 문제점을 보완하는 관점에서 편성된 예산이다. 사업을 기능별로 분류하고 그 기능에 따라 배정된 예산이 기능 예산이다. 기능 예산은 품목을 기초로 만들어진 예산을 기능 중심으로 재분류함으로써 예산의 목표를 분명히 하고 있다는 점이 장점이다. 그러나 품목 예산을 기능별로 분류한 것 이외에는 큰 의미가 없다.

국가 예산은 품목별로 편성하지만 기능 예산 방식으로 제시하기도 한다. 2011년 기능별 세출예산은 <표 12-2>와 같다. 기능별 세출예산은 방위비, 교육비, 사회개발비, 경제개발비, 일반행정, 지방재정교부금, 제지출금 및 기타와 같이 7개 기능으로 분류한다. 기능별로 보면 일반회계예산 약 264조 원 중에서 경제개발비가 가장 높은 31.7%로 가장 높고, 다음이 교육비로서 15.8%를 차지하고 있었다. 사회개발비는

표 12-2 2003년 기능별 일반회계 세출예산: 기능별 분류

기능	금액	구성비	기능	금액	구성비
노동	1,361,329	0.5	방위비	32,870,424	12.4
보훈	3,723,247	1.4	교육비	41,618,722	15.8
주택	1,446,648	0.5	사회개발비	40,110,778	15.2
사회복지 일반	526,930	0.2	문화 · 관광	2,525,258	1.0
보건의료	955,546	0.4	환경개선	7,874,003	3.0
건강보험	4,647,142	1.8	사회보장	29,711,517	11.3
식품의약안전	229,906	0.1	기초생활보장	7,516,784	2.8
경제개발비	83,592,094	31.7	취약계층 지원	1,181,326	0.4
일반행정	20,185,361	7.6	공적 연금	1,677,345	0.6
지방재정교부금	30,976,583	11.7	보육 · 가족 및 여성	2,658,957	1.0
채무상환 및 기타	14,738,899	5.6	노인 · 청소년	3,786,357	1.4
			합계	264,092,862	100.0

자료: 디지털 예산회계시스템 재정통계 발췌 후 재정리.

15.2%였으며, 사회보장비는 11.3%를 차지하고 있었다.

기능 예산은 조직이 추구하는 목표를 영역별로 나눠 재정계획을 세우기 때문에 목표와 예산과의 관계를 유기적으로 접목시킬 수 있다는 장점이 있다. 여러 단위조직에 흩어져 있는 사업과 조직이 추구하는 목표를 연계시킬 수 있도록 함으로써 통합 조정(coordination)을 용이하게 수행할 수 있다는 장점도 아울러 가지고 있다. 그러나 통합 조정 기능이 확보되어 있지 않을 경우 형식에 그칠 가능성이 높다. 통합 조정 기능이 확보되어 있다고 하더라도 조정 기능에 저항할 경우에는 조직 간 갈등이 발생할 소지가 높다.

3 성과주의 예산

성과주의 예산(performance budgeting)은 목표를 설정하고, 성과를 평가해 예산에 반영하는 방식으로 편성된 예산이다. 성과평가(performance evaluation)의 결과가 좋은 사업을 예산에 우선권을 주는 방식으로 편성하면 예산의 효율성을 높일 수

있다는 내용을 담고 있다. 1949년 후버위원회(Hoover Commission)에서 성과주의 예산 도입에 관한 가이드라인을 발표하면서 미국의 연방정부에서부터 도입되기 시작한 예산편성 기법이다.

성과주의 예산은 목표관리(management by objective : MBO)와 이론적 궤를 같이 할 뿐만 아니라, 목표관리의 한 부분을 차지한다. 목표관리는 이론적인 관점에서 볼 때 3단계 과정, 즉 목표를 설정하는 과정(setting objectives), 목표를 달성하는 과정(tracking progress), 그리고 결과를 평가하는 과정(evaluating results)을 가지고 있다. 이 3단계 과정을 구체적으로 나누면 <표 12-3>과 같이 7단계로 나뉘고, 성과주의 예산편성은 1단계에서 3단계까지다. 성과주의 예산편성의 제1 단계는 목표 설정의 단계다. 조직이 추구하는 목표와 일치하는 목표를 조직구성원으로 하여금 설정하게 해야 한다. 목표는 단수가 아니라 복수인 경우가 대부분이며 그 경우에는 우선순위도 결정해야 한다. 제2 단계는 행동계획 설정 단계다. 목표 하나하나에 대해 세부 실천계획이 필요하며, 그것이 곧 행동계획이다. 행동계획도 우선순위를 고려해 결정해야 한다. 제3 단계는 자원분배 단계다. 목표 우선순위에 따라 인원을 배치하고, 예산을 분배하는 단계다(Newland, 1976). 제3 단계에서 예산이 배정된다.

성과주의 예산은 조직의 목표 달성을 기초로 예산을 편성한다는 점에서 목표 지향적 예산이라고 할 수 있다. 그러나 사회복지를 포함해 공공 분야에서는 구체적 목표를 적시하기가 어려울 뿐만 아니라 적시한다고 하더라도 수치로 표현하기기 어렵다는 점에서 성과주의 예산의 한계가 있다. 따라서 성과주의 예산은 조직의 성격과

표 12-3 목표관리와 성과주의 예산편성 과정

과정	단계	과정	내용	예산편성
목표 설정 과정	1단계	목표 설정	조직의 목표와 일치하는 목표와 우선순위 결정	성과주의 예산편성 과정
	2단계	행동계획 설정	개별 목표에 대해 행동계획 수립	
목표 달성 과정	3단계	자원분배	목표 우선순위에 따라 인적 · 물적 자원 등 분배	
	4단계	인력 투입	목표 달성 행동계획에 따라 인력 투입	
	5단계	목표 달성 관리	목표 달성 과정에 대한 추적과 모니터링	
성과평가 과정	6단계	성과 평가	효과성 · 능률성 · 경제성을 기준으로 평가	
	7단계	개선 효과 창출	좀 더 효과적인 목표 달성 기법의 창출 및 정리	

자료 : 뉴랜드(Newland, 1976).

종류를 불문하고 도입할 수 있는 예산이 아니라, 성과측정이 가능한 사업에 한에서 도입할 수 있다는 한계를 가지고 있다.

보건복지부에서 실시하지는 않고 있지만 자립 지원 프로그램을 성과주의 방식으로 예산편성을 한다고 가정한다. 자립 지원 프로그램의 단위사업은 생업자금 융자, 직업훈련, 그리고 자활지원센터를 통한 자립 지원으로 나뉘어 있다고 가정하고 성과주의 예산편성 방법에 대한 시나리오를 제시하고자 한다. 이 세 단위사업에 대해 전년도 사업을 중심으로 성과를 평가하면 <표 12-4>와 같다.

표 12-4 자립지원사업의 성과평가와 예산 우선순위

단위사업	전년도 예산 B	수혜자의 비율		효과성 평가		
		수혜자 수 N	1인당 수혜액 B/N	자립자 수 S	1인당 자립비용 B/S	자립률 S/N*100
생업자금 융자	3,000억 원	2,000명	1억 5천만 원	500명	6억	25.0%
직업훈련	3,000억 원	1,500명	2억원	300명	10억	10.0%
자활지원센터	3,000억 원	3,000명	1억원	200명	15억	6.7%

세 가지 단위사업의 성과를 평가하는 기준은 한 가지만 있는 것이 아니라는 사실을 알 수 있다. 한 단위사업에 대한 수혜자 수, 1인당 수혜액, 자립자의 수, 1인당 자립비용, 그리고 자립율 모두가 기준이 될 수 있다. 수혜자 수를 기준으로 할 경우 자활지원센터 지원사업이 가장 높은 수혜율을 가지기 때문에 성과가 가장 높은 프로그램으로 평가받을 수 있다. 1인당 수혜액을 기준으로 할 경우 많으면 성과가 높다고 할 수 있기 때문에 직업훈련이 2억 원으로 성과가 가장 좋은 프로그램으로 평가받을 수 있다. 자립자의 수를 기준으로 할 경우에는 생업자금 융자를 받고 자립을 달성한 사람이 가장 많은 500명이기 때문에 가장 성과가 좋은 프로그램으로 평가를 받는다. 1인당 자립비용과 자립률을 기준으로 하면 생업자금 융자가 가장 우수한 성과를 보이고 있는 프로그램임을 알 수 있다.

성과를 평가할 때 할 수만 있다면 효과성 평가가 다른 어떤 기준보다도 우선시되어야 한다. 정책의 최종적인 결실이 효과성이기 때문이다. 자립지원사업의 최종적인 효과는 수혜자의 경제적 자립에 있기 때문에 저비용으로 많은 경제적 자립을 달성하

는 데 기여한 프로그램이 최선의 프로그램이라고 말할 수 있다. <표 12-4>에서는 생업자금 융자가 여기에 해당된다. 1인당 자립비용은 6억 원이고, 자립률은 500명이어서 직업훈련이나 자활지원센터에 대한 지원보다 우선적으로 평가받을 수 있다. 따라서 예산 배정의 우선순위는 생업자금 융자, 직업훈련, 그리고 자활지원센터 지원사업의 순이라는 것을 알 수 있다.

예산 배정의 우선순위가 결정되면 다음은 <표 12-3>에서 제시하고 있는 바와 같이 행동계획을 수립하는 과정이다. 생업자금 융자를 받을 수 있는 빈곤층의 자격심사에 대한 행동계획, 자금 융자를 받은 후 창업 지원이나 재무관리에 대한 지원계획과 같은 것이 행동계획이다. 직업훈련과 취업 알선 프로그램을 연계시켜 효과성을 높이는 방법에 대해서도 행동계획을 세울 수 있으며, 자활지원센터 지원 후에 다양한 지원을 통해 자립률을 높일 수 있는 방안을 기초로 하는 행동계획을 세울 수 있다. 우선순위와 행동계획에 따라서 생업자금 융자사업에 6,000억 원을 배정하고, 직업훈련에는 4,000억 원을 배정하며, 자활지원센터 지원사업에는 2,000억 원을 배정하는 방식으로 예산을 편성하는 것이 성과주의 예산이다. 성과평가 결과에 따라 매해 예산의 우선순위가 달라진다.

4 기획 예산

기획 예산(PPB : planning, programming, and budgeting)은 장기적으로 기획을 하고, 단기적으로 기획 목표에 따라 예산을 배정하는 예산편성 방식이다. 기획 예산에서 말하는 기획, 즉 planning은 장기 계획의 의미를 가지고 있으며, programming는 단기 계획을 의미한다. 예산을 의미하는 budgeting는 장단기 계획 아래 예산을 배정한다는 의미를 가진다.

기획 예산은 1950년대 미국의 랜드연구소(RAND Corporation)에서 프로그램 예산(Program Budgeting)의 개발에 기원을 두고 있다. PPB는 실무적으로 1960년대 초 미국의 국방부(Department of Defense)에서 시작된 예산편성 방식으로 알려져 있으나 미국 연방정부에 공식적으로 도입된 시기는 1965년 존슨(Lyndon B. Johnson) 대통령이 '위대한 사회(Great Society)' 프로그램을 제안하면서부터였다(Novick, 1968).

위대한 사회 프로그램은 당시 존슨 대통령이 지향한 국가의 장기적인 정책 방향이었으며, 이 장기적인 정책 방향에 따라 단기적으로 달성할 목표를 정하고 구체적인 실천계획에 따라 예산을 배정할 필요가 있었다. 따라서 PPB와 같은 예산편성 방법이 가장 잘 어울리는 예산편성 방식으로 인정받게 되었다.

기획 예산은 장기적인 관점에서 예산편성을 하기 때문에 자원배분을 합리적으로 할 수 있으며, 미래 지향적인 기획의 개념을 예산과 연계시킬 수 있다는 장점이 있다. 그러나 기획 예산과 관련된 단위사업에 대한 모든 정보를 가지고 있어야 한다는 현실적 어려움이 있을 뿐만 아니라, 기획 기능이 강화되면 최고결정자에게 권한이 집중되는 성향이 강하다는 단점도 있다.

'형평사회 구현'이라는 정책 기조를 가정하고, PPB 방식으로 예산을 편성하는 방식에 대한 시나리오를 제시하기도 한다. 정부는 형평사회 구현이라는 장기 목표를 설정하고 10조 원의 예산을 투입하기로 하고, 각 연도별 달성 목표를 <표 12-5>와 같이 1차 연도에는 탈빈곤 기반 구축, 2차 연도에는 노령 빈곤 해결, 3차 연도에는 농어촌 빈곤 해결, 4차 연도에는 도시 빈곤 해결, 그리고 5차 연도에는 형평조세 개혁으로 마무리짓는다고 가정한다.

실제로 기획 예산을 편성할 경우 <표 12-5>보다 더 구체적으로 프로그램을 만들

표 12-5 형평사회 구현을 위한 기획 예산

사업 목표	형평사회 구현				
1차 연도 탈빈곤 기반 구축	사업	최저생계비 확립	차등보호 도입	준빈곤층 보호	의료보호 확립
	예산	6,000억 원	4,000억 원	6,000억 원	4,000억 원
2차 연도 노령 빈곤 해결	사업	비연금노인 지원	양로시설 확충	요양시설 확충	장기요양보험 도입
	예산	5,000억 원	6,000억 원	6,000억 원	3,000억 원
3차 연도 농어촌 빈곤 해결	사업	농어민정년제 도입	농촌형 양로보호	농촌형 요양보호	자연재해보험 도입
	예산	5,000억 원	5,000억 원	5,000억 원	5,000억 원
4차 연도 도시 빈곤 해결	사업	비정규직 지원	빈곤근로자 지원	빈곤영세상 지원	
	예산	6,000억 원	7,000억 원	7,000억 원	
5차 연도 형평조세 개혁	사업	조세개혁	소득공제 확립	재분배구조 개혁	
	예산	7,000억 원	7,000억 원	6,000억 원	

고, 장기 목표와 연계시키겠지만 연도별로 추진할 사업을 정하고, 사업에 예산을 할당하는 방식으로 예산을 배정했다고 가정한다. 1차 연도에는 탈빈곤 기반 구축이 목표이며, 이를 위해 사용될 예산은 2조 원이다. 2조 원은 최저생계비 확립, 차등 보호 도입, 준빈곤층 보호, 의료보호 확립과 같은 프로그램에 배정되었다. 2차 연도와 3차 연도에는 노령 빈곤과 농어촌 빈곤 문제의 해결을 위해 각기 4개 사업이 계획되었고, 4차 연도와 5차 연도에는 도시빈곤과 형평조세 문제 해결을 위해 각기 3개 단위사업이 계획되었다.

5 영기준 예산

영기준 예산(zero base budgeting : ZBB)은 과거의 관행이나 예산 우선순위를 전혀 고려하지 않고 영(zero)의 상태에서 사업을 선정하고, 우선순위를 결정해 예산을 배정하는 방식을 의미한다. 영기준 예산은 의사결정 기능이 강화된 예산편성 기법으로서 점증주의(incrementalism)를 극복하고 경제적 합리성을 확보하기 위한 방식이다. 점증주의란 과거의 것을 약간 개선하는 차원에서 예산을 편성하는 방식을 의미한다.

영기준 예산은 1969년 미국의 텍사스 인스트루먼트(Texas Instrument)에서 처음 도입해 사용했다(Phyrr, 1973). 미국의 카터(Jimmy Carter) 대통령이 조지아 주지사로 있을 당시에 1973 회계연도부터 조지아 주에서 도입했으며, 대통령에 당선된 후에는 1977년부터 연방정부에 도입했다.

영기준 예산은 과거의 관행을 고려하지 않고 예산을 편성한다는 점에서 관행에 얽매일 필요가 없으며, 의사결정과 예산편성을 동시에 할 수 있다는 장점을 가지고 있지만 해마다 영기준을 적용해야 하기 때문에 사업의 일관성에 차질을 빚을 가능성이 높다는 단점도 가지고 있다.

영기준 예산은 대체로 5단계 과정을 거쳐서 예산을 편성한다. 첫째, 의사결정 단위(decision unit)를 설정하는 단계다. 의사결정 단위는 독자적인 목표를 가지고 활동을 하는 조직 단위를 의미한다. 조직 내에는 다양한 의사결정 단위가 존재한다. 의사결정 단위는 독립성을 가지고 있어야 하며 다른 단위와 중복되지도 않아야 한다. 제2단계는 의사결정 패키지를 설정하는 단계다. 하나의 의사결정 단위에는 여러 개의 의사

표 12-6 영기준 예산의 편성 과정

제1 단계	제2 단계	제3 단계	제4 단계	제5 단계
의사결정 단위 설정	의사결정 패키지 설정	각 패키지에 우선순위 부여	예산배정	평가
조직을 여러 개의 의사결정 단위로 분류	패키지 1, 2, 그리고 3을 설정	비용편익분석 실시/비교해 우선순위 부여	우선순위를 근거로 하여 예산 차등 배정	예산집행의 성과를 평가

결정 패키지가 있을 수 있다. 의사결정 패키지를 모두 찾아서 정리하는 작업이 필요하다. <표 12-6>에서는 3개의 의사결정 패키지를 설정했다고 가정한다. 제3 단계에서는 각 의사결정 패키지를 비교분석해 우선순위를 부여하는 단계다. 우선순위 분석은 비용편익분석이나 비용효과분석과 같은 과학적 도구를 활용해 실시해야 한다. 제4 단계는 예산배정을 하는 단계다. 우선순위에 따라 차등적으로 예산을 배정한다. 마지막으로 제5 단계는 영기준에 따라 편성한 예산을 집행한 후에 평가하는 단계다. 평가 후에 다시 영기준에 따라 예산을 편성하는 과정을 거친다.

6 요약

예산은 정책의 재정계획일 뿐만 아니라, 정책을 집행하기 위한 행동계획이다. 국가나 복지기관이 추구하는 목표를 달성하기 위해 행동계획이 품목별 예산처럼 통제를 중심으로 짜여질 수도 있고, 기능 예산처럼 추구하는 목적에 대한 통합 조정 기능을 중심으로 편성될 수도 있다. 성과주의 예산과 같이 투입에 대한 산출의 최대화를 가능하게 하는 사업을 바탕으로 예산을 편성할 수도 있으며, PPB처럼 미래 지향적 기획을 중심으로 예산을 편성할 수도 있다. 영기준 예산을 참고해 의사결정을 중심으로 예산을 편성할 수도 있다.

예산을 편성하기 위한 다양한 이론이 제시되고 있으나, 이들 이론은 하나의 모형으로서의 의미를 크게 벗어나지 못하고 있다. 모두 하나의 단면을 근거로 제시된 이론이기 때문이다. 예산은 다양한 면을 고루 갖추고 있기 때문에 하나의 단면만을 가지고 그 성격을 설명할 수 없다. 품목별 예산에서 영기준 예산에 이르기까지 제시한

표 12-7 예산편성 이론: 품목별 예산에서 영기준 예산까지

특성	품목별 예산	기능 예산	성과주의 예산	기획예산	영기준 예산
기본 방향	통제	통합조정	관리	기획	의사결정
범위	투입	투입과 산출	투입과 산출	투입, 산출, 효과, 그리고 대안	투입, 산출, 효과, 그리고 대안
담당자의 기능	회계	관리	관리	경제와 기획	관리와 기획
주요 정보	지출 대상	목표와 단위 사업의 관계	기관의 활동	기관의 목표	프로그램이나 기관의 목표
정책결정 유형	점증주의	점증주의	점증주의	체계이론	정책분석
기획책임	대체로 결여	대체로 결여	기관에 산발적으로 분산	중앙에 집중	분권화
예산기관 역할	회계적 합성	효과성	효율성	정책 방향	정책 우선순위

자료 : Henry(1980).

다섯 가지 단면 — 통제 기능, 조정 기능, 목표관리 기능, 기획 기능, 그리고 의사결정 기능 — 모두가 편성되는 예산에 일부 혹은 전부 반영된다. 예산편성이론을 요약해 정리하면 <표 12-7>과 같다.

제 3 절 예산편성 과정

1 국가의 예산편성

사회복지 예산을 이해하기 위해 국가의 예산편성 과정에 대해 먼저 이해할 필요가 있다. 사회복지 예산은 국가 예산의 중요한 영역을 차지하고 있을 뿐만 아니라, 사회복지기관은 국가로부터 지원을 받고 있기 때문이다. 사회복지기관의 예산은 국가 예산과 종속적 관계에 있다고는 말할 수 없지만 국가 예산으로부터 영향을 받는다. 따라서 국가 예산과 복지기관의 예산편성 과정을 동시에 고찰할 필요가 있다.

예산은 [그림 12-1]에서와 같이 대체로 5단계로 나눠 편성된다. 국가 예산의 주무부처인 기획재정부는 매해 3월이면 차기 연도 예산편성지침을 각 부처에 내려 보낸

예산편성 과정	예산편성 일정	시기
예산편성지침 시달	예산편성지침 시달(기획재정부→각 부처)	3월 말
예산요구서 제출	각 부처의 예산 요구(각 부처→기획재정부)	5월 말
정부예산안 편성	관련 기관 협의(장관협의, 당정협의, 자문회의)	8월~9월
	대통령에게 보고	9월 말
	국무회의 의결 및 대통령 재가	10월 초
예산안 국회 의결	정부예산안 국회 제출(기획재정부→국회)	10월 초
	예산결산위원회 심의 및 의결	11월 중
	본회의 심의 및 의결	12월 중
예산 확정	국무회의 동의 및 공포	12월 말까지

그림 12-1 국가 예산편성 과정

다. 예산편성 지침에는 정책의 기본 방향이 제시된다. 각 부처는 3월부터 6월 초순까지 예산편성 지침에 따라 예산요구서를 작성해 기획재정부에 전달한다.

이때부터 기획재정부는 요구 내용을 분석하는 과정을 거쳐 정부예산안을 편성한다. 장관협의회나 당정협의회를 열기도 하고, 예산자문회의를 열기도 한다. 예산편성이 확정되면 대통령에게 보고하고, 국무회의의 의결을 거쳐서 9월 말에서 10월 초 사이에 정부예산안을 확정짓는다. 정부예산안은 이어 국회로 넘어간다. 국회는 예산결산위원회와 본회의의 심의 및 의결을 거쳐 국가예산안을 확정지으면 대통령은 이를 공포하는 과정을 거친다. 대통령이 공포한 예산은 법률로서 성격을 가진다.

2 복지기관의 예산편성

국가 예산편성 과정은 복지기관의 예산편성의 가이드라인 역할을 할 수 있다. [그림 12-2]와 같이 기획과 예산을 담당하는 부서에서 다음 해의 예산편성에 대한 지침을 각 업무 부서에 내려 보낸다. 가족복지, 노인복지, 그리고 정신의료사회사업 등을 담당하는 업무 부서에서는 예산편성의 지침에 따라 예산요구서를 작성해 기획예산 담당 부서에 제출한다. 기획예산 담당 부서는 업무 부서의 장과 협의를 거쳐 조정을 하고, 자문위원이 있으면 자문위원과의 협의를 거쳐 예산에 관한 협의를 실시한다. 기관장과 협의를 거쳐 실무 부서에서의 예산안이 결정된다. 이사회가 의결 기능을 수행하는 기관이기 때문에 이사회의 재가를 받아 최종적으로 예산안이 확정된다. 복지기관에서는 이 과정을 일일이 따라갈 수는 없겠지만 이 같은 흐름을 가지고 예산을

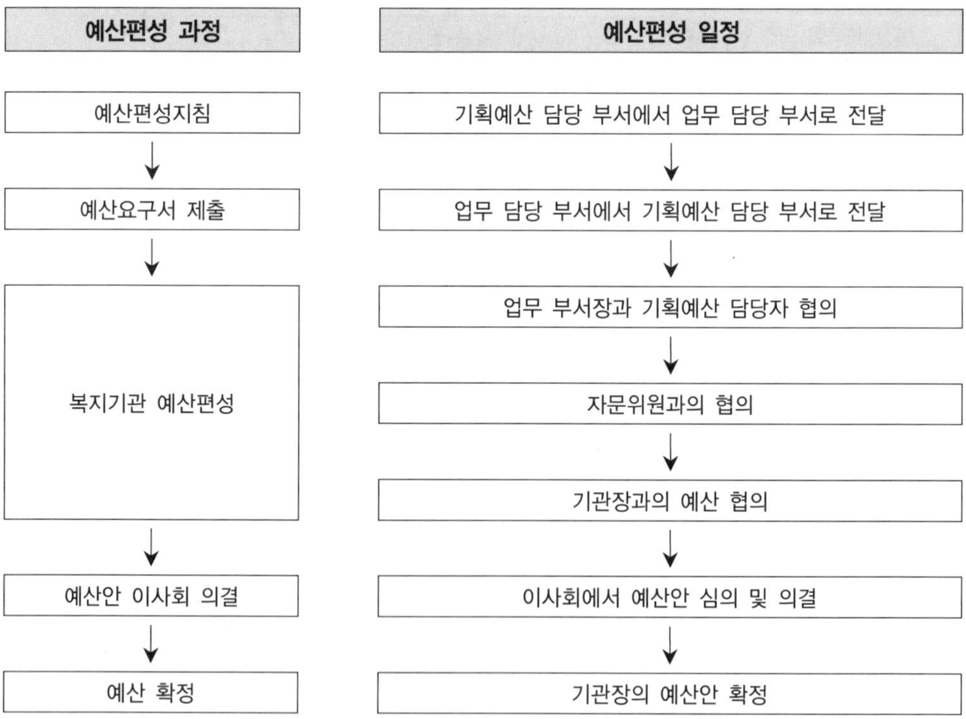

그림 12-2 복지기관의 예산편성 과정

편성할 수 있다.

예산편성 지침이 기획예산 담당 부서에서 업무 담당 부서로 전달되는 시기는 국가 예산편성 과정과 같을 필요는 없다. 상반기가 될 수도 있고, 중반기가 될 수도 있다. 그러나 회계연도가 대체로 매년 1월 1일부터 시작되기 때문에 회계연도 시작 전에는 이사회의 재가를 받아 예산안을 확정지을 수 있도록 일정을 조정해야 한다.

제 4 절 사회복지 예산

1 사회복지 예산과 사회보장비

국가 예산은 국가의 재정계획이지만 사회복지 예산은 사회복지 분야에 소요되는 재정계획을 말한다. 국가 예산 중에는 사회복지 예산도 있고, 국방예산이나 교육예산과 같은 다른 분야의 예산도 있다. 사회복지 예산은 국가 예산의 일부에 속할 뿐 국가 예산이 사회복지 예산은 아니다.

사회복지에 관한 국가 예산의 중요한 척도가 되는 것이 사회보장비(social security expenditure)다. 이론적으로 사회보장비는 사회복지 수준을 결정하는 중요한 척도가 된다. 사회보장비는 사회보장 제도 시행에 드는 비용을 의미한다. 빈곤층을 위한 공공부조에 사용되는 비용, 노인이나 아동 등을 위해 사용되는 사회복지 서비스 비용, 국민연금이나 고용보험과 같은 사회보험에 사용되는 비용, 그리고 공중위생이나 의료 등에 사용되는 보건위생대책비 등을 합한 비용이다.

OECD는 사회복지비 추계에 포함되는 비용으로 13개 영역을 제시하고 있다. 노령에 대한 현금급여(old age cash benefits), 장애에 대한 현금급여(disability cash benefits), 산업재해에 관한 급여(occupational injury and disease), 질병에 대한 급여(sickness benefits), 노인이나 장애인에 대한 사회복지 서비스(services for the elderly and disabled people), 생존자에 대한 급여(survivors), 가정에 대한 현금 지원(family cash benefits), 노동시장 지원(active labor market programs), 실업급여

표 12-8 사회보장 예산의 일반회계예산 및 GDP 대비 비율

연도	GDP에 대한 비율		일반회계예산에 대한 비율		OECD 기준 GDP 비율			
	사회보장 예산	복지부 소관 예산	사회보장 예산	복지부 소관 예산	한국	멕시코	미국	영국
1995	0.76	0.53	5.64	3.82	3.6	4.3	15.8	20.5
2000	1.55	1.02	9.10	5.98	5.5	5.3	14.8	19.3
2005	1.68	1.10	10.05	6.59	7.0	6.9	16.2	21.4
2006	1.79	1.14	10.05	6.59	7.9	7.0	16.3	21.2
2007	2.09	1.28	12.03	7.37	8.2	7.2	16.5	21.3
2008	6.71	2.43	26.19	9.47	–	–	–	–
2009	7.6	2.8	26.65	9.81	–	–	–	–
2010	6.9	2.6	27.73	10.59	–	–	–	–

자료 : 보건복지통계연보 및 OECD의 Public Social Expenditure.

(unemployment benefits), 건강(health), 주택(housing benefits), 그리고 기타(other contingencies)에 대한 비용으로 사회보장비가 구성되어 있다.

OECD 기준에 의하면 한국의 사회보장비는 매우 낮은 수준이다. <표 12-8>에서와 같이 한국은 멕시코와 비슷한 수준이며, 미국의 절반에도 미치지 못하는 실정이다. 글로벌 스탠더드에 따른 사회보장비 지출이 요구된다.

한국의 사회보장 예산은 꾸준히 증가하고 있다. GDP 대비 사회보장 예산은 1995년 0.76%에서 2010년도에는 6.9%까지 증가했다. 일반회계예산에 대한 사회보장 예산의 비율도 1995년에는 5.64%에 불과했으나 꾸준히 증가해 2010년에는 27.7%에 이른다. 사회보장 예산의 이러한 증가 추세에도 불구하고, 국가별로 상대 비교를 하면 한국의 사회보장 예산의 수준은 매우 낮다는 사실을 알 수 있다. OECD가 제시하는 기준을 활용해 GDP 대비 사회보장 예산은 8.2%로서 멕시코의 7.2%보다 약간 높다. OECD 국가의 최하위권이다. 영국이나 미국에 비해서도 비교가 안 될 정도로 낮다는 사실에 주목할 필요가 있다.

2 국가 사회복지 예산과 민간 사회복지 예산

민간 자본이 사회복지에 유입되는 예산을 민간 사회복지 예산이라고 말한다. 민간 사회복지 예산은 기업을 통해 다양한 사회보장 명목으로 유입되는 예산도 있고, 후원이나 모금을 통해 유입되는 예산도 있다. 민간기업의 법정 사회보장비용은 국민연금, 의료보험, 고용보험, 산재보험과 같은 사회보험 기여액뿐만 아니라 장애인 고용 부담 및 임금 채권 보장까지 포함해 계산하고 있다(한국경영자총연합, 2009).

<표 12-9>와 같이 1997년도에는 사회보험 기여액만을 계산한 경우 민간기업이 6조 3,109억 원 정도로 부담했으나, 2002년에 두 배로 증가한 12조 5,199억 원 수준이었다. 2008년도에는 2002년보다 또다시 2배가량 증가한 25조 6,206억 원이었다. 민간 사회복지 예산이 증가함으로써 공공 영역과 민간 영역의 공동 책임 영역이 그만큼 늘어난다고 설명할 수 있다.

민간복지 자원을 확충하고 효율적으로 동원하기 위해서는 개인과 기업의 기부가

표 12-9 민간기업의 법정 사회보장 비용

(단위: 억 원)

연도	국민연금	건강보험	고용보험	산재보험	계
1997	26,845	11,495	6,580	18,189	63,109
1998	38,315	11,094	6,947	14,510	70,866
1999	38,398	12,507	11,834	16,121	78,860
2000	42,862	14,836	14,608	16,671	88,977
2001	49,315	19,770	18,055	22,561	109,701
2002	55,685	26,164	19,397	23,953	125,199
2003	62,206	35,904	18,126	24,651	140,887
2004	72,018	42,288	19,869	29,961	164,136
2005	77,522	48,554	21,912	32,447	180,435
2006	84,775	55,849	23,535	38,273	202,432
2007	93,183	66,612	25,076	45,114	229,985
2008	100,196	80,067	27,138	48,805	256,206

자료 : 한국경영자총연합회(2009).

중요한 역할을 한다(정기원 외, 2000). 개인과 기업의 자금을 사회복지 자원으로 환원하는 역할은 한국에서는 사회복지공동모금회가 그 중심에 있으며, 매년 그 모금액이 증가하고 있다. 초기에는 모금액이 낮아 1998/99년도에는 213억 정도였으나, 다음 해에는 크게 증가해 510억 수준이었다. 2002년부터 모금액이 크게 증가해 1,615억 원 수준에 이르렀고, 2010년도 현재 3,396억 원의 규모로 확대되었다.

기업의 법정 사회복지 비용 부담은 법으로 정해져 있기 때문에 자발적 기여라기보다는 비자발적 기여에 해당된다. 자발적 기여에 해당되는 자선적 기부는 민간 영역에서 사회복지 예산을 확충하는 데 중요한 역할을 한다.

표 12-10 사회복지공동모금회 집계 모금액 추이

(단위: 백만 원)

연도	총모금액	연도	총모금액
2002	161,487	2007	267,406
2003	138,246	2008	270,286
2004	175,630	2009	331,863
2005	214,743	2010	339,561
2006	217,745		

자료: 사회복지공동모금회(http://www.chest.or.kr).

제 5 절 사회복지 예산과 부의 소득세

부의 소득세(negative income tax)는 프리드먼(Milton Friedman)이 제안한 이론이다. 사회보장과 소득세의 개념을 결합한 이론으로서 미국에서 여러 차례 도입하려고 했으나 전 국민을 사회보장의 틀 속에 둘 가능성이 있다는 이유로 도입되지는 못했다. 그러나 미국에서는 소득세공제 제도(Earned Income Tax Credit: EITC)로 그 개념이 적용됨으로써 빈곤층과 저소득층의 근로 의욕을 향상시키는 제도로 그 맥을 유지하고 있다.

빈곤선(poverty line)이 100만 원이라고 가정하고, 공제율을 50%라고 하고 부의

소득세 개념을 설명하기로 한다. <표 12-11>과 같이 빈곤층이라고 하더라도 소득이 있는 계층이 있다. 편의상 20만 원 단위로 나눠 소득 그룹을 구분하기로 한다. 소득 수준이 0인 사람은 최저 생활을 유지할 수 있도록 빈곤선에 해당되는 현금급여, 즉 100만 원을 받는다. 소득 수준이 20만 원인 사람은 공제율이 50%이기 때문에 일단 10만 원은 세금으로 내고, 10만 원은 순수 소득으로서 자신이 갖는다. 이것이 <표 12-11>에서 세금 후 개인의 보유 소득, 즉 P다. 복지국가를 지향하는 국가는 모든 시민에게 최저생계비를 보장해야 하기 때문에 근로소득이 어느 정도 수준이냐에 관계없이 100만 원의 최저생계비를 지원하게 된다.

소득 수준이 20만 원인 사람은 10만 원을 세금으로, 나머지 10만 원을 자신이 가지게 되며, 여기에 국가의 급여 100만 원을 받으면 가처분소득은 110만 원이 된다. 근로소득이 40만 원인 사람도 같은 방식으로 가처분소득이 120만 원이 되고, 근로소득이 60만 원인 사람의 가처분소득은 130만 원이 된다. 이 같은 방식으로 계산을 하면 근로소득이 100만 원인 사람의 가처분소득은 150만 원이 되고, 근로소득이 200만 원

표 12-11 부의 소득세

소득 그룹 구분	근로소득 I	세금 후 개인 보유 소득 P	국가 지원 M	가처분소득 P+M = K	국가지원책 K-I
빈곤층	0	0	1,000,000	1,000,000	1,000,000
	200,000	100,000	1,000,000	1,100,000	900,000
	400,000	200,000	1,000,000	1,200,000	800,000
	600,000	300,000	1,000,000	1,300,000	700,000
	800,000	400,000	1,000,000	1,400,000	600,000
준빈곤층	1,000,000	500,000	1,000,000	1,500,000	500,000
	1,200,000	600,000	1,000,000	1,600,000	400,000
	1,400,000	700,000	1,000,000	1,700,000	300,000
	1,600,000	800,000	1,000,000	1,800,000	200,000
	1,800,000	900,000	1,000,000	1,900,000	100,000
	2,000,000	1,000,000	1,000,000	2,000,000	0
일반소득 그룹	2,200,000	1,100,000	1,000,000	2,100,000	−100,000
	2,400,000	1,200,000	1,000,000	2,200,000	−200,000
	2,600,000	1,300,000	1,000,000	2,300,000	−300,000

인 사람의 가처분소득은 200만 원이 된다. 반면에 국가의 순수지원액은 소득 수준이 0인 사람에게는 100만 원, 소득 수준이 20만 원인 사람에게는 90만 원, 소득 수준이 100만 원인 사람에게는 50만 원으로 차츰 줄어들어 소득 수준이 200만 원인 사람에게는 0이 된다.

부의 소득세를 적용하게 되면 빈곤층은 소득계층별로 차등 보호를 받게 됨으로써 좀 더 근로 의욕을 제고할 수 있고, 준빈곤층에 속하는 그룹도 일정 부분 국가로부터 지원을 받음으로써 빈곤층으로 전락할 위기에서 벗어날 수 있으며, 그 이상의 소득 수준을 가진 사람의 경우에는 세금을 내게 됨으로써 사회복지 예산을 확충하는 데 기여할 수 있다.

제 6 절 비영리조직 마케팅

1 개념

마케팅은 "조직이나 개인이 자신의 목적을 달성시키는 교환을 창출하고, 유지할 수 있도록 시장을 정의하고 관리하는 과정"(한국마케팅학회, 2002)을 의미한다. 마케팅의 주체는 조직이나 개인이며, 목표는 교환의 창출에 있고, 활동 방법은 시장의 관리에 있다는 것을 알 수 있다.

마케팅의 주체는 조직이나 개인이기 때문에 조직 단위로 마케팅 활동을 할 수도

표 12-12 영리조직과 비영리조직의 마케팅의 개념

구성 요소	영리조직	비영리조직
주체	조직과 개인	조직과 개인
활동 목표	교환의 창출	교환의 창출
활동 방법	시장관리	시장관리
목적	영리를 위한 목적	공익을 위한 목적

있고, 개인 단위로 마케팅 활동을 할 수도 있다. 마케팅의 목표는 교환(exchange)의 창출이기 때문에 마케터(marketer)는 교환할 재화나 서비스가 무엇인지를 끊임없이 정의해야 할 뿐만 아니라, 교환이 원활하게 이뤄지도록 중개하는 역할을 해야 한다. 마케팅의 방법은 시장을 찾아 교환을 원하는 사람들이 지속적인 관계를 가지도록 하는 과정으로 풀이할 수 있다.

비영리조직의 마케팅에 관심을 가지기 시작한 시기는 1970년대부터였다. 비영리조직의 마케팅은 그 본질에서는 이윤 추구를 목표로 하는 영리조직의 마케팅과 다르지 않다는 데에서 출발했다(Perreault, Jr. & McCarthy, 1998). 비영리조직의 마케팅도 주체는 조직과 개인이며, 활동 목표도 교환의 창출에 있고, 활동 방법도 시장관리에 있다는 점에서는 영리조직의 마케팅과 다르지 않다. 그러나 비영리조직의 마케팅의 목적은 영리 추구에 있는 것이 아니라 공익 추구에 있다는 점이 다를 뿐이다.

영리조직의 마케팅은 이윤 추구에 그 목적이 있기 때문에 마케팅 활동을 통해 더 많은 상품이나 재화를 판매함으로써 이윤을 최대화시킬 수 있어야 하고, 비영리조직의 마케팅은 그 목적이 공익 추구이기 때문에 조직이 가지고 있는 비영리 활동을 홍보함으로써 많은 기부자가 많이 기부를 할 수 있도록 해야 한다. 따라서 비영리조직의 마케팅 활동은 모금(fundraising)에 연결되어 있다.

2 비영리조직 마케팅 과정

비영리조직의 마케팅 과정은 [그림 12-3]과 같이 3단계로 나눠 설명할 수 있다(Perreault, Jr. & McCarthy, 1998).

제1 단계는 기획(planning) 과정이다. 기획 단계에서는 목표(objectives)를 설정하고, 기회(opportunities)를 평가해 마케팅 프로그램과 실행전략을 수립한다. 비영리조직의 목표는 모금의 액수일 수도 있고, 질 높은 자원봉사자의 확보일 수도 있다.

제2 단계는 집행(implementation) 단계다. 전 단계에서 수립한 프로그램과 실행전략에 따라 실천하는 단계다. 교환을 창출하고, 시장을 관리함으로써 개인이나 조직의 목표가 달성된다. 모금활동이 마케팅의 목적이라면 사회복지기관이 제공하는 서비스를 알림으로써 기부자가 기부를 할 수 있도록 하는 과정이 교환 창출의 과정이며, 모

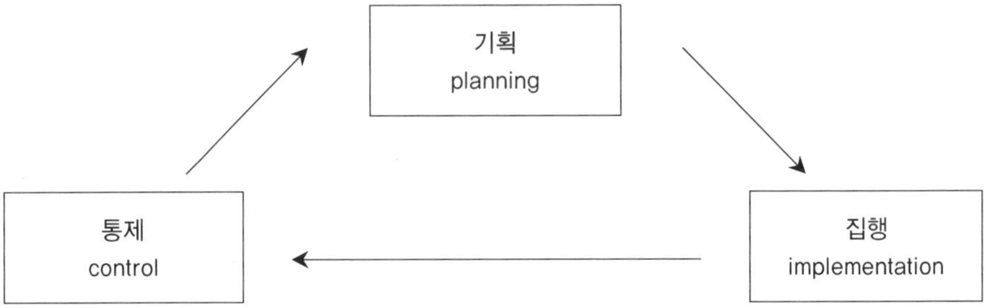

그림 12-3 마케팅 과정

금활동을 위해 모금이 가능한 사람을 파악하고 이벤트 행사를 하는 과정을 시장관리라고 말할 수 있다.

제3 단계는 통제(control) 단계다. 과정을 평가하고, 결과를 분석하는 단계를 의미한다. 모금활동이 목적이라면 모금 과정을 평가하고, 기대한 모금액만큼 모금했는지 점검하고 결과가 좋은 이유, 혹은 결과가 나쁜 이유를 정리하는 과정이 마지막 단계에서 이뤄진다.

3 마케팅 전략

1) 마케팅 전략

마케팅 전략(marketing strategy)은 표적시장(target market)과 마케팅 믹스(marketing mix)를 연결시키는 과정을 의미한다 (Perreault, Jr. & McCarthy, 1998). 표적시장은 기관이 대상으로 상정하고 있는 동질적인 고객그룹을 의미한다. 사회복지기관이 사회교육 프로그램을 판매하기 위해 설정하고 있는 고객그룹을 아파트 밀집지역의 주부로 삼고 있다면 그 그룹이 바로 표적시장이다.

마케팅 믹스는 표적 그룹을 움직이게 할 수 있는 통제 가능한 변수(controllable variables)를 의미한다. 마케팅 믹스는 4Ps로 요약할 수 있다. 즉 상품(procuct), 장소(place), 프로모션(promotion), 가격(price)이 마케팅 믹스의 요소다.

첫 번째 P로서 상품은 표적시장이 원하는 '바로 그 상품'을 개발해 제시하는 것을 의미한다. 아무리 질적으로 우수한 상품이라도 고객이 원하는 바로 그 상품이 아니면 고객은 상품을 구매하지 않는다.

두 번째 P로서 장소는 표적시장이 가장 편리하게 접근할 수 있는 '바로 그 장소'를 의미한다. 고객이 원하는 바로 그 상품이 있다고 하더라도 고객이 접근하기에 편리한 바로 그 장소에서 구할 수 없다면 판매하지 못할 경우도 있다. 따라서 바로 그 장소는 상품 못지않게 중요한 의미를 갖는다.

세 번째 P로서 프로모션은 고객이나 표적시장에게 이 상품이 '바로 그 상품'이라고 전달하는 행위를 의미한다. 프로모션에는 개인 판매(personal selling), 대중 판매(mass selling), 그리고 판매 프로모션(sales promotion)으로 구성되어 있다. 개인 판매는 판매자와 구매자의 직접적인 커뮤니케이션을 전제로 하고, 대중 판매는 광고처럼 판매자가 같은 시간에 대중을 상대로 하는 커뮤니케이션을 의미하며, 판매 프로모션은 개인 판매와 대중 판매를 제외한 일체의 프로모션 활동을 의미한다.

네 번째 P로서 가격은 표적시장이 원하는 '바로 그 가격'을 의미한다. 값싼 가격이라고 해서 구매자를 끄는 것은 아니다. 비싼 가격이라고 해서 구매자의 시선을 끌지 못하는 것도 아니다. 구매자가 원하는 바로 그 가격이어야 판매와 연결될 수 있다.

이상의 마케팅 믹스가 표적시장을 통제할 수 있을 때 마케팅 전략은 성공을 거둘 수 있다. 따라서 표적시장과 마케팅 믹스의 관계는 [그림 12-4]와 같이 표시할 수 있다. 표적시장을 마케팅 믹스가 포위하고 있어야 표적시장의 공략에 성공을 거둘 수

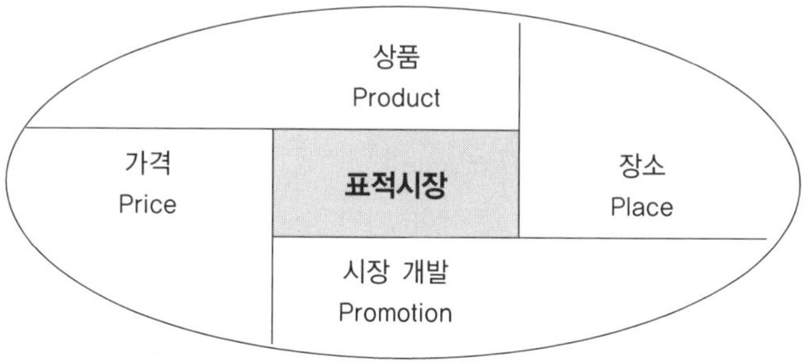

그림 12-4 표적시장과 마케팅 믹스

자료: Perreault, Jr. & McCarthy(1998: 제2장).

있다는 의미다.

2) 마케팅 전략과 마케팅 프로그램

마케팅 전략을 기초로 하여 마케팅 프로그램을 개발하지만 두 가지는 같은 의미로 사용되지 않는다. [그림 12-5]에서와 같이 마케팅 전략은 표적시장과 마케팅 믹스가 결합해 형성된다. 마케팅 전략과 시간별 세부계획 및 통제 절차를 합치면 마케팅 계획(marketing plan)이 만들어진다. 이 마케팅 계획과 기타 마케팅 계획이 결합되어야 비로소 마케팅 프로그램이 완성된다(Perreault, Jr. & McCarthy, 1998).

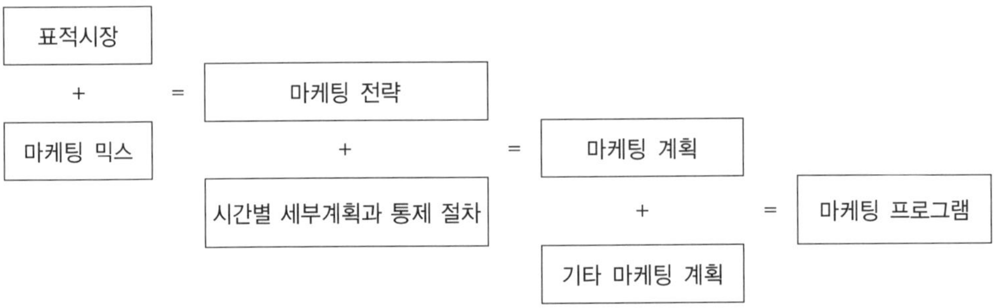

그림 12-5 마케팅 전략과 마케팅 프로그램

4 마케팅의 유형

마케팅은 그 유형을 표적 마케팅(target marketing)과 대중 마케팅(mass marketing)으로 나눠 설명할 수 있다(Perreault, Jr. & McCarthy, 1998). 표적 마케팅은 특정의 고객이나 시장을 대상으로 실시하는 마케팅으로서 특별한 취향을 갖추고 있다는 전제 하에서 마케팅 전략을 짠다. 대중 마케팅은 표적이 모호해 불특정 다수를 대상으로 실시하는 마케팅으로서 모두 같은 성향을 가지고 있다는 전제 하에서 계획을 짠다.

제 7 절 결론

예산은 물적 자원을 동원해 활용하는 과정이다. 사회복지 예산은 사회복지 재정계획이자 행동계획의 성격을 가진다. 사회복지 예산은 다양한 면을 고루 갖추고 있기 때문에 하나의 단면만을 가지고 그 성격을 설명할 수 없다. 품목별 예산에서 영기준 예산에 이르기까지 제시한 다섯 가지 단면－통제 기능, 조정 기능, 목표관리 기능, 기획 기능, 그리고 의사결정 기능－모두가 편성되는 예산에 일부 혹은 전부 반영된다.

사회복지기관의 예산도 국가의 예산편성 과정과 유사한 과정을 거쳐 편성된다. 예산 담당 부서의 예산편성지침 → 업무 부서의 예산요구서 제출 → 예산 담당 부서의 예산편성 → 이사회의 의결 → 예산 확정의 과정을 거친다.

사회복지에 관한 국가 예산의 중요한 척도가 되는 것이 사회보장비(social security expenditure)다. 한국의 사회보장 예산은 꾸준히 증가하고 있지만 국가별로 상대 비교를 하면 OECD 국가 중에서 최하위다. GDP 대비 사회보장 예산은 5.94%로서 멕시코보다도 크게 낮은 수준이며, 미국에 비해서도 비교가 안 될 정도로 낮다.

부의 소득세(negative income tax)는 사회보장과 소득세의 개념을 결합한 이론으로서 미국에서 여러 차례 도입하려고 했으나 전국민을 사회보장의 틀 안에 둘 가능성이 있다는 이유로 도입되지는 못했다. 그러나 미국에서는 소득세공제 제도(Earned Income Tax Credit: EITC)로 그 개념이 적용됨으로써 빈곤층과 저소득층의 근로의욕을 향상시키는 제도로 그 맥을 유지하고 있다. 부의 소득세를 적용하게 되면 빈곤층은 소득 계층별로 차등 보호를 받게 됨으로써 좀 더 근로 의욕을 제고할 수 있고, 준빈곤층에 속하는 그룹도 일정 부분 국가로부터 지원을 받음으로써 빈곤층으로 전락할 위기에서 벗어날 수 있으며, 그 이상의 소득 수준을 가진 사람의 경우에는 세금을 내게 됨으로써 사회복지 예산을 확충하는 데 기여할 수 있다. 그러나 그 현실 적용 가능성에 대해서는 의문이 제기되는 부분도 있다.

제13장 사회복지행정 정보시스템

제1절 사회복지행정 정보시스템의 개념

1 개념

지식정보화 사회의 도래와 함께 사회복지행정의 패러다임이 급속히 변화하고 있다. 아날로그 시대에는 사람과 사람과의 대면 접촉을 통해 사회복지행정 서비스를 제공했지만 지식정보화 사회에서는 클라이언트의 얼굴을 마주 보지 않고도 행정 서비스(non-stop service)를 제공할 수 있고, 한 번 방문으로 여러 서비스(one-stop)를 동시에 받을 수 있도록 사회복지행정 패러다임이 변화하고 있다.

사회복지행정 정보시스템은 사회복지행정 업무와 조직의 전산화를 기반으로 내부적으로는 행정의 효율성을 높이고 외부적으로는 시민들에게 제공되는 서비스의 질을 향상시키고자 하는 시스템을 의미한다. 사회복지행정 정보시스템도 다른 시스템과 마찬가지로 컴퓨터를 기반으로 하는 시스템을 지칭한다.

사회복지행정 정보시스템은 시민들을 위한 서비스의 질적 제고를 도모한다는 점에서 행정의 내부 효율성에 초점이 맞춰져 있는 사무자동화(Office Automation: OA)보다는 범위가 넓게 적용된다. 사회복지행정 정보시스템은 조직의 전 구성원이 활용할 수 있는 신경조직망과도 같다는 의미에서 상급관리자의 의사결정을 지원하는 의사결정 지원 시스템(Decision Support System: DSS)과도 다르고, 전문가의 판단력 수준을 높여 주는 데 활용되는 전문가 지원 시스템(Expert Support System: ESS)과도 다르다. 사회복지행정 정보시스템은 OA, DSS, 그리고 ESS를 포함하는 개념이다. OA에 활용될 수도 있고, DSS에 활동될 수도 있으며, ESS에 활용될 수도 있고, 조직의 신경망 역할을 할 수도 있는 종합적 의미를 가진 정보시스템을 의미한다.

사회복지행정 정보시스템으로서 단순하게 사회복지행정만을 위한 시스템은 큰 의미가 없다. 국가는 이 정보시스템을 기반으로 시민에게 질 높은 사회복지급여나 서비스를 제공할 수 있어야 하고, 복지관은 클라이언트가 원하는 서비스를 신속하게 제공할 수 있어야 한다. 이름은 사회복지행정 정보시스템이라고 하더라도 그 지향점은 '사회복지 포털 서비스 시스템'일 수밖에 없다. 이 정보시스템을 활용해 사회복지에 관계되는 모든 정보, 모든 급여, 그리고 모든 서비스를 제공받을 수 있도록 하는 시스템이 사회복지 포털 서비스 시스템이다. 이 장에서 사회복지행정 정보시스템이라고 말할 때 그 성격은 사회복지 포털 서비스 시스템을 의미한다는 사실을 강조하고자 한다.

2 구성 요소

사회복지행정 정보시스템을 체계이론의 관점에서 구성 요소를 설명하면 세 가지로 요약할 수 있다. [그림 13-1]에서 보는 바와 같이 제1 요소는 사회복지 제도 인프라이고, 제2 요소는 사회복지행정 정보시스템이며, 제3 요소는 산출물로서 대시민 행정서비스와 행정효율성 제고다. 세 가지 구성 요소가 톱니바퀴처럼 맞물려 돌아갈 때 시스템이 추구하는 원래의 목적을 좀 더 효과적으로 달성할 수 있다.

제1 요소에 해당되는 사회복지 제도 인프라는 체계이론의 환경에 해당되는 부분으로서 사회복지행정 정보시스템을 구축해 활용하기 위한 정책 수립을 의미한다. 정책은 법이나 제도로서 확립될 수도 있고, 행정내규로서 확립될 수도 있다. 예컨대, 전자정부 구축을 위한 전자정부법 제정과 같은 것이 법제도 인프라에 해당된다.

제2 요소에 해당되는 사회복지행정 정보시스템은 컴퓨터를 기반으로 하는 시스템

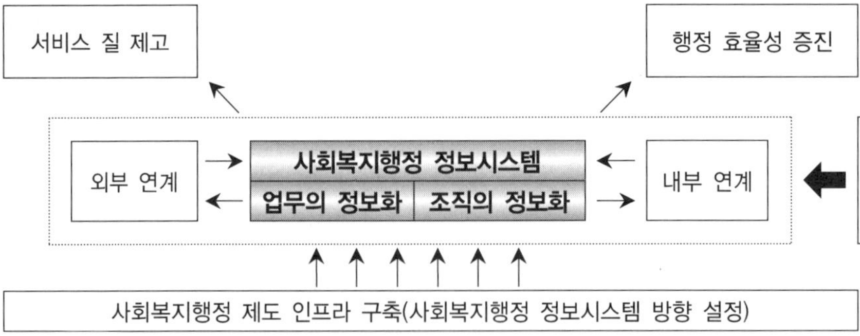

그림 13-1 사회복지행정 정보시스템 개념도

을 의미한다. 이 시스템에는 고객으로서 시민의 정보, 사회복지행정 내부 업무에 대한 정보, 그리고 조직의 정보가 디지털 방식으로 전환·저장되어 활용될 수 있어야 한다. 예산정보시스템이나 회계정보시스템도 시스템의 범주에 속한다. 필요한 경우에는 조직 내 다른 조직과 정보를 공동 활용할 수 있어야 하고, 조직 외부의 다른 조직과도 정보를 공동 활용할 수 있도록 시스템이 설계되어야 한다. 정보시스템 개발에서 주의해야 할 사항은 조직의 업무재설계(business process reengineering: BPR)가 필수적이라는 사실이다. 정보시스템을 도입하기 이전에 조직의 틀과 흐름을 디지털 신호가 움직이기에 적합한 방식으로 재구성해야 한다는 점이다. 이것이 바로 BPR다.

외부 연계는 은행, 복지관, 혹은 지방자치단체와 같은 외부 기관과의 연계를 의미한다. 예컨대 수수료를 지불해야 하는 서비스를 받으려고 할 경우 결제를 신속하게 하기 위해 카드사와의 연계망 구축이 필요하다는 의미다. 내부 연계는 조직 내에서 다른 조직과의 결재 라인이나 협조 라인이 항상 열려 있어야 한다는 의미다. 조직 내부의 연계망이 구축되어 있어야 신속하게 업무 처리가 가능하다. 내부 연계망과 외부 연계망은 사회복지행정 정보시스템과 같은 몸체를 이루는 일종의 하위 시스템이다.

제3 요소는 산출에 해당되는 부분이다. 사회복지행정 정보시스템이 의도한 바대로 잘 운영되면 사회복지행정 서비스의 질을 향상시킬 수 있을 뿐만 아니라, 행정의 내부 효율성도 크게 높일 수 있다. 정보시스템의 최종적인 산출물이 바로 서비스의 질 제고와 행정효율성 증진이다. 클라이언트로서의 지역 주민이나 시민은 원스톱 서비스를 받을 수 있는 환경이 서비스의 질과 연결되는 부분이며, 조직 내부 시스템을 통해 신속하게 결재가 이뤄지거나 신속하게 행정 처리를 하는 것은 조직의 내부효율성과 연결되는 부분이다.

3 사회복지행정 정보시스템 운용 사례

사회복지행정 정보시스템은 다양한 사회복지행정 분야에 적용됨으로써 한편으로는 고객으로서의 시민에게 행정 서비스의 질을 높이고, 다른 한편으로는 조직 내부에 적용되어 행정의 내부 효율성을 제고한다. 사회복지행정 정보시스템이 구축되어 있을 경우 국민기초생활 보호대상자 선정 과정을 단순화시켜 그 운용 사례를 제시하고자 한다. 생계가 어려운 빈곤층이 사회복지행정 정보시스템을 활용해 보호대상자를 신청하기로 했다고 가정한다. 신청해 결정되어 해당 시민에게 통보하는 과정을 [그림 13-2]에서와 같이 설명할 수 있다.

시민 1은 컴퓨터를 연 후 사회복지행정 정보시스템을 접속해 신청서를 온라인으로 작성해야 한다. 사회복지행정 정보시스템의 하부구조에 포함되어 있는 업무정보시스템에는 각종 신청서가 있고, 시민 1은 국민기초생활 보호를 받기 위한 신청서를 찾아 필요한 내용을 기입하면 신청이 완료된다. 온라인으로 작성한 신청서는 담당 공무원에게 자동으로 전달된다. [그림 13-2]에서는 이 과정을 ①로 표시했다.

업무정보시스템의 일은 신청서를 받아 담당 공무원에게 전달하는 것으로 끝난다.

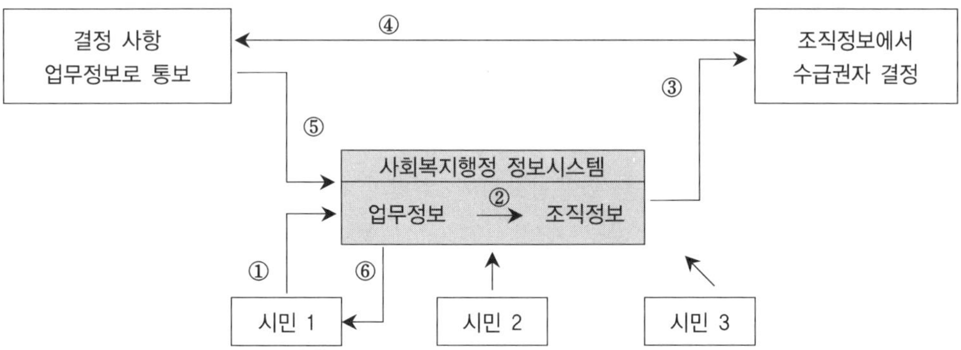

그림 13-2 사회복지행정 정보시스템의 운용 사례

담당 공무원은 조직정보시스템으로 이동해 조직 내부의 협의, 심사, 그리고 결재 과정을 거쳐야 수급권자로서 자격이 있는지에 판단을 할 수 있다. 담당 공무원은 조직정보시스템으로 이동해 자료를 첨부한 후 온라인 방식으로 외부 심사위원과 내부심사위원에게 심사를 실시하도록 하고, 조직정보시스템으로 심사 결과를 받는다. [그림 13-2]에서는 이 과정을 ②로 표시했다.

조직정보시스템을 활용해 담당 공무원은 심사 결과를 기초로 수급권자 자격 결정에 대해 내부 결재 과정을 거친다. 결재 역시 온라인 방식으로 실시함으로써 업무 처리 시간을 절약할 수 있다. [그림 13-2]에서는 이 과정을 ③으로 표시했다.

조직정보시스템에서는 수급권자 결정 결과를 담당 공무원에게 알려 주고 필요한 조치를 취할 수 있도록 한다. 다시 조직정보시스템에서 업무정보시스템으로 되돌아오는 과정을 거치게 된다. [그림 13-2]에서는 이 과정을 ④로 표시했다.

담당 공무원은 수급권자로 결정된 시민 1이 해야 할 일과 국가로부터 받을 수 있는 다양한 내용을 정리하는 과정을 거친다. 업무정보시스템에는 수급권자가 해야 할 일에 대해 정리해 놓은 자료가 있지만 수급권자 개개인에 대한 특성이 있기 때문에 이를 고려해 수급권자의 권리와 의무에 필요한 내용을 정리해야 한다. [그림 13-2]에서는 이 과정을 ⑤로 표시했다.

사회복지행정 정보시스템의 마지막 단계는 담당 공무원이 시민 1에게 결정 결과를 알리고, 필요한 보호를 받을 수 있도록 조치를 하는 단계다. [그림 13-2]에서는 이 과정을 ⑥으로 표시했다.

사회복지행정 정보시스템을 활용함으로써 국민기초생활 보장을 받고자 하는 시민은 여러 차례 정부기관을 방문하는 불편을 없앨 수 있다. 컴퓨터가 있다면 온라인으로 사회복지행정 정보시스템에 접속해 무방문(non-stop)으로 서비스를 신청할 수 있고, 서비스를 제공받을 수도 있다.

사회복지행정 정보시스템을 활용함으로써 조직의 내부효율성을 높일 수도 있다. 사회복지행정 정보시스템의 하부구조로 구축되어 있는 업무정보시스템과 조직정보시스템이 정보를 공유하도록 하고, 자동으로 커뮤니케이션이 되도록 함으로써 업무처리 시간을 단축시킬 수 있을 뿐만 아니라, 조직 내의 인력을 효율적으로 활용할 수 있다.

제 2 절 사회복지 정보시스템의 종류

1 사회복지행정 정보시스템과 관련된 기본 개념

1) 데이터에서 지혜까지의 개념

사회복지 정보시스템뿐만 아니라 모든 행정정보시스템의 시작은 데이터(data)부터다. 사회에 흩어져 있는 다양한 데이터가 모여 정보(information)가 되고, 정보는 지식(knowledge)을 창출한다 (Shedroff, 1999). 데이터에서 시작된 지식은 여기에서 끝나지 않는다. 지식을 현실 문제 해결에 활용함으로써 지혜(wisdom)를 창출하게 된다. 이 과정은 [그림 13-3]과 같이 표시된다. 사회복지행정 정보시스템도 사회복지와 관계가 있는 다양한 데이터에서 시작된다. 사회복지 데이터가 모여, 사회복지 정보가 되고, 정보는 지식을 창출하고, 지식은 문제 해결의 지혜를 낳는 밑거름이 된다.

데이터 data	→	정보 information	→	지식 knowledge	→	지혜 wisdom

그림 13-3 데이터에서 지혜까지

데이터는 가공되지 않은 상태로 생활 주변 여기저기에 흩어져 있는 사실, 물건, 혹은 사건과 같은 것을 의미한다. 데이터는 문자나 숫자로 된 것도 있고(alphanumeric data), 그래프나 영상으로 된 데이터(image data)도 있으며, 음향으로 된 데이터(audio data)도 있고, 동영상으로 된 데이터(video data)가 있다 (Stair & Reynolds, 2001). 생활 주변에 널려 있는 모든 것이 데이터라고 볼 수 있다. 사회복지에서도 데이터에 관한 한 예외가 없다. 노인 인구의 비율과 같은 문자나 숫자 데이터도 있고, 실직자의 재취업 훈련에 관한 이미지 데이터도 있으며, 사회복지 오디오 교육 자료와 같은 음향 데이터도 있고, 역할연기(role play)와 같은 동영상 데이터도 있다. 데이터는 그 자체로서는 큰 의미가 없다.

정보는 유용하게 현장에 활용할 수 있도록 정리되어 있는 데이터를 의미한다. 데이터를 선택해(selecting), 체계적으로 정리하고(organizing) 현실에 맞게 재구성하면(manipulating) 그것이 정보다(Stair & Reynolds, 2001). 데이터를 정보로 전환시키는 것을 처리 과정(process)이라고 한다.

정보는 지식을 낳는다. 정보가 유용한 데이터의 집합이라는 의미를 뛰어넘어 현장성을 가질 때 지식이 된다. 정보 중에서 현실 문제를 해결할 수 있을 정도의 유용성을 가지고 있으면 그 일련의 정보를 지칭해 지식이라고 한다. 정보가 지식으로 연결될 때에야 비로소 문제 해결과 접목된다.

지식은 지혜로 연결된다. 체계적인 지식을 기초로 문제를 해결하는 과정이 일상화되거나 생활화될 때 그것을 지혜라고 지칭한다. 컴퓨터를 기반으로 하는 정보화사회는 데이터에서 지혜에 이르는 과정을 정보시스템으로 전환시켜 현실 문제를 좀 더 효과적으로 해결할 수 있는 사회다.

2) 정보시스템의 개념

정보시스템(information system)은 세상 여기저기에 흩어져 있는 사건이나 현상을 모아 데이터로 저장하고, 필요할 때는 언제나 현실 문제를 해결할 수 있는 정보로 전환시켜 문제 해결을 위한 지식으로 활용할 수 있도록 하며, 이 과정을 일상화시켜 좀 더 바람직한 여건을 만들어 나가는 틀을 의미한다.

정보시스템의 개념도는 [그림 13-4]와 같이 설명할 수 있다. 외부 환경에 흩어져 있는 다양한 사건이나 현상이 데이터라는 이름으로 컴퓨터를 기반으로 하고 있는 시스템에 들어오게 된다. 이 과정을 정보시스템에서는 투입(input)이라고 한다. 데이터가 정보시스템에 투입되면 여러 단계의 과정을 거쳐 가공된다. 데이터가 정보로 전환되고, 정보가 지식으로 전환되며, 반복 과정을 거쳐 지혜의 단계에 이르게 된다. 마지막으로 산출(output) 작용이 일어나고 사회문제 해결의 단계에 이르게 된다. 산출은 산출로 끝나지 않고 다시 환경에 영향을 미치는 환류(feedback) 작용을 한다(Stair & Reynolds, 2001). 시스템은 이 같은 과정을 반복적으로 하면서 사회환경과 적응해 나간다.

정보시스템은 이 같은 과정을 반복적으로 거치면서 좀 더 다양한 문제 해결 능력을

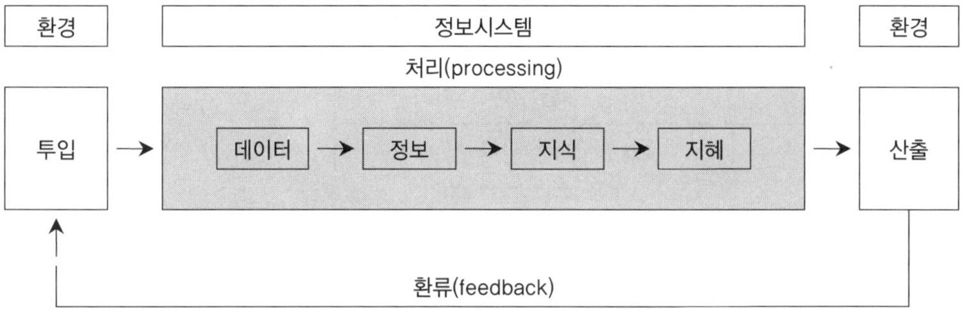

그림 13-4 정보시스템의 개념도

갖춘 시스템으로 자리를 잡는다. '투입 → 처리 → 산출 → 환류'와 같은 과정을 반복적으로 거치면서 시스템의 설계를 보완하는 과정을 반복적 설계(iterative design)라고 지칭하며, 정보시스템이 끊임없이 환경에 적응하는 과정을 적응 시스템(adaptive system)이라고 지칭한다(Sprague, 1980). 정보시스템은 이 두 과정을 거치면서 좀 더 효과적인 시스템으로 발전한다.

3) 컴퓨터 베이스 정보시스템의 구성 요소

컴퓨터 베이스 정보시스템(computer-based information system: CBIS)은 정보시스템의 외형을 컴퓨터로 형상화시킨 시스템을 의미한다. 경영정보시스템(management information system)이든, 행정정보시스템(public management information system)이든, 재정정보시스템(financial information system)이든 모두 컴퓨터를 기반으로 하는 정보시스템이 그 중심에 있다. 사회복지행정 정보시스템도 예외가 아니다.

CBIS는 [그림 13-5]처럼 6개 구성 요소가 있다. 하드웨어(hardware), 소프트웨어(software), 텔레커뮤니케이션(telecommunication), 데이터베이스, 행정절차(procedure), 그리고 사람(people)이 유기적으로 연결되어 CBIS가 구성된다(Stair & Reynolds, 2001). CBIS의 6개 구성 요소는 상호 유기적인 관계를 가지고 있다. 톱니바퀴처럼 연결되어 각자의 기능을 수행함으로써 CBIS가 달성하고자 하는 목적을 달성하는 데 기여한다.

하드웨어는 컴퓨터와 그 주변기기를 의미하며 데이터를 처리해 정보와 지식으로

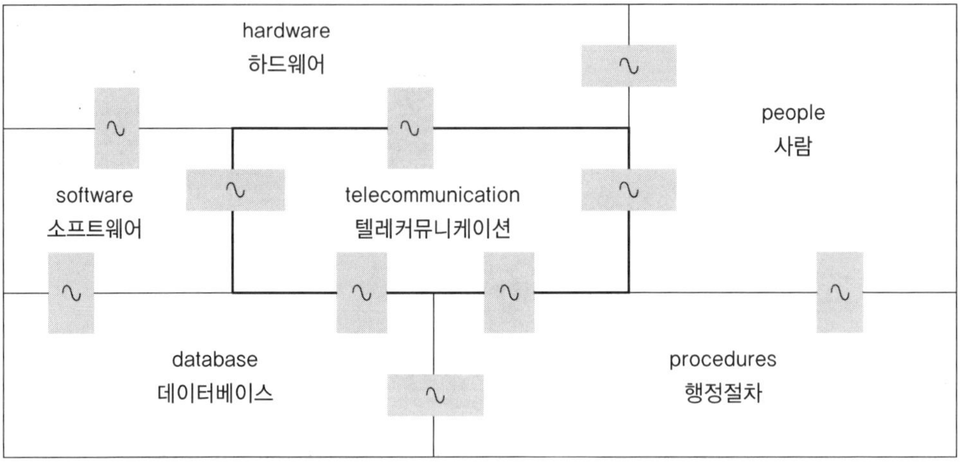

그림 13-5 컴퓨터 베이스 정보시스템의 구성

전환하는 주요 기능을 담당한다. 소프트웨어는 하드웨어에 입력되어 있는 프로그램을 의미한다. 컴퓨터는 기계 그 자체만으로는 데이터를 처리하지 못한다. 데이터를 처리하는 프로그램이 컴퓨터에 입력되어 있어야 데이터를 처리할 수 있다. 소프트웨어는 자료를 처리할 수 있는 기능을 수행하는 CBIS 구성 요소를 의미한다.

데이터베이스는 일상생활에 흩어져 있는 데이터를 체계적으로 정리해 컴퓨터에 입력시켜 놓은 전자적 파일박스와도 같은 것이다. 대체로 하드웨어에 포함되어 있는 보조기억장치에 저장해 놓기도 하고, 플로피 디스켓에 데이터베이스를 저장해 놓고 사용하기도 한다. 행정절차도 CBIS의 중요한 구성 요소다. 데이터베이스는 소정의 절차를 거쳐 처리되는 성향을 가지고 있기 때문이다.

CBIS의 구성 요소로서 가장 중요한 것이 사람이다. 사람이 중심이 되어 행정 업무를 처리하기 때문이다. CBIS는 그 자체만으로 큰 의미가 없고, 사람이 CBIS를 적극적으로 활용할 수 있어야 한다.

CBIS의 중심에는 텔레커뮤니케이션이 있다. 전자신호의 교류를 관리하고 통제함으로써 하드웨어, 소프트웨어, 데이터베이스, 행정절차, 그리고 사람과의 상호 교류가 일어날 수 있게 하는 요소다. LAN과 같은 네트워크나 인터넷 같은 장치가 텔레커뮤니케이션에 속한다.

2 정보시스템의 종류

컴퓨터 베이스 정보시스템, 즉 CBIS는 일반적으로 정보시스템으로 지칭된다. 정보시스템에는 컴퓨터가 바탕이 된다는 기본적인 의미가 함축되어 있기 때문이다. 정보시스템에는 다양한 접두어가 붙어 경영활동이나 행정활동에 이용된다. 경영 현장에서는 경영정보시스템으로 불리기도 하고, 행정 현장에서는 행정정보시스템으로 지칭되기도 한다.

사회복지 현장에서 정보시스템은 사회복지 정보시스템으로 명명되기도 한다. 사회복지 정보시스템을 좀 더 구체적으로 나누면 사회복지행정 정보시스템, 노인복지 정보시스템, 장애인복지 정보시스템과 같은 이름으로 불린다. 그러나 이 모든 정보시스템의 본질은 컴퓨터를 기반으로 하는 CBIS다. 정보시스템은 발전 과정, 활용 영역, 활용 범위, 활용 목적에 따라 다양한 종류로 나눌 수 있다.

1) 발전 과정에 따른 종류

발전 과정에 따라 정보시스템의 종류를 <표 13-1>과 같이 나눌 수 있다(Stair & Reynolds, 2001). 1960년대에는 비용 절약 중심의 생산성 정보시스템(cost reduction and productivity information)이 정보시스템의 중심이었다. 비용을 절감하는 데 정보시스템을 활용하던 시대였다. 최근에도 비용 절감형 정보시스템이 활용되기도 한다.

1980년대에는 경쟁력을 제고하기 위한 정보시스템(competitive advantage information system)이 중심이었다. 조직이 더 나은 경쟁력을 키우기 위해 정보시스템을 경쟁적으로 활용하는 시대가 1980년대였으며(Porter, 1998), 최근까지도 이 목적으로 정보시스템이 활용되고 있다.

최근에는 성과 중심의 정보시스템(performation-based management information system)이 그 중심에 있다(Birge, 1999). 조직의 성과를 제고하기 위해 전략기획(strategic planning)이나 전략관리(strategic management)를 실행할 수 있는 도구로서 정보시스템을 활용하고 있다는 의미다.

정보시스템의 종류가 발전 과정에 따라 이상의 세 가지로 나뉜다고 하더라도 정보시스템으로서의 본질은 하나도 바뀌지 않았다. 그 용도가 생산성, 경쟁력, 성과로 바

표 13-1 발전 과정에 따른 정보시스템 종류

종류	내용	연대
비용 절약형 생산성 중심의 정보시스템	• cost reduction and productivity information • 비용을 절약하여 생산성을 향상시킬 목적의 정보시스템	1960년대
경쟁력 제고 중심의 정보시스템	• competitive advantage information system • 기업의 대외 경쟁력 제고를 위한 목적의 정보시스템	1980년대
성과 중심의 정보시스템	• performance-based management information system • 계획된 성과를 달성하기 위한 목적의 정보시스템	2000년대

뀌었을 뿐이다. 최근에 성과 중심의 정보시스템이 가장 많이 활용된다고 해서 생산성 중심의 정보시스템이나 경쟁력 중심의 정보시스템이 사라진 것은 아니다. 이 세 가지가 복합적으로 활용되지만 성과 중심의 용도가 가장 강하게 나타난다고 이해해야 한다.

2) 사용 방향에 따른 종류

정보시스템은 조직 내부 목적을 위한 시스템인가, 아니면 조직 외부의 목적 달성을 위한 시스템인가에 따라 <표 13-2>와 같이 고객정보시스템과 조직정보시스템으로 나뉘기도 한다. 고객정보시스템(client information system)은 고객의 정보를 입력시켜 놓고 좀 더 질 높은 서비스를 제공하기 위해 개발된 정보시스템을 의미한다. 조직정보시스템(organization information system)은 조직의 하위 체계 사이에 커뮤니케이션이 원활하게 되도록 함으로써 조직의 내부 효율성을 높이기 위해 개발되어 사용되는 정보시스템을 말한다.

정보시스템은 하나의 목적을 달성하기 위해 개발된 것도 있기는 하지만 대체로 클

표 13-2 사용 방향에 따른 정보시스템 종류

종류	내용
고객정보시스템	• client information system • 클라이언트에 대한 서비스의 질을 제고하기 위한 목적
조직정보시스템	• organization information system • 조직의 내부 효율성을 높이기 위한 목적

라이언트에 대한 서비스를 제고하고, 조직의 내부효율성을 증진하기 위한 두 가지 목적을 동시에 달성하기 위해 개발된다. 사회복지행정 정보시스템도 예외는 아니다.

3) 조직 내부 관리 영역에 따른 종류

정보시스템은 <표 13-3>과 같이 조직 내의 관리 영역에 따라 인사관리 정보시스템, 조직관리 정보시스템, 그리고 재정관리 정보시스템으로 나눌 수 있다. 관리 영역을 크게 나누면 인사, 조직, 그리고 예산으로 분류할 수 있기 때문이다.

표 13-3 조직 내부 관리 영역에 따른 정보시스템 종류

종류	내용
인사관리 정보시스템	• personnel management information system • 조직구성원의 채용이나 훈련, 승진과 승급 관리에 관한 시스템
조직관리 정보시스템	• personnel management information system • 서비스 전달 과정, 조직 내 커뮤니케이션의 관리에 관한 정보시스템
재정관리 정보시스템	• financial management information system • 현금 출납, 예산, 회계 등을 관리하기 위한 정보시스템

인사관리 정보시스템은 조직구성원의 채용이나 훈련, 승진과 승급 관리에 관한 시스템을 의미하고, 조직관리 정보시스템은 서비스 전달 과정이나 조직 내 커뮤니케이션의 관리에 관한 시스템을 의미하며, 재정관리 정보시스템은 현금출납, 예산, 회계 등을 관리하기 위한 시스템을 의미한다. 정보시스템은 하나의 관리 목적을 달성하기 위해 개발된 것도 있지만 대체로 다목적용으로 개발되어 활용된다.

4) 시스템 용도에 따른 종류

시스템의 용도에 따라 데이터베이스 관리시스템(database management system: DBMS), 모델베이스 관리시스템(modelbase management system: MBMS), 그리고 대화생성 관리시스템(dialogue generation and management system: DGMS)으로 나뉜다. 세 시스템은 MIS의 핵심적인 하부 시스템으로서 성격을 가진다.

표 13-4 시스템 용도에 따른 분류

종류	내용
데이터베이스 관리시스템	• database management system • 데이터를 체계적으로 관리하는 시스템
모델베이스 관리시스템	• modelbase management system • 데이터를 분석하기 위한 모형을 체계적으로 관리하는 시스템
대화생성 관리시스템	• dialogue generation and management system • 사용자와 시스템이 지속적으로 대화할 수 있도록 개발된 시스템

데이터베이스 관리시스템은 데이터를 체계적으로 관리하는 시스템을 의미하고, 모델베이스 관리시스템은 데이터를 분석하기 위한 모형을 체계적으로 관리하는 시스템을 의미하며, 대화생성 관리시스템은 사용자와 시스템이 지속적으로 대화할 수 있도록 개발된 시스템을 의미한다. 이상의 세 시스템이 유기적으로 결합해 제 몫을 다할 때 정보시스템이 원활하게 역할을 수행할 수 있다.

5) 사회복지 영역에 따른 종류

사회복지에는 사회복지행정, 사회보험, 노인복지, 아동복지와 같은 영역이 있다. 정보시스템은 이 다양한 사회복지 영역과 결합해 독특한 외형을 갖추게 된다. 사회복지

표 13-5 사회복지 영역에 따른 종류

종류	내용
사회복지행정 정보시스템	• 사회복지행정의 효율성을 제고하기 위해 개발된 시스템 • 보건복지부와 같은 정부기관이나 사회복지기관에서 활용 가능
사회보험 정보시스템	• 국민연금, 국민건강보험, 고용보험, 산재보험 관리를 위해 개발된 시스템 • 국민연금관리공단, 국민건강보험공단, 근로복지공단에서 활용 가능
노인복지 정보시스템	• 노인복지를 체계적으로 관리하기 위한 정보시스템 • 노인복지를 담당하는 정부기관, 노인복지관, 노인시설에서 활용 가능
아동복지 정보시스템	• 아동복지를 체계적으로 관리하기 위해 개발된 시스템 • 아동복지를 담당하는 정부기관, 보육원, 그리고 시설에서 활용 가능

행정 정보시스템은 사회복지행정의 효율성을 제고하기 위해 개발된 시스템으로서 보건복지부와 같은 정부기관이나 사회복지기관에서 활용이 가능하다. 사회보험 정보시스템은 국민연금, 국민건강보험, 고용보험, 산재보험 관리를 위해 개발된 시스템으로서 국민연금관리공단, 국민건강보험공단, 근로복지공단에서 활용이 가능하다. 노인복지 정보시스템은 노인복지를 체계적으로 관리하기 위한 정보시스템으로서 노인복지를 담당하는 정부기관, 노인복지관, 그리고 노인복지 시설에서 활용이 가능하다. 아동복지 정보시스템은 아동복지를 체계적으로 관리하기 위해 개발된 시스템으로서 아동복지를 담당하는 정부기관, 보육원, 그리고 시설에서 활용이 가능하다. 사회복지 정보시스템은 목적과 영역에 따라 다양한 정보시스템으로 개발이 가능하다.

제 3 절 사회복지행정 정보시스템의 개발 과정

1 개발 과정

사회복지행정 정보시스템은 기존의 행정 과정에 디지털 방식을 입힌다고 해서 구축되는 것이 아니다. 행정과정이 변하고, 조직구조가 변할 가능성이 있기 때문에 종합적인 기획이 필요하고, 행정 과정에 대한 세세한 부분까지 변화 가능성을 예측해 기획안을 마련해야 한다. 따라서 사회복지행정 정보시스템의 개발 과정을 [그림 13-6]과 같이 ISP, BPR, 조직개편, 개발, 활용, 그리고 환류와 같은 6단계로 제시할 수 있다(허만형, 2001).

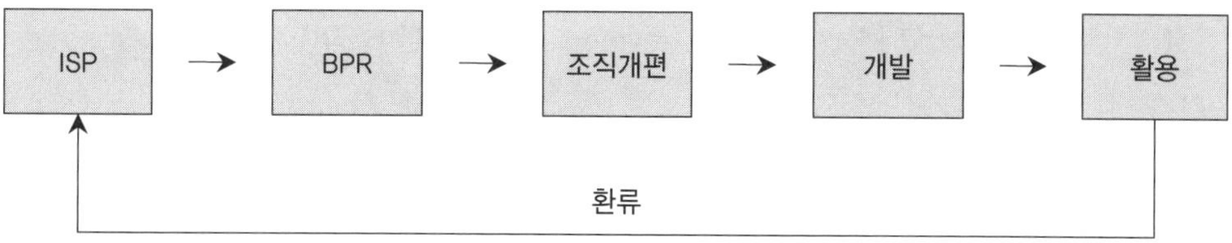

그림 13-6 사회복지행정 정보시스템 개발 과정

ISP는 정보화 전략기획을 의미하며, BPR은 업무재설계를 의미한다. 시스템 개발은 ISP에서 확정된 기획과 BPR 단계에서 재설계된 업무의 흐름을 바탕으로 개발되어야 한다. 전자정부를 구축하는 과정이나 정보시스템을 조직에 도입하는 과정에서 BPR 작업을 반드시 수행해야 한다. 중복되는 업무, 복잡하게 얽혀 있는 업무, 불필요하게 많은 단계를 거쳐야 하는 업무를 대상으로 단순화시키는 작업이 BPR(Hoggins, 1993)이기 때문이다. 사회복지행정 정보시스템을 개발하는 과정에서 필요한 경우에는 조직개편까지 이어질 수 있도록 해야 한다. 사회복지행정 정보시스템을 활용함으로써 미비한 점을 발견할 경우 이를 다시 ISP에 연결해 시스템의 수정 보완이 이뤄지도록 하는 환류(feedback) 과정도 필요하다.

2 개발 단계별 내용

1) ISP 단계

ISP는 Information Strategic Planning의 약칭이며, 정보화 분야에서 서비스 제공 전략기획을 의미한다. 전략기획은 정책문제를 해결하기 위해 모든 대안을 검토하고 분석하는 것이 아니라, 정책의 실현가능성의 범위 내에서 최적의 전략을 모색하는 것을 말한다. 대안의 창조적 선택과 통찰력 있는 결정을 뜻하는 것으로서 동적인 성격을 지니는 기획이다.

미국의 오리건 주에서는 정보화 분야의 전략기획을 담당하는 전담 부서를 설치할 정도로 정보화 분야에서 ISP 과정을 중시하고 있다. 오리건 주에서는 행정서비스국(Department of Administrative Services) 아래에 정보자원관리과(Information Resources Management Division)에서 ISP를 전담하도록 하고 이 과(Division)에서 전략기획심사(Strategic Planning and Review) 홈페이지를 구축(http://spr.das. state.-or.us/)해 운영하고 있다.

ISP는 조직 내외에 정보서비스를 제공하기 위한 계획 수립의 성격을 가지고 있다. ISP는 업무 시스템 전반을 혁신하기 위한 기획으로서 성격을 가지며, 조직에 정보가 잘 통하지 않는 현상을 진단하고, 전자정부 시스템이 구축되면 조직과 전자정부 시스템이 융화되어 조직의 능률혁신을 이룩할 수 있도록 체계적으로 접근할 수 있는 기획을 의미한다.

사회복지행정 정보화 분야의 ISP는 사회복지행정 정보시스템을 구축하기 위한 전략기획으로서 성격을 가지며, 웹사이트를 통해 제공하는 행정 비스를 체계적으로 정리하는 과정을 의미한다. ISP는 정보시스템과 조직이 융화되어 한편으로는 조직의 내부 효율성 제고에 기여하고, 다른 한편으로는 고객 서비스 수준을 제고하는 데 기여할 수 있어야 한다.

ISP는 ISP를 입안하는 것으로 끝나는 것이 아니라, 제공될 정보를 체계적으로 다듬고, 전략기획의 비전에 따라서 조직의 내부혁신과 고객 서비스 제고를 위한 BPR 작업 수행의 교두보 역할을 해야 한다.

2) BPR 단계

정보화를 전제로 한 BPR(Bussiness Pross Redesign)이 수행되어야 한다. BPR은 행정 과정의 단순화에서 출발한다. 행정 과정의 단순화를 전제로 행정 과정을 디지털 방식으로 전환하고, 이를 근거로 조직을 재설계하는 단계에 이르게 할 수 있다. BPR은 고객 지향적이어야 하며 고객으로서의 시민 편의를 중심으로 조직이 재설계되어야 한다(Hoggins, 1993).

사회복지행정 정보시스템을 구축하기 위한 전제 조건으로서 관리 업무의 재설계가 선행되어야 한다. BPR은 중복된 업무를 줄이고, 행정 과정을 단순화함으로써 대폭적인 문서 감축 효과와 조직혁신 효과가 발생될 수 있도록 추진되어야 한다. 조직의 업무 처리 방식이 단순화되고, 대폭적인 문서 감축 효과가 발생하면 조직개편이 수반된다.

3) 조직개편 단계

BPR 과정을 거치면서 업무가 전자적 방식으로 변화되면 수반되는 현상 중 하나가 조직개편이다. 계층제의 사다리 수가 줄어들고, 다양한 분야로 지나치게 퍼져 있던 조직의 업무가 통폐합 과정을 거치면서 계층제의 폭도 좁아지면서 작고 효율적인 행정조직으로 변신할 수 있다.

사회복지행정 정보시스템을 구축하기 위해서도 BPR의 결과에 따라 계층제의 사다리 수를 줄이고, 넓게 퍼져 있는 조직을 축소해 전자적 방식의 업무 흐름에 적응할 수 있을 정도로 작고 효율적인 조직으로 개편해야 한다. 조직개편에 대한 밑그림이 마무리되면 조직에 전자적 방식을 도입하는 시스템을 개발할 수 있다.

4) 개발 단계

조직의 신경망을 전자적 방식으로 개발해 시스템을 구축하는 과정이 개발 단계다. 개발 단계는 IT 기술이 조직의 흐름으로 편입되는 과정을 의미한다. 사회복지행정 정보시스템도 새로이 다듬어진 조직개편을 근거로 시스템이 개발되어야 한다. ISP, BPR, 그리고 조직개편의 과정은 일관성 있게 연결되어야 한다.

5) 활용 단계

사회복지행정 정보시스템이 공공부조나 사회보험관리의 행정 업무에 편입됨으로써 조직의 내부효율성과 대민서비스 제고 효과가 나타나도록 하는 단계를 의미한다. 활용하는 단계에서는 원거리에서도 실시간으로 커뮤니케이션을 할 수 있는 장치가 필요하며 웹사이트 개발의 중요성을 여기에서 발견할 수 있다.

조직의 내부 및 외부 인력은 초기에는 시스템 가동에 적응하는 기간이 필요하다는 점을 인식할 필요가 있고, 조직 외부에서 고객이 서비스를 받고자 할 경우 외부 고객도 시스템에 적응하는 기간이 필요하다. 따라서 이 기간을 최소화시키기 위한 다양한 홍보 및 교육 방안이 도입되어야 한다.

6) 환류 단계

환류 단계는 시스템이 계획한 대로 목적을 달성하고 있는지를 점검해 재설계할 수 있도록 다양한 정보를 제공하는 단계다. ISP에서 계획한 것과 같은 효과를 발생하지 않을 경우에는 다시 ISP 단계를 거쳐 시스템을 수정해 보완하는 과정을 거쳐야 한다. 이러한 과정이 반복됨(iterative process)으로써 환경 변화에 적합한 조직개편(adaptive design)이 지속적으로 발생될 수 있고, 조직의 효과를 최대 수준으로 끌어올릴 수 있다(Sprague, 1980).

제 4 절 사회복지행정 정보시스템의 해외 사례

미국과 영국의 사회복지행정 정보시스템은 대조적이다. 미국은 하나의 시스템을 가지고 있지 않고 여러 곳에 분산된 사회복지 정보시스템을 가지고 있고, 영국은 생애주기를 바탕으로 하여 구축된 하나의 대표적인 사회복지 정보시스템을 가지고 있다.

1 미국의 사회복지 정보시스템

1) 미국 사회복지 정보시스템 간의 관계

미국의 사회복지 정보시스템은 연방정부의 대표적 전자정부라고 지칭할 수 있는 FirstGov(http://firstgov.gov)를 통해서도 찾아 들어갈 수 있고, 사회보장청(Social Security Administration) 대표 웹사이트를 통해서도 찾아갈 수 있다. 각 주에서는 주정부의 대표 웹사이트를 통해 시민이 원하는 사회복지 관련 정보를 검색하고 필요한 서비스를 신청해 받을 수도 있도록 하고 있다. 미국은 시민에게 제공하는 사회복지 정보시스템이 하나로 통합되어 있지 않고 [그림 13-7]과 같이 전자정부, 사회보장청, 주정부, 그리고 기타 사회복지 관련 웹사이트와 같은 기관에 분산되어 있고 서로 연계되어 있지 않은 것이 특징이다.

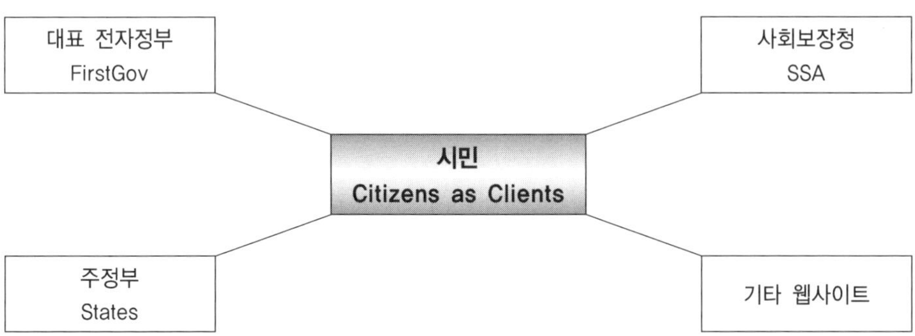

그림 13-7 미국의 사회복지 정보시스템 간의 관계

2) 미국 Firstgov와 사회복지

연방정부는 FirstGov라는 이름으로 전자정부를 구축해 운영하고 있다. 미국의 전자정부는 [그림 13-8]과 같이 4개 영역으로 구성되어 있다. 시민들을 위한 서비스 제공을 총괄하는 'Online Government for Citizens,' 민간기업과 비영리단체를 총괄하는 'Online Government for Businesses and Nonprofits,' 연방정부 공무원에게 제공되는 다양한 서비스를 총괄하는 'Online Government for Federal Employees,' 그리고 정부와 정부 간의 협력 관계를 총괄하는 'Online Government-to-Government'가 그것이다.

사회복지 정보시스템은 Online Government for Citizens을 통해 기능을 수행한다. 여기에는 'Find Government Benefits'와 'Apply for Social Security'가 있다. Find Government Benefits를 클릭하면 생애주기와 현재 자신의 위치에 따라 쉽게 원하는 급여(benefit)를 받을 수 있는 정보에 접할 수 있고, 또한 신청해 급여를 받을 수도 있는 항목으로 이동할 수 있다. 미성년자일 경우에는 미성년자에게 제공되는 연방정부의 급여가 무엇인지를 알 수 있도록 되어 있고, 학생일 경우 학생에게 제공되는 다양한 급여가 무엇인지 알 수 있도록 설계되어 있으며, 저소득층이거나 주택 소유자를

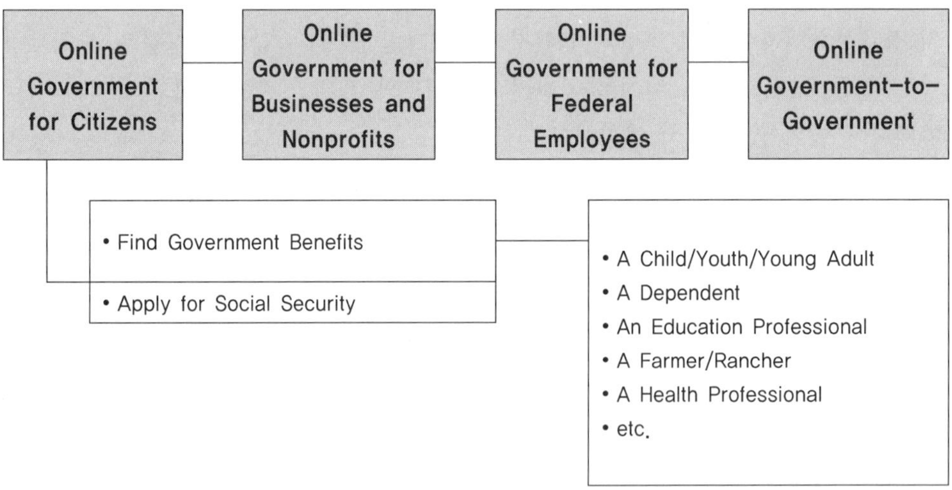

그림 13-8 미국 대표 전자정부의 구성

가릴 것 없이 자신의 현재 위치에 해당되는 항목을 따라가면 연방정부가 제공하는 급여가 무엇인지에 대해 소상히 알 수 있도록 구성되어 있다.

3) 사회보장청의 웹사이트

미국 사회보장청의 웹사이트는 사회보장과 직접적으로 관계가 있는 급여에 관해 정보를 제공하고 필요한 급여나 서비스를 신청해 제공받을 수 있도록 구성되어 있다. <표 13-6>에서와 같이 미국의 사회보장 웹사이트에서는 영역을 '퇴직과 의료보장,' '장애와 보충적 급여,' '미망인이나 상처 남성이나 기타 생존자,' 그리고 '기타 서비스'로 나눠 다양한 급여 프로그램에 접근해 온라인으로 신청하고, 결과를 기다려 필요한 급여를 받을 수 있도록 시스템을 가동하고 있다.

퇴직과 사회보장 안에는 퇴직계획에 관한 정보가 수록되어 있을 뿐만 아니라, 현재의 상황에서 퇴직 급여를 받을 수 있는 자격이 부여되는지에 대해서도 확인할 수 있다. 퇴직하여 급여를 받고자 하는 경우에는 온라인으로 신청하도록 되어 있어 무방문(non-stop) 서비스가 가능하도록 시스템이 설계되어 있다. 이미 급여를 받고 있는

표 13-6 사회보장청의 급여 영역과 급여 내용

급여 영역	내용
Retirement and Medicare 퇴직과 의료보장	• 퇴직계획(Plan your retirement) • 자격 여부/퇴직급여 신청(Do you qualify?/Apply for re- tirement benefits) • 기급여 수혜자(Already receiving benefits)
Disability and SSI 장애와 보충적 급여	• 자격 여부/장애급여 신청(Do you qualify?/Apply for di- sability benefits) • 기급여 수혜자/취업 연장(Already receiving benefits/Ticker to work) • 장애급여에 관한 정보(More disability information)
Widows, Widowers & Other Survisors 미망인, 상처 남성, 기타 생존자	• 사망 신고(Report a death) • 자격 여부와 신청(Qualify and apply) • 기급여 수여자(Already receiving benefits)
기타 서비스	• 결혼, 이혼, 이름 정정(Marriage, divorce, & name chan- ges) • 출생/사망(Birth of a child/ Death in the family) • 불복 신청(You disagree with our decision)

퇴직자도 필요한 정보를 얻을 수 있게 되어 있다.

4) 콜로라도 주정부의 웹사이트

미국의 50개 주는 모두 공식 웹사이트을 가지고 있다. 웹사이트라는 이름의 행정정보시스템을 통해 주민들에게 다양한 서비스를 제공하고 있고, 사회복지급여와 서비스를 제공하는 기능도 수행하고 있다. 콜로라도 주정부에서 제공하는 사회복지급여와 서비스에 대해 알아보도록 한다.

콜로라도 주에서는 고용(employment) 항목과 가족, 건강, 복지(family, health, and wellness) 항목 아래 다양한 복지 프로그램이나 서비스에 접할 수 있도록 구성되어 있다. [그림 13-9]의 고용 항목 아래에서는 실업급여와 산재에 관한 프로그램이 정리되어 있고, 가족, 건강, 그리고 복지 항목에서는 아동복지, 주거보조, 영양 프로그램, 그리고 의료보호에 관한 내용이 정리되어 있다.

항목
Business
Colorado Facts
Education
Employment →
Environment/Natural Resources
Family, Health and Wellness →
Government
Law Enforcement/Public Safety
Permits/Licenses/Certificates
Recreation/Tourism
Taxes
Transportation

Employment →

- 실업급여(Unemployment benefits)
- 실업세금(Unemployment Taxes)
- 근로자 보상(Worker's Compensation)
- 근로 기준(Labor standards)
- 보훈 보상(Veterans services)

Family, Health and Wellness →

- 아동복지(Child welfare)
- 영양 프로그램(Nutrition programs and services)
- 주거보조와 부랑인 프로그램(Supportive housing and homeless programs
- 의료보호(Medical care)
- 기타

그림 13-9 콜로라도 주정부의 웹사이트와 사회복지 정보시스템

5) 기타 사회복지 정보시스템

미국은 자선단체의 활동이 사회복지 발전에 크게 영향을 미친 국가이기 때문에 다양한 민간기관이 사회복지 정보시스템을 구축해 운영하고 있다. 이 기관은 때로는 정부기관과 연계 관계를 구축해 운영하기도 하고, 때로는 독자적으로 운영하기도 한다. 가정폭력 희생자가 된 여성들의 보호소(shelter)가 구축해 운영하고 있는 정보시스템을 소개하기로 한다.

[그림 13-10]과 같이 Horizon Safe에서는 웹사이트에 그림 방식으로 어떤 서비스를 제공하며, 보호소에 입주하면 어떤 방식으로 살아가고, 가정 폭력으로부터의 안전은 어떻게 확보될 것이라는 사실에 대해 설명하고 있다. 가정 폭력 희생자의 경우 심리적으로 심하게 위축되어 있을 뿐만 아니라, 자녀가 있을 경우 자녀도 같은 피해자일 가능성이 높기 때문에 이 웹사이트를 방문함으로써 입소에서부터 퇴소에 이르기까지 안정된 상태에서 보호를 받을 수 있다는 확신을 가질 수 있도록 하는 시스템 구성이 중요하다. Horizon Safe는 이 같은 심리 상태를 고려해 그림으로 보여 주고 있다.

[그림 13-10]에서는 거리(street)에서 대문(front door)까지 들어오면 경비실(security office)이 있어 안전을 보장한다는 점을 보여 준다.

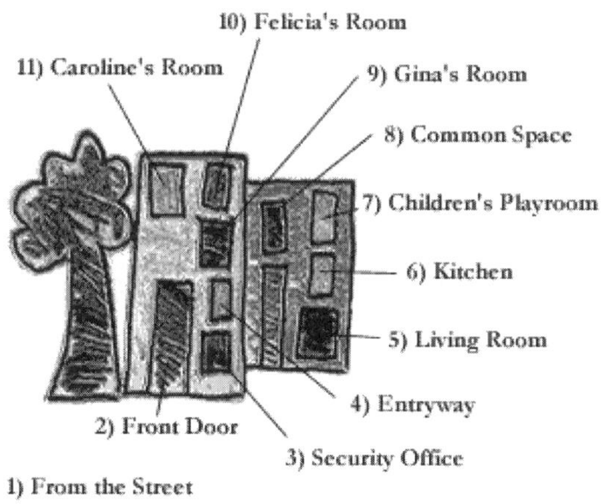

그림 13-10 Horizon Safe의 보호소 사이버 안내

입구(entryway)를 통해 거실(living room)로 갈 수 있고, 부엌(kitchen)을 지나서 아이들의 놀이방(children's playroom)이 있다는 것을 보여 줌으로써 자녀가 있는 경우에도 함께 입소할 수 있음을 알려 준다. 1번에서부터 11번에 이르는 과정을 단계별로 클릭하면 설명이 상세하게 나온다. 용도에 따라 이같이 정보시스템의 설계 방식도 달라짐을 알 수 있다.

미국의 사회복지 정보시스템은 상호간에 연계되어 있다기보다는 분산되어 있는 것이 특징이다. 대표적인 것이 연방정부의 대표 전자정부인 FirstGov와 사회보장청의 웹사이트이지만 상호 연계되어 있지는 않다. 주정부와도 연계되어 있지 않고 각자의 위치에서 각자가 맡은 바 프로그램을 소개하고, 온라인으로 신청해 가능한 한 무방문 서비스 제공을 시도하고 있다.

2 영국의 사회복지 정보시스템

1) 영국의 대표 사회복지 정보시스템

영국은 Department of Work and Pensions에서 통합 방식으로 사회복지 정보시스템을 구축해 운영하고 있다. 웹사이트의 주소는 http://www. dwp.gov.uk이고, 이 사이트에서 통합 방식으로 다양한 사회복지급여와 서비스를 신청해 제공받을 수 있도록 구성하고 있다.

영국의 사회복지 정보시스템은 생애주기를 3단계로 나눠 급여와 서비스를 분류한다. 제1 단계는 아동청소년기와 가족을 하나로 묶어서 생각하는 단계다. [그림 13-11]와 같이 임신과 출산, 양육과 보육, 저소득 관리와 의료보호에 관한 다양한 정보를 따라 들어가면 원하는 급여와 서비스를 제공받을 수 있도록 안내하고 있다.

경제활동기(working age)에도 의료보장과 소득보장에 관한 급여와 서비스가 나열되어 있고, 원하는 항목을 따라가면 무방문이나 1회 방문으로 서비스를 제공받을 수 있도록 구성되어 있다. 마지막으로 정년 후 연금을 받아 생활하는 시기에도 연금이 중심이 될 뿐 의료보장과 소득보장에 관한 급여와 서비스를 동시에 제공받을 수 있도록 정보시스템을 구축해 놓고 있다.

생애주기	생애주기 반영한 단계별 프로그램			
Family and Children 가정 및 아동청소년	• 임신/출산 • 보육 • 특수아보육	• 저소득관리 • 학교교육 • 해외 거주	• 해외 가족 서비스 • 장기질병/장애	• 입원/질병 • 병가/간병 • 재가복지
Working age 경제활동기	• 구직/직장 • 자영업 • 자원봉사	• 저소득관리 • 해외 거주 • 유족	• 장기질병/장애 • 질병/병가 • 입원/재가복지	• 산재 • 간병 • 조기 퇴직
Pensions and Retirement 정년 및 연금기	• 조기 퇴직 • 연금	• 저소득관리 • 해외 거주	• 장기 질병/장애 • 입원	• 간병 • 재가복지

그림 13-11 영국의 통합 사회복지 정보시스템 개요

2) 기타 사회복지 정보시스템

영국에서도 민간 영역에서 다양한 사회복지 정보시스템이 있다. 이러한 정보시스템은 정부의 사회복지 정보시스템과 연계할 수 있는 수준이지 연계되어 있지는 않다. 영국에서도 보호소(shelter)를 운영하고 있다. 전국적인 조직망을 가진 보호소의 웹사이트 도메인만 소개하기로 한다. 상세한 내용은 웹사이트를 열면 알 수 있다.

소개하고자 하는 보호소는 35년의 역사를 가진 보호소이며, 따로 명칭을 가지고 있지 않고 Shelter로 지칭된다. 보호소를 이용할 수 있는 대상은 부랑인(homeless)이거나 주거환경이 열악해 최저 주거 수준에 미치지 못하는 생활을 하고 있는 사람들을 대상으로 주거공간을 제공하고 있다. 노숙자나 주거환경이 열악한 시민이 활용할 수 있으며, 이 사이트는 http://www. shelter.org.uk다.

3 교훈

미국의 사회복지 정보시스템은 분산되어 있다는 특징을 가지고 있어 어디로 접근해야 원하는 서비스를 제공받을 수 있는지에 대해 혼란스러운 점이 있기는 하지만 다양한 단계의 서비스를 찾아 들어갈 수 있다는 점에서 장점도 가지고 있다.

영국은 통합 방식으로 운영함으로써 체계적으로 정리되어 있기는 하지만 어느 수준의 정부에서 어느 정도의 사회복지급여와 서비스가 제공되는지와 같은 다양성에 관해 파악하기 어렵다는 단점도 있다. 한국은 영국과 같이 포털 방식을 지향하지만 사회복지행정 실무에서는 미국과 같이 중앙정부나 지방정부가 독자적으로 사회복지 정보시스템을 구축하고 있다. 보건복지부에서는 장애인복지 정보시스템, 보육 정보시스템, 여성복지 시스템을 따로 계획하고 있고, 여기에 사회복지 영역 전체를 망라하는 사회복지 포털 서비스 구축을 위한 그림도 동시에 그리고 있다.

제 5 절 한국의 사회복지행정 정보시스템

1 전자정부와 사회복지행정 정보시스템

대한민국 전자정부(http://www.egov.go.kr)는 전자민원사업(Government for Citizens: G4C)의 일환으로 운영된다. 일반행정뿐만 아니라 복지 서비스 분야의 민원 처리가 실시되고 있다. 사회복지 분야는 '개인과 가정' 항목과 '사회보장 건강' 항목에서 제공된다. 전자정부에 포함되어 있는 사회복지의 내용은 [그림 13-12]와 같다.

'개인과 가정' 항목 아래에서는 출생에서 사망에 이르는 모든 과정을 프로그램으로 정리해 나열하고 있으나 주민생활에 관한 프로그램일 뿐이지 사회복지 프로그램을 중심으로 개발한 것은 아니다. 주민생활 중심으로 나열되어 있는 내용 중에서 사회복지와 연결된 프로그램의 내용은 입양과 노인복지 정도를 들 수 있을 뿐이다.

'사회보장 건강' 항목에서는 10개의 세항이 있다. 생활보호와 같은 공공부조 프로그램, 노인과 아동과 같은 사회복지 서비스 프로그램, 그리고 건강보험과 같은 사회보험 프로그램에 소개되어 있을 뿐만 아니라 서비스를 원하는 시민은 무방문(non-stop) 상태에서 서비스를 제공받을 수 있는 기반을 만들어 나가고 있다.

전자정부를 기반으로 공공부조 부문, 사회복지 서비스 부문, 그리고 사회보험 부문의 전자적 서비스가 온라인 방식으로 제공되는 기틀이 마련되고 있다는 긍정적인 평가가 가능하다. 그러나 전자정부 기반은 보건복지부가 아니라 행정안전부이며, 전자정부 구축 과정에서 행정안전부가 중심적인 역할을 하는 가운데에서 사회복지 사업을 주도하고 있다는 점이 문제점으로 지적된다.

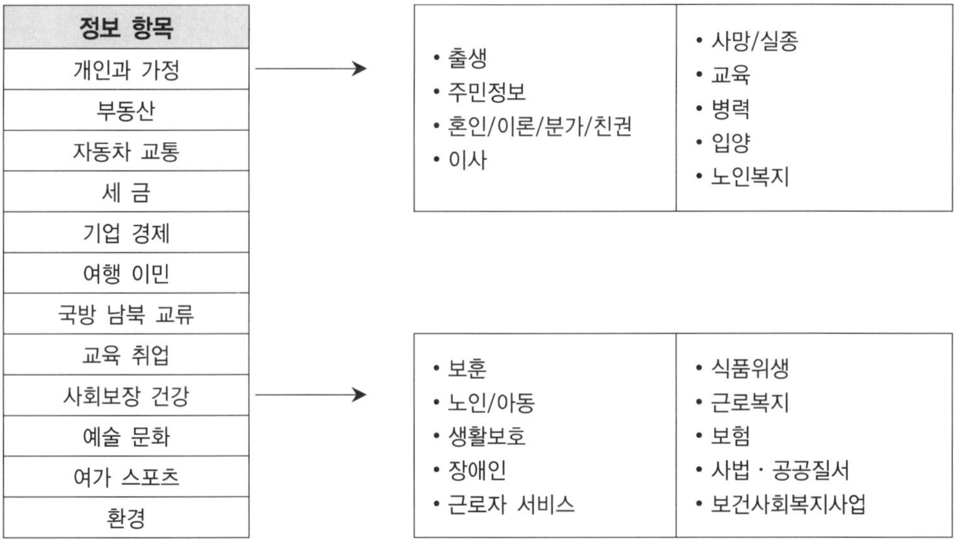

그림 13-2 한국의 전자정부와 사회복지 정보시스템

2 사회복지 포털 서비스

1) 포털 서비스의 개념

한국에서도 영국과 같이 생애주기를 반영한 사회복지 포털 서비스 개발에 대한 필요성이 제기되고 있다. 시민이면 누구나 사회복지 포털 서비스를 제공하는 정보시스템에 접속해 자신의 연령이나 직업과 같은 항목을 따라가면 원하는 서비스를 온라인으로 제공받을 수 있도록 하는 시스템을 의미한다. 포털 서비스는 공공부조, 사회복지 서비스, 사회보험 하나에 국한되지 않고, 어떤 서비스든 온라인으로 신청해 받을 수 있도록 하는 시스템을 지향한다.

[그림 13-13]에서는 두 가지 시나리오를 제시하고 있다. 하나는 중학교에 다니는 소년 가장이 사회복지 포털 서비스 제공 시스템에 접속해 교육비를 신청해 급여를 받는 과정을 도식화했다. 다른 하나는 혼자 사는 노인이 장기간의 질병으로 인해 부족한 의료비를 신청해 제공받을 수 있는 과정을 도식화했다.

소년가장의 경우 사회복지 포털 시스템에 접속해 생애주기에서 아동청소년 영역을 클릭한다. 부모가 있는 아동과 부모가 없는 아동이 접속할 수 있는 길이 나오고, 이 소년가장은 부모가 없기 때문에 부모 없는 '보호아동'을 클릭해 다음 단계에 들어가

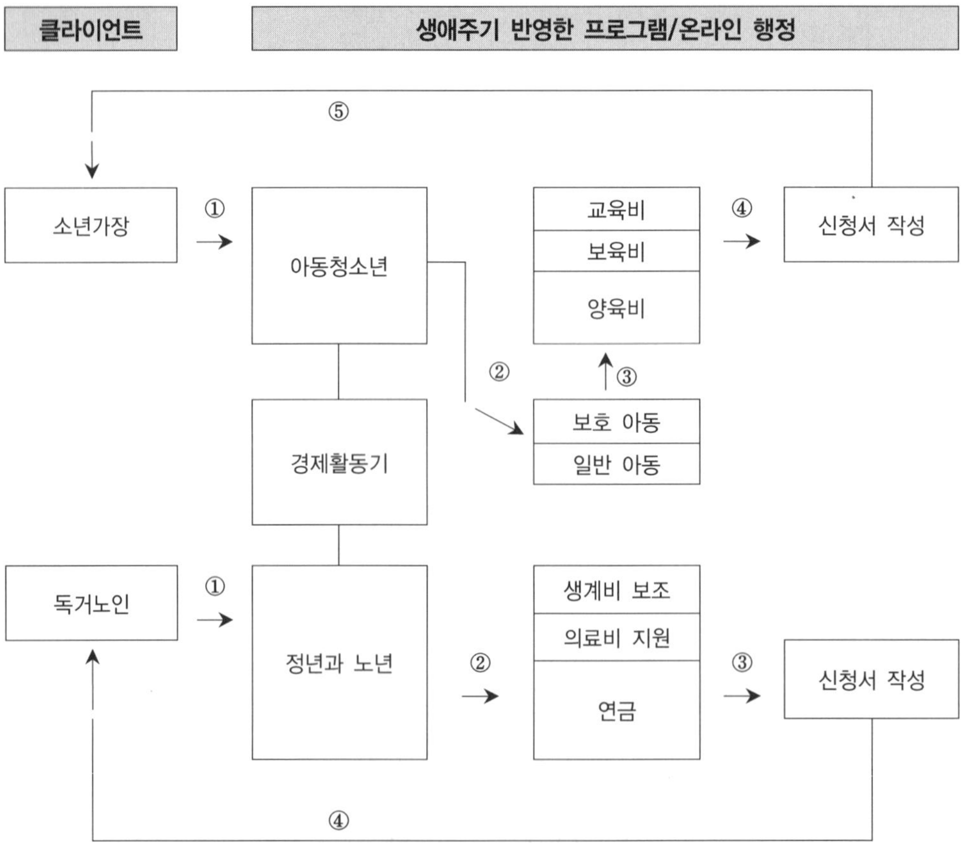

그림 13-13 사회복지 포털 서비스 개념도

자 교육비, 보육비, 양육비와 같이 원하는 서비스를 클릭해 신청서를 작성하도록 설계되어 있다. 소년가장은 교육비 지원을 받고자 했으므로 교육비를 클릭하여 신청서를 작성하고 마무리를 짓는다. 3일 후에 소년가장에게 이메일로 교육비를 지원받을 수 있다는 회신이 날아온다. [그림 13-13]의 소년 가장은 ①에서 ⑤까지 따라가면 원하는 서비스를 제공받을 수 있게 된다.

노인의 경우도 마찬가지다. 혼자 사는 노인이 자신의 생애주기에 해당되는 정년과 노년 영역을 클릭하면 생계비 보조, 의료비 지원, 그리고 연금과 같은 항목이 나오고 독거노인은 자신이 원하는 의료비 지원 신청서를 작성해 보내기만 하면 된다. 독거노인에게도 역시 3일 후에 지원받고자 하는 의료비 30만 원을 치료를 받은 병원으로 직접 보냈다는 회신을 받는다. [그림 13-13]의 독거노인은 ①에서 ④까지 따라가면 원하는 서비스를 받을 수 있도록 설계되어 있다.

사회복지 포털 서비스는 이같이 무방문 서비스를 가능하게 할 뿐만 아니라 클라이언트에게 신속하고 정확한 서비스를 제공함으로써 사회복지 서비스의 질을 높일 수 있다. 사회복지 포털 웹사이트 구축에서 유념해야 할 사항은 업무재설계(Business Process Reengineering: BPR)다. 클라이언트가 시스템에 접속해 원하는 서비스를 손에 잡을 수 있을 때까지의 과정이 단순하고 명쾌하게 재구성되어 있어야 행정 혼선을 최소화할 수 있을 뿐만 아니라 질 높은 서비스의 제공이 가능하다.

2) 포털 서비스의 모형

사회복지 포털 서비스 시스템의 모형도를 구체적으로 그릴 수는 없다. 상황에 따라 다를 수 있기 때문이다. 큰 틀을 중심으로 그리면 [그림 13-14]와 같다. 제도 인프라, 시스템과 하위 시스템, 그리고 산출을 연결시키면 사회복지 포털 서비스의 기본 모형도를 구할 수 있다(허만형, 2002).

사회복지 포털 서비스 시스템은 통합 서비스를 지향한다. 이 웹사이트에 접속하면 제공받고자 하는 사회복지급여나 서비스에 관한 정보를 얻을 수 있고, 온라인으로 신청할 수 있도록 설계되어 있어야 한다. 따라서 이 웹사이트는 공공부조, 사회보험, 그리고 사회복지 서비스와 같이 사회복지의 모든 영역을 포함하고 있어야 할 뿐만 아니라, 중복 급여와 중복 서비스를 최소화하기 위해 서비스 사이에 연계망도 철저하게

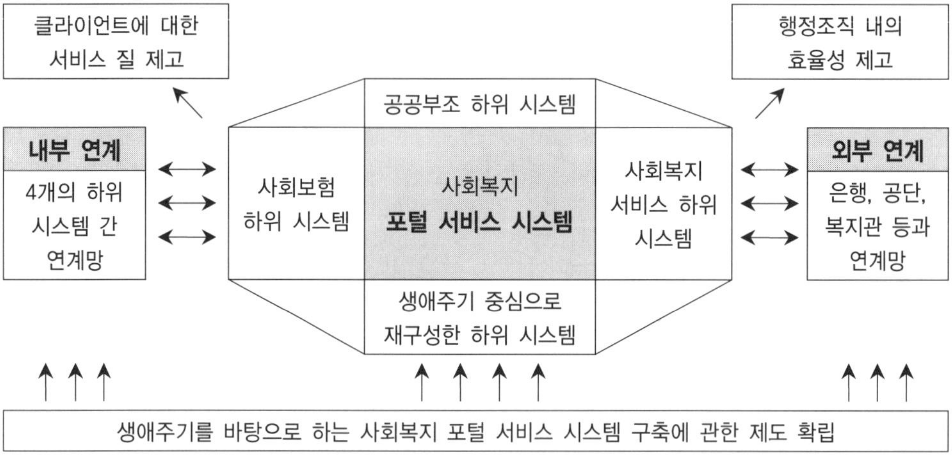

그림 13-14 사회복지 포털 서비스 모형도

구축되어 있어야 한다.

사회복지 포털 서비스는 생애주기를 바탕으로 구축함으로써 연령과 신분에 맞는 맞춤형 서비스를 온라인으로 제공할 수 있도록 해야 한다. 시민이면 누구나 자신의 연령, 소득과 재산 상태, 취업 상태, 가족 상황, 그리고 건강 상태에 따라 제공되는 서비스가 무엇인지를 알 수 있고, 온라인으로 신청해 원하는 급여나 서비스를 받을 수 있도록 설계되어 있어야 한다.

사회복지 포털 서비스 시스템은 생애주기에 맞춰 공공부조, 사회보험, 사회복지 서비스를 풀어서 데이터베이스로 구축해야 하고, 데이터베이스를 연결시키는 모델 베이스가 구축되어야 한다. 생애주기 방식으로 사회복지 프로그램을 정리하면 <표 13-7>과 같다.

사회복지 포털 서비스 시스템의 데이터베이스에는 <표 13-7>에서 제시하고 있는 사회복지 프로그램에 대한 정보, 신청 자격, 신청서가 기본으로 입력되어야 하고, 모델베이스에는 신청서를 작성해 보내면 해당 기관의 담당자에게 들어가서 내부 협의를 거쳐 급여나 서비스 여부를 결정해 통보할 수 있는 시스템이 입력되어 있어야 한다.

사회보험의 경우 국민연금, 국민건강보험, 고용보험, 그리고 산재보험을 연결하는 인터넷 포털(www.4insure.or.kr)이 개설되어 운영되고 있다. 국민연금 정보연계센터에서 포털 서비스를 담당하며 운영은 4대 사회보험기관에서 공동으로 한다. 4대 사

표 13-7 생애주기 사회복지 프로그램

생애주기		임신	출산	양육	보육	교육	취업	실업	재해	퇴직	노령	사망
복지주기	소득 보장	임산부 생계 보호	출산비 혹은 출산 보조비	양육비 혹은 양육보조비	보육비 혹은 보육 보조비	교육비 혹은 교육비 보조	직업 훈련 지원	실업 수당 재취업 훈련비	산재 수당	퇴직 수당	연금	장제비
	의료 보장	산전 건강 점진	태아 건강 검진	의료보호 혹은 건강보험	의료보호 혹은 건강보험	의료보호 혹은 건강보험	의료보호 혹은 건강보험	의료보호 혹은 건강보험	의료보호 혹은 건강보험	의료보호 혹은 건강보험	의료보호 혹은 건강보험	의료보호 혹은 건강보험

자료: 허만형(1998: 220).

회보험의 공동정보 데이터베이스 시스템을 구축해 공동 활용하고 있을 뿐만 아니라, 공동 신고 업무의 일괄 접수와 처리 시스템을 개발해 포털 사이트에 한 번 방문해 4대 사회보험에 관한 일을 처리할 수 있도록 설계되어 있다(국민연금 정보연계센터, 2003).

공공부조, 사회보험, 그리고 사회복지 서비스를 모두 포함하는 포털 서비스 구축은 이상적이라는 비판을 받을 수도 있지만 가능한 범위 내에서 포털 시스템을 구축한 후에 그 범위를 넓혀갈 경우 이상적인 사회복지 포털 서비스 시스템이 현실화될 수 있을 것으로 판단된다. 즉 반복적 설계(iterative design)와 적응 시스템(adaptive system)의 작용이 끊임없이 일어나면 사회복지 포털 서비스 시스템 구축이 가능하다는 의미다.

제 6 절 사회복지행정 정보시스템의 전망과 과제

정보화사회는 사회복지행정 패러다임의 변화를 초래한다. 지금까지 제시한 사회복지행정 정보시스템의 내용에서 볼 수 있듯이 정보시스템의 기반 위에서 사회복지급여와 서비스가 제공되는 시대를 열어가고 있다. 예산도 정보시스템을 중심으로 편성되고, 인사관리도 정보시스템이 중심이 되어 실시되며, 조직관리의 중심에도 정보시스템이 있다.

정보는 한 영역에서만 교류되지 않는다. 네트워크를 기반으로 연결고리만 만들어

나간다면 교류되지 않는 영역을 찾을 수 없다. 정보화사회는 열린 사회를 지향한다. 정보와 정보의 교류가 가능해야만 열린 사회를 다듬어 나갈 수 있다. 정보와 정보의 교류를 정보 공동 활용이라고 지칭한다. 공공부조 정보와 국민연금 정보가 교류할 수 있어야만 이중으로 급여를 받는 사람을 찾아낼 수 있고, 산재보험과 국민건강보험에 관한 정보 공동 활용이 전제가 되어야 이중 급여자를 찾아낼 수 있다.

정보 교류를 하기 위해서는 표준화가 전제되어야 한다. 표준화는 철도의 궤도와도 같다. 남북 철도의 연결은 같은 궤도일 때만이 가능하다. 궤도가 다르다면 남북을 이어도 기차는 북쪽을 향하지 못하고, 시베리아나 중앙아시아를 횡단할 수 없는 것과 같이 기관마다 개발하는 시스템이 다르다면 정보는 교류가 불가능하다.

디지털 정보에 대한 저항이 만만치 않게 일고 있다. 사회복지 클라이언트에 대한 정보를 데이터베이스로 만들어 입력하고, 클라이언트를 효과적으로 관리하기 위해 이 데이터베이스를 활용한다는 것은 서비스의 질을 높이기 위한 도구다. 그러나 정보가 잘못 유출되어 선의의 피해자가 발생한다면 이것은 중대한 사생활 침해가 아닐 수 없다. 그러나 정보화는 대세이며, 세계 어느 국가나 조직이든 가야 할 방향이다. 정보 유출을 우려해 정보시스템이라는 거대한 물결을 거역할 수는 없다. 정보가 유출되지 않는 보안장치에 대한 신뢰를 구축으로 정보화의 대세에 장애가 없도록 해야 한다.

제 4 편

사회복지 프로그램 관리

제 14 장 사회복지 프로그램 관리

제 1 절 사회복지 프로그램 관리의 개념

1 개념

사회복지 프로그램 관리는 계획된 대로 프로그램이 진행되고 있는지를 점검하고, 계획에 차질이 있을 경우 원위치로 되돌릴 수 있는 방안을 강구하는 관리기법이다. 프로그램 관리에 활용될 수 있는 이론은 제8장에서 논의한 여섯 가지 관리이론—과학적 관리론, 인간관계론, 행태론적 접근법, 생태론적 접근법, 관리과학, 문화적 접근법—모두가 해당된다.

과학적 관리론도 프로그램 관리기법으로 활용할 수 있다. 분업이 체계적으로 되어 있는지를 분석하고, 작업 과정에서 같은 동작을 반복하게 함으로써 작업 시간을 단축시키는지에 대해 검토하며, 의도한 것처럼 진행되지 않은 경우에는 통제 수단을 활용하는 과정이 과학적 관리론 차원의 프로그램 관리기법이다.

인간관계론을 포함해 문화적 접근법에 이르기까지 모든 관리이론도 과학적 관리이론과 같은 차원에서 사회복지 프로그램 관리기법으로 활용될 수 있다. 그러나 여섯 가지 관리이론만으로는 프로그램 관리기법으로서 한계가 있다. 구체성이 부족하기 때문에 한 단계 더 나아가기 전에는 현실적용성이 없기 때문이다.

프로그램 관리기법이 현실 적용성을 갖추기 위해서는 무엇을, 어떻게 관리할 것이며, 관리 결과는 무엇인지에 대한 구체성을 담고 있어야 한다. 즉 프로그램 관리 대상, 관리 수단, 관리 결과에 대한 예측이 가능해야만 프로그램 관리기법으로서 기본 조건을 갖췄다고 말할 수 있다. 이러한 조건에 부합되는 프로그램 관리이론은 계량적 관리이론의 입장에 서 있는 과학적 관리론과 관리과학에서 찾아낼 수도 있고, 인간관계론이나 참여관리와 같이 정성적 접근법에서도 찾아낼 수 있다.

2 사회복지 프로그램 관리기법의 종류

프로그램 관리기법은 다양하게 제시할 수 있지만 여섯 가지 관리이론을 계량적 접근법과 정성적 접근법으로 나눠 프로그램 관리기법을 제시하고자 한다. 관리이론 중에서 과학적 관리론과 관리과학은 계량적 접근법에 가깝고, 인간관계론과 문화적 접근법은 정성적 접근법에 가깝다.

계량적 접근법으로부터 갠트 차트(Gantt Chart)와 퍼트 차트(PERT Chart)를 프로그램 관리기법으로 제시할 수 있고, 뿌리가 정성적 접근법인 프로그램 관리기법으로는 목표관리(MBO)를 제시할 수 있다(Gordon, 1982). <표 14-1>과 같이 갠트 차트와 퍼트 차트는 같은 뿌리를 가지고 있기 때문에 관리 대상은 작업 단계이고, 관리 수단은 시간통제이며, 관리 결과는 계획된 시간에 작업을 완성하는 것으로 동일하다. 목표관리로 지칭되기도 하는 MBO는 근로자 스스로 정한 계획된 목표가 관리 대상이며, 관리 수단은 목표 달성이 차질 없이 달성되었는지를 파악하는 평가지표이고, 관리 결과는 계획된 목표 달성으로 나타난다.

표 14-1 프로그램 관리이론의 종류

관리이론	프로그램 관리이론	관리 대상	관리 수단	관리 결과
과학적 관리론/관리과학	갠트 차트	작업 단계	시간통제	계획된 시간에 작업 완료
	퍼트 차트	작업 단계	시간통제	계획된 시간에 작업 완료
인간관계론/참여관리	목표관리(MBO)	계획된 목표	목표 달성 평가지표	계획된 목표 달성

제 2 절 갠트 차트와 프로그램 관리

1 갠트 차트의 태동

산업혁명 이후 급속한 산업 팽창 현상은 관리(management)라는 하나의 새로운 개념을 발아시켰다. 이 새로운 개념은 과학적 관리운동(Scientific Management Movement)이라는 분위기를 형성했고, 테일러(Frederick W. Taylor)라는 산업공학자가 출현해 1911년 『과학적 관리론(*Principles of Scientific Management*)』이란 저서를 펴냄으로써 과학적 관리론을 체계적으로 정리하는 데 결정적인 계기를 마련했다.

산업공학, 경영학, 혹은 행정학에서 테일러를 과학적 관리론의 아버지로 주저없이 지칭하는 것만 보아도 그가 이 분야에 기여한 공이 얼마나 큰지 짐작해 볼 수 있다. 그러나 테일러에 필적할 만한 기여를 했음에도 불구하고 테일러의 그늘에서 최근까지만 해도 빛을 보지 못한 산업공학자가 있다. 그가 바로 갠트(Henry L. Gantt)다.

갠트는 미드베일 철강회사(Midvale Steel Works)의 실험실에서 테일러와 동고동락하며 테일러의 과학적 관리론에도 많은 영향을 미친 것으로 평가된다. 테일러의 대표적 이론이 분업에 바탕을 둔 시간과 동작연구를 통한 생산성 향상이라면 갠트의 대표적 이론은 보너스 시스템의 도입과 갠트 차트의 개발이다.

갠트 차트가 개발된 지는 1백 년의 세월이 흘렀지만 최근까지도 경영 일선에서 손쉽게 이용하고 있는 하나의 도구로서 널리 알려져 있다. 또한 이 차트는 사회복지 분야를 포함한 프로그램 집행 계획을 수립하는 데 사용되는 아주 간단한 계량분석의 도구로 사용된다.

2 갠트 차트의 개념

갠트 차트는 시간을 X축으로 하고 사업 완성에 필요한 각종 활동을 Y축으로 하여 작성한 일종의 그래프다. 오늘날과 같이 컴퓨터와 함께 상당히 진보된 분석 도구가 개발된 상황 하에서 이 갠트 차트는 아무것도 아닌 것처럼 보일지 모르지만 갠트가 이것을 세상에 내놓을 당시만 해도 이 그래프는 근로자가 하루에 하는 생산활동과 시간을 통제하기 위해 사용할 수 있는 하나의 혁명적인 도구였다. 특히 갠트 차트는 시작과 끝이 분명한 관리 업무이면 어느 곳에서나 적용할 수 있기 때문에 프로젝트 관리에 그 우수성이 증명되어 오늘에 이르기까지 널리 사용된다. 작업이 4단계로 나뉘어 있는 가칭 '노인복지 X파일'을 가정하고 갠트 차트를 설명하기로 한다. 갠트 차트의 개념을 활용하지 않고 이 프로젝트를 완성하는 데 걸리는 시간은 [그림 14-1]과 같이 19주다.

[그림 14-1]의 Y축에 표시되어 있는 A, B, C, 그리고 D는 하나의 작업을 완성하기 위한 작은 활동, 즉 분업을 의미한다. X축에는 시간이 표시되어 있는데, 작업 A를 완성하기 위해 걸리는 시간은 5주일, B는 4주일, C는 6주일, 그리고 D는 4주일이라는 것을 그림과 같이 표시했다. 깊이 생각하지 않고 각 작업 단계마다 걸리는 시간을 모두 합치면 19주가 된다. 갠트 차트의 이론적 배경을 모르는 관리자는 '노인복지 X파일' 프로젝트를 완성하는 데 19주일이 걸린다고 판단하는 오류를 범하게 된다.

갠트 차트의 개념을 이해하고 있는 현명한 관리자는 작업 단계를 면밀히 분석하고 다음과 같은 세 가지 사실을 파악한다. 하나의 작업이 완성된 후에야 비로소 다음 단계에 넘어갈 수 있는 작업, 하나의 작업이 진행되는 중간에 시작되는 작업, 그리고 동시에 시작할 수 있는 작업이 그것이다.

[그림 14-1]을 관찰하면 모두 하나의 작업이 완성되어야 다음 단계로 넘어갈 수

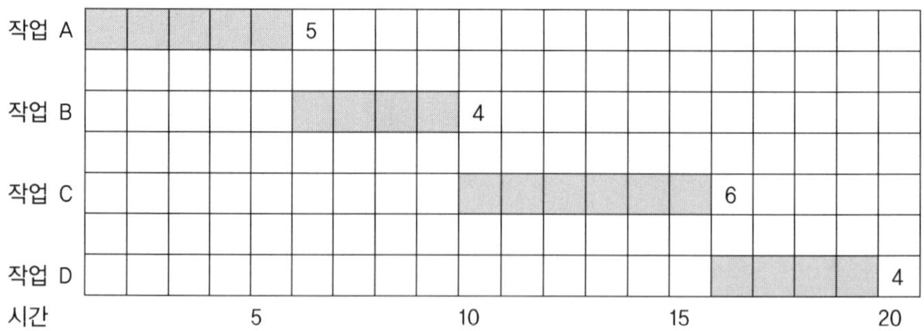

그림 14-1 노인복지 X파일의 작업 단위와 작업 시간

있는 것을 전제로 한 표라는 사실을 알 수 있다. 분석 결과 작업 A는 5주일이 걸리지만 3주일이 지난 후부터 B작업에 들어갈 수 있다는 사실을 관리자는 알았다. 작업 B와 작업 C는 동시에 시작이 가능한 작업이며, 작업 D는 작업 A, B, C가 모두 끝나야 시작할 수 있는 작업이라는 사실도 아울러 파악했다. 갠트 차트는 이 개념이 모두 들어간 표이며, 이 '노인복지 X파일' 프로젝트를 완성하기 위한 갠트 차트는 [그림 14-2]와 같다.

작업 A에서 작업 D까지의 성격에 근거해 갠트 차트를 작성한 결과 이 프로젝트를 완성하기 위해 걸리는 관리 시간은 19주가 아니라, 13주라는 사실을 알 수 있다. 관리자가 해야 할 일은 13주 내에 작업이 끝날 수 있도록 시간을 통제하는 일이다. 먼저 작업 A가 진행된 후 4주째 되는 날에는 작업 B와 작업 C가 시작되도록 해야 한다. 작업 B와 작업 C가 동시에 시작된 후 작업 B는 2주일의 여유가 있지만 작업 C는 여유가 없다. 작업 C가 완성되어야 작업 D에 들어갈 수 있기 때문이다. 갠트 차트는 이처럼 시간을 통제함으로써 하나의 프로젝트가 정해진 시간에 끝날 수 있도록 하는 관리기법이다. 관리자는 작업의 성격을 파악하고, 관리 포인트를 끄집어내어 근로자를 통제함으로써 주어진 작업을 정해진 시간 내에 끝낼 수 있다.

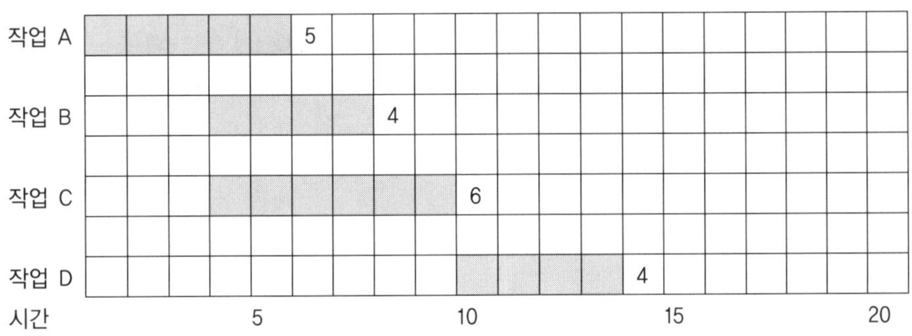

그림 14-2 작업 단위와 작업 시간

3 갠트 차트의 작성 과정

갠트 차트를 완성하기 위해서는 네 가지 절차가 필요하다. 첫째, 프로젝트 완성에 필요한 작업을 단계별로 분류한다. 둘째, 작업 단계별로 분류된 각 작업 하나하나를 완성하는 데 필요한 시간을 산정한다. 셋째, 한 작업이 끝난 후 이어서 시작되는 작업, 동시에 진행되어도 무방한 작업, 그리고 진행 중에 시작할 수 있는 작업을 찾아낸다. 넷째, 작업 단계와 시간을 결합시켜 차트를 만든다. 앞에서 제시한 '노인복지 X파일' 프로젝트를 가지고 갠트 차트의 작성 과정을 설명하기로 한다.

1) 작업의 단계적 분류

'노인복지 X파일' 프로젝트는 한 지방자치단체에서 65세 이상 노인의 사회활동 정보를 담아 데이터베이스를 구축하고 활동을 원하는 노인에게 유급, 혹은 무급의 활동을 알선하고자 하는 프로젝트라고 가정한다. '노인복지 X파일' 프로젝트의 작업을 분석한 결과 <표 14-2>와 같이 4단계로 나눌 수 있다고 가정한다.

분업화해 진행할 수 있는 4단계 작업 중 1단계 작업은 작업 A로 지칭되며, '노인복지 X파일' 프로젝트 참여자 파악과 동시에 시스템 개발을 위한 기획안을 작성하는 과정으로 설명할 수 있다. 이 단계에서는 이력이나 경력 사항 등 참여자로부터 수집하고자 하는 정보의 종류를 정해 명부를 작성해야 하며, 다양한 정보 사이에는 어떤 내부적 관계가 있는지에 대해서도 조사해 기획안을 작성해야 한다.

작업 B는 시스템 개발이다. 전 단계에서 작성한 시스템 개발 기획안을 기초로 하여 시스템을 개발하는 단계다. 기획안은 건축물을 설계할 때 설계도면과도 같은 역할을 한다. 시스템 개발자는 시스템 설계도면인 기획안을 기초로 시스템 개발을 완성해야 한다.

작업 C는 작업 A 단계에서 작성한 명단과 수집 정보를 개발한 시스템에 입력하는 단계다. 시스템에 노인의 이력과 경력 정보가 입력되고, 필요한 경우에는 개인의 신

표 14-2 갠트 차트: 작업의 단계적 분류

작업 단계	작업 명칭	작업 내용
작업 A	노인 명부 및 기획안 작성	X파일 참여자 파악과 시스템 기획안 작성
작업 B	시스템 개발	기획안을 기초로 하여 DB 시스템 구축
작업 C	시스템에 자료 입력	시스템에 노인의 이력 및 사회활동 자료를 입력
작업 D	시스템 테스트 · 수정 보완	시스템의 테스트 및 수정 보완해 가동 완료

상정보도 입력된다. 추가로 '노인복지 X파일'에 참여하고자 하는 노인이 있으면 등록할 수 있는 여백도 남겨 두어야 함은 물론이다.

작업 D는 시스템의 테스트 및 수정 보완 단계다. 시스템을 구축하고 자료가 입력되었다고 해서 바로 사용할 수는 없다. 테스트를 해야 하고, 문제가 발생하면 이를 수정해야 한다. 시스템을 개발해 실무에 적용한 후에 이상이 발견되면 고객에게 불편을 끼칠 뿐만 아니라 수정하는 데 더 많은 인력과 시간이 필요하기 때문이다.

이상과 같이 작업 A에서 D까지 완성이 되면 '노인복지 X파일' 프로젝트는 가동될 수 있고, 노인의 경제활동 및 사회활동에 많은 도움이 되는 시스템으로 활용될 수 있을 것으로 기대된다.

2) 단계별 작업 시간 산정

단계별 작업 시간은 근로자와 관리자가 최선의 노력을 투입할 경우 완성할 수 있는 최적의 시간을 의미한다. 작업 시간을 정하는 데 공식이 있는 것은 아니지만 해당 분야에 일을 한 경험과 전문성에 의해 추계할 수 있다. '노인복지 X파일' 프로젝트의 단계별 작업 시간은 <표 14-3>과 같이 작업 A 5주, 작업 B 4주, 작업 C 6주, 그리고 작업 D 4주라고 가정한다. 이상의 작업 시간을 합치면 모두 19주일이다.

표 14-3 갠트 차트: 단계별 작업 시간 산정

작업 단계	작업 명칭	작업 시간
작업 A	노인 명부 및 기획안 작성	5주일
작업 B	시스템 개발	4주일
작업 C	시스템에 자료 입력	6주일
작업 D	시스템 테스트 · 수정 보완	4주일

3) 작업 간 선 · 후행 관계 파악

작업 간 선 · 후행 관계는 작업의 단계를 분류할 때 어느 정도 윤곽이 잡힌다. '노인복지 X파일' 프로젝트의 4단계는 선 · 후행 관계는 '작업 A-작업 B-작업 C-작업 D'로 연결되어 있다는 사실을 작업 단계를 분류할 때부터 파악하고 있었다. 작업 간

표 14-4 갠트 차트: 작업 간 선·후행 관계 파악

작업 단계	작업 명칭	작업 내용
작업 A	노인 명부 및 기획안 작성	최초로 시작하는 작업
작업 B	시스템 개발	작업 A 시작 후 4주째부터 시작
작업 C	시스템에 자료 입력	작업 B와 동시에 시작
작업 D	시스템 테스트·수정 보완	A와 B의 완성을 전제로 작업 C에 이어 시작

선·후행 관계는 여기에 그치지 않는다. 한 작업이 끝난 후 이어서 시작되는 작업, 동시에 진행되어도 무방한 작업, 그리고 진행 중에 시작할 수 있는 작업을 찾아내야 한다.

분석 결과 단계별 작업은 <표 14-4>와 같이 정리할 수 있다고 가정한다. 작업 A는 최초로 시작하는 작업으로서 성격을 가지며, 작업 B는 작업 A가 시작된 지 3주가 지나고 4주째부터 시작할 수 있고, 작업 C는 작업 B와 동시에 시작할 수 있는 작업이며, 작업 D는 작업 A와 B가 완성되었다는 것을 전제로 작업 C에 이어서 시작할 수 있는 작업으로서 성격을 가진다.

여기에서 주의해야 할 사항은 시스템 개발과 자료 입력의 선행 및 후행 작업 관계다. 엄격히 말한다면 시스템 개발 후에 자료가 입력되어야 하겠지만 시스템을 개발하는 단계에서 실제 자료 입력이 필요하기 때문에 현실적으로는 자료 입력과 시스템 개발이 동시에 이뤄진다고 할 수 있다.

4) 갠트 차트 작성

프로젝트 완성에 필요한 작업의 단계별 분류, 작업 단계별 시간 산정, 그리고 작업 간 선·후행 관계 파악과 같은 3단계 과정이 완성되면 마지막으로 [그림 14-3]과 같은 갠트 차트를 작성할 수 있다. 작업 A는 5주가 걸리고, 작업 B는 작업 A가 시작된 후 4주째부터 시작되어 4주가 걸리며, 작업 C는 작업 B와 동시에 시작할 수 있도록 작업을 추진하면 되고 6주가 걸린다는 것이 [그림 14-3]의 갠트 차트에 나타나 있다. 마지막으로 작업 D는 B와 C가 완성된 직후에 시작되며 4주일이 걸린다는 것이 표시되어 있다. 노인의 사회활동과 여가, 경제활동을 돕기 위해 개발할 '노인복지 X파일' 프로젝트는 갠트 차트와 같이 13주 만에 완성된다는 사실을 알 수 있다.

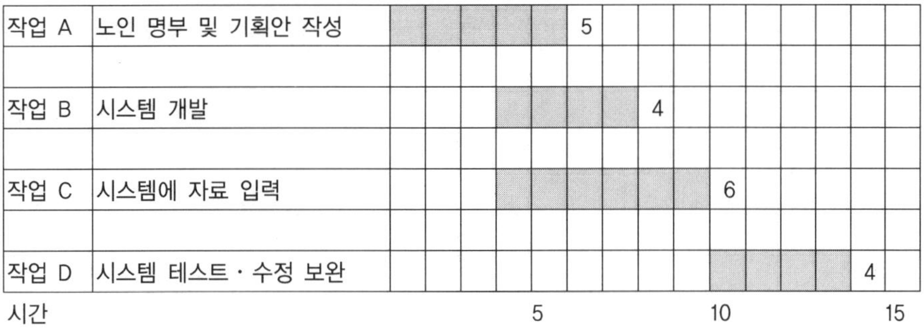

그림 14-3 갠트 차트: '노인복지 X파일' 프로젝트

4 갠트 차트와 프로그램 관리

1) 관리통제

갠트 차트를 활용하는 방법은 다양하다. 가장 먼저 떠올릴 수 있는 것은 관리통제다. 관리통제는 계획된 대로 일이 집행되고 있는지를 수시로 점검해 계획에서 벗어나는 상황이 벌어지면 신속하게 이를 원점으로 돌려놓는 방법을 말한다. 이 갠트 차트는 시간에 대비해 일일이 작업의 진행 상황을 점검할 수 있도록 작성되어 있기 때문에 계획된 대로 작업이 집행되고 있는지에 대해 효과적으로 통제할 수 있다.

2) 시간통제

갠트 차트는 시간통제(time control)에 용이하게 활용할 수 있다. 시간통제는 관리통제의 한 수단에 불과하지만 갠트 차트에서 특히 중요하기 때문에 강조하고자 한다. 얼핏 보면 '노인복지 X파일' 프로젝트를 완성하는 데 필요한 시간은 4단계 작업 시간을 물리적으로 더한 19주로 오해할 수 있다. 그러나 실제로 이 프로젝트 완성에 필요한 시간은 13주라는 것을 알 수 있다. 갠트 차트를 활용함으로써 동시에 진행시킬 수 있는 작업뿐만 아니라 선 · 후행 작업에 대해서도 상세히 파악할 수 있기 때문이다. 따라서 갠트 차트에 대한 개념이 부족한 관리자는 이 프로젝트을 완성하는 데 걸리는 시간은 13주가 아니라 19주로 여길 가능성이 높다. 즉 6주라는 시간을 관리 미숙으로 허비할 가능성이 높다는 의미다. 갠트 차트는 일이 진행되어가는 상황을 쉽게 알아볼 수 있도록 정리하고 있다는 점에서 계량분석에 필요한 하나의 수학적 모형으로서 충분한 가치가 있다.

3) 여유 시간 통제

[그림 14-3]을 자세히 살펴보면 작업 B 단계가 다른 작업에 비해 약간의 차이가 있다는 사실을 알 수 있다. 작업 A는 프로젝트 시작점이기 때문에 여유가 없고, 작업 C는 뒤이어 작업 D에 차질을 주지 않기 위해 한 치의 여유가 없이 진행되어야 한다. 그러나 작업 B는 작업 C와 동시에 시작할 수도 있지만 많게는 이틀 여유를 두고 시작해 작업 C와 함께 끝나도 '노인복지 X파일' 프로젝트를 정해진 시간에 완성하는 데는 차질이 없다.

유능한 관리자는 여유 시간을 찾아낼 수 있어야 한다. 작업 B를 담당하는 근로자에게 여유 시간 동안에 할 다른 업무를 부여할 수도 있고, 딱딱한 작업장에 숨통을 불어넣을 수 있는 일을 진행시킬 수도 있다. 유능한 관리자에게는 여유 시간이 관리자의 것이지만, 그렇지 않은 경우 여유 시간은 근로자의 것이 된다.

5 요약 및 한계

갠트 차트는 1900년대 초기 갠트라는 산업공학자가 개발한 일종의 계량분석 기법으로서 오늘날까지 널리 사용되고 있다. 이것은 한 사업의 작업 단계와 시간을 대비시켜 만든 하나의 그래프에 불과하지만 관리통제, 특히 시간통제에 탁월한 능력을 발휘할 수 있는 관리 도구다.

갠트 차트 기법에는 한계점이 발견된다. 그것은 바로 단선적이라는 것이다. 관리와 연결된 사건의 진행이 이와같이 단선적인 것도 있지만 입체적으로 진행될 정도로 복잡한 것도 있다. 이 경우 갠트 차트는 제 기능을 발휘하지 못한다. 이 경우에 필요한 관리기법이 이어서 논하게 될 PERT/CPM이다. 이 갠트 차트는 프로젝트 관리 이외의 일상적인 관리에 적용하기는 곤란하다. 왜냐하면 일상적인 관리 현상은 시작과 끝이 분명하지 않고 연속성을 갖고 있기 때문이다.

제 3 절 PERT/CPM과 프로그램 관리

1 PERT/CPM의 태동

오늘날 거의 모든 학문이 다른 학문 분야와 교류를 통해 발전하고 있다는 것은 주지의 사실이다. 종합학문적 성격을 모든 학문 분야가 가지고 있다는 의미다. 이것은 또한 계량분석에서도 예외가 아니다. 이러한 추세에 의거해 경영학이나 행정학도 다른 학문 분야의 영향을 받고 있다. 특히 국방관리 분야가 행정학이나 경영학에 미친 영향은 무시할 수 없다. 이론의 뿌리야 더 이상 거슬러 올라갈 수 있지만 예산편성 기법인 기획 예산(Planning, Programming, and Budgeting System: PPBS)도 국방 예산 편성의 한 방편으로 비롯되었다는 것은 널리 알려진 사실이고, 여기에서 논하게 될 PERT도 마찬가지다.

PERT는 1950년대 미국 해군에서 폴라리스 미사일(Polaris missile)을 개발할 당시에 처음 사용된 프로그램 관리기법이다. 이 미사일 개발사업은 엄청난 규모의 프로젝트였다. 당시 미국 해군에서는 미사일 개발을 위해 입찰 계약자로 2백 50여 회사를 우선 선정했고, 이들에 의한 하도급자도 9천여 개 회사에 이르렀다는 사실만 보아도 그 규모의 방대함을 짐작할 수 있다.

이러한 방대한 프로젝트를 앞에 놓고 해군 당국에서는 입찰자 및 하도급자의 작업 진행 상황을 수시로 파악해 미사일 개발 작업에 박차를 가할 수 있는 관리 기술 개발도 아울러 원했다. 이것을 부즈, 앨런, 해밀턴 경영자문회사(Booz, Allen, & Hamilton Inc.)에 의뢰하고 이 회사와 미국 해군의 공동 작업으로 PERT라는 관리기법이 탄생하게 되었다(Levin, Kirkpatrick, & Rubin, 1982).

PERT는 개발 당시에는 작업 진행과 관련해 시간을 통제하기 위한 목적이 강했지만 오늘날에는 시간뿐만 아니라 비용도 함께 포함시켜 사용한다. 따라서 작업 진행 중에 시간을 신축성 있게 사용하기 위한 방법뿐만 아니라 예산을 효율적으로 집행할 수 있는 관리기법으로서도 활용된다.

2 PERT의 개념

1) 개념

PERT는 'Program Evaluation and Review Techniques'의 머리글자를 따서 만든 전문 용어다. 이것은 문자 그대로 프로그램을 평가하고 재심사하는 관리기법이란 의미다. 자주 PERT와 함께 쓰이는 CPM도 'Critical Path Method'의 머리글자를 따서 만든 전문 용어다. Critical Path는 중요한 의미를 담고 있는 주공정선, 혹은 주작업선을 의미하며 CPM은 주공정선 혹은 주작업선을 찾는 방법을 의미한다.

PERT와 CPM은 전혀 다른 개념으로 보이기는 하지만 사실상 같은 의미를 다른 방식으로 표현한 것에 불과하다. 왜냐하면 프로그램을 평가하고 재심사하는 관리기법인 PERT로 프로그램을 관리하기 위해 주작업선, 혹은 주공정선, 즉 Critical Path를 찾아야 하기 때문이다. 따라서 CPM은 PERT의 한 기법이기 때문에 새로운 PERT 기법이 개발되지 않는 이상 PERT와 CPM은 사실상 같은 의미로서 받아들여질 것임에 틀림없다.

PERT는 앞 장에서 설명한 갠트 차트와 용도가 비슷하다. 모두 프로그램 집행의 한 기법으로서 시작과 끝이 분명한 프로젝트 관리에만 사용할 수 있다. 또한 둘 다 작업 진행 상황을 파악해 시간통제를 하기 위한 수단으로서 개발되었을 뿐만 아니라, 시간을 통제하기 위한 수단으로서 작업을 단계적으로 분류하고 이 작업간 연결점을 추적함으로써 작업의 진행 상황을 파악하기에 용이하게 개발되었다. 따라서 갠트 차트를 사용할 수 있으면 PERT도 역시 사용할 수 있고 역으로도 마찬가지다.

갠트 차트와 퍼트 차트 사이에는 다른 점도 있다. 갠트 차트는 단순한 프로젝트에서는 사용이 용이할지는 모르지만 작업 단계가 복잡하게 분류되어 있고, 그 연결점이 단선적이 아니라 복선적이거나 입체적일 경우에는 프로그램의 관리에 응용할 수 없다. PERT는 이러한 복선적이거나 입체적으로 연결된 각 작업 단계의 연결점을 추적해 프로그램의 관리에 효율적으로 적용할 수 있는 기법이다.

2) 퍼트 차트와 주작업선

퍼트 차트 모습은 [그림 14-4]와 같다. 갠트 차트보다 약간 입체적이며, 복잡하게 보이는 듯한 이 차트는 작업 단계가 A에서부터 H까지 8단계로 되어 있다. 작업 단계별 시간을 보면 작업 A에 걸리는 시간은 2주이고, B작업에 걸리는 시간은 4주이며, 작업 C에 걸리는 시간은 3주다. 작업 D와 작업 E는 각각 2주와 3주가 걸린다. 작업 F에 걸리는 시간은 4주이고, G에 걸리는 시간은 5주이며, H에 걸리는 시간은 4주다. 이 프로젝트를 완성하는 데 걸리는 시간을 작업 단계별로 합치면 모두 27주라는 사실을 알 수 있다. 이 프로젝트를 담당하는 관리자가 27주 만에 완성되는 것을 가정하고 프로젝트를 관리한다면 유능한 관리자가 아니다. 관리자는 주작업선(CPM)을 찾아냄으로써 이 프로젝트를 완성하는 데 걸리는 시간을 단축시킬 수 있다.

퍼트 차트에서 주작업선을 찾기 위해서는 두 가지 원칙을 따라야 한다. 첫째, 동시에 시작하는 작업을 주시해야 한다. 퍼트 차트에서 보는 바와 같이 작업 A, B, 그리고 작업 C가 동시에 시작되고, 작업 D와 작업 F가 동시에 시작되며, 작업 E와 작업 H가 동시에 시작된다. 주작업선은 동시에 시작되는 작업을 만날 때 긴 쪽을 택하면 된다. 둘째, 나눠졌다가 다시 합쳐지는 작업선이 있으면 나눠지는 점과 합치는 점의 길이를 계산해 긴 쪽이 주작업선이다. 퍼트 차트에서 나눠졌다가 합쳐지는 작업선은 A-D, B, 그리고 C-E가 있고, F와 D-G가 있으며, H와 E-G가 있다.

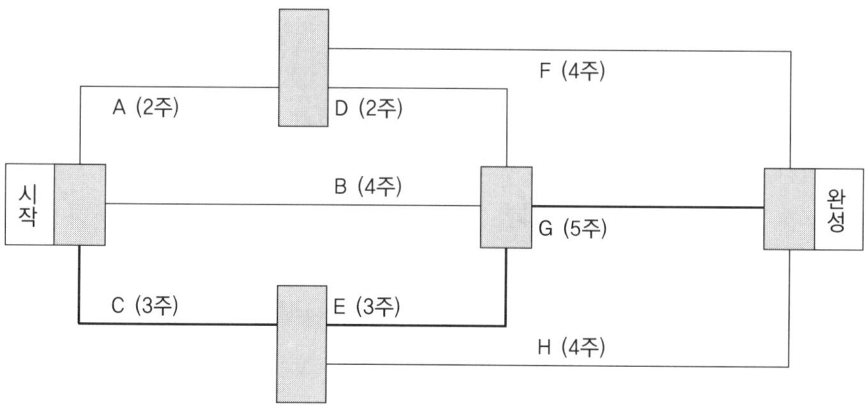

그림 14-4 퍼트 차트: 작업 시간과 주작업선

제1 원칙에 따라 동시에 시작하는 작업 A, B, C 중에서는 작업 B 기간이 가장 길기 때문에 주작업선은 B다. 작업 단계가 A, B, C와 같이 세 단계로 되어 있으면 B가 주작업선이며, 이 3단계 프로젝트는 4주 만에 완성된다. 세 작업이 동시에 시작되기 때문에 4주가 되면 2주 만에 끝나는 작업 A와 3주 만에 끝나는 작업 C는 당연히 완성되어 있기 때문이다. 그러나 제2 원칙에 따라 나눠져서 합치는 지점을 고려하면 A- D, B, C-E 중에서는 C-E가 6주로 가장 긴 시간이기 때문에 C-E가 주작업선이다. 작업 단계가 A에서 E까지 5단계 프로젝트라면 C-E를 6주에 걸쳐 완성하면 나머지 작업도 완성되어 있어야 한다. A-D는 4주가 걸리고, B도 4주가 걸리기 때문에 정상적인 상황에서라면 6주가 되면 두 작업이 완성될 수밖에 없다. 같은 원칙에 따라 E-G와 작업 H를 비교하면 E-G가 8주로 H보다 길다.

주작업선은 C-E-G를 잇는 선임을 알 수 있다. 주작업선을 연결하는 작업 기간은 11주일이다. 따라서 이 프로젝트를 완성하는 데 걸리는 시간은 27주가 아니라 11주임을 알 수 있다. 유능한 관리자는 C-E-G를 잇는 주작업선에서 일하는 근로자를 철저히 관리함으로써 주어진 11주에 프로젝트를 완성할 수 있다. 주작업선 이외의 작업 단계에서는 약간의 여유 시간이 있으며, 퍼트 차트에 대해 이해하고 있는 관리자는 여유 시간을 관리자의 시간으로 만듦으로써 조직에 긴장과 활력을 동시에 불어넣을 수 있다.

3 PERT 차트의 작성 과정

퍼트 차트를 완성하기 위해서도 갠트 차트를 완성하기 위해 필요한 네 가지 절차가 필요하다. 첫째, 프로젝트 완성에 필요한 작업을 단계별로 분류한다. 둘째, 작업 단계별로 분류된 각 작업 하나하나를 완성하는 데 필요한 시간을 산정한다. 셋째, 한 작업이 끝난 후 이어서 시작되는 작업, 동시에 진행되어도 무방한 작업, 그리고 진행 중에 시작할 수 있는 작업을 찾아낸다. 넷째, 작업 단계와 시간을 '입체적으로' 결합시켜 퍼트 차트를 만든다. 앞에서 제시한 '노인복지 X파일' 프로젝트를 가지고 퍼트 차트의 작성 과정을 설명하기로 한다.

1) 작업의 단계적 분류

'노인복지 X파일' 프로젝트의 작업을 구체적으로 분석한 결과 <표 14-5>와 같이 7단계로 나눌 수 있다고 가정한다. 분업화해 진행할 수 있는 4단계 작업 중 1단계 작업은 작업 A로 지칭되며, '노인복지 X파일' 프로젝트 참여자를 파악하는 과정이다. 참여자의 이력이나 경력 사항 중에서 어떤 정보를 수집할 것이며, 다양한 정보 사이에는 어떤 내부적 관계가 있는지에 대해서도 조사를 해야 한다.

작업 B는 참여자 명부를 작성하는 단계다. 명부를 작성하는 단계에서는 A단계에서 결정한 정보를 체계적으로 정리해야 한다. 참여자 명부는 자료 입력과 시스템 개발에 차질이 없도록 해야 한다.

작업 C는 예비 기획안을 작성하는 단계다. 개발하고자 하는 '노인복지 X파일' 프로젝트와 유사한 기능을 수행하는 시스템이 있는지에 대해서도 조사해야 하고, 참여자로부터 수집할 정보가 무엇인지에 대해서도 결정해야 한다.

작업 D는 기획안을 작성하는 단계다. 기획안은 시스템 개발을 위한 설계도면과도 같은 역할을 한다. 기획안을 작성하는 단계에서는 어떤 자료가 어떤 방식으로 입력되어 현장에 활용되는지를 눈으로 보듯 알 수 있도록 작성되어야 한다.

작업 E는 시스템을 개발하는 단계다. 시스템 개발자는 시스템 설계도면인 기획안을 기초로 시스템 개발을 완성해야 한다.

작업 F는 자료를 입력하는 단계다. 자료는 시스템 개발과 동시에 입력됨으로써 시스템 개발이 용이하도록 해야 한다. 자료 입력은 시스템이 개발과 동시에 시스템의 수정 및 보완 작업이 가능하도록 해야 한다.

작업 G는 시스템의 테스트 및 수정 보완 단계다. 시스템을 구축하고 자료가 입력되었다고 해서 바로 사용할 수는 없다. 테스트를 해야 하고, 문제가 발생하면 이를 수정해야 한다. 시스템을 개발해 실무에 적용한 후에 이상이 발견되면 고객에게 불편을 끼칠 뿐만 아니라 수정하는 데 더 많은 인력과 시간이 필요하기 때문이다.

여러 단계가 입체적으로 연결된 복잡한 프로젝트를 수행하는 경우에는 업무 사이에 협조가 원활하게 이뤄져야 기대한 산출물을 이끌어낼 수 있다. 퍼트 차트에는 업무 협조 관계와 업무 협조를 통해 얻어내는 산출물에 대해서도 제시할 수 있는 여백을 가지고 있다. <표 14-5>에서의 작업 X와 Y가 업무 협조를 표시한 작업 단위다.

표 14-5 퍼트 차트: 작업의 단계적 분류

작업 단계	작업 명칭	작업 내용
작업 A	노인 참여자 파악	X파일 참여자 파악
작업 B	참여자 명부 작성	시스템에 활용될 자료의 종류를 근거로 명부 작성
작업 C	예비 기획안 작성	기획안을 만들기 위한 예비 작업
작업 D	기획안 작성	기획안을 작성
작업 E	시스템 개발	기획안을 기초로 하여 DB 시스템 구축
작업 F	시스템 자료 입력	시스템에 노인의 이력 및 사회활동 자료를 입력
작업 G	시스템 테스트 · 수정 보완	시스템의 테스트 및 수정 · 보완해 가동 완료
작업 X	업무 협조	작업 A와 C의 업무 협조
작업 Y	업무 협조	작업 E와 F의 협무 협조

업무 협조에 관한 작업 단위는 작업 시간에는 포함되지 않는다.

이상과 같이 작업 A에서 G까지 완성이 되면 '노인복지 X파일' 프로젝트는 가동될 수 있고, 노인의 경제활동 및 사회활동에 많은 도움이 되는 시스템으로 활용될 수 있을 것으로 기대된다.

2) 단계별 작업 시간 산정

단계별 작업 시간은 갠트 차트에서와 산정하는 방법이 같다. 근로자와 관리자가 최선의 노력을 투입할 경우 완성할 수 있는 최적의 시간을 의미한다. '노인복지 X파

표 14-6 퍼트 차트: 단계별 작업 시간 산정

작업 단계	작업 명칭	작업 내용
작업 A	노인 참여자 파악	1주
작업 B	참여자 명부 작성	1주
작업 C	예비 기획안 작성	1주
작업 D	기획안 작성	2주
작업 E	시스템 개발	6주
작업 F	시스템 자료입력	4주
작업 G	시스템 테스트 · 수정 보완	4주
작업 X	A와 C의 업무 협조	0 (A와 C에 포함)
작업 Y	E와 F의 업무 협조	0 (E와 F에 포함)

일' 프로젝트의 단계별 작업 시간은 <표 14-6>과 같이 작업 A 1주, 작업 B 1주, 작업 C 1주, 작업 D 2주, 작업 E 4주, 작업 F 6주, 그리고 작업 G 4주라고 가정한다. 이상의 작업 시간을 합치면 모두 19주일이다. 작업 X와 작업 Y는 별도의 작업이 아니라 두 작업이 업무 협조를 통해 진행되는 작업 과정을 의미하기 때문에 별도의 시간을 제시할 필요는 없다. 작업 X는 A와 C의 업무 협조를 의미하고, 작업 Y는 E와 F의 업무 협조를 의미한다.

3) 작업 간 선·후행 관계 파악

작업 간 선·후행 관계는 작업의 단계를 분류할 때 어느 정도 윤곽이 잡힌다. '노인복지 X파일' 프로젝트의 7단계 작업 선·후행 관계는 <표 14-7>과 같다. 한 작업이 끝난 후 이어서 시작되는 작업, 동시에 진행되어도 무방한 작업, 그리고 진행 중에 시작할 수 있는 작업을 찾아내야 한다.

분석 결과 단계별 작업은 <표 14-7>과 같이 정리할 수 있다고 가정한다. 작업 A와 C는 최초로 시작하는 작업으로서 성격을 가진다. 즉 동시에 시작할 수 있는 작업으로서 성격을 가진다는 의미다. 작업 B는 A작업에 이어서 시작한다. 작업 D, 즉 기획안 작성은 C에 이어서 시작한다. 작업 A와 작업 C가 완성되는 단계에서 작업 X가 결과로서 나와야 한다. X는 특정 작업의 결과물로서 나와야 할 일종의 성과물이기 때문에 별도의 작업 시간을 요구하지 않는다. A와 C의 업무 협조를 통해 명부 작성

표 14-7 퍼트 차트: 작업 간 선·후행 관계 파악

작업 단계	작업 명칭	작업 간 선·후행 관계
작업 A	노인 참여자 파악	최초 시작 작업
작업 B	참여자 명부 작성	작업 A에 이어서 시작
작업 C	예비 기획안 작성	최초 시작 작업, 작업 A와 동시 시작
작업 D	기획안 작성	작업 C에 이어서 시작
작업 E	시스템 개발	작업 D 완성 후 작업 F와 동시 시작
작업 F	시스템 자료 입력	작업 E와 동시에 시작하여 작업 E가 끝나기 전에 마무리
작업 G	시스템 테스트·수정 보완	작업 F 완성 후에 시작
작업 X	업무 협조	작업 A와 C 업무 협조: 입력 변수 확정
작업 Y	업무 협조	작업 E와 F 업무 협조: 자료 입력과 시스템 가동 확인

에 포함될 정보를 정리하는 업무가 완성되며 그 단계가 작업 X다.

작업 D, 즉 기획안 작성에 이어 시스템 개발을 의미하는 E와 자료 입력을 의미하는 작업 F가 동시에 시작된다. 작업 E와 F가 진행되는 동안 Y와 같은 업무 협조, 즉 시스템 개발과 자료 입력에 관한 업무 협조가 지속적으로 이뤄져야 한다. 시스템 개발 작업 E와 자료 입력 작업 F가 완성된 후에는 수정 · 보완 작업 G가 시작된다. 작업 G가 끝나면 '노인복지 X파일' 프로젝트가 완성된다.

4) 퍼트 차트 작성

프로젝트 완성에 필요한 작업의 단계별 분류, 작업 단계별 시간 산정, 그리고 작업 간 선 · 후행 관계 파악과 같은 3단계 과정이 완성되면 마지막으로 [그림 14-5]와 같은 퍼트 차트를 작성할 수 있다. 작업 A, B, C는 1주가 걸리고, 작업 A와 C는 동시에 시작되며, 작업 B는 A작업이 끝난 후에 시작된다는 사실이 표시되어 있다. 작업 A와 C가 완성되면 그 결과로서 작업 X가 완성된다는 것을 점선으로 표시했다.

작업 C에 이어 기획안 작성을 의미하는 작업 D는 2주 만에 끝나고, 시스템 개발 작업 E와 자료 입력 작업 F가 동시에 시작된다는 사실도 표시되어 있다. 작업 G는 시스템의 수정 보완 단계의 작업이다. 시스템 개발과 자료 입력이 완성된 후, 즉 작업 E와 F가 완성된 후에 시작된다는 것이 [그림 14-5]의 퍼트 차트에 나타나 있다.

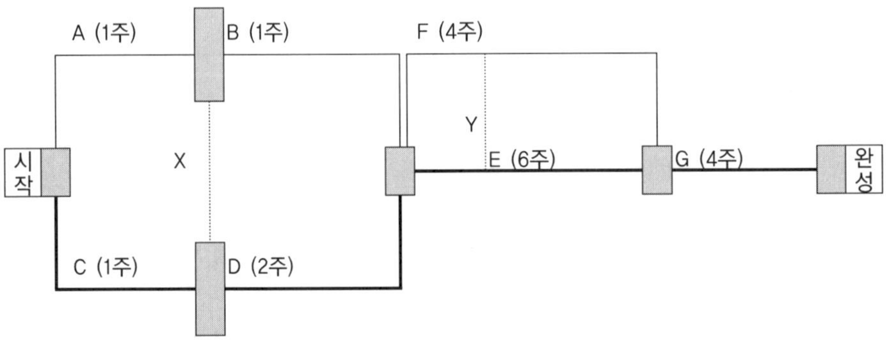

그림 14-5 퍼트 차트: '노인복지 X파일' 프로젝트

4 PERT 차트와 프로그램 관리

1) 주작업선

'노인복지 X파일' 프로젝트의 주작업선을 찾기 위해 '주작업선을 찾는 원칙'에 따라가기로 한다. 첫째, 동시에 시작하는 작업선을 주시한 후 긴 쪽이 주작업선이다. A와 C가 동시에 시작하는 작업선임을 알 수 있다. A와 C는 모두 1주여서 어느 것이 주작업선인지 알 수가 없다. 둘째, 나눠졌다가 다시 합쳐지는 작업선이 있으면 나눠지는 점과 합치는 점의 길이를 계산해 긴 쪽이 주작업선이다. A-B와 C-D가 나눠졌다가 합쳐지는 작업선이다. C-D가 길기 때문에 주작업선이다. 작업 E와 작업 F도 동시에 시작된다. 작업 E는 6일이고 작업 F는 4일이다. 따라서 작업 E가 주작업선이다. 이상 두 원칙에 의해 주작업선을 도출한 결과 C-D-E-G가 주작업선임을 알았다. 주작업선의 시간을 합치면 모두 13주 만에 '노인복지 X파일' 프로젝트가 완성된다는 사실을 알 수 있다.

2) 주작업선과 시간관리

'노인복지 X파일' 프로젝트의 작업 단계를 7단계로 나눠 퍼트 차트를 구성한 후 주작업선을 탐색한 결과 13주에 완성할 수 있는 프로젝트임을 알 수 있다. 주작업선은 여러 가지 의미를 가진다. 주작업선에 있는 작업에 차질이 있으면, 전체 작업에 차질이 있다. 주작업선의 작업이 늦게 끝나면 전체 작업이 늦어진다는 의미다. 따라서 관리자는 주작업선, 즉 C-D-E-G 작업 단계에서 일하는 근로자가 정해진 시간에 작업을 마무리지을 수 있도록 철저히 관리해야 한다.

3) 주작업선과 여유 시간 관리

주작업선 이외의 작업은 여유가 있는 작업 단계다. 여유가 있는 작업 단계는 작업 A, B, 그리고 F이다. 관리자는 주작업선 이외의 작업 단계에서 일하는 근로자에게는 여유 시간을 통제할 수 있어야 한다. 관리자의 재량에 따라 여유 시간 동안에 할 다른 업무를 부여할 수도 있고, 딱딱한 작업장에 숨통을 불어넣을 수 있는 일을 진행시킬 수도 있다. 유능한 관리자는 여유 시간을 관리자의 시간으로 활용하지만 그렇지 않은 경우 여유 시간은 근로자의 시간으로 남게 된다.

5 PERT/CPM의 논리적 탐색

1) 논리적 PERT의 개념

주작업선을 찾는 방법은 두 가지가 있다. 하나는 그림으로 주작업선을 탐색하는 방법이고, 다른 하나는 논리로 탐색하는 방법이다. 논리로 퍼트의 주작업선을 구하는 방법도 그림으로 주작업선을 구하는 방법보다 복잡하거나 어렵지는 않다. 주작업선의 추적 논리를 설명하기에 앞서 몇몇 개념에 대한 이해가 선행되어야 한다. 이 개념에 대한 이해 없이는 주작업선 추적 논리도 이해할 수 없기 때문이다.

논리적으로 주작업선을 탐색하기 위해 알아두어야 할 개념은 네 가지가 있다. ES, EF, LS, 그리고 LF다. ES는 영어의 earlist start의 머리글자에서 따온 용어로서 가장 빨리 작업을 시작할 수 있는 시간이고, EF는 영어의 earlist finish의 머리글자를 조합해 만든 용어로서 가장 빨리 끝나는 시간을 의미한다. LS는 영어의 latest start의 머리글자로 만든 용어로서 작업 시작 시기를 최대한 늦춘다면 가장 늦게 시작할 수 있는 시간을 의미하고, LF는 영어의 latest finish의 머리글자를 따서 만든 용어로서 가장 늦게 끝나는 시간을 의미한다. 논리적 개념을 정리하면 <표 14-8>과 같다.

ES, EF, LS, 그리고 LF는 그저 주어지는 것이 아니다. 각기 독특한 논리와 의미를 갖고 있다. 따라서 정책결정자, 혹은 관리자가 일정한 논리를 통해 구해 나가야 하는 수학적 모형이다. 이러한 네 가지 개념에 대한 해답을 얻기 위해 논리를 이어가면 그

표 14-8 논리적 PERT의 요소

PERT 요소	의미
ES	Earlist Start의 이니셜, 가장 빨리 시작할 수 있는 시간
EF	Earlist Finish의 이니셜, 가장 빨리 끝낼 수 있는 시간
LS	Latest Start의 이니셜, 가장 늦게 시작할 수 있는 시간
LF	Latest Finish의 이니셜, 가장 늦게 끝낼 수 있는 시간

과정에서 주작업선이 구해진다. 따라서 논리를 통해 주작업선을 구하기 위해서는 ES, LS, EF, 그리고 LF를 구하는 작업부터 진행해야 한다.

2) ES의 논리와 의미

가장 빨리 일을 시작하는 시간인 ES를 찾는 논리는 네 가지로 요약된다. 이 논리는 복잡한 계산이나 공식을 요구하지 않는 단순한 논리로서, 아래와 같다. 이 논리를 따라가면 ES를 구할 수 있다.

첫째, 선행 작업을 찾는다.
둘째, 선행 작업이 없으면 ES는 0이다.
셋째, 선행 작업이 하나이면 그 선행 작업 시간이 ES다.
넷째, 선행 작업이 다수이면 그 중 가장 긴 작업 시간이 ES다.

'노인복지 X파일' 프로젝트를 위해 사용한 퍼트 차트를 가지고 ES 구하는 과정과 논리를 살펴보기로 한다.

첫째, 앞에서 제시한 논리에 따라 선행 작업을 찾기로 한다. 선행 작업이란 문자 그대로 어떤 작업을 시작하기에 앞서 먼저 끝내야 하는 작업을 의미한다. 위의 예에서 본다면 A와 C의 선행 작업은 없다. B의 선행 작업은 A이고, D의 선행 작업은 C다. E의 선행 작업은 B와 D이다. E의 선행 작업은 두 세트다. 하나는 A-B이고, 다른 하나는 C-D다. F의 선행 작업은 F와 같다. G의 선행 작업은 네 개의 세트다. A-B-E, A-B-F, C-D-E, 그리고 C-D-F다. 선행 작업을 정리하면 <표 14-9>와 같다.

둘째, 선행 작업이 없으면 ES는 0이라는 논리에 따라 ES를 구하기로 한다. 위에서 선행 작업이 없는 작업은 A와 C다. 이 두 작업의 ES는 0이 된다. ES가 0이면 가장 빨리 일을 착수할 수 있는 시간적 여유는 0이라는 의미다. 즉 머뭇거릴 시간이 없이 바로 작업을 시작해야 한다는 뜻이다.

셋째, 선행 작업이 하나이면 그 선행 작업 시간이 ES라는 논리에 따라 ES를 구하기로 한다. 이 논리가 의미하는 바는 선행 작업이 완료된 후에는 시간적 여유를 하나도 갖지 않고 다음 일을 바로 착수해야 가장 빨리 시작할 수 있는 작업 시간인 ES를 구할 수 있다는 내용이다. 여기에 해당되는 작업은 B와 D다. B의 선행 작업은 A이고, D의 선행 작업은 C다. A를 완성하는 데 걸리는 시간은 1주일이기 때문에 B

표 14-9 퍼트 차트: ES 파악을 위한 선행 작업 추적

작업 단계	작업 명칭	작업 시간	선행 작업
작업 A	노인 참여자 파악	1주	없음
작업 B	참여자 명부 작성	1주	A
작업 C	예비 기획안 작성	1주	없음
작업 D	기획안 작성	2주	C
작업 E	시스템 개발	6주	A-B, C-D
작업 F	시스템 자료 입력	4주	A-B, C-D
작업 G	시스템 테스트 · 수정 보완	4주	A-B-E, A-B-F, C-D-E, C-D-F

의 ES는 1주일이다. C를 완성하는 데 걸리는 시간도 1주일이기 때문에 D의 ES는 1주일이다.

넷째, 선행 작업이 다수이면 그 중 가장 긴 작업 시간이 ES다. 이 논리가 의미하는 것은 선행 작업선이 여러 개 있는데 이 중에서 가장 늦게 끝나기로 예정된 작업이 마무리되지 않으면 다음 단계의 작업에 들어갈 수 없다는 내용이다. 여기에 해당되는 작업 단계는 E, F, 그리고 G다. E는 선행 작업이 A-B와 C-D 두 개다. A-B는 2주가 걸리고, C-D는 3주가 걸린다. 따라서 E의 ES는 3주다. F는 선행 작업이 두 개로서 E와 같기 때문에 ES는 3주가 된다. G의 선행 작업은 4개다. A-B-E는 8주이고, A-B-F는 6주다. C-D-E는 9주이고, C-D-F는 7주다. 따라서 가장 긴 작업 시간에 해당되는 9주가 ES다. 이상의 4개의 논리에 따라 구한 ES를 모두 정리하면 <표 14-10>과 같다.

표 14-10 퍼트 차트: 선행 작업과 ES

작업 단계	작업 명칭	작업 시간	선행 작업	ES
작업 A	노인 참여자 파악	1주	없음	0
작업 B	참여자 명부 작성	1주	A	1
작업 C	예비 기획안 작성	1주	없음	0
작업 D	기획안 작성	2주	C	1
작업 E	시스템 개발	6주	A-B, C-D	3
작업 F	시스템 자료 입력	4주	A-B, C-D	3
작업 G	시스템 테스트 · 수정 보완	4주	A-B-E, A-B-F, C-D-E, C-D-F	9

3) EF의 논리와 주작업선

EF를 구하는 논리는 ES를 구하는 논리보다 훨씬 더 간단하다. EF는 앞에서도 밝힌 바와 같이 가장 빨리 끝나는 시간을 의미한다. 두 개의 논리만 따라가면 된다.

첫째, 선행 작업이 없으면 해당 작업 시간이 바로 EF다.

둘째, 선행 작업이 있으면 그 선행 작업 시간과 해당 작업 시간을 더한 것이 EF다.

첫 번째 논리를 따라가면 선행 작업이 없는 A와 C의 EF는 해당 작업 시간인 1주가 EF라는 사실을 알 수 있다. 두 번째 논리를 따라가면 B의 EF는 선행 작업 시간 1주와 해당 작업 시간 1주를 더한 2주이고, D의 EF는 3주라는 사실을 알 수 있다. E의 작업 시간은 6주이고, ES는 3주이기 때문에 EF는 이 두 기간을 더한 9주가 되고, F의 작업 시간은 4주이고, ES에 해당되는 3주를 합하면 F의 EF는 7주가 된다. G는 ES 9주와 해당 작업 시간 4주를 더해 계산한 13주가 EF라는 사실을 알 수 있다.

<표 14-11>에서와 같이 EF가 구해지면 각 작업 단계별로 가장 빠른 시일에 완성되는 시점을 알 수 있다. 프로젝트 시작 후 A는 1주, B는 2주, C는 1주, 그리로 D는 3주 만에 완성된다는 의미를 EF는 담고 있다. E는 9주 만에 완성되고, F는 7주 만에 완성되며, G까지는 13주 만에 완성된다는 것이 EF에 드러나 있다.

작업 단위별 EF에서 가장 긴 EF가 주작업선이다. 왜냐하면 주작업선은 주어진 사업을 가장 빨리 완성할 수 있는 시점을 의미하고, EF도 같은 의미를 담고 있기 때문이다. 따라서 이 가장 긴 EF를 통해 주작업선을 찾을 수도 있다. 주작업선은 가장 긴

표 14-11 퍼트 차트: EF의 논리와 주작업선

작업 단계	작업 시간	선행 작업	ES	EF
작업 A	1주	없음	0	1
작업 B	1주	A	1	2
작업 C	1주	없음	0	1
작업 D	2주	C	1	3
작업 E	6주	A-B, C-D	3	9
작업 F	4주	A-B, C-D	3	7
작업 G	4주	A-B-E, A-B-F, C-D-E, C-D-F	9	13

EF의 해당 작업 단계인 G와 가장 긴 선행 작업을 연결한 선이다. 따라서 주작업선은 가장 긴 선행 작업인 C-D-E와 해당 작업 G를 연결한 C-D-E-G라는 것을 알 수 있다.

4) LS의 논리와 의미

LS는 앞에서도 밝힌 바와 같이 작업을 가장 늦게 시작할 수 있는 시간을 의미한다. 현장에서 업무 수행을 할 경우 예산이나 업무 수행 준비 관계로 가능한 한 작업 시작 시간을 늦춰야 할 경우가 발생한다. 그리고 작업 시작 시간을 늦추더라도 전체 작업의 완성 시간에는 아무런 영향을 미치지 않아야 한다. 이러한 경우에 도입해 사용할 수 있는 이론이 바로 LS 개념이다.

LS를 찾는 논리도 복잡하지 않다. LS를 구하는 데 특이한 점은 후행 작업을 찾는 것부터 가장 먼저 실시해야 한다는 점이다. ES를 구할 때 선행 작업을 찾는 것과는 대조적이다. LS를 구하는 논리는 ES처럼 아래와 같이 네 가지로 요약할 수 있다.

첫째, 후행 작업을 찾는다.

둘째, 후행 작업이 없으면 최장 EF에서 해당 작업 시간을 빼면 LS다. 즉 공식은 LS = **최장** EF - **해당 작업 시간**이다.

셋째, 후행 작업이 하나이면 최장 EF에서 해당 작업 시간과 후행 작업 시간을 더한 값을 뺀다. 즉 공식은 LS = **최장** EF - (**해당 작업 시간** + **후행 작업 시간**)이다.

넷째, 후행 작업 시간이 다수이면 최장 EF에서 해당 작업 시간과 가장 긴 후행 작업 시간을 더한 값을 뺀다. 즉 공식은 LS = **최장** EF - (**해당 작업 시간** + **최장 후행 작업 시간**)이다.

ES와 EF를 구할 때 사용한 예를 가지고 LS를 구하는 과정과 논리를 차례로 설명하기로 한다. 우선 LS를 구하기 위한 첫 번째 단계가 후행 작업을 찾는 것이다. 후행 작업은 문자 그대로 어떤 작업을 끝낸 뒤에 계속 이어지는 작업을 의미한다. 즉 [그림 14-5]의 끝 지점에서 거슬러 올라가면 후행 작업 파악이 수월하다. G의 후행 작업이 없다. E와 F의 후행 작업은 모두 G다. D의 후행 작업은 두 개다.

E-G와 F-G다. B의 후행 작업은 D와 같다. C의 후행 작업은 D-E-G와 D-F-G이

표 14-12 퍼트 차트: 후행 작업

작업 단계	작업 시간	후행 작업
작업 A	1주	B-E-G, B-F-G
작업 B	1주	E-G, F-G
작업 C	1주	D-E-G, D-F-G
작업 D	2주	E-G, F-G
작업 E	6주	G
작업 F	4주	G
작업 G	4주	없음

고, A의 후행 작업은 B-E-G와 B-F-G다. 각 작업 단계의 후행 작업은 <표 14-12>와 같다.

후행 작업이 밝혀지면 LS를 구하는 두 번째 단계에 들어간다. 이 단계는 후행 작업이 없으면 최장 EF에서 해당 작업 시간을 뺀 값이 LS라는 논리다. 공식으로 표시하면 아래와 같다.

LS = 최장 EF - 해당 작업 시간

후행 작업이 없는 작업은 G다. 앞에서 본 바와 같이 최장 EF는 13주다. G의 LS는 아래의 식과 같이 최장 EF인 13에서 해당 작업 시간을 의미하는 이들 각각의 LS를 공식에 따라 구하면 아래와 같다. F의 LS는 최장 EF 13주에서 해당 작업 시간 4주를 뺀 값이다.

G의 LS = 최장 EF - 해당 작업 시간 = 13주 - 4주 = 9주

세 번째 단계는 후행 작업이 하나인 경우의 LS를 구하는 방식이다. 후행 작업이 하나인 작업 단계는 E와 F다. E와 F 모두 후행 작업은 G이다. 이 경우에는 최장 EF에서 해당 작업 시간과 후행 작업 시간을 더한 값을 빼면 LS를 구할 수 있다. LS를 구하는 식은 아래와 같다.

LS = 최장 EF - (해당 작업 시간 + 후행 작업 시간)
E의 LS = 13주 - (6주 + 4주) = 3주
F의 LS = 13주 - (4주 + 4주) = 5주

LS를 구하는 마지막 논리가 후행 작업이 다수인 작업의 LS를 구하는 단계다. 이 방식은 앞에서도 밝힌 바와 같이 최장 EF에서 해당 작업 시간과 가장 긴 후행 작업 시간을 더한 값을 뺀다는 내용이다. 네 번째 논리를 적용할 수 있는 작업은 A, B, C, 그리고 D다. A의 후행 작업은 B-E-G와 B-F-G다. 이 중에서 긴 후행 작업은 B-E-G로서 11주다. C의 후행 작업은 D-E-G와 D-F-G다. 이 중에서 긴 후행 작업은 D-E-G이고, 작업 시간은 12주다. B와 D의 후행 작업은 E-G와 F-G다. 이 중에서 긴 작업 시간은 10주다. 공식과 A, B, C, D의 LS를 구하는 과정은 다음과 같다.

LS = 최장 EF - (해당 작업 시간 + 최장 후행 작업 시간)
A의 LS = 13주 - (1주 + 11주) = 1주
B의 LS = 13주 - (1주 + 10주) = 2주
C의 LS = 13주 - (1주 + 12주) = 0주
D의 LS = 13주 - (2주 + 10주) = 1주

A, B, C, D의 LS를 구한 결과 A는 1주, B는 2주, C는 0주, 그리고 D는 1주였다. 이상의 4단계 과정을 거치면서 LS값을 모두 구했다. 이것을 정리하면 <표 14-13>과 같다.

LS는 전체 작업을 계획된 시간 이내에 완결짓는 데 지장을 주지 않는 범위 내에서 최대한 늦출 수 있는 작업 착수 시간을 의미한다. 하나하나 예를 들어 설명하면 A작업의 경우 LS는 1주일인데 C작업과 동시에 시작해도 되지만 1주일이 지난 후에 시작해도 전체 작업에 아무런 지장을 주지 않는다는 의미다. 작업 B는 LS가 2이기 때문에 2주가 지난 후에 시작해도 전체 작업에 아무런 지장을 초래하지 않고, 작업 C는

표 14-13 후행 작업과 LS

작업 단계	작업 시간	후행 작업	ES	EF	LS
작업 A	1주	B-E-G, B-F-G	0	1	1
작업 B	1주	E-G, F-G	1	2	2
작업 C	1주	D-E-G, D-F-G	0	1	0
작업 D	2주	E-G, F-G	1	3	1
작업 E	6주	G	3	9	3
작업 F	4주	G	3	7	5
작업 G	4주	없음	9	13	9

LS가 0이기 때문에 하루의 여유도 없이 바로 작업을 시작해야 한다는 의미다. 작업 D는 LS가 1이기 때문에 1주가 지난 다음 바로 시작해야 하고, 작업 E는 LS가 3이기 때문에 3주가 지난 후 바로 작업을 시작해야 한다. 그리고 작업 F는 LS가 5이기 때문에 5주가 지난 후에 일을 착수해도 되고, 작업 G는 LS가 9이기 때문에 9주가 지난 후에 일을 시작할 수 있다.

5) LF의 논리와 의미

LF는 가장 늦게 시작해 가장 늦게 끝나는 시간을 의미한다. LF의 의미를 파악할 때 주의해야 할 점은 가장 늦게 시작하더라도 전체 작업에 지장이 없으며, 가장 빨리 전체 작업을 완수하는 데 걸리는 시간, 즉 주작업선에 해당되는 시간 이내에 작업을 끝낼 수 있는 시간을 의미한다. LF를 구하는 방식도 EF를 구하는 방식과 비슷하다. 해당 작업 시간과 LS를 더한 값이 LF다. LF도 역시 최장 EF를 초과할 수 없다. 이러한 논리에 의거해 구한 LF를 정리하면 <표 14-14>와 같다.

표 14-14 후행 작업, LS, LF

작업 단계	작업 시간	후행 작업	ES	EF	LS	LF
작업 A	1주	B-E-G, B-F-G	0	1	1	2
작업 B	1주	E-G, F-G	1	2	2	3
작업 C	1주	D-E-G, D-F-G	0	1	0	1
작업 D	2주	E-G, F-G	1	3	1	3
작업 E	6주	G	3	9	3	9
작업 F	4주	G	3	7	5	9
작업 G	4주	없음	9	13	9	13

6 PERT/CPM과 프로그램 관리

PERT의 주작업선을 추적하는 과정에서 밝혀진 ES, EF, LS, 그리고 LF 등 4개의 개념은 프로그램 관리 문제를 해결하기 위한 수학적 모형의 역할을 한다. 이 수학적 모형을 가지고 해결할 수 있는 관리문제는 크게 두 가지로 나눠 설명할 수 있다. 하나는 시간통제를 위해 PERT를 사용하는 방법이고, 다른 하나는 작업 단계별 예산 분배를 적기에 능률적으로 처리하기 위해 PERT를 사용하는 방법이다. 이 두 가지 현실 적용 방법을 차례로 살펴보기로 한다.

1) 주작업선과 시간관리

PERT/CPM의 관련 논리 중에서 선행 작업과 후행 작업에 대한 의미 파악이 필요하다.

첫째, 선행 작업은 가장 빨리 일을 시작하는 시간인 ES와 가장 빨리 시작해 가장 빨리 끝나는 시간인 EF를 구하는 기초 논리로서의 역할을 한다. 아무리 빨리 작업을 시작하려고 해도 먼저 마무리지어야 할 작업이 완성되지 않으면 다음 단계의 작업에 들어갈 수 없다. 따라서 가장 빨리 일에 착수한다는 것은 선행 작업의 완성을 전제 조건으로 한다. 그리고 가장 빨리 일을 시작해 가장 빨리 끝낸다는 EF 개념도 역시 선행 작업의 완성을 전제 조건으로 한다. 왜냐하면 어떤 일을 착수해 마무리짓기 위해 선행 작업이 있으면 선행 작업의 완결을 전제 조건으로 삼고 있기 때문이다.

둘째, 후행 작업은 전체 작업 시간에 지장이 없는 범위 내에서 가장 늦게 일을 시작하는 LS와 가장 늦게 일을 시작해 가장 늦게 일을 끝낼 수 있는 LF의 기초 논리가 된다는 것이다. 최대한으로 일을 늦추더라도 다음 시작할 일에 지장을 주어서는 안 되기 때문에 다음 시작할 후행 작업을 최대한 늦추며 진행할 수 있는 LS와 LF를 결정하는 기초 자료가 된다.

PERT/CPM의 논리적 탐색 결과는 <표 14-15>에 정리되어 있다. 논리에 따라 구한 퍼트의 4개의 기초 개념을 체계적으로 정리한 표다. 퍼트의 논리적 탐색 결과 ES, EF, LS, 그리고 LF가 구해지면 논리적 방법으로 주작업선도 찾을 수 있다. 주작업선은 ES와 LS가 같은 작업 단계를 연결시키면 된다. 가장 빨리 시작할 수 있는 작업 시간과 가장 늦게 시작할 수 있는 작업 시간이 같다는 것은 한 치의 여유도 없이 작업을 시작해야 하는 작업 단위를 의미한다.

'노인복지 X파일' 프로젝트의 주작업선을 분석한 결과 C, D, E, G의 작업 단계에서 ES와 LS가 같다. 따라서 <표 14-15>와 같이 이 네 개의 작업 단계를 연결하는 C-D-E-G가 주작업선이 된다. 퍼트의 논리적 탐색 결과로 얻은 주작업선은 [그림

표 14-15 PERT/CPM과 주작업선

작업 단계	작업 시간	ES	EF	LS	LF	주작업선
작업 A	1주	0	1	1	2	
작업 B	1주	1	2	2	3	
작업 C	1주	0	1	0	1	O
작업 D	2주	1	3	1	3	O
작업 E	6주	3	9	3	9	O
작업 F	4주	3	7	5	9	
작업 G	4주	9	13	9	13	O

14-5]와 같이 그림으로 얻은 주작업선과 정확하게 일치한다. 주작업선에 속하는 각 작업 단계의 EF와 LF도 같다.

'노인복지 X파일' 프로젝트는 주작업선에 속해 있는 네 개의 작업이 정해진 시간에 시작해 정해진 시간에 끝내도록 관리하면 계획된 기간 내에 목표 달성을 할 수 있다. 작업 C는 작업 개시일에서 하루의 여유도 없이 바로 시작해야 하고, 작업 D는 프로젝트 개시일로부터 1주일이 지난 후 바로 시작해야 하며, 작업 E는 프로젝트 개시일로부터 3주가 지난 후에 바로 시작해야 한다. 작업 G는 프로젝트 개시일로부터 9주가 지나면 바로 시작해 13주가 끝나는 시점에서 프로젝트를 완성해야 한다. 이처럼 주작업선에 해당되는 작업 시간은 가장 일찍 시작할 수 있는 작업 시간과 가장 늦게 시작할 수 있는 작업 시간이 같기 때문에 한 치의 여유 시간이 없이 진행되어야 한다.

2) ES와 EF, LS와 LF, 그리고 시간관리

주작업선을 따라 시간관리를 하는 것만으로는 관리자의 역할을 완벽하게 수행할 수 없다. '노인복지 X파일' 프로젝트의 주작업선에서 제시하고 있는 바와 같이 최단 작업 기간 13주 만에 완성하기 위해서는 동시에 시작할 수 있는 작업 단계와 동시에 끝나는 작업 단계를 철저히 관리하는 것부터 시작해야 한다. 이것을 구체적으로 실천할 수 있는 가장 간단한 방법은 크게 두 가지가 있다. 하나는 ES를 기준으로 작업을 시작해 EF를 기준으로 작업을 끝내는 방법이고, 다른 하나는 LS로 작업을 시작해

LF로 작업을 끝내는 방법이다.

우선 ES와 EF를 기준으로 할 경우의 시간 통제 방법은 <표 14-15>의 ES와 EF를 따라가면 된다. ES를 기준으로 작업을 시작하면 작업 A와 C는 모두 ES가 0이기 때문에 동시에 시작할 수 있는 작업일 뿐만 아니라 전체 프로젝트 시작 당일 바로 작업을 시작하도록 하고, EF를 기준으로 끝내는 방법, 즉 A와 C는 1주일 만에 작업을 끝내도록 한다. 작업 B와 D는 전체 프로젝트 시작 후 1주가 지난 후 2주일 4일째부터 시작하도록 관리해야 한다. B는 한 주 만에 끝내도록 하고, D는 2주 만에 끝낼 수 있도록 관리한다. E와 F는 3주가 지난 후 4주째부터 작업을 시작하도록 관리해야 한다. E는 9주 만에 완성되게 해야 하며, F는 7주 만에 완성되어야 한다. 끝으로 작업 G는 10주째부터 시작해 13주 만에 완성되도록 함으로써 13주 만에 '노인복지 X파일' 프로젝트가 종결되도록 해야 한다.

LS와 LF를 기준으로 할 경우의 시간 통제 방법은 <표 14-15>의 LS와 LF를 따라가면 된다. 작업 A는 LS가 1주일이기 때문에 전체 프로젝트를 시작한 후 1주일이 지나고 2주일 째부터 작업을 시작해 이 작업 단계의 LF 기간인 2주일 만에 완성하도록 관리해야 한다. 작업 B는 LS가 2일이기 때문에 프로젝트 시작 후 2주일이 지나 3주째부터 시작해 3주가 끝나는 시점에 완성되도록 해야 한다. 작업 C는 프로젝트 시작과 동시에 시작해 1주 만에 끝나도록 해야 하고, 작업 D는 프로젝트 시작 1주일이 지나고 2주일째부터 일을 시작해 3주가 끝나는 시점에 완성되도록 해야 한다. 작업 E는 3주가 지난 후 4주째부터 시작해 9주가 끝나는 시점에 완성되도록 해야 한다. 작업 F는 6주째부터 시작해 9주가 끝남과 동시에 완성될 수 있도록 해야 한다. 끝으로 작업 G는 10주째부터 시작해 13주 만에 완성되도록 함으로써 13주 만에 '노인복지 X파일' 프로젝트가 종결되도록 해야 한다.

ES와 EF, 그리고 LS와 LF를 기준으로 관리할 경우 무슨 단계의 작업이 언제 시작해 언제 끝난다는 것을 정확히 알 수 있기 때문에 시간통제에서 예측성을 높일 수 있다. 그리고 예측성이 있기 때문에 시간통제를 능률적으로 할 수 있다. 이것이 그림으로만 PERT를 이해하고 현실 적용을 할 경우와 다른 점이다. 그러나 ES와 EF, 그리고 LS와 LF의 두 가지 방법만을 사용해야 하는 시간통제 방법은 지나치게 신축성(flexibility)이 결여된 방법이라고 하지 않을 수 없다. 따라서 신축성 있게 시간통제를 할 수 있는 방법도 PERT/CPM으로부터 가능한지 알아보기로 한다.

3) 여유 시간과 시간관리

주작업선과 일반 작업선을 분리해 시간관리를 하는 방법을 사용하면 여유 시간을 관리할 수 있다. 주작업선은 앞에서도 설명한 바 있지만 최단 시간에 작업을 완성할 수 있는 지름길을 제시해 주는 작업선이다. 이 작업선에 속하는 작업 단계에 관한 한 시작하는 시간과 끝나는 시간에서 한 치의 융통성이 있을 수 없다. 융통성이 없다는 것은 가장 작업을 일찍 시작할 수 있는 시간과 가장 늦게 시작할 수 있는 시간, 즉 ES와 LS가 같다는 것을 의미한다. 또한 가장 일찍 끝나는 시간과 가장 늦게 끝나는 시간, 즉 EF와 LF가 같다는 것을 의미한다.

'노인복지 X파일' 프로젝트의 주작업선에 속하는 작업 단계는 C-D- E-G인데 C의 ES와 LS는 모두 0이고, EF와 LF는 모두 1주일이다. D의 ES와 LS는 1주일이고, EF와 LF는 모두 3주일이다. E의 ES와 LS는 3주일이고, EF와 LF는 9주일이다. 그리고 G의 ES와 LS는 9주일이고, EF와 LF는 13일이다. 이처럼 주작업선에 있는 작업 단계는 ES와 LS가 같고, EF와 LF가 같다. 따라서 여유 시간이 하나도 없다.

주작업선은 그렇지만 일반 작업선에 관한 한 어느 정도 융통성을 발휘할 수 있다. 융통성이 있다는 것은 작업을 다소간 늦춰 시작할 수도 있다는 의미다. 즉 ES와 LS의 중간 지점의 어느 날짜를 잡아서 작업 착수 시간으로 삼을 수 있다는 것이다. 이렇게 하더라도 전체 작업이 1주일 이내에 끝나는 데 아무런 지장을 주지 않는다. <표 14-16>에서 일반 작업선에 해당되는 작업 A의 ES는 0이고, LS는 1이다. 따라서 작업 A에 관한 한 전체 프로젝트 시작 당일 작업을 시작할 수도 있고, 1주일이 지난 후에 LS를 따라 작업을 시작할 수도 있다는 의미다. 그렇게 해도 전체 프로젝트를 마무리짓는 데는 아무런 문제가 없다. 작업 F도 마찬가지다. ES를 따차 3주가 지난 후 4주째부터 작업을 시작할 수도 있고, LS를 따라 5주가 지난 후 6주째부터 시작할 수도 있다. 주작업선을 제외한 일반 작업의 여유 시간관리는 ES와 LS의 차이를 전제로 시작할 수 있다. 따라서 주작업선에 관한 한 철저히 관리하고 나머지 일반 작업선에 대해서는 ES와 LS를 고려해 어느 정도 융통성을 갖도록 하는 방법을 취함으로써 시간관리를 할 수 있는 실천 방법을 마련할 수 있다.

일반 작업선에 대한 구체적 시간관리 방법도 있다. 이 관리 방법은 위의 것의 연장선에서 설명할 수 있다. 일반 작업선에 관한 한 전체 프로젝트 완성 시간에 아무런

표 14-16 PERT/CPM과 여유 시간

작업 단계	작업 시간	ES	EF	LS	LF	주작업선	여유 시간
작업 A	1주	0	1	1	2		1
작업 B	1주	1	2	2	3		1
작업 C	1주	0	1	0	1	0	0
작업 D	2주	1	3	1	3	0	0
작업 E	6주	3	9	3	9	0	0
작업 F	4주	3	7	5	9		2
작업 G	4주	9	13	9	13	0	0

지장을 주지 않고 작업 착수 시간을 임의로 조정할 수 있다고 앞에서 설명했다. 어느 정도 융통성을 갖고 있는지에 대해서는 ES와 LS의 중간 지점 어느 곳이라는 사실도 설명했다. 이것을 좀 더 구체적으로 설명하면 여유 시간만큼 시간의 융통성을 발휘할 수 있다는 것이다. 여유 시간은 LS에서 ES를 제한 시간이다. 여유 시간을 계산한 <표 14-16>을 보면 A의 ES는 0이고, LS는 1이다. 따라서 여유 시간은 1주일이다. 여유 시간이 1주일이라는 사실은 ES에서 하루 정도 더 늦춰 이 작업을 시작하더라도 전체 프로젝트 완성에는 지장을 주지 않는다는 의미다.

'노인복지 X파일' 프로젝트를 완성하기 위해 A에서 G까지 각각의 작업 팀이 구성되어 있다면 주작업선에 속하는 팀은 정해진 시간에 시작해 정해진 시간에 작업을 끝내도록 관리함으로써 전체 작업에 차질이 없도록 만전을 기할 수 있다. 만약 주작업 시간이 정해진 시간에 끝날 수 없다고 판단되면 여유 시간이 있는 작업 단계에 속한 팀 구성원의 지원을 받아서라도 제 시간에 작업을 끝내도록 하는 방법을 활용할 수도 있다.

4) PERT와 프로그램 예산 분배

PERT는 원래 시간통제를 위한 관리기법으로 출발했으나 예산 분배의 효율적 관리를 위해서도 사용될 수 있다. 시간통제라는 측면에서 정해진 시간 이내에 일을 완료하는 것도 중요하지만 자금이 확보되어 있는 시점에 맞춰 작업을 시작해 끝내는 것도 예산의 낭비를 막기 위해 반드시 필요한 관리통제의 한 방법이다. 왜냐하면 현재 자금이 확보되어 있지 않은 상황에서 일을 추진하려고 할 경우 외부에서 자금을 차용해야 하고 차용하기 위해 예정되어 있지 않은 시간과 노력이 요구되면 관리상 비능률을 초래하기 때문이다. 또한 차용 후 일정 기간 동안 이자를 지출해야 한다는 문제도 발생되기 때문에 예산상의 낭비 또한 만만치 않을 가능성도 높다. 따라서 자금이 확보되어 있는 시점에 작업을 시작하고 자금이 확보되어 있지 않으면 이를 최대한 늦춰 작업을 진행시킴으로써 자금 확보를 위해 예기치 않은 시간과 노력, 그리고 돈을 낭비하는 비능률 현상을 막는 것도 유능한 관리자라면 항상 염두에 두어야 할 사항이다.

PERT를 이용하면 자금의 흐름에 맞춰 작업을 진행시킬 수 있는 여러 가지 방법을 찾아낼 수 있다. 이 방법을 구체화해 현실 적용을 하는 방안도 지금까지 설명한 PERT의 4개의 논리적 모형에서 이끌어 낼 수 있다. 크게 나눠 두 가지 프로그램 예산관리 방법이 있다. 하나는 ES와 EF를 중심으로 하는 프로그램 예산관리 방식이고, 다른 하나는 LS와 LF를 중심으로 하는 예산관리다.

프로그램 예산관리를 설명하기 위해 '노인복지 X파일' 프로젝트를 활용하기로 하고 다음과 같은 가정을 하기로 한다. 작업 단계가 어떤 성격을 가지고 있는지에 상관없이 1주일에 10만 원이 들어간다는 가정이다. 따라서 '노인복지 X파일' 프로젝트를 완성하는 데 들어가는 총비용은 190만 원임을 알 수 있다.

먼저 ES와 EF를 중심으로 예산을 관리하는 방법은 제시하기로 한다. ES에 따라 작업을 시작하고 EF에 따라 작업을 끝내는 것을 가정하고, 1주일마다 10만 원씩의 예산을 분배하면 <표 14-17>과 같은 예산분배를 할 수 있다. 처음 1주일은 작업 A와 작업 C를 동시에 시작해야 하기 때문에 20만 원이 소요되고, 둘째 주에는 작업 B와 작업 D가 동시에 진행되기 때문에 10만 원이 들어간다. 그러나 셋째 주에는 작업 D만 진행해도 되기 때문에 10만 원의 예산만 소요된다. 이 같은 방식으로 1주에서부터 시작해 13주까지의 예산분배를 체계적으로 할 수 있다. 관리자는 이 같은 프로그램 예산관리에 따라 예산통제도 아울러 할 수 있다.

다음은 LS와 LF를 중심으로 예산을 관리하는 방법을 제시하기로 한다. LS에 따라 작업을 시작하고 LF에 따라 작업을 끝내는 것을 가정하고, 1주일마다 10만 원씩의 예산을 분배하면 <표 14-18>과 같은 예산분배를 할 수 있다. 처음 1주일은 작업

표 14-17 ES · EF와 프로그램 예산관리

작업 단계	기간												
	1주	2주	3주	4주	5주	6주	7주	8주	9주	10주	11주	12주	13주
작업 A	10												
작업 B		10											
작업 C	10												
작업 D		10	10										
작업 E				10	10	10	10	10	10				
작업 F				10	10	10	10						
작업 G										10	10	10	10
합계	20	20	10	20	20	20	20	10	10	10	10	10	10

C만 하면 되기 때문에 10만 원이 소요되고, 둘째 주에는 작업 A와 작업 D가 동시에 진행되기 때문에 20만 원이 들어간다. 그러나 셋째 주에는 작업 B와 작업 D를 동시에 진행해야 하기 때문에 20만 원의 예산이 소요된다. 이 같은 방식으로 1주에서부터 시작해 13주째까지의 예산분배를 체계적으로 할 수 있다. 관리자는 이 같은 프로그램 예산관리에 따라 예산통제도 아울러 할 수 있다.

표 14-18 LS · LF와 프로그램 예산관리

작업 단계	기간												
	1주	2주	3주	4주	5주	6주	7주	8주	9주	10주	11주	12주	13주
작업 A		10											
작업 B			10										
작업 C	10												
작업 D		10	10										
작업 E				10	10	10	10	10	10				
작업 F						10	10	10	10				
작업 G										10	10	10	10
합계	10	20	20	10	10	20	20	20	20	10	10	10	10

일반적으로 ES와 EF를 중심으로 프로젝트를 실시할 경우에는 초반기와 중반기에 예산이 많이 들어가고, LS와 LF를 중심으로 프로젝트를 수행할 경우에는 중반기와 하반기에 예산이 많이 들어간다. 예산이 확보되어 있는 경우에는 ES와 EF를 중심으로 사회복지 프로젝트를 진행하고, 예산이 확보되어 있지 않은 경우에는 LS와 LF를 중심으로 사회복지 프로젝트를 진행하면 된다.

제 4 절 목표관리

1 목표관리의 태동

목표관리(management by objectives)는 MBO라고 지칭하기도 한다. 1954년 드러커(Peter E. Drucker)가 그의 저서 『경영실무(*The Practice of Management*)』에서 소개한 이론으로 알려져 있다. 그러나 드러커가 이 책을 출판하기 이전 1930~40년대에 이미 미국의 지방정부와 연방정부에서는 목표를 설정하고 목표를 측정하는 유사 MBO가 시행되고 있었다(Ridley & Simon, 1973). 정부에서 집행하는 업무의 목표가 무엇이며, 그 목표 수행의 결과가 어떻게 평가될 것인지에 대한 관심이 고조되어 있었다. 특히 미국의 사회보장청(Social Security Administration)은 구성원 개개인의 업무 성과를 평가해 보상 체계에 연계시키는 프로그램을 실시해(Sherwood & Page, 1983) 사회복지와 MBO는 깊은 인연이 있음을 알 수 있다.

목표관리는 1948년 제1차 후버위원회(First Hoover Commission)에서 성과주의 예산 도입에 관한 가이드라인을 발표하면서 오늘날의 개념에 근접한 모습을 띠게 된다. 성과주의 예산은 목표를 설정하고, 성과를 평가해 예산에 반영한다는 개념을 가지고 있기 때문이다. 이 같은 분위기가 드러커로 하여금 목표관리를 체계화시키는 데 큰 영향을 미쳤다는 것은 부인할 수 없다. 드러커 자신도 목표관리는 민간기업의 경영에 뿌리를 가지고 있는 이론이 아니라, 정부기관의 행정에 뿌리를 가지고 있는 이론으로 인정하고 있다(Sherwood & Page, 1983).

드러커의 책이 출판되면서 목표관리는 공식적인 행정이론, 혹은 경영이론으로 자리를 잡기 시작했다. 조직 구성원의 참여를 유도하는 관리기법으로서, 혹은 목표 달성을 확인하는 프로그램 관리기법으로서, 혹은 성과 평가를 기초로 다양한 보상 프로그램을 실행하는 관리기법으로서 역할을 하고 있다. 한국에서 김대중 정부는 집권 초기부터 목표관리를 도입해 성과급 방식의 보상을 시도하기도 했다.

2 목표관리의 개념

목표관리는 조직구성원이 스스로 목표를 설정해 그 목표 달성을 중심으로 자율적으로 일을 수행하도록 하는 관리이론이다. 조직구성원이 설정하는 목표는 조직 전체의 목표와 각 부문의 목표 달성에 기여할 수 있어야 하며, 목표 달성을 위한 행동계획이 완료되는 시점에서 목표 달성 여부에 대한 성과를 평가해야 한다.

목표관리는 두 가지 상반된 철학적 배경을 가지고 있다.

첫째, 조직에서 일하는 사람은 합리적 행동을 한다(Sherwood & Page, 1983)는 가치관이다. 합리적으로 행동한다는 것을 전제로 할 때 조직의 목표와 개인의 목표를 일치시킬 수 있기 때문이다. 이 같은 가치관은 과학적 관리론에서 인간은 합리적 동물이라는 전제 조건과 일치하는 부분이다.

둘째, 인간은 조직의 의사결정에 참여를 하게 되면 좀 더 열심히 일할 수 있는 동기가 부여된다는 점을 다른 가치관으로 가지고 있다. 이 가치관은 조직구성원에게 책임감과 성취감을 느끼게 함으로써 동기를 부여하는 허즈버그(Herzberg, 1966)의 동기 유발 요인과 연결되는 부분이다.

목표관리는 관리(management)가 통제(control)라는 인식을 바꾸는 데 기여했다. 일선관리자와 조직구성원이 스스로 목표를 결정하고 자신의 성과를 스스로 관리할 수 있게 해 준다는 점에서 참여관리로서의 기능도 가지고 있다. 목표관리는 또한 관리자를 명령에 의한 관리(management by domination)의 틀에서 벗어날 수 있게 하였으며, 자기통제에 의한 관리(manage-ment by self-control)를 수용할 수 있는 길을 마련해 주었다.

3 목표관리와 프로그램 관리 방법

1) 목표관리 과정이론

목표관리는 이론적인 관점에서 볼 때 3단계 과정을 가지고 있다. 목표를 설정하는 과정(setting objectives), 목표를 달성하는 과정(tracking progress), 그리고 결과를 평가하는 과정(evaluating results)이 그것이다. 좀 더 구체적으로는 <표 14-19>와 같이 7단계로 분류해 프로그램 관리 방법에 활용하고 있다(Newland, 1976).

제1 단계는 목표 설정의 단계다. 조직이 추구하는 목표와 일치하는 목표를 조직구성원으로 하여금 설정하게 해야 한다. 목표는 단수가 아니라 복수인 경우가 대부분이며 그 경우에는 우선순위도 결정해야 한다.

제2 단계는 행동계획 설정 단계다. 목표 하나하나에 대해 세부 실천계획이 필요하며, 그것이 곧 행동계획이다. 행동계획도 우선순위를 고려해 결정해야 한다.

제3 단계는 자원분배 단계다. 목표 우선순위에 따라 인원을 배치하고, 예산을 분배하는 단계다.

제4 단계는 인력 투입 단계다. 목표 달성을 위한 행동계획에 따라 인력을 투입함으로써 실질적으로 프로그램을 진행해 소기의 목표를 달성할 수 있도록 준비를 완료하는 단계다.

제5 단계는 목표 달성 관리 단계다. 프로그램의 실행을 통해 목표 달성이 실지로 일어나도록 하는 과정을 의미한다. 목표가 최대한 달성될 수 있도록 프로그램 진행 과정을 추적하고 감시하는 기능이 여기에서 필요하다.

제6 단계는 성과 평가의 단계다. 목표의 우선순위에 따라 효과성, 효율성, 그리고 경제성을 기준으로 실제로 평가가 이뤄지도록 하는 과정을 의미한다.

제7 단계는 개선 효과 창출의 단계다. 다음에 좀 더 효과적으로 목표를 달성하도록 하기 위해 목표관리 기법을 개선하는 방법과 새로운 목표관리를 정리하는 과정을 의미한다.

목표관리의 과정은 실무에 적용될 경우에는 수정될 수 있다. 뉴랜드(Newland, 1976)의 목표관리 과정은 실무에서 참고로 할 수 있는 하나의 과정이다. 사회복지기

표 14-19 뉴랜드의 목표관리 과정

단계	과정	내용
1단계	목표 설정	조직의 목표와 일치하는 목표와 우선순위 결정
2단계	행동계획 설정	목표 하나하나에 대하여 목표 달성을 위한 행동계획 설정
3단계	자원분배	목표 우선순위에 따라 인적 자원, 물적 자원 등을 분배
4단계	인력 투입	목표 달성 행동계획에 따라 인력 투입
5단계	목표 달성 관리	목표 달성 과정에 대한 추적과 모니터링
6단계	성과 평가	효과성, 능률성, 경제성을 평가지침으로 활용해 평가
7단계	개선 효과 창출	좀 더 효과적인 목표 달성 기법의 창출 및 정리

관의 조직문화에 따라 목표관리의 과정이 달라질 수도 있고, 업무의 성격에 따라 목표관리의 과정이 달라질 수도 있다.

2) 목표관리와 프로그램 관리

목표관리를 통한 프로그램 기법은 갠트 차트나 퍼트와 같이 정형화된 틀이 있는 것은 아니다. 목표관리에서는 2단계의 과정이 필요하다. 제1 단계는 목표를 설정하는 과정이고. 제2 단계는 성과 평가를 하는 과정이다. 목표를 설정하는 제1 단계는 목표관리 이론에 근거해 대상 업무를 정하고, 추진전략을 설정하며, 업무 부서가 공동으로, 혹은 개개인이 달성하고자 하는 성과 목표와 성과지표를 결정하는 과정이 선행되어야 한다.

(1) 목표 설정 과정

목표관리 제1 단계는 <표 14-20>에 잘 나타나 있다. 이 표는 2001년 행정자치부에서 수집한 기관별 성과 목표 및 성과지표 사례에서 사회복지에 해당되는 분야만 발췌한 내용(행정자치부, 2001a)이다. 제1 단계에서는 업무명과 업무의 성질을 설정하는 과정, 추진전략 및 계획을 설정하는 과정, 성과 목표를 설정하는 과정, 그리고 성과지표나 산출지표를 선정하는 과정으로 나뉘어 있다.

업무명에는 단위 업무를 기재한다. 단위 업무를 종합한 기능도 기재할 수 있다. <표 14-20>에서는 기능을 업무 성질로 표시하고 있다. 추진전략 및 계획에는 일의 내용 및 방법을 기재하는 것으로 산출물(output), 활동 내용(activity), 일정(time-

표 14-20 서울시, 전라북도, 경상북도의 목표관리 사례

업무명 (업무 성질)	추진전략 및 계획	성과 목표	성과지표 (산출지표)	비 고
서울시 장애인 복지시설 및 운영 (사업)	장애인 복지시설 확충 및 운영 내실화 –생활시설 · 보호시설 확충과 증 · 개축 –복지시설 운영비 지원 및 후원사업	장애인 시설 확충 및 지원 강화를 통한 복지 증진	• 타시도 비교 1인당 시설면적 지원금 변화율 • 재활자 증가율	중간 상태 측정*
전라북도 경로당 지원 (집행)	경로당 지원 확대 –난방비 · 간식비 지원 –경로당 개 · 보수	노인들의 경로당 이용 확대	• 경로당 이용률	최종 상태 측정
경상북도 영세민 보호 (집행)	국민기초생활 수급자 관리 –적격자 선정 및 사후관리 –저소득층 생활 안정 지원	적격자 선정 및 지원, 수급자 자활 능력 제고	• 적격자 선정률 • 자활자 증가율	최종 상태 측정

*최종 상태는 복지 향상 정도를 의미하기 때문에 측정 불가능.

schedule) 을 '무엇을' '어떻게' '언제까지' 형태로 제시하는 것이 바람직한 방법이다. 성과 목표에는 궁극적으로 달성하고자 하는 상태 또는 목적을 제시한다. 측정 가능한 성과지표를 제시하기 곤란한 기획이나 지원 업무의 경우에도 성과 목표를 자세히 제시함으로써 실적평가의 타당성을 높여야 한다. 성과지표는 성과 목표에 근거해 계량화할 수 있는 지표를 제시하되 곤란한 경우에는 충실성, 창의성, 효율성 등 질적 평가 항목을 제시해야 한다.

서울시는 <표 14-20>에서와 같이 '장애인 복지시설 및 운영'을 목표관리 대상으로 선정했다. 이것은 사업으로서의 성격을 가지고 있다. 추진전략 및 계획을 보면 장애인 복지시설 확충 및 운영 내실화이며, 구체적으로는 장애인 생활시설이나 보호시설의 확충과 증축 및 개축과 복지시설 운영비 지원 및 후원사업이다. 성과 목표는 장애인 시설 확충 및 강화를 통한 복지 증진으로 설정되었다. 타도시와 비교해 1인당 시설 면적 지원금 변화율과 재활자 증가율이 산출지표와 성과지표로 채택되었다.

전라북도는 '경로당 지원'을 목표관리 대상으로 선정했다. 이 사업은 집행사업으로서의 성격을 가진다. 추진전략은 경로당 지원 확대로 설정되었고, 추진계획으로는 난방비와 간식비 지원, 그리고 경로당 개수 및 보수가 채택되었다. 성과 목표는 노인들

의 경로당 이용 확대로 설정되었다. 성과지표로는 노인들의 경로당 이용률로 채택되었다.

(2) 성과평가 과정

성과평가 방식은 기관의 성격에 맞게 개발해 사용할 수 있다. 성과평가는 대체로 목표달성도 평가와 목표 성격 평가로 나눠 실시된다. 목표달성도 평가는 추진한 목표를 성과지표에 따라 평가하는 방식을 의미하고, 목표 성격 평가는 업무의 중요도, 난이도, 그리고 측정가능성 등을 기초로 평가하는 방식을 의미한다. 목표달성도와 목표 성격 평가로 나누어 성과를 평가함으로써 난이도에 따라서 나타날 수 있는 형평성 문제를 완화시킬 수 있다. 성과평과에서는 목표달성도와 목표 성격에 대한 비중도 제시되어야 한다. 50 대 50으로 할 수도 있고, 60 대 40으로 할 수도 있으며, 70 대 30으로도 할 수 있으나 업무의 성격과 구성원의 합의에 의해 공감대가 형성된 후에 그 상대 비중을 조정해야 한다.

과거 행정자치부에서 실시한 성과평가를 사례로 제시하기로 한다(행정자치부, 2001b). 성과평가 양식은 <표 14-21>과 같다. 성과평가 점수는 목표달성도 가중평점과 목표 성격 가중평점을 합해 구한 값이다. 목표달성도의 상대 비중은 60점, 목표 성격의 상대 비중은 40점으로 결정했다.

행정자치부는 목표달성도의 등급 점수를 60점 만점으로 하고, <표 14-21>과 같이 S, A+, A, B+, 그리고 B와 같이 5등급으로 평가 기준을 설정했다. S는 120% 달성을 의미하며 평가점수는 56~60점을 부여하고, A+는 110% 달성을 의미하며 평가점수는 51~55점을 부여한다. A는 100% 달성을 의미하며 평가점수는 41~50점을 부여

표 14-21 성과평가 양식

업무명	업무 비중	추진 실적	지표별 달성 성과	전년도 수준	목표달성도 평가(60점)						목표 성격 평가(40점)			
					등급					가중 평점	중요도	난이도	측정 가능성	가중 평점
					S	A+	A	B+	B					
단위 업무 A	㉮									㉯	㉰	㉱	㉲	㉳
단위 업무 B														
단위 업무 C														
단위 업무 D														

하고, B+는 90% 달성을 의미하며 평가점수는 36~40점을 부여한다. 끝으로 B는 80% 이하 달성 수준을 의미하며 평가점수는 30~35점을 부여한다. 목표 성격의 등급점수는 40점 만점이다. 중요도 15점, 난이도 15점, 그리고 측정가능성을 10점으로 했다. 목표달성도와 목표 성격 등급 점수를 요약하면 아래와 같다.

성과평가 점수 = (목표달성도 가중평점 + 목표 성격 가중평점)

목표달성도 등급 점수: 60점 만점
S(120%달성 수준) = 56~60점,
A+(110%달성 수준) = 51~55점,
A(100%달성 수준) = 41~50점,
B+(90%달성 수준) = 36~40점,
B(80% 이하) = 30~35점

목표 성격 등급 점수: 40점 만점(중요도+난이도+측정가능성)
중요도 = 15점 만점
난이도 = 15점
측정가능성 = 10점

목표달성도와 목표 성격의 가중평점은 각각 업무 비중에서 등급 점수를 곱해 계산한다. 업무 비중은 일반적으로 전체 목표(100%) 중에서 단위 업무가 차지하는 비중을 의미한다. 하나의 업무는 단위 업무의 평균 비중을 의미한다. 하나의 전체 목표 100%를 단위 업무 수로 나눠 업무 비중을 구한다. 단위 업무가 가지고 있는 업무 비중은 모두 같을 수가 없기 때문에 무게(weight)를 달리하게 된다. 이 경우 하나의 단위 업무가 다른 단위 업무에 비해 비중이 높다고 하더라도 10% 이상을 더 부여하지 않는 방법을 행정자치부에서는 사용했다.

목표달성도는 단위 업무 수에 따라 구한 업무 비중에 목표 달성 가중평점을 곱해 계산하고, 업무 성격은 업무 비중에 업무 성격 가중평점을 곱해 계산한다. <표 14-21>에서 제시하고 있는 업무 비중과 두 개의 가중평점의 계산 공식은 아래와 같다.

업무 비중 = 100/단위 업무 수

단위 업무 2개 = 100/2 = 50%: 하나의 비중이 최대 60%를 초과할 수 없음
단위 업무 3개 = 100/3 = 33%: 하나의 비중이 최대 43%를 초과할 수 없음
단위 업무 4개 = 100/4 = 25%: 하나의 비중이 최대 35%를 초과할 수 없음
단위 업무 5개 = 100/5 = 20%: 하나의 비중이 최대 30%를 초과할 수 없음

목표달성도의 가중평점 = ㉮ * ㉯
목표 성격의 가중평점 = ㉮ * ㉳

전체 목표에서 각 단위 업무의 성과평가 점수를 계산한 다음에는 전체 목표의 성과평가 점수를 계산한다. <표 14-21>에는 단위 업무가 A, B, C, 그리고 D와 같이 4개로 나뉘어 있는 사업을 목표관리의 사례로 제시하고 있다. 따라서 아래의 식에서와 같이 4개 단위 업무의 성가평가 점수를 더한 값이 전체 목표의 성과평가 점수라고 말할 수 있다.

전체 목표의 성과평가 점수
= 단위 업무 A + 단위 업무 B + 단위 업무 C + 단위 업무 D

4 목표관리의 한계

목표관리는 업무 수행의 성과를 판단함으로써 개선점을 찾을 수 있고, 목표 달성의 효과성을 높일 수 있다는 장점이 있지만 한계가 없는 것은 아니다. 목표관리의 한계는 다음 세 가지 관점에서 정리할 수 있다(행정자치부, 2001a).

첫째, 목표관리를 실천하기 위해 성과에 대한 계량화 작업이 전제되어야 한다. 성과를 객관적으로 평가하기 위해 계량화는 꼭 필요한 과정이지만 행정 업무의 성격이 계량적으로 처리될 수 없는 것도 많이 있다. 다행인 것은 사회복지행정 분야는 일반관리에 비해 계량화할 수 있는 내용들이 많이 있다는 점이다. 다양한 복지시설의 이용률, 복지 프로그램에 참여율, 빈곤층의 경제적 자립 달성률 등과 같은 경우에는 계량화가 용이하다. 그러나 사회복지조직의 인사담당자나 예산담당자와 같이 행정 내부 업무를 수행하고 있는 경우에는 계량화가 용이하지 않다는 한계를 가지고 있다.

둘째, 목표관리는 조직구성원 개개인의 목표달성도에 대한 수평적 비교가 가능해야 상여금과 같은 인센티브 프로그램을 개발할 수 있다. 사회복지 분야에서도 행정 업무는 사업, 정책, 기획, 서비스, 행정 지원 업무 등으로 다양하기 때문에 비교가 어렵다는 한계가 있다. 중요도와 난이도 등으로 계량화한다고 하더라도 수평적 비교는 용이하지 않다는 것이 문제다.

셋째, 행정은 외부 환경으로부터 끊임없이 영향을 받는다. 사회복지행정도 예외일 수는 없다. 복지업무 담당자가 목표 달성을 위해 열심히 노력했는 데도 정책 변경, 국회 공전과 같은 외부 요인이 불리하게 변할 경우에는 목표 달성 수준이 낮을 수밖에 없다. 담당자 자신의 노력이나 능력 부족 때문이 아니라, 외생 변수에 의해 목표 달성에 이상이 발생한 경우에는 불합리한 점수를 받을 수밖에 없다. 목표관리는 외생 변수를 통제할 수 없다는 한계를 가진다.

제15장 사회복지 평가

제1절 사회복지 평가의 개념

1 개념

정책 과정이란 관점에서 정책평가는 일반적으로 정책집행 이후에 나타나는 단계로 이해된다. 의도한 정책 효과가 정책집행 과정에서 현실 사회에 나타났는지에 대한 분석 작업이 수반되어야 하는데 이 과정이 곧 정책평가이기 때문이다. 평가 결과 정책이 기대한 만큼 효과가 나타날 수도 있고 그렇지 않을 수도 있다. 기대한 효과가 나타난 경우 계속 지원을 보내고, 그렇지 않은 경우 수정 보완해 기대한 효과가 나타나도록 하는 데 평가의 목적이 있다.

사회복지 평가도 마찬가지다. 사회복지 정책형성 과정에서 설정된 목표가 집행 과정을 거쳐 달성되었는지를 분석할 필요가 있으며, 이 과정을 사회복지 평가라고 지칭한다. 장애인을 대상으로 직업재활 프로그램을 실시한 후 직업재활을 달성한 사람이 어느 정도인지를 파악하는 단계가 사회복지 평가에 해당된다. 사회복지기관에서 '부업을 위한 사회교육 프로그램'을 받은 후 부업에 성공한 전업주부가 어느 정도가 되는지에 대한 분석작업도 평가에 해당된다. 평가 결과 애초에 설정한 목표를 달성했으면 계속 그 프로그램을 시행하고, 그렇지 않을 경우에는 수정 보완해 기대한 효과가 발생되도록 정책재형성(policy reformulation)을 할 수 있다.

2 협의와 광의의 평가

1) 협의의 평가

정책형성 과정에서 확립된 기준에 의거해 기대한 성과와 달성된 성과를 비교하는 것을 협의의 평가라고 정의한다. 간단히 말하면 계획된 목표와 달성된 목표의 비교분석이 곧 협의의 평가다. 협의의 평가에 의하면 정책형성 과정에서 10을 달성하도록 목표를 설정하면 정책집행 과정에서 10이 달성되는지의 여부를 다양한 분석 도구를 활용해 가려내는 것이 평가의 핵심이다(Brewer & deLeon, 1983).

협의의 평가는 평가 방법이 간단하고 명쾌하다는 장점이 있는 반면에 단점도 있다. 정책의 목적이 사회에서 요구하는 수준을 수용하지 못하면 평가의 결과가 아무리 긍정적으로 나와도 이 정책이 사회에 기여한 가치는 미미하다고 주장할 수밖에 없다. 즉 사회에서 요구하는 수준은 100인데 정책형성 과정에서 목표를 10으로 설정하고, 평가의 결과도 10을 달성한 것으로 긍정적으로 평가되었다고 하더라도 사회구성원은 나머지 90을 요구하면서 계속 불만을 토로할 가능성이 있기 때문이다. 이 경우 해당 정책의 사회적 가치는 지극히 미미할 수밖에 없다. 협의의 평가 결과는 성공이고 사회적으로는 실패라는 평가의 결과가 나오게 된다. 협의의 평가는 정책이 추구하는 목표 달성의 성패 여부에 대해서는 파악할 수 있지만 이 목표 달성의 결과가 사회에 어느 정도 가치를 가져다 줄 것인지에 대한 평가는 할 수 없다는 단점이 있다.

기초생활보장정책에 대한 평가를 실시한다고 할 경우 빈곤층으로 선정된 모든 사회구성원에게 생계급여, 자활급여, 교육급여, 해산급여, 장제급여, 주거급여, 그리고 의료급여를 지급했는지를 분석하는 작업이 협의의 사회복지 평가에 해당된다. 장애인 직업훈련기관에서 한 해에 훈련을 시키기로 한 목표치 500명에게 교육을 시켰는지에 대한 분석을 하는 과정도 협의의 사회복지 평가에 해당된다. 이 같은 협의의 사회복지 평가는 문제가 있다. 2003년에 선정된 기초생활보장 수급권자 150만 명에게 이상의 급여를 모두 제공한다고 하더라도 그 급여가 사회안전망으로서 역할을 수행하지 못한 경우도 있고, 직업훈련기관에서 500명에게 직업훈련을 시킨다고 하더라도 훈련 후 취업에 성공한 장애인이 5명에 불과하다면 정책의 사회적 효과는 지극히 미미한 수준이다. 이것이 바로 협의의 평가의 한계다.

2) 광의의 평가

해당 정책이 어느 정도 사회적 가치를 유발시켰는지에 대한 평가가 광의의 평가다. 정책이나 프로그램의 사회적 효과(social effectiveness)가 광의의 평가 기준이 된다는 의미다(Jones, 1984; Quade, 1982).

광의의 평가는 정책이 사회에 어느 정도 기여하는지를 파악하려 한다는 점에서 협의의 평가가 갖고 있는 단점을 해결할 수 있다. 그러나 광의의 입장에서 평가하고자 할 경우 정책 효과를 어느 정도 선에서 제한하느냐가 가장 큰 문제점으로 대두되고 있다. 빈곤층에 대한 기초생활보장정책의 평가를 기초 생계가 어려운 사람에게 최저생계비를 지원함으로써 사회구성원 누구에게나 사회안전망으로서 역할을 수행하고 있는지에 대한 평가로 한정할 것인지, 아니면 사회 갈등 해소와 더불어 사회통합에 기여하는지에 대한 평가까지 확대해야 하는지에 대해 범위 설정이 용이하지 않다는 의미다. 직업훈련기관에서 직업훈련 프로그램을 평가할 경우 훈련생 대비 취업 성공자까지 한정해서 평가해야 할 것인지, 아니면 취업 성공과 더불어 경제적 자립 성취까지 평가할 것인지에 대해 범위 설정이 용이하지 않다는 한계가 있다.

3) 협의와 광의의 관계

협의의 사회복지 평가는 명쾌하다. 계획된 목표와 달성된 목표를 비교분석하는 과정이다. 광의의 사회복지 평가는 협의의 평가와 무관한 것은 아니다. [그림 15-1]과 같이 협의의 평가가 성공적이어야만 광의의 평가에서 성공할 가능성이 있다. 달성된 목표가 사회적 효과성을 어느 정도 창출하느냐에 대한 평가가 광의의 평가다. 광의의 평가는 그 범위가 명쾌하지 않다. 제1차 사회적 효과성에서 제2차 사회적 효과성, 그리고 제2차 사회적 효과성에서 제3차 효과성으로 확대될 가능성이 있기 때문이다.

장애인 직업훈련 프로그램의 예를 들면 계획된 수만큼 교육을 시켰다면 협의의 정

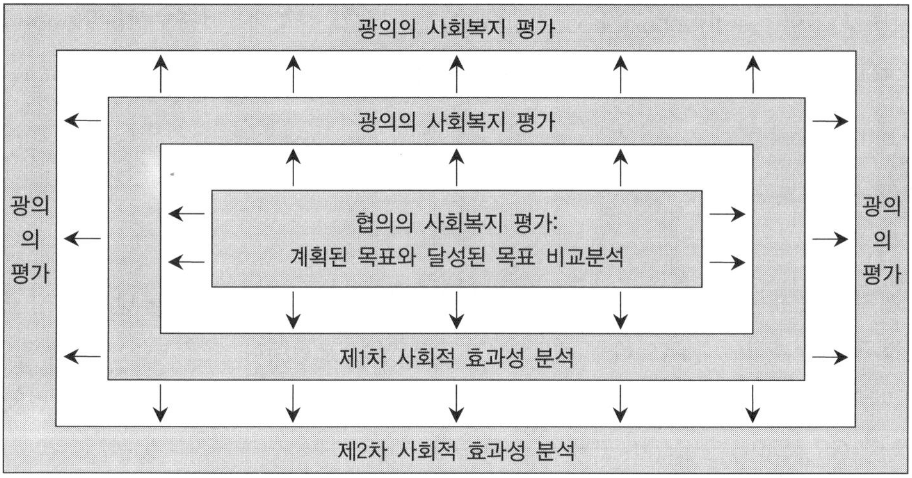

그림 15-1 협의와 광의의 사회복지 평가 관계

책평가에서 성공적이라고 평할 수 있다. 제1차 사회적 효과성은 직업훈련 그 자체에 있지 않고, 취업에 있다. 직업훈련을 받고 취업을 한 장애인의 비율이 제1차 사회적 효과성이라고 평가할 수 있다. 취업만으로 만족할 수 없다. 취업을 통해 경제적 자립이 가능해야 한다. 취업을 통한 경제적 자립은 제2차 사회적 효과성이라고 평가할 수 있다. 광의의 사회복지 평가는 이처럼 협의의 정책평가에서 시작되지만 그 범위를 어디까지 설정해야 할 것인지에 대해 결정하기가 어려운 문제가 있다.

제 2 절 사회복지 평가모형

사회복지행정은 휴먼 서비스 제공을 특징으로 하기 때문에 평가에 어려움이 따른다. 휴먼 서비스의 목표는 다면적이면서도 상충되는 성향이 있을 뿐만 아니라, 서비스 제공의 결과로서 산출물도 손으로 만져볼 수 있을 정도로 가시적인 틀을 가지고 있지 않기 때문이다(Hasenfeld, 1992). 따라서 일반적인 평가모형에 더해 사회복지 평가에 필요한 독특한 모형이 요구된다. 사회복지 평가의 일반성과 특수성을 고려해 목표달성모형(goal attainment model), 복수지원자모형(multiple constituency model),

기관이론모형(institutional theory model), 그리고 상황적 접근모형(contingency approach)과 같은 네 가지 평가모형을 제시할 수 있다(D'Aunno, 1992).

1 목표달성모형

계획된 목표를 달성하는 조직은 효과적인 조직이며, 계획된 목표를 달성한 사회복지정책은 효과적인 정책이라는 관점을 가지고 있는 모형이다. 조직과 조직구성원 모두 계획된 목표를 달성하기 위해 합리적인 행동(rational behavior)을 한다는 전제가 깔려 있는 모형이다(Scott, 1987).

목표달성모형은 계획된 목표의 달성 여부에 대해서만 관심이 있지, 외부 요인에 대해서는 관심이 없다. 사회복지기관을 포함한 휴먼 서비스 조직은 클라이언트에게 서비스를 제공하는 대인 서비스로서 성격을 가지고 있기 때문에 계획된 목표가 조직의 내부 효율성보다는 외부의 고객 만족에 더 큰 관심을 보이는 경우가 있다. 목표달성모형은 이 점을 충족시키지 못한다.

2 복수지원자모형

조직에 지속적인 관심을 가지고 있는 지원자(constituent)를 만족시킬 수 있는 조직이 효과적인 조직이며, 정책에 지속적인 관심을 가지고 있는 지원자를 만족시킬 수 있는 정책이 효과적인 정책이라고 보는 모형이다. 복수지원자모형에 의거해 평가를 하고자 할 경우 적어도 두 단계를 거쳐야 한다(Pfeffer & Salancik, 1978). 첫 번째 단계는 지원자 그룹을 파악하는 과정이고, 두 번째 단계는 각각의 지원자 그룹이 조직이나 프로그램의 성과에 어느 정도 만족을 하는지에 대한 분석을 하는 단계다.

복수지원자모형은 조직의 내부 목표에 대해서는 관심이 없고, 외부의 지원자에 대해서만 관심이 있는 평가모형이다. 정치인이 국정관리에는 관심이 없고, 유권자로부터 좋은 평가를 받아 당선되려는 현상과 같은 우를 범할 수 있다는 문제점을 제기할 수 있다.

3 기관이론모형

조직은 외부로부터의 기대에 대한 순응과 순응을 통해 얻은 외부로부터의 정당성 확보 수준이 평가의 기준이 된다는 모형이 기관이론모형이다. 조직이 수행하는 정책은 그 내부구조나 내부 절차(structure and process)가 외부로부터의 기대에 순응할 수 있어야 하며, 기대에 대한 순응을 함으로써 외부로부터 기금을 얻기도 하고 자원을 확보하기도 한다. 기관이론모형은 순응 수준과 순응에 대한 보상으로서 받는 정당성의 확보 수준을 평가 기준으로 삼는다.

기관이론모형은 외부의 지원자가 평가의 주요 변수라는 점에서 복수지원자모형과 유사하지만 구조와 절차의 순응이나 기금과 자원을 통한 정당성 확보와 같은 구체적인 평가 항목을 제시하고 있다는 점에서 복수지원자모형과 다르다. 복수지원자모형은 지원자의 만족 수준이 곧 평가 기준이라는 점만 제시하고 있다.

기관이론모형은 조직의 내부구조와 과정도 평가의 대상이 되고, 외부 지원자로부터의 정당성 확보도 평가의 대상이 된다는 입장이다. 이 모형을 잘 활용하면 내부에만 관심을 가지고 있는 목표달성모형과 외부에만 관심이 있는 복수지원자모형을 결합한 것과 같은 효과를 얻을 수 있다.

4 상황적 접근모형

사회복지기관을 포함한 휴먼 서비스 조직의 목적은 다양할 뿐만 아니라, 그 조직이 수행하는 정책이나 프로그램의 목표도 하나일 수 없다. 목표가 다양하면 각각의 목표에 맞는 모형이 평가모형으로 채택되어야 한다. 하나의 단면을 기초로 하여 형성된 평가모형은 복수의 목표를 가지고 있는 정책을 평가하기에는 적합하지 않다. 따라서 상황에 따라 여러 가지 모형을 채택해 평가에 임하는 접근이 필요하다. 이것이 상황적 접근모형이다(D'Aunno, 1992).

상황적 접근모형은 여러 가지 상황을 가정하고 평가모형을 채택한다. <표 15-1>에서와 같이 평가 대상이 측정 가능하고, 안정적이며, 대상에 대해 의견이 일치되는

표 15-1 상황적 접근모형

상황	평가모형
평가 대상이 측정 가능하고, 안정적이며, 대상에 대해 의견이 일치되는 상황	목표달성모형
평가 대상이 측정 가능하고, 안정적이지만, 대상에 대해 의견이 일치되지 않는 상황	투입과 산출을 비교하는 체제이론모형
평가 대상이 측정 가능하지만 상황이 유동적이어서 대상에 대해 의견이 일치될 때도 있지만 일치되지 않을 경우도 있는 상황	복수지원자모형
평가 대상에 대한 측정가능성이 높지 않고, 상황이 유동적이며, 의견이 일치되지 않아 갈등이 나타나는 상황	기관이론모형

자료 : D'Aunno(1992: 357).

상황에서는 목표달성모형을 채택한다. 평가 대상이 측정 가능하고, 안정적이지만, 대상에 대해 의견이 일치되지 않는 상황에서는 투입과 산출을 비교하는 체제이론모형을 활용한다. 평가 대상이 측정 가능하지만 상황이 유동적이어서 대상에 대해 의견이 일치될 때도 있지만 일치되지 않을 경우도 있는 상황에서는 복수지원자모형을 활용한다. 끝으로 평가 대상에 대한 측정가능성이 높지 않고, 상황이 유동적이며, 의견이 일치되지 않아 갈등이 나타나는 상황에서는 기관이론모형을 활용한다.

제 3 절 사회복지 평가의 종류와 평가지표

1 정책 성과, 정책 효과, 그리고 서비스 평가

1) 평가의 개념

사회복지 평가의 범위를 어떻게 설정하느냐에 따라 여러 종류의 평가로 나눌 수 있지만 세 가지로 분류해 설명하기로 한다. 사회복지 평가를 좁게 해석할 경우에는 계획된 목표와 달성된 목표를 비교분석하는 정책성과 평가를 제시할 수 있고, 사회복지 평가를 넓게 해석할 경우에는 사회적 효과를 분석하는 정책효과 평가를 제시할 수 있다. 그 범위를 서비스에 한정할 경우에는 서비스 평가를 추가할 수 있다.

정책성과 평가는 달성된 목표를 중심으로 평가를 실시하고, 정책효과 평가는 정책의 사회적 효과를 중심으로 평가를 실시한다. 서비스 평가는 클라이언트에게 제공되는 서비스의 양과 질, 그리고 효과에 대한 분석을 내용으로 한다. 평가의 종류별로 개념상 약간의 차이가 있지만 전혀 별개가 아니다. 정책성과 평가는 조직 내부 요소를 고려한 평가이고, 정책효과 평가는 조직 외부 요소를 고려한 평가다. 평가의 개념을 도식화해 설명한 [그림 15-1]에서와 같이 정책효과 평가는 정책성과 평가를 전제로 해야만 평가의 완성도를 높일 수 있다.

<표 15-2>와 같이 정책성과 평가에 활용되는 모형은 목표달성모형이고, 정책효과 평가에 활용될 수 있는 모형은 복수지원자모형 및 기관이론모형이다. 그리고 서비스 평가에 활용될 수 있는 모형은 목표달성모형 및 기관이론모형이다.

표 15-2 평가의 종류와 지표

평가의 종류	내용	지표	분석 도구	해당 모형
정책성과 평가	달성된 목표에 대한 분석	계획된 목표와 달성된 목표 비교, 투입 대 산출 비교	목표관리, 비용편익분석	목표달성모형
정책효과 평가	사회적 효과에 대한 분석	투입 대 효과 비교, 사회적 효과 분석	비용효과분석, 사회적 효과분석	복수지원자모형 및 기관이론모형
서비스 평가	서비스의 양과 질, 그리고 효과 분석	종합성, 제공 범위, 질, 통합 조정	목표관리, 비용효과분석	목표달성모형 및 기관이론모형

2) 평가지표

평가의 종류에 따라 사용되는 지표와 분석 도구가 다르다. <표 15-2>와 같이 정책성과 평가에는 계획된 목표와 달성된 목표를 비교하는 지표와 투입 대 산출을 비교하는 지표가 사용되며 분석 도구로는 목표관리와 비용편익분석이 활용될 수 있다. 목표관리는 계획된 목표가 일정 기간 후에 어느 정도 달성되는지를 분석하는 도구이기 때문에 정책이나 프로그램의 평가에 활용된다. 비용편익분석은 효율성을 측정하는 대표적인 도구로서 비용으로서의 투입과 산출로서의 편익을 기초로 평가에 활용된다.

정책효과 평가에는 투입 대 효과를 비교하는 지표와 사회적 효과를 분석하는 지표가 사용되며, 분석 도구로는 비용효과분석과 사회적 효과분석이 활용될 수 있다. 비용효과분석은 1단위량의 비용에 대해 정책이 생성한 사회적 효과에 대한 분석으로서 정책효과 평가에 활용될 수 있고, 사회적 효과분석은 정책이 생성한 사회적 효과를 배타적으로 분석하는 도구로서 정책효과 평가에 사용될 수 있다.

서비스 평가는 서비스 종합성(service comprehensiveness), 서비스 제공 범위(service coverage), 서비스의 질(service quality), 서비스 통합 조정(service coordination)이 지표로서 활용된다(Grusky & Tierney, 1992). 이상 네 가지 지표에 대한 각각의 평가와 더불어 종합적인 판정을 내릴 때 정책이나 프로그램의 성패를 분석할 수 있다. 서비스 평가에는 목표관리나 비용효과분석이 분석 도구로 활용된다.

서비스의 종합성은 제공되는 서비스의 종류가 다 포함되어 있는지에 대한 지표를 의미한다. 빈곤 문제를 해결하기 위해 생계급여, 교육급여, 해산급여, 주거급여, 그리고 의료급여와 같은 급여만으로는 일시적 해결책밖에 되지 않는다. 경제적 자활 능력을 갖추도록 직업훈련을 시키거나 취업을 알선하는 프로그램이 필요하다. 여기에 빈곤층 스스로 자립하려는 의지가 흔들리지 않도록 하는 상담 프로그램도 필요하다. 하나의 문제를 해결하기 위해 필요한 여러 종류의 서비스를 다 포함할 수 있을 때에야 비로소 종합성을 충족시킬 수 있다. 서비스의 제공 범위는 서비스가 필요한 사람에게 제공되고 있는지에 대한 여부를 판정하는 기준이 된다.

실질적인 빈곤층은 한국의 인구의 10%가 넘는 500만 명 수준인데 국가로부터 급여를 받는 빈곤층의 인구가 150만 명이라면 서비스의 제공 범위가 매우 좁다고 말할 수 있다. 클라이언트에게 제공되는 다양한 종류의 서비스가 어느 정도로 고객 만족에 기여하는지에 대한 분석은 서비스 질에 대한 평가로 귀결된다. 평가는 대체로 각각의 서비스에 대해 매우 만족, 만족, 보통, 불만, 매우 불만과 같은 5점 척도를 사용한다. 서비스의 통합 조정은 문제 해결을 위해 협력하는 구조를 의미한다. 클라이언트에게 제공되는 서비스가 다양하더라도 실제로 제공되는 것과는 거리가 있을 수 있다. 필요한 클라이언트에게 필요한 서비스를 묶음으로 제공할 수 있는 상태를 통합 조정이라고 한다.

2 기관평가와 프로그램 평가

1) 평가의 개념

기관평가는 자원, 기능, 그리고 사업이 그 기관의 목표 달성에 어느 정도 기여하고 있는지를 분석하는 종합적인 평가인 반면에 프로그램 평가는 단위 사업이 계획된 목표를 달성함으로써 기대한 사회적 효과를 어느 정도 나타내고 있는지를 분석하는 평가다.

사회복지 일선에서 지역 주민에게 서비스를 제공하는 복지관 평가가 실시되고 있다. 복지관 평가가 바로 기관평가에 해당된다. 복지관 평가 영역에는 프로그램 평가가 포함되어 있다. 따라서 기관평가는 한 기관을 대상으로 하는 종합적인 평가라고 할 수 있고, 프로그램 평가는 기관이 수행하는 단위사업에 대한 평가로서 구체성을 띠고 있다고 설명할 수 있다.

2) 평가 영역과 평가지표

<표 15-3>은 2003년 전국 복지관 평가지표다. 복지관을 대상으로 하는 기관평가 영역에는 조직 및 시설관리, 인력자원관리, 근무 여건, 재정관리, 프로그램, 지역사회 관계, 그리고 이용자 만족도와 같이 7개가 포함되어 있다. 기관평가에는 조직과 시설, 인력, 근무 여건, 그리고 재정관리처럼 사회복지행정의 관리 영역이 모두 포함되어 있음을 알 수 있다. 복지관은 그 특성상 지역사회와의 네트워크 형성이 중요한 의미를 가지기 때문에 지역사회와의 관계도 하나의 영역으로 자리잡고 있다. 이상이 하드사이드 관리에 해당된다. 평가 영역으로 자리잡고 있는 프로그램과 이용자 만족도는 조직의 소프트 사이드 관리에 해당되며, 고객 지향적 평가 영역이라는 특성을 가진다.

평가 영역을 세분화해 평가지표로 나눈다. 평가지표는 계량화가 가능할 정도로 구체적이어야 한다. <표 15-3>에서도 대부분 구체성을 띠고 있다. 평가 영역과 평가지표에 무슨 항목을 포함시키느냐에 따라서 평가의 결과가 달라질 수 있다. 따라서 평가 영역과 평가지표 설정의 합리성을 확보할 수 있는 방안이 마련되어야 한다. 평가 영역과 평가지표의 확보 방법도 다양하다. 대체로 전문성을 강조하기 위해서는 델파

표 15-3 기관평가와 프로그램 평가: 복지관 평가지표

평가 영역	평가지표	배점
조직 및 시설관리	운영규정, 자문위원회, 전산화 시스템, 안전관리 및 공간 배치, 편의시설 설치 및 비품관리	9점
인력자원관리	관장의 전문성과 경력, 중간관리자의 전문성과 수퍼비전 정도, 직원의 전문성, 직원의 교육·훈련 실적, 직원포상 제도, 직원 구성의 다양성	18점
근무 여건	평균급여율, 이직률, 평균 복무 기간, 정규 직원의 총수	12점
재정관리	민간재원 확보 능력 및 관리 정도, 총세출 중 차지하는 사업비 비중, 사업비 중에서 차지하는 무료사업비 비중	8점
프로그램	이용 실적(6점), 가정복지사업(6점), 지역사회 보호사업(6점), 지역사회 조직활동(6점), 교육문화사업(6점), 특화 및 자활지원사업(8점)	38점
지역사회 관계	지역 연계, 자원 개발, 지역사회조사 및 연구, 지역사회 홍보활동	6점
이용자 만족도	이용자 만족도	15점

자료 : 한국사회복지관협회(http://www.kaswc.or.kr/).

이 방식의 전문가조사를 활용할 수도 있고, 고객지향성을 강조하기 위해서는 클라이언트를 대상으로 하는 조사를 실시할 수도 있으며, 기관의 내부관리를 반영하기 위해서는 일선기관의 종사자를 대상으로 조사를 실시하기도 한다.

기관평가나 프로그램 평가에서 가장 중요하면서도 간과하기 쉬운 것 중의 하나가 영역이나 지표 간의 가중치 문제다. <표 15-3>에서는 가중치가 배점으로 표시되어 있다. 평가 영역 7개를 놓고 볼 때 프로그램 평가가 가장 가중치가 높은 38점이고, 지역사회와의 관계가 가장 배점이 낮은 6점이다. 이 배점에 정당성이 확보되지 못하면 평가의 정당성을 상실한다. 배점, 즉 가중치에 대한 정당성을 부여하기 위해 대체로 세 가지 접근법을 활용한다. 평가 영역과 지표를 설정할 때와 유사하다. 전문가나 클라이언트, 혹은 기관의 내부 종사자에게 가중치에 대한 견해를 물어 그 결과를 활용할 수 있다. 전문성을 강조하기 위해서는 델파이 방식의 전문가조사를 활용하고, 고객지향성을 강조하기 위해서는 클라이언트를 대상으로 하는 조사를 실시하며, 기관의 내부관리를 반영하기 위해서는 일선기관의 종사자를 대상으로 조사를 실시하기도 한다(행정자치부, 1998).

가중치에 정당성을 부여하기 위한 세 가지 접근법 중에서 어느 것이 가장 바람직한 방법인지에 대해서는 한마디로 말하기가 어렵다. 대체로 전문가, 내부 구성원, 그

리고 클라이언트의 의견을 모두 반영하는 방법이 활용된다.

제 4 절 사회복지 평가 방법

1 비용편익분석

비용편익분석은 비용과 편익을 통해 프로그램을 분석하는 도구를 의미한다. 제5장에서 구체적으로 설명한 바와 같이 비용편익분석은 정책대안을 비교분석하는 도구로 활용될 수도 있고, 프로그램 평가 도구로 활용될 수 있다. 사례를 들어 설명하기로 한다. 공공부조 프로그램에 대해 생계급여도 중요하지만 최근에는 경제적 자립에 더 많은 관심을 가지고 있다. 이 추세에 반영하기 위해 <표 15-4>와 같이 전통적 방식, 산업체와 연계 훈련 방식, 그리고 산업체에서 현장훈련 방식 등 세 가지 직업훈련 프로그램을 개발해 시행했다고 가정한다.

표 15-4 빈곤층을 위한 직업훈련 프로그램

직업훈련 프로그램 종류	내용
전통적 방식	직업훈련소에서 훈련, 자격증 취득, 취업 알선 프로그램을 활용해 취업 기회 제공
산업체와 연계 훈련 방식	산업체와 직업훈련소의 네트워크 조직, 산업체에서 원하는 기술을 파악해 훈련 실시, 산업체에서 훈련 수료생 중에서 일부에게 취업 기회 제공
산업체에서 현장훈련 방식	산업체와 직업훈련소의 네트워크 조직, 직업훈련소가 아니라 산업체 현장에서 직업훈련 실시, 산업체에서 훈련 수료생 일부에게 취업 기회 제공

세 종류의 직업훈련 프로그램에 소요된 비용은 각각 50억 원이고, 편익은 취업해 얻는 월급에 한정하기로 한다. 비용편익분석은 금전적 가치를 통해 프로그램을 평가하는 기법으로서 3년간 얻는 월급을 편익으로 간주하기로 한다.

각 프로그램의 비용은 50억 원으로 이미 나와 있기 때문에 편익을 금전적 가치로 환산하는 과정을 거치면 비용편익분석을 쉽게 할 수 있다. 편익을 계산하기 위해 취업 인원과 그들의 연봉에 대한 자료를 얻어야 한다. <표 15-5>에서와 같이 전통적 방식을 활용할 경우 훈련 인원은 200명이었고, 취업 인원은 100명이었다. 평균 연봉은 2,000만 원으로서 1년간 20억 원의 편익이 있으며, 3년으로 계산할 경우 60억 원의 편익이 발생한다.

산업체와 연계 훈련 방식을 택할 경우에는 훈련 인원이 160명밖에 되지 않지만 취업 인원은 전통적 방식보다 많은 120명이었다. 그러나 평균 연봉은 전통적 방식으로 훈련을 받은 사람보다 낮아 1,800만 원으로서 120명이 1년간 21억 6,000만 원의 편익을 얻을 수 있으며 3년간 64억 8천만 원의 편익을 발생시켰다.

산업체에서의 현장훈련 방식으로 훈련을 받은 사람은 150명이지만 취업률은 매우 높아 140명이었다. 평균 연봉은 1,500만 원으로서 1년간의 편익은 21억 원이었다. 따라서 산업체에서의 현장훈련 방식을 활용할 경우 3년간 63억 원의 편익을 발생시켰다.

세 종류의 프로그램에 대해 비용편익분석을 통해 평가를 한다면 산업체와 연계 훈련 방식이 가장 우수한 프로그램으로 평가할 수 있다. 1단위량의 투자에 대해 편익률이 1.30으로 가장 높기 때문이다. 비용편익분석은 편익을 금전적 가치로 환산해 분석한다는 점에서 문제가 있다. 같은 비용으로 더 많은 사람을 훈련시키는 것도 의미가 있으며, 훈련 인원에 대비해 취업률이 높은 것도 의미가 있다. 비용편익분석은 금전외적 편익에 대해서는 평가가 가능하지 않다는 문제가 있다.

표 15-5 직업훈련 프로그램과 비용편익분석

직업훈련 프로그램 종류	비용	편익					순편익	편익률
		훈련 인원	취업 인원	평균 연봉	1년 편익	3년 편익		
전통적 방식	50억	200	100	2,000만	20억	60억	10억	1.20
산업체와 연계 훈련 방식	50억	160	120	1,800만	21억 6천	64억 8천	14억 8천	1.30
산업체에서 현장훈련 방식	50억	150	140	1,500만	21억	63억	13억	1.26

2 비용효과분석

비용효과분석은 비용에 대비한 산출 효과나 산출과 연계된 사회적 효과 그 자체만으로 평가하는 분석기법이다. [그림 15-2]와 같이 산출은 정책이나 프로그램으로부터 직접 생성된 결과를 의미하고, 사회적 효과는 사회적으로 미친 바람직한 영향을 의미한다. 투입은 비용으로 설명할 수 있고, 직접 산출은 정책집행 결과로 설명할 수 있으며, 사회적 효과는 정책의 사회적 영향으로 설명할 수 있다. 직업훈련 프로그램을 사례로 투입, 정책의 직접 산출, 그리고 사회적 효과에 대해 설명하면 다음과 같다. 투입은 직업훈련비용으로 설명할 수 있고, 정책의 직접 산출은 훈련 수료생의 인원으로 설명할 수 있으며, 사회적 효과는 수료 후 취업한 인원으로 설명할 수 있다.

[그림 15-2]에서 정리한 내용을 근거로 비용효과분석을 실시할 수 있다. 비용효과분석은 같은 비용으로 얼마나 많은 사람이 훈련을 받을 수 있는지에 대한 분석이나 훈련을 받은 후에 얼마나 많은 사람이 자격증을 취득할 수 있는지에 대한 분석으로 가능하다. 사회적 효과분석은 사회적으로 바람직한 영향을 미쳤는지에 대한 측정을 하는 분석지표로서 훈련을 받은 후에 얼마나 많은 사람이 취업을 할 수 있는지에 대한 분석으로 대체할 수 있다. 그 결과 <표 15-6>과 같은 직업훈련 프로그램의 비용효과분석 결과를 제시할 수 있다.

그림 15-2 사회복지 정책 과정에서의 투입, 산출, 그리고 사회적 효과

표 15-6 직업훈련 프로그램과 비용효과분석

직업훈련 프로그램 종류	비용	비용 효과		사회적 효과		훈련 대비 취업률
		훈련 인원	1인당 훈련비	취업 인원	1인당 취업비	
전통적 방식	50억	200	2,500만 원	100	5,000만 원	0.5
산업체와 연계훈련방식	50억	160	3,125만 원	120	4,167만 원	0.75
산업체에서 현장훈련방식	50억	150	3,333만 원	140	3,571만 원	0.93

비용효과분석의 결과 가장 적은 비용으로 가장 많은 훈련을 받은 프로그램은 전통적 방식이었다. 50억 원의 비용을 들여 200명이 훈련을 받았으며 1인당 훈련비용은 2,500만 원으로서 나머지 두 개의 프로그램보다 효과적이라고 말할 수 있다. 여기에 비해 산업체와 연계 훈련 방식을 통해서는 160명이 훈련을 받았으며, 1인당 훈련비용은 3,125만 원으로 전통적 방식보다 높다. 산업체에서 현장훈련 방식을 통해서는 150명이 훈련을 받았으며, 1인당 훈련비용은 세 프로그램 중에서 가장 높은 3,333만 원에 이른다. 따라서 정책의 직접 산출을 근거로 실시한 비용효과분석에서는 전통적 방식이 가장 좋은 평가를 받을 수 있다.

사회적 효과분석의 결과 가장 적은 비용으로 가장 큰 사회적 영향을 미친 프로그램은 산업체에서 현장훈련 방식이었다. 이 방식의 훈련을 실시해 140명에 이르는 빈곤층을 취업시키는 데 성공했다. 전통적 방식으로 취업한 인원 100명보다 훨씬 많은 수준이며, 산업체와 연계 훈련 방식으로 취업한 인원 120명보다도 많은 수준이었다. 산업체에서 현장훈련 방식이 1인당 취업 비용도 3,571만 원으로 가장 낮았으며, 훈련 대비 취업률도 0.93으로 가장 높았다.

3 목표관리

목표관리(management by objectives: MBO)는 조직구성원이 스스로 목표를 설정해 그 목표 달성을 중심으로 자율적으로 업무를 수행하도록 하는 프로그램 관리이론 중 하나다. 프로그램을 행동계획에 따라 진행하고, 프로그램이 완성되는 시점에서 성과를 평가하는 특성을 가진다. 따라서 프로그램 평가기법으로도 활용되기도 한다. 제14장에서 목표관리를 상세하게 설명했지만 여기에서는 프로그램 관리의 도구가 아니라 평가의 도구라는 입장에서 논의하기로 한다.

캐나다의 앨버타(Alberta) 주에서는 성과평가를 경제정책과 사회정책 분야에서 전면적으로 실시하고 있다. <표 15-7>처럼 성과평가 지표를 투입지표(input measure), 업무활동지표(activity measure), 능률성지표(efficiency measure), 산출지표(output measure), 그리고 결과지표(outcome measure)와 같은 5개 지표로 나눠 평가를 실시하고 있다. 투입지표는 산출을 생산하는 데 소모된 자원의 양을 측정하는 지표로서

표 15-7 목표관리의 성과평가 지표

지표	내용	예시
투입지표 (Input Measure)	산출을 생산하는 데 소모된 자원의 양을 측정하는 지표	병원의 병상 수
업무활동지표 (Activity Measure)	업무량이나 업무의 부담 정도를 측정하는 지표	진찰 의뢰 건수
능률성지표 (Efficiency Measure)	산출을 생산하는 데 자원을 얼마나 적게 사용했는가를 측정하는 지표	진찰 한 건당 소요비용, 또는 소요 시간
산출지표 (Output Measure)	제공된 서비스의 양 또는 정도를 측정하는 지표	병원 수술 건수
결과지표 (Outcome Measure)	고객에 대한 산출의 영향을 측정하는 지표	주민의 건강 정도

출처 : Performance Measurement Report (http://www.finance.gov.ab.ca/publications/measuring/index.html).

병원에서 병상 수에 따라 소요되는 비용이 여기에 속한다. 업무활동지표는 업무량이나 업무의 부담 정도를 측정하는 지표로서 진찰 의뢰 건수가 여기에 속한다. 능률성 지표는 산출을 생산하는 데 자원을 얼마나 적게 사용했는가를 측정하는 지표로서 진찰 한 건당 소요 비용 혹은 소요 시간과 같은 척도를 의미한다. 산출지표는 제공된 서비스의 양 또는 정도를 측정하는 지표로서 병원 수술 건수와 같은 것을 제시할 수 있다. 끝으로 결과지표는 고객에 대한 산출의 영향을 측정하는 지표로서 주민의 건강 정도와 같은 것을 의미한다.

목표관리의 지표는 조직이나 프로그램의 성격에 따라 새로이 개발해 사용할 수도 있다. 주의해야 할 사항은 측정 가능한 지표여야 한다는 점이다. 조직은 지표 하나하나에 대해 개별적으로 평가할 수도 있고, 각 지표에 가중치를 두어서 종합적으로 평가를 실시할 수도 있다.

제 5 절 평가설계

평가에 대한 설계는 두 가지 관점에서 접근할 수 있다. 하나는 과정론적인 관점에서의 접근이고, 다른 하나는 평가 방법의 설계다. 평가 방법의 설계는 평가 과정 설계의 한 부분에 속한다. 평가 과정 전체의 흐름 속에서 차지하는 평가 방법의 위치가 어디에 있는지를 알아야 평가 과정과 평가설계를 좀 더 잘 이해할 수 있다는 판단에 따라 따로 정리하기로 했다.

1 평가 과정 설계

사회복지정책 혹은 사회복지 프로그램 평가도 하나의 계속적인 행정 과정의 일부분이다. 평가도 바로 실시되는 것이 아니라 여러 단계를 거쳐 실시된다. 대체로 평가 과정은 6단계로 나눠 설명할 수 있다(Nachmias, 1979).

1) 정책 목표 파악 단계

사회복지정책이나 프로그램의 목표가 분명하지 않을 경우 정책평가 작업을 하기란 용이하지 않다. 평가란 정책 목표가 어느 정도 달성되었으며 어느 정도 사회적 가치를 향상시켰는가에 대한 분석을 하는 것이기 때문에 분석 이전에 정책 목표 파악이 되어 있어야 한다. 평가하고자 하는 정책의 목표가 빈곤층의 생계 보장인지, 빈곤층의 경제적 자립인지, 아니면 둘 다를 포함하는지에 대해 파악하고 있어야 한다는 의미다. 그러나 정부정책의 목표나 사회복지기관의 프로그램의 목표는 항상 분명한 것이 아니고 불분명한 채로 타성에 의해 집행되는 경우가 허다하다. 또한 정책 목표가 어느 정도 분명하다고 해도 정책집행 담당자들은 이를 인식하지 못한 채 집행하는 경우가 있다.

정책 목표가 불분명한 경우에는 정책집행자, 전문가 등과 상담을 통해 그 정책이 추구하는 목표가 무엇이 되어야 하며 어느 정도 사회적 가치를 향상시켜야 하는지에 대한 당위적 차원에서 평가 기준을 설정할 수 있다. 또한 정책의 목표를 최종적 목표(ultimate goal)와 중간 목표(intermediate goal)로 분류하는 방법을 취해 최종적인 목표를 추적할 수도 있다. 정책이 형성될 당시 정책결정자의 의도를 신문이나 국회의 각종 기록을 통해 파악함으로써 정책 목표를 파악할 수도 있다.

2) 평가모형의 설정

목표 파악이 끝나면 평가모형을 설정해야 한다. 정책평가 모형의 설정이란 목표달성의 관점에서 평가를 실시(목표달성모형)할 것인지, 고객 만족의 입장에서 평가를 실시(복수지원자모형)할 것인지, 기관이론모형의 입장에서 실시해야 할 것인지, 아니면 상황적 접근모형의 관점에서 실시할 것인지에 대해 분명한 입장을 밝히는 단계를 의미한다. 평가모형의 설정은 평가의 향방을 결정하는 중요한 역할을 한다.

평가모형을 설정하는 데 분명히 해야 할 사항은 어떤 평가 방법을 사용할 것인지에 대해서도 결정해야 한다. 비용편익분석을 사용할 수도 있고, 사회적 효과성분석을 할 수도 있으며, 투입과 산출을 비교하는 MBO 방식을 채택할 수도 있다. 평가모형의 틀이 정해지면 평가 작업이 어느 쪽으로 진행될 것인지에 대한 내용을 가시화할 수 있다. 이 모형이 완성되면 구체적인 연구설계의 단계에 들어가게 된다.

3) 연구설계

평가모형이 완성되면 어떻게 평가 자료를 수집해, 어떻게 분석하며, 어떻게 그 분석의 의미를 파악할 것인지에 대한 내용을 구체적으로 정해야 한다. 이 단계가 바로 연구설계(research design)의 단계다. 연구설계의 단계에서는 실험적 방법으로 분석할 경우 어떤 그룹을 실험그룹으로 채택하며 어떤 그룹을 통제그룹으로 채택할 것인지, 준실험적 방법을 사용할 경우 시계열분석을 할 것인지 혹은 비동질적 통제집단 방법을 사용할 것인지, 그리고 비실험적 방법을 사용할 경우 무슨 방법으로 평가할 것인지에 대해 구체적으로 결정해야 한다. 또한 통계분석을 할 것인지 아니면 다른 분석 방법을 사용할 것인지에 대해 내용을 결정해야 한다.

또한 평가에 사용될 변수가 무엇인지에 대해서도 구체적으로 결정해야 한다. 평가에 사용될 변수에 대해서는 종속변수가 무엇이며 독립변수는 무엇인가에 대해 일일이 나열할 수 있을 정도로 구체성이 있어야 한다. 또한 자료를 설문지를 통해 구할 것인지 혹은 정부기관으로부터 구할 것인지 아니면 다른 방법을 통원해 구할 것인지에 대해서도 결정해야 한다.

4) 측정 방법 및 표준화

연구설계가 끝나면 수집될 자료를 어떻게 측정할 것인가, 즉 어떻게 수치화시킬 것인가에 대해 결정해야 한다. 이것은 측정 방법(measurement)에 대한 결정이다. 즉 생활 수준 향상을 소득 수준으로 할 것인지, 아니면 재산 증가 수준으로 할 것인지에 대한 결정을 해야 한다는 의미다.

표준화(standardization)란 측정 방법을 통일화시키는 것을 의미한다. 즉 어떤 사람에 대해서는 재산 수준에 대한 자료를 얻고, 어떤 사람에 대해서는 소득 수준에 대해 자료를 얻는다면 이것은 표준화된 방법이라고 할 수 없다. 또한 어떤 사람에 대해서는 소득 증가 수준을 조금, 보통, 그리고 많이 등으로 한 반면에 어떤 사람에 대해서는 약간과 많이 등으로 이원화시켜 자료를 구한다면 이는 표준화된 측정 방법이라고 할 수 없다.

5) 자료 수집

측정 방법과 표준화에 대한 결정이 마무리되면 자료 수집의 단계에 들어간다. 자료 수집은 앞 단계에서 결정한 대로 독립변수와 종속변수에 관련된 정보를 표준화된 측정 방법에 따라 하나하나 수집하면 된다.

6) 분석 및 해석

자료 수집이 끝나면 분석의 틀에 따라 실질적인 평가 작업에 들어간다. 즉 통계분석을 하기로 했으면 통계분석을 하고, 두 그룹의 비교분석을 하기로 했으면 변량분석(analysis of variance, 혹은 ANOVA)이나 기타 여기에 맞는 통계분석 기법을 골라 분석을 하면 된다. 분석이 끝나면 해석의 단계에 들어간다. 해석 단계에서는 수치로 요약된 분석의 결과가 현실적으로 무엇을 의미하는가에 대한 판단을 하는 단계다.

2 평가 방법 설계

정책평가의 종류만큼이나 정책평가 방법도 다양하다. 정책평가 방법도 몇몇 그룹으로 분류해 설명할 수 있다. 실험적 방법(experimental design), 준실험적 방법(quasi-experimental design), 비실험적 방법(non-experimental design), 그리고 기타 평가 방법 등 네 가지로 분류해 설명할 수 있다.

1) 실험적 방법

실험적 방법이란 어떤 현상이 존재하는지에 대한 확인을 통해 정책평가를 하는 방법을 의미한다. 자연과학자가 자연 현상에서 어떤 사실이 존재하는지를 실험을 통해 확인하는 것처럼 사회과학자도 사회 현상에서 어떤 사실이 존재하는지를 실험을 통해 확인할 수 있다. 같은 맥락에서 사회복지 문제를 다루는 사회복지 담당자들도 정책 현상에서 어떤 사실이 존재하는지를 실험을 통해 확인할 수 있다. 이것을 실험적 방법을 통한 사회복지 평가라고 한다.

'순수' 실험적 방법(true experimental design)을 통해 사실의 존재 여부를 확인하기 위해 다음 몇 가지 기본적인 요건의 존재를 전제로 한다. 종속변수(dependent variable)와 독립변수(independent variable)가 존재해야 한다는 사실, 실험그룹(experimental group)과 통제그룹(control group)이 존재해야 한다는 사실, 그리고 사전검증(pretesting)과 사후검증(posttesting)이 가능해야 한다(Babbie, 1983)는 요건이 그것이다. 그 요건을 상세히 설명하면 아래와 같다.

첫째, 실험적 방법을 통해 사회복지 평가를 할 경우 해당 프로그램이 특정의 사회 변화를 유발시켰다는 것을 증명할 수 있어야 한다. 여기에서 해당 프로그램은 독립변수이고, 사회의 변화는 종속변수다. 즉 독립변수로서 프로그램이 원하는 사회 변화를 유도했는지를 평가할 수 있어야 실험적 방법의 제1 요건이 충족된다고 할 수 있다.

둘째, 실험그룹과 통제그룹은 실험적 방법의 핵심이다. 사회에 존재하는 그룹을 둘로 나누고 한 그룹에 대해서는 정책이나 프로그램을 실시해 보고, 다른 그룹에 대해서는 과거에 하던 대로 통제를 한 후 일정 기간이 지난 후 두 그룹을 비교하면 새로운 정책을 실시한 그룹이 다른 그룹에 비해 효과가 있는지를 분석할 수 있다. 여기에서 실험무대가 된 그룹을 실험그룹이라고 하고, 실험의 영향을 받지 못하도록 한 그룹을 통제그룹이라고 한다. 이상과 같이 실험그룹과 통제그룹으로 나눠 사회복지 평가를 할 수 있도록 짜여 있어야만 실험적 평가의 하나의 조건을 충족시켰다고 할 수 있다.

셋째, 정책이나 프로그램이 집행된 이후만을 고려한다면 비록 사회적 변화가 나타났다고 하더라도 그것이 정책의 효과인지 과거부터 계속적으로 존재해 온 사실의 결과인지를 알 수 없기 때문에 정책집행 전후의 사회적 상황을 비교할 필요가 있다. 즉 정책이 집행된 시점을 기준으로 사전의 사회적 상황이 어떠했으며, 정책집행 이후의 상황이 어떻게 변했는지에 대한 비교분석을 할 수 있어야 실험적 방법의 요건을 충족시킬 수 있다는 의미다. 사전검증 및 사후검증이 없이 평가를 할 경우 사회 변화의 원인 제공자가 정책이나 프로그램인지 과거부터 있던 일종의 사회 현상인지를 분명히 가려낼 수 없다.

실험적 방법은 과학성을 추구한다는 점에서 사회복지 평가의 중요한 틀이 된다. 과학적 평가란 타당성(validity)과 신뢰성(reliability)을 함께 충족시킬 수 있는 평가를 의미한다. 타당성이란 비슷한 요건을 갖춘 현장에 적용할 경우 비슷한 결과를 가져다 주는 것을 의미하고, 신뢰성이란 같은 것을 반복하면 같은 결과가 나오는 현상을 의미한다. 위의 실험그룹과 통제그룹은 타당성을 설명하는 데 기본이 되고, 사전검증 및 사후검증은 신뢰성을 설명하는 데 기본이 된다.

현실 사회는 순수한 차원의 실험그룹과 통제그룹이 존재하지 않는다. 왜냐하면 통제그룹은 직·간접으로 실험그룹의 영향을 받게 마련이다. 즉 중소도시에서 고등학교 입학시험제의 부활 분위기가 일고 이를 실시하게 되면 대도시에서 무시험 진학을 하는 학교에서도 과외 수업을 강화하는 등 어떤 형태로든 대책을 마련하게 마련이다. 즉 실험그룹의 영향을 받는다는 의미다. 이것이 실험적 방법의 가장 큰 약점 중 하나다.

또한 실험그룹과 통제그룹은 어느 정도 동질성을 견지하고 있어야 한다. 이 두 그룹의 배경이나 사회경제적 요건이 다를 경우 이들 두 그룹을 비교한다는 것은 사실상 무의미하다. 즉 고졸자에 대한 직업훈련의 성과와 초등학교 졸업자에 대한 직업훈련 성과는 비교하지 않아도 추측을 할 수 있다. 또한 가정환경의 심한 격차는 당연히 학습 효과의 차이를 가져다 주는 요인이 된다. 따라서 동질성이 있는 실험그룹과 통제그룹을 찾기가 용이하지 않다는 것이 실험적 방법의 또 다른 약점이다.

사회 현상은 변하지 않고 항상 같은 것이 아니라 시간이 지남에 따라 변하는 성향이 있다. 외부 요인이 정책집행에 용이한 쪽으로 전개되기도 하고, 방해하는 쪽으로 전개되기도 한다. 이 경우 사전검증과 사후검증의 비교는 그 의미를 상실할 가능성이 있다. 이것 또한 실험적 방법의 약점으로 작용한다. 엄격히 말하면 사회 현상은 자연 현상과는 달리 고려해야 할 변수가 지나치게 많다는 데 실험적 방법의 최대의 약점이 있고, 과학적 접근법에 대한 중대한 도전이다. 순수한 실험적 방법을 사회복지 평가에 사용하기가 어려운 점이 바로 여기에 있다. 그러나 이 실험적 방법은 사회복지 평가의 기본이 되는 방법임에는 틀림없다.

2) 준실험적 방법

엄격한 의미에서의 실험적 평가 방법이 존재하지 않는다고 하더라도 이를 완전히 무시할 수 없다. 실험적 방법을 최대한 존중하되 현실적 활용가능성의 관점에서 보완한 각종 실험적 방법이 준실험적 방법이다. 준실험적 방법에서도 실험적 방법 못지않게 엄격한 검증을 요구하고 있다. 다만 형식적으로 가능한 변수에 대해 그러한 기준이 적용된다. 따라서 준실험적 방법이라고 해서 느슨한 기준의 평가 방법은 아니란 사실을 기억하고 있어야 한다.

준실험적 방법의 종류는 다양하다. 대표적으로 시계열분석(time-series analysis)과 비동질적 통제집단 설계(nonequivalent control group design)를 들 수 있다. 시계열분석이란 시간이 변함에 따라 사회 현상이 어떤 모습을 그리며 변화하는지를 분석하는 것을 의미한다. 증가 패턴을 갖고 있는지 감소 패턴을 갖고 있는지 혹은 순환적 패턴을 갖고 있는지를 분석함으로써 사회복지 평가를 하는 분석기법이 시계열분석이다. 시계열분석 결과 아래와 같이 3개의 패턴을 발견했다고 가정한다. 그러면 이 패턴 중에서 어느 것이 정책의 효과가 있는 패턴인가에 대해 논의하기로 한다.

시계열분석의 결과 [그림 15-3]과 같은 3개의 패턴이 나왔다고 가정한다. 그래프에서 점 X는 정책이나 프로그램이 집행되거나 개입된 시점이다. 간단하게 말하면 정책이 현실적으로 효과를 거두고 있는 유형은 C밖에 없다. A도 정책집행이나 개입 후의 모습에서 상향성이 있지만 개입 이전과 같은 비율의 상향 패턴이기 때문에 정책이나 프로그램의 효과에 의한 결과라고 보기 힘들다. B는 단기적으로 보면 상향적이라고 할 수 있으나 장기적인 차원에서는 순환적인 모형일 뿐 정책이나 개입의 효과가 나타난 모형이라고 보기 어렵다. 이 그림에서 C만이 효과가 나타난 모형이라고

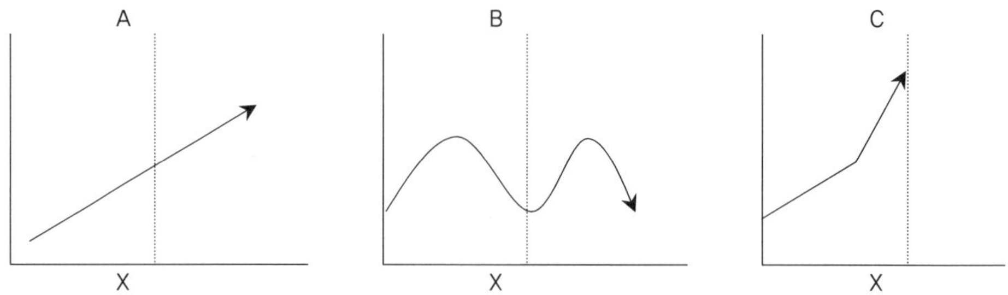

그림 15-3 시계열분석의 패턴

할 수 있다. 즉 정책집행을 시점으로 상향성의 비율이 높아졌다는 것을 알 수 있기 때문이다. 시계열분석은 정책이 사회 현상에 어떻게 작용했는지를 상세하게 분석해 주는 중요한 분석기법이다. 이 분석기법은 특히 시간이 지남에 따라 자동적으로 문제가 해결된 것인지 혹은 정책이 영향을 미쳤는지에 대해 파악할 수 있도록 해 준다.

시계열분석이 갖고 있는 문제는 실험집단이 아닌 통제집단만 고려한다는 것이다. 비동질적 통제집단 설계는 평가의 타당성을 높이기 위해 가능한 한 현실 사회에 존재하는 집단 중에서 실험집단의 성격을 가지는 그룹과 통제집단의 성격을 가지는 그룹을 모색해 이들 그룹을 비교 분석하고자 하는 설계 방법이다.

준실험적 방법은 위에서 살펴본 바와 같이 실험적 방법을 최대한 살리면서 현실적 실현가능성(feasibility)을 수용한 사회복지 평가 방법이다. 따라서 실험적 방법에서처럼 무작위성에 대한 압박을 받지 않아도 된다. 또한 현실 속에 존재하는 현상 중에서 실험집단과 통제집단을 모색하거나 인과관계를 모색하려는 평가 방법이기 때문에 현실 적용성도 실험적 방법보다 더 높다. 그러나 준실험적 방법이라고 해서 동질성(homogeneity)이 없는 그룹을 실험집단과 통제집단으로 사용해 비교하는 것은 경계해야 한다.

3) 비실험적 방법

비실험적 방법은 실험을 개입시키지 않고 사회복지 평가를 하는 방법을 의미한다. 실험이란 개념을 고려하지 않고 정책이 효과가 있었는지 아닌지에 대한 평가를 하는 평가 방법을 말한다. 하나의 프로젝트에 대한 사전 사후검증 방법(one-project before-and after)을 들 수 있다. 이 방법은 프로그램 집행 후 그 효과가 어느 정도 있었는지를 단계별로 조사해 그 추세를 분석하는 방법이다. 사후검증(after-test)만을 하는 방법도 있다. 사회복지 프로그램이 집행된 후 그 서비스를 받는 일반 대중이 거기에 만족을 하고 있는지 아닌지에 대한 평가를 함으로써 그 효과를 분석할 수 있다는 것이다.

또한 사후검증만을 하되 평가의 타당성을 높이기 위해 두 그룹을 비교하는 방법을 사용할 수도 있다. 즉 정부의 서비스에 대해 만족을 하고 있는지에 대해 한 그룹을 대상으로 조사를 하는 것이 아니라, 서울시의 여러 구(區)를 조사해 이를 비교하는 방법을 의미한다.

4) 기타 평가 방법

실험적 방법, 준실험 방법, 그리고 비실험 방법 외에도 사회복지 평가를 할 수 있는 방법은 많이 있다. 우선 들 수 있는 것이 비교 방법이다. 정책결정자는 같은 프로그램을 한 그룹에는 적용하고 다른 그룹에는 적용하지 않음으로써 그 프로그램을 비교할 수 있다. 그러나 같은 목적을 갖고 있는 프로그램을 여러 개 개발해 실시한 후 이들 중에서 무슨 프로그램이 가장 효과적이었는지를 평가할 수 있다. 이것은 비교평가(comparative evaluation) 방법이다(Nachmias, 1979).

비교평가 방법을 적용해 사용할 수 있는 것은 다음과 같은 것이 있다. 즉 직업훈련 프로그램을 다양하게 개발해 실시한 후 이들 직업훈련 프로그램 중에서 어느 것이 가장 효과적인지를 비교하는 방법은 비교평가의 한 방법이라고 할 수 있다. 비용편익분석(benefit cost analysis)도 정책평가의 한 방법으로 사용될 수 있다. 어떤 프로그램이 가장 능률적이었는가를 비용편익분석을 통해 추적할 수 있다.

5) 비교

사회복지 정책평가 방법 중에서 과학성을 가장 잘 추구할 수 있는 방법은 실험적 방법이고, 실현가능성을 가장 잘 살릴 수 있는 정책평가 방법은 비실험적 방법이다. 즉 과학성과 실현가능성을 대비시켜 그래프로 옮기면 [그림 15-4]와 같다.

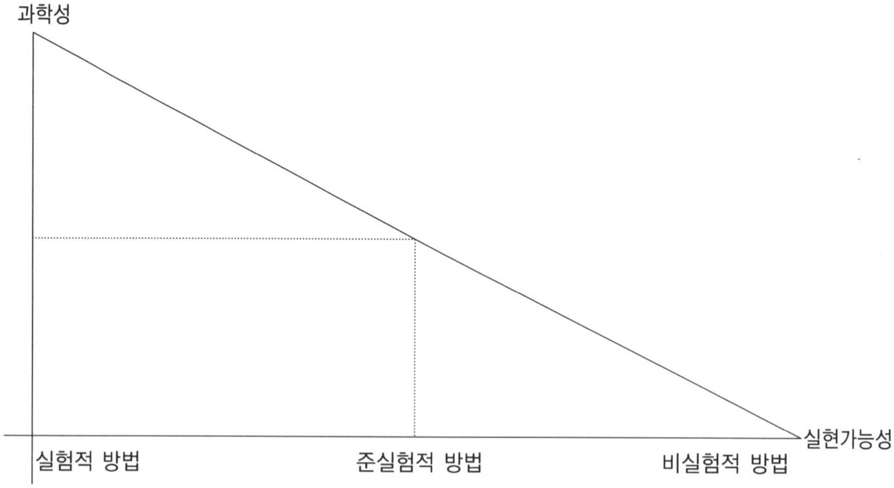

그림 15-4 과학성과 실현가능성: 실험적 · 준실험적 · 비실험적 방법

실험적 방법은 과학성은 최대한 살릴 수 있지만 실현가능성에서 약하고, 비실험적 방법은 과학성이라는 점에서는 약점이 있지만 실현가능성은 높다. 준실험적 방법은 중간에 해당된다.

사회복지 평가 방법은 실험적, 준실험적, 그리고 비실험적 방법만 있는 것이 아니라 정책의 생산성이나 능률성, 그리고 정책의 효과성을 판단할 수 있는 방법이면 모두 정책평가의 방법이란 범주에 넣어 설명할 수 있다. 따라서 정책평가 방법은 위에서 설명한 방법에 제한된 것이 아니라 열려 있다는 사실을 기억해야 한다.

제 6 절 평가의 활용

사회복지 평가는 어떤 형태로든 계속 활용되고 있다는 것은 사실이다. 사회복지 평가는 다양한 방해 요소가 있음에도 불구하고 계속 행해지고 있다는 것이 이를 잘 증명해 준다. 사회복지 평가의 활용에 대해서는 조정과 지원, 보상과 유인책, 그리고 도구적 이용과 관념적 이용이라는 세 가지 측면에서 논하기로 한다.

1 조정과 지원

사회복지 평가의 결과에 대한 의미 파악이 끝나면 이 평가가 주는 현실적 의미가 그대로 사장되게 해서는 아무런 소용이 없다. 이 평가의 결과가 현실 정책에 반영되도록 해야 한다. 이것이 바로 현실 적용의 단계다. 현실 적용의 과정은 두 가지 차원에서 논할 수 있다. 하나는 지원(support)이고, 다른 하나는 조정(adjustment)이다(Jones, 1984). 즉 긍정적 효과가 있는 프로그램에 대해서는 계속적 지원을 보내고, 긍정적 효과가 나타나지 않은 프로그램에 대해서는 조정 작업을 거쳐 새로운 모습으로 프로그램이 재형성될 수 있도록 해야 한다는 의미다. 이것이 현실 적용의 단계에서 해야 할 일이다.

2 보상과 유인책

사회복지 평가는 프로그램을 담당한 개인에 대한 이익 혹은 불이익과 연결될 수 있을 뿐만 아니라 조직 전체에 대한 보상과 유인책으로 사용할 수 있다. 미국에서는 후자를 많이 사용한다. 즉 연방정부는 지방자치단체가 대기 오염 기준치 이상을 준수하지 못하면 그 지역의 고속도로 보수 비용을 삭감하거나 다른 연방정부 보조금을 삭감하는 정책을 실시하고 있다. 또한 기준치 이상을 준수할 경우 연방예산이 계속 지원되고 다른 연방정부 보조금도 받을 수 있는 기회를 부여하고 있다. 장애인 고용 할당제를 준수한 기업에 대해서는 보상을 하고 준수하지 못한 기업에 대해서는 부담금을 내게 하는 것도 사회복지 평가에 따른 보상과 유인책의 한 사례다.

평가 결과를 이렇게 활용하는 보상과 유인책은 상당한 효과를 거두고 있다. 왜냐하면 정치인에게 평가 결과 기준치 이상을 준수하지 못했다는 것은 곧 실정을 의미하고 차기 선거에서 엄청난 불이익을 당할 수 있기 때문이다. 해당 지방정부기관도 역시 이 기준치 준수, 즉 목표 달성을 위해 많은 노력을 기울이고 있다. 그 조직체의 정책집행 실패는 그 지역구 전체에 불이익을 초래한다는 부담을 안고 있기 때문이다. 따라서 해마다 몇 차례 실시되는 평가에 정계, 관계, 그리고 시민단체나 사회단체가 모두 협력해 목표 달성을 하려는 것을 흔히 볼 수 있다.

3 도구적 이용과 관념적 이용

리치(Rich, 1977)는 평가를 활용하는 방식을 도구적 이용(instrumental use)과 관념적 이용(conceptual use)으로 정리하고 있다. 도구적 이용이란 평가의 결과를 의사결정이나 문제 해결을 위해 사용할 경우를 말한다. 관념적 이용이란 사물이나 사건에 대한 관념이나 사고를 바꿔놓은 데 사용되는 경우를 말한다.

평가의 도구적 활용 방법에 대해서는 별도의 설명을 요하지 않을 것으로 본다. 그러나 관념적 활용 방법에 대해서는 설명이 필요하다. 관념적 이용은 문제에 대한 새로운 접근을 유도하는 활용 방법이다. 즉 현재의 각종 환경 규제정책으로는 날로 환경오염이 심각해지고 아무런 효과를 거두지 못한다는 결론을 얻자 환경을 유발시키는 산업을 해외 투자를 통해 후진국에 이주시키는 전략을 고려하고, 국내에는 환경유발 산업이 아닌 산업에 대한 집중 투자를 하는 접근법을 생각해 볼 수 있다. 즉 규제를 통한 환경문제 해결이 아니라 산업구조 조정을 통한 환경문제 해결 등으로 인식이나 관념의 변화를 유발시키는 데 평가가 활용될 수 있다.

제 16 장 사회복지행정의 새로운 패러다임

사회복지행정의 패러다임이 변하고 있다. 패러다임 변화의 동력은 사회환경 변화, 인접 학문의 조류 변화, 그리고 사회복지행정 자체의 변신과 같은 세 곳에서 찾을 수 있다. 사회복지행정은 사회환경 변화에 따라서 변하기도 하고, 인접 학문의 조류가 바뀜에 따라 변하기도 한다. 사회복지행정의 새로운 패러다임은 사회복지행정 이론이 스스로 만들어내기도 한다. 패러다임 변화의 동력은 외부에만 있는 것이 아니라 내부에도 있다는 의미다.

제 1 절 사회환경과 사회복지행정 패러다임

사회환경 변화가 사회복지행정 패러다임에 영향을 미치는 내용에 대해서는 이미 제3장에서 논의했다. 사회환경이 변화에 따라 사회복지행정은 ① 사회효와 케어 중심의 사회복지행정, ② 고령사회 도래와 사회복지행정, ③ 지역 중심적 사회복지 행정, ④ 정보시스템 기반의 사회복지행정, ⑤ 글로벌 네트워크 중심의 사회복지행정으로 요약했다.

첫째, 케어(care) 중심의 사회복지행정의 출현이다. 전통적으로 대가족 제도 하에서는 가정 내의 노인은 돌봐야 하는(care) 대상이 아니라 공경(respect)의 대상이었다. 노인의 위치와 권위가 확보되어 있었기 때문에 가정의 주인으로서 역할이 가능했다. 핵가족 제도 하에서 노인은 전통적 위치를 상실해 더 이상 가정의 주인 자리를 지킬 수 없고, 공경의 대상이 아니라 돌봐야 하는 대상으로 변하고 있다. 아이들과 노인들을 가정 밖에서 보살펴야 한다는 인식의 전환이 선행되어야 한다. 사회구성원이 공동으로 노인에게 효도를 다하고, 사회가 공동으로 아동을 보살피는(care) 사회복지행정의 새로운 가치관의 정립이 필요하다(이윤로, 2002). 사회복지행정에서는 이를 케어 중심의 사회복지행정으로 지칭할 수 있다.

둘째, 노인복지행정 분야의 출현이다. 고령사회의 도래와 더불어 노인문제가 새로운 사회 쟁점으로 떠오르게 되었다. 노인은 누구이고, 그들은 무슨 생각과 행동을 하며, 진정으로 원하는 것이 무엇인지에 대한 연구가 중심이 되어 형성된 학문 분과로서 노인학(gerontology)이 출현했다. 노인은 경제활동의 일부, 혹은 전부가 상실된 노약자만은 아니다. 인격을 가진 개체일 뿐만 아니라, 젊은 시절의 경험을 활용해 사회에 기여할 수도 있다. 노년학에서 형성된 노인에 대한 연구 결과와 사회복지행정의 이론을 접목시켜 새로운 사회복지행정이론을 정립함으로써 노인복지 문제를 좀 더 효율적으로 해결할 수 있는 노인복지행정 영역이 출현할 수 있다.

셋째, 지역 중심적 사회복지행정의 출현이다. 지방자치 제도가 정착되면 사회복지문제를 효과적으로 해결하기 위한 차원에서 중앙과 지방의 역할 관계가 정립된다. 중앙에서는 정책 방향을 수립하고, 지방에서는 지역경제적 특성에 맞춰 정책집행을 담당하는 유기적인 관계로 발전한다. 중앙과 지방은 때로는 파트너로서, 그리고 때로는 상하 관계로서 사회복지행정을 집행한다. 지방자치의 역사가 일천한 한국의 지방정부는 아직 중앙정부의 정책을 집행하는 수준에서 크게 벗어나지 못하고 있다. 중앙정부의 권한을 지방정부로 이양함으로써 중앙과 지방의 관계를 선진화하고, 지역 주민의 복리 증진을 도모하기 위해 1999년 지방이양추진위원회를 조직해 운영하고 있다. 지방 이양이 완료되고 지방자치 제도가 정착되면 지역 중심적 사회복지행정은 성숙단계에 접어들게 된다.

넷째, 정보시스템 기반의 사회복지행정, 즉 전자적 사회복지행정의 출현이다. 지식정보화 사회의 확산으로 인해 사회복지행정은 전자정부, 혹은 사회복지행정 정보시스템을 기반으로 집행되는 시대가 열리고 있다. 한국은 전자정부를 구축해 서비스를 개설했으며, 전자민원서비스(Government for Citizen: G4C)의 일환으로 사회복지행정 서비스를 제공하고 있지만 아직 초기 단계에 머물고 있다. 사회복지 부문의 정보 시스템이 구축되어야 지식정보화 사회에 부응하는 사회복지행정을 구현할 수 있지만 2002년에 전략계획을 수립한 단계에 머물고 있다. 전자적 사회복지행정의 출현이 기대된다.

다섯째, 글로벌 네트워크 중심의 사회복지행정의 출현이 기대된다. 지구촌(global village) 사회가 열리고 있다. 세계는 거미줄처럼 연결되어 하나의 마을을 이루고 끊임없는 교류를 한다. 한 마을에 사는 지구촌 사람들은 어디에 살든 공동체 의식을 가지게 되고, 비슷한 수준의 서비스를 받는다. 지구촌을 만들어 나가는 글로벌 네트워크는 이처럼 세계 어느 나라에 살든 비슷한 수준의 행정 서비스를 제공받을 수 있도록 국제 표준을 만들어 나간다. 한국도 지구촌의 일원이다. 사회복지학술단체나 시민단체는 국제협약을 맺음으로써 글로벌 네트워크 형성에 동참하고 있다.

제 2 절 인접 학문과 사회복지행정 패러다임

인접 학문 조류의 변화에 따라 사회복지행정 패러다임이 변한다는 사실에 대해서도 이미 제3장에서 논의했다. 인접 학문 조류의 변화에 따른 사회복지행정 패러다임은 ① 시민사회 참여 사회복지행정, ② 시장 중심의 사회복지행정, ③ 효율성 중심의 사회복지행정, ④ 자립 중심의 사회복지행정으로 요약할 수 있다.

첫째, 시민사회 참여 사회복지행정이 출현하고 있다. 사회복지행정은 거버넌스의 영향을 받아 시민참여 행정을 지향하는 쪽으로 패러다임이 변하고 있다. 거버넌스 이론은 정부만이 공공 서비스를 공급하는 것이 아니라 비정부 영역(nongovernmental organization: NGO)이나 민간 영역이 함께 공공 서비스를 공급하는 것을 수용한다. 비정부기구와 민간 영역의 참여를 활발하게 수용함으로써 사회복지행정의 효율성을 높이고자 한다. 한국 사회가 좀 더 다원화되고, 행정의 개방 수준이 높아져서 사회복지 거버넌스가 확립되면 사회복지행정은 공급 주체의 결정만으로 서비스 대상자와 서비스 수준이 결정될 수가 없다. 시민, 시민단체, 민간 영역, 그리고 정부기관이 공동으로 협력 체계를 구성해 결정하는 시대가 열리고 있다.

둘째, 시장 중심의 사회복지행정의 출현이 기대된다. 사회복지행정은 신자유주의의 영향을 받아 시장 중심의 행정을 지향한다. 신자유주의는 시장의 자율성 확대가 경제문제를 해결하고, 결과적으로 복지문제까지 해결할 것으로 판단하고 있다. 신자유주의 시대가 열리면 사회복지행정도 시장 중심적으로 그 패러다임이 바뀌지 않을 수 없다. 사회복지의 수요자와 공급자가 시장에서 만나 가격을 결정하고, 수준에 맞는 가격으로 서비스를 공급받는 시대를 준비해야 한다.

셋째, 효율성 중심의 사회복지행정의 출현이다. 사회복지행정은 신공공관리의 영향을 받아 효율적 행정을 추구한다. 신공공관리는 작은 정부를 추구한다. 작지만 효율적인 사회복지행정을 실천하기 위해 공공 서비스로서의 성격을 가지고 있는 사회복지를 계약에 의해 제공할 수도 있고, 민영화 방식으로 제공할 수도 있다. 사회복지행정은 이처럼 효율성을 전제로 민영화까지 수용할 수 있을 정도로 그 패러다임이 변하고 있다.

넷째, 자립 중심의 사회복지행정이 출현하고 있다. 사회복지행정은 워크페어(work-fare)의 영향을 받아 자립 중심의 행정을 지향한다. 전통적으로 누구에게나 인간다운 삶을 영위할 수 있도록 보장해 주는 보호 중심의 사회복지를 지향하고 있었다. 보호 중심의 사회복지는 복지의존성(welfare dependency)과 복지 남용(welfare abuse)을 초래해 사회문제를 낳기도 했다. 워크페어 복지이론은 더 이상 보호 중심의 사회복지에 얽매이지 않는다. 인간다운 삶의 보장보다는 복지 수혜자의 자립을 전제로 보호하는 방향으로 패러다임이 바뀌고 있다. 사회복지행정도 워크페어 복지이론에 입각한 정책 및 프로그램 개발이 용이한 방향으로 그 패러다임이 전환되고 있다.

제 3 절 사회복지행정의 변신과 패러다임 변화

사회복지행정이 스스로 변신함으로써 패러다임 변화를 이끌어 내기도 한다. 제1장에서 제15장까지 서술하면서 발견한 사실을 열거하면 [그림 16-1]과 같이 정리할 수 있다. 사회복지행정의 가치가 변하고 있고, 조직과 인사와 예산과 같은 사회복지행정 내부구조도 변하고 있으며, 민간과 다양한 정부 구조를 연결시키는 전달 체계가 변하고 있고, 사회복지급여나 서비스를 제공하는 현장도 바뀌고 있다. 패러다임 변화는 ① 배분적 정의와 효율성의 균형, ② 의사결정 지원 시스템 중심의 정책결정, ③ 문화·상징적 측면으로 바라보는 조직의 시각, ④ 매트릭스 조직구조로의 변신, ⑤ 종속적인 중앙과 지방의 관계에서 파트너 관계로 변화, ⑥ 정부와 민간의 대립 관계에서 보완 관계로의 변화, ⑦ 전문성 중심의 인사 체계 형성, ⑧ 성과와 근로 유인 중심 예산 편성, ⑨ 지리적 공간과 사이버 공간이 공존하는 행정 현장으로의 변신과 같이 9개로 요약된다.

전통적 패러다임	←	사회복지행정 영역	→	새로운 패러다임
배분적 정의	←	사회복지행정 가치	→	배분적 정의와 효율성 균형
분석˙결과와 판단력	←	의사결정	→	의사결정 지원 시스템
구조·기능적 측면	←	조직에 대한 시각	→	문화·상징적 측면
계층제 구조	←	조직구조	→	매트릭스 구조
중앙과 지방의 종속 관계	←	중앙과 지방 관계	→	중앙과 지방의 파트너 관계
민간과 정부의 대립 관계	←	정부와 민간 관계	→	정부와 민간의 보완 관계
계급 중심의 인사 체계	←	인사 시스템	→	전문성 중심의 인사 체계
품목과 미래 기획 중심 예산	←	예산 시스템	→	성과와 근로 유인 중심 예산
지리적 공간	←	서비스 현장	→	지리적 공간과 사이버 공간

그림 16-1 사회복지행정의 변신과 패러다임 변화

첫째, 사회복지행정의 가치가 변하고 있다. 전통적으로 사회복지행정의 가치는 배분적 정의에만 국한되어 있었다. 그러나 신자유주의와 신공공관리의 영향을 받아 그 가치가 변하고 있다. 배분적 정의뿐만 아니라 배분적 정의를 해치지 않는 가운데에서 효율성이라는 가치도 강조하고 있다. 국가의 사회복지행정도 '작은 정부'로의 요구에 동조하고 있을 뿐만 아니라, 민간에서 더 다양한 사회복지 수요의 공급을 기대하고 있다. 규제 완화와 민간위탁 등과 같이 시장경제의 논리에 따라 사회복지급여와 서비스가 제공됨으로써 사회복지행정의 가치로서 효율성이 강조된다.

둘째, 의사결정 구조의 패러다임이 변하고 있다. 전통적으로는 과학적 분석과 정책결정 담당자의 판단력이 의사결정의 가장 중요한 요인으로 작용했다. 사회구조가 지식정보화 사회로 변화함에 따라 의사결정 구조에 전자적 방식이 결합되면서 새로운 의사결정 패러다임이 형성되었다. 제7장에서 논의한 의사결정 지원 시스템(decision support system: DSS)을 그 사례로 제시할 수 있다. 의사결정 지원 시스템은 사회복지행정 영역에서뿐만 아니라 광범위하게 민간기업의 경영이나 정부기관의 행정에도 도입되고 있다.

셋째, 조직을 바라보는 시각도 그 패러다임이 변하고 있다. 전통적으로 조직은 목적을 달성하기 위한 유기체로서 해석되었기 때문에 구조와 기능에 대한 연구가 중심이었다. 조직은 구조와 기능적인 측면만 있는 것이 아니라 끊임없이 외부와 교류하는 개방적인 성격도 가진다. 외부와의 교류를 통해 조직의 정체성을 모색하게 되고, 정체성을 통해 조직의 상징과 문화를 형성하게 되는 특성도 아울러 가지게 된다. 따라서 조직의 문화·상징적 접근이 새로운 패러다임으로 등장하고 있다. 조직의 문화·상징적 접근은 행정학뿐만 아니라 경영학에서도 연구가 되고 있으며, 사회복지기관 행정에서도 연구가 되고 있다.

넷째, 사회복지행정의 새로운 패러다임으로 조직구조도 계층제에서 매트릭스로 바뀌고 있다. 전통적으로는 조직구조는 계층제였다. 사회복지기관에서도 명령 통일의 원칙이 준수되었고, 통솔 범위도 명확하게 설정되어 있었다. 그러나 단선적인 계층제 구조는 다원화되어 가는 사회적 수요에 부응하기가 어려운 점이 많았다. 전문가로 구성되어 있는 사회복지기관에서 명령 통일보다 전문성을 우선시하는 조직문화가 유입되면서 계층제 구조가 효율적 관리에 적합하지 않다는 사실을 깨닫게 되었다. 그 대안으로서 나온 것이 네트워크가 중요시되는 매트릭스 조직이다.

다섯째, 중앙과 지방의 관계도 변하고 있다. 전통적으로 중앙과 지방의 관계는 종속적이었다. 중앙에서 정책결정을 하고, 지방은 집행을 담당하는 집행기관으로서의 성격이 강했다. 그러나 지방자치제도의 실시로 인해 중앙과 지방은 종속 관계에서 대등한 관계로 변화하고 있다. 사회복지급여나 서비스의 제공에서 중앙과 지방이 종속적인 틀을 벗어나 보완적인 파트너 관계로 발전하고 있다.

여섯째, 정부와 민간 관계에 대한 패러다임도 바뀌고 있다. 전통적으로 정부와 민간의 관계는 대립적이었다. 큰 정부의 상징은 규제 강화와 시장에 대한 개입을 의미하고, 작은 정부는 규제 완화와 시장의 자율을 의미하기 때문에 정부와 민간은 대립 관계라는 시각이 강했다. 그러나 사회복지 문제를 놓고 때로는 정부와 민간이 대립적인 관계에 있기도 하지만 파트너로서 보완적인 관계에 있기도 하다. 향후에는 대립적인 관계보다도 보완적인 관계가 더 강조될 것으로 기대된다.

일곱째, 사회복지 인사 패러다임도 변하고 있다. 전통적으로는 계급 중심의 인사 체계를 가지고 있었다. 계급 중심의 인사는 나날이 전문화되어 가고 있는 사회복지 수요에 부응하기 어렵다. 따라서 전문가 중심의 인사 체계로 그 패러다임이 변하고 있다.

여덟째, 예산 시스템도 변하고 있다. 전통적으로는 품목별로 예산을 편성하거나 기획 방식으로 예산을 편성했다. 최근에는 성과평가가 강조되기도 하고, 빈곤층이나 저소득 계층에게 근로 의욕을 향상시킬 수 있는 방식으로 예산편성 방법이 변하고 있다. 성과평가의 결과를 예산편성의 자료로 활용할 수도 있고, 소득 공제나 미국과 같은 EITC(earned income tax credit)를 도입해 근로 의욕을 향상시키는 방식으로 예산을 편성하고 있다.

끝으로 사회복지의 서비스 제공 현장도 바뀌고 있다. 전통적으로는 지리적 공간이 유일한 서비스 제공 현장이었지만 지식정보화 기반 사회에서는 사이버스페이스로 바뀌고 있다. 사이버스페이스가 지리적 공간을 대체할 수 없다고 하더라도 적어도 보완적인 차원에서 활용되고 있다. 따라서 서비스 제공 현장이라는 관점에서 사이버스페이스의 역할이 더욱 강조된다.

참고 문헌

국내 문헌

국민연금 정보연계센터(2003). 4대 사회보험 정보연계사업 현황.

김영종(2001). 「사회복지행정」. 서울: 학지사.

보건복지부(2002a). 보건복지 부분별 지식정보화 전략계획.

______(2002b). 보건복지부 사회복지 전담공무원 인력관리 실태 점검 결과.

______(2003), 2003 기초생활보장사업: 생활보호법과 차이점 비교 수록.

송근원(2002). 사회복지 전담 공무원 제도 과연 필요한 것인가?, 「한국사회복지학」 제48호(봄).

이윤로(2002). 노인케어복지사업의 전망과 과제, 한국노인복지학회 학술세미나 발표 논문. 2002년 5월 24일, 평택대학교.

정기원 · 황창순 · 강철희 · 류승표(2000). 민간복지자원 총량 파악 체계 구축 방안. 보건복지부.

정무성 · 고은숙(2001). 사회복지사제도의 발전적 운영을 위한 연구. 한국사회복지사협회.

정윤수 · 허만형(1999). 공립병원 의료서비스의 공공성 분석, 「한국행정학보」, 제33권 4호. 겨울: 355-370.

______(2002). 서울시 시정진단의 의미와 교훈: 서울시 복지기관을 중심으로, 「정부조직진단」. 한국행정학회 조직학연구회(편). 서울: 대영문화사.

통계청(2000). 「인구주택총조사보고서」.

하혜수 · 정정화(2001). 신공공관론적 지방행정개혁의 성과평가, 한국정부학회 2001년 추계학술대회.

한국경영자총연합회(2003). 기업의 사회보장 부담과 정책과제.

한국마케팅학회(2002). 한국마케팅학회의 마케팅 정의.

한국사회복지사협회. (1997). 「한국사회복지사협회 삼십년: 1967-1997」.

______(2000). 한국 사회복지사 실태조사: 사회복지사 명단 확보 수 - 2000년 기준.

______(2003). 2003년 전국사회복지관 최종평가 지표. 한국사회복지관협회(http://www.kaswc.or.kr/).
행정자치부(1998). 「지방자치단체 평가 표준모델 정립에 관한 연구」.
______(2001a). 목표관리제 운영 성과측정모델. 행정자치부 행정능률과.
______(2001b). 목표양식. 행정자치부 행정능률과.
허만형(1994). 「정책학」, 서울: YJ 학사고시교육방송본부.
______(1995). 사회복지법규 입법화 과정에서의 정책형성게임의 비교분석, 「의정연구」.
______(1997). 한국 정책학의 성찰과 전망, 「한국의 정치학: 현황과 전망」. 서울: 법문사.
______(1998). 「복지가 경제를 살린다」. 서울: 홍익재.
______(1999). 자활보호 대상자의 빈곤 원인 분석, 「건국대학교 연구논총」.
______(2001). 「사회보험 정보화 기본 방향에 따른 수준평가 지표 연구」. 한국전산원.
______(2002a). 사회복지서비스 부문 지식정보화 전략계획. 보건사회연구원.
______(2002b). 생산적 복지와 제2의 길, 「새천년 사회과학의 신패러다임」. 서울: 오름.
황윤원(1999). 「행정학원론」. 서울: 형설출판사.

국민기초생활보장 홈페이지 <http://blss.mohw.go.kr/info/info_01.htm>.
대한민국 전자정부 <http://www.egov.go.kr>.
지방이양추진위원회 <http://www.dpla.go.kr>.
한국노년학회 <http://www.tkgs.or.kr>.

국외 문헌

Aldrich, Howard E. (1979). *Organizations and Environments*. Englewood Cliffs, New Jersey: Prentice-Hall.
Alter, Steven L. (1977). A Taxonomy of Decision Support Systems, *Sloan Management Review*, Vol. 19, No. 1, Fall.
Anderson, James E. (1979). *Public Policy Making* (2nd ed.). New York: Holt, Rinehart, and Winston.
Andreasen, Alan & Philip Kolter (2002). *Strategic Marketing for Nonprofit Organizations*. Englewood Cliffs, New Jersey: Prentice-Hall.

Axinn, Catherine N. & Mark J. Stern (2002). *Social Welfare: A History of American Response to Need* (5th ed.). Upper Saddle River, New Jersey: Pearson Education.

Babbie, Earl (1983). *The Practice of Social Research* (3rd ed.). Belmont, California: Wadsworth Publishing Company.

Baber, Walter F. (1970). *Organizing the Future: Matrix Models for the Post Industrial Polity*. University of Alabama Press.

Bardach, Eugene (1977). *The Implementation Game*, Cambridge, Massachusetts: The MIT Press.

Barnard, Chester I. (1938). *The Functions of the Executive*, Cambridge, Massachusetts: Harvard University Press.

Bennis, Warren G. (1981). Organizational Developments and the Fate of Bureaucrcy, in Fred A. Kramer (ed.). *Perspectives on Public Bureaucracy*(3rd ed.). Cambridge, Massachusetts: Winthrop.

Birge, Eileen (1999). How to Measure IT Performance, *Beyond Computing*. January.

Blake, Robert R & James S. Mouton (1964). *The Magerial Grid*. Huston, Texas: The Gulp Publishing.

Blau, Peter M. & W. Richard Scott (1962). *Formal Organizations: A Comparative Approach*. San Francisco: Chandler.

Bolman, Lee G. & Terrence E. Deal (1985). *Modern Approaches to Understanding and Managing Organizations*. San Francisco, California: Jossey-Bass Publishers.

Brewer, Gerry D. & Peter deLeon (1983). *The Foundations of Policy Analysis*. Homewood, Illnois: The Dorsey Press.

Briggs, Asa (1961). The Welfare State in Historical Perspective. *European Journal of Sociology* 2: 221-258.

Brody, Ralph (2000). *Effectively Managing Human Service Organizations*. (2nd ed.). Newbury Park, California: Sage Publication.

Brown, Allan G. & Lain Bourne (1995). *The Social Work Supervisor: Supervision in Community, Day Care and Residential Settings*. Routledge, UK: Taylor & Fransis, Inc.

Cartwright, Dorwin & Alvin Zander (1960). *Group Dynamics: Research and Theory*(2nd ed.). New York: Harper & Row.

Child, John (1972). Organizational Structure, Environment, and Performance:

The Role of Strategic Choice. *Sociology*, 6: 1-22.

Critchlow, Donald T. & Charles H. Parker (1997). *With Us Always: A History of Private Charity and Public Welfare*. Lanham(ed.). Maryland: Rowman & Littlefield Publishers, Inc.

Cyert, R. M. & J. G. March (1963). *The Behavioral Theory of Firm*. Englewood Cliffs, New Jersey: Prentice-Hall.

D'Aunno, Thomas (1992). The Effectiveness of Human Service Organizations: A Comparison of Models, in Hasenfeld. *Human Services as Complex Organizations*. Newbury Park, California: Sage Publications.

Darkwa, Osei Kofi (1998). The Social Service Delivery System. <http://www.uic.edu/classes/socw/socw550/serdeliv/>.

Deal, Terrence E. & Allen Kennedy (1982). *Corporate Culture*. Reading, Massachusetts: Addison-Wesley.

deLeon, Peter (1984). Policy Sciences: The Discipline and the Profession. *Policy Sciences*. Spring.

______ (1988). *Advice and Consent: The Development of the Policy Sciences*. New York: Russell Sage Foundation.

DiMaggio, Paul J. & Walter W. Powell (1983). The Iron Cage Revisited: Institutional Isomorphism and Collective Rationality in Organizational Fields. *American Sociological Review*, 48: 147-160.

DiNitto, Diana M. (1999). *Welfare: Politics and Public Policy* (5th ed.). Boston, Massachusetts: Allyn and Bacon.

Drazin, Robert & Andrew H. Van de Ven (1985). Alternative Forms of Fit in Contingency Theory. *Administrative Science Quarterly*, 30: 514-539.

Drucker, Peter E. (1954). *The Practice Management*. New York: Harper & Row.

______ (2001). *Management Challanges for the 21th Century*. Harper Business.

Dye, Thomas R. (1981). *Understanding Public Policy*(4th ed.). Englewood Cliffs, New Jersey: Prentice-Hall.

Easton, David (1953). *The Political System: An Inquiry into the State of Political Science*. New York: Alfred A. Knopf.

Etzioni, Amitai (1964). *Morden Organizations*. Englewood Cliffs, New Jersey: Prentice-Hall.

Fellin, Phillip (1987). *The Community and the Social Worker*. Itasca, Illinois:

F.E. Peacock Publishers, Inc.

Fulmer, Robert M. (1976). *Supervision: Principles of Professional Management*. Beverly Hills, California: Glencoe Press.

_____ (1978). *The New Management*(2nd ed.). New York: MacMillan Publications.

Gaus, John M. (1947). *Reflections on Public Administration*. Alabama: University of Alabama Press.

George, Jr., Claude S. (1972). *The History of Management Thought*(2nd ed.). Englewood Cliffs, New Jersey: Prentice-Hall.

Gidron, Benjamin, Ralph M. Kramer, & Laster M. Salamon (1992). *Government and the Third Sector: Emerging Relationships in Welfare States*(ed.). San Francisco, California: Jossey-Bass Inc, Publishers.

Gilbert, Neil & Paul Terrell (1998). *Dimensions of Social Welfare* (4th ed.). Boston, Massachusetts: Allyn and Bacon.

Gilbert, Neil and Paul Terrell(1998). *Dimensions of Social Welfare Policy,* (4th ed.). Boston, Massachusetts: Allyn and Bacon.

Gordon, George J. (1982). *Public Administration in America*. New York: St. Martin's Press.

Grusky, Oscar & Kathleen Tierney (1992). Evaluating the Effectiveness of Countrywide Mental Health Care Systems, in Hasenfeld. *Human Services as Complex Organizations*. Newbury Park, California: Sage Publications.

Gulick, Luther & Lyndall F. Urwick (eds.) (1937). *Papers on the Sciences of Administration*. New York: Institution of Public Administration.

Hall, Richard H. (1996). *Organizations: Structures, Processes, and Outcomes* (6th ed.). Englewood Cliffs, New Jersey: Prentice-Hall.

Harrington, Michael (1962). *The Other America: Poverty in the United States.* New York: The MacMillan Company.

Hasenfeld, Yeheskel (1983). *Human Services Organizations*. Englewood Cliffs, New Jersey: Prentice-Hall.

_____ (1992). *Human Services as Complex Organizations*. Newbury Park, California: Sage Publications.

Henry, Nicholas (1980). *Public Administration and Public Affairs* (2nd ed.). Englewood Cliffs, New Jersey: Prentice-Hall.

Hersey, Paul & Ken Blanchard (1982). *Management of Organizational*

Behavior: Utilizing Human Resources (4th ed.). Englewood Cliffs, New Jersey: Prentice-Hall.

Herzberg, Frederick (1966). *Work and the Nature of Man*. New York: World Publishing Co.

Hoggins, John (1993). Information Technology and Business Process Re-design, in *Software Assistance for Business Re-Engineering*, K. Suprr, P. Layzell, L. Jennison, & N. Richards (eds.). Hoboken, New Jersey: John Wiley.

Hollingsworth, J. Rogers & Robert Hanneman (1983). *Centralization and Power in Social Service in Delivery System*. New York: Kluwer Academic Publishers.

Huff, Dan (2002). A *Cyberhistory of Social Work's Formative Years*. <http://www.idbsu.edu/dhuff/history/central/>.

Jones, Charles O. (1984). *An Introduction to the Study of Public Policy*(3rd ed.). Monterey, California: Brooks/Cole Publishing Company.

Karger Howard Jacob, & David Stoesz (2001). *American Social Welfare Policy: A Pluralist Approach*, (4th ed). Upper Saddle River, New Jersey: Pearson Education.

Kart, Gary S. (1996). *Realities of Aging: An Introduction to Gerontology*. Biacom Company.

Katz, Daniel & Robert Kahn (1966). *The Social Psychology of Organization*. New York: Wiley.

Katz, Daniel, N. MacCoby & Nancy D. Morse (1950). *Productivity, Supervision, and Morale in an Office Situation*. Ann Arbor, Michigan: Survey Research Center.

Keen, P. G. W. & Michael Scott-Morton (1978). *Decision Support Systems: An Organizational Perspective*. Reading, Massachusetts: Addison-Wesley, Inc.

Kettl, Donald F. (1993). *Sharing Power: Public Governance and Private Markets*. Brookings Institution Press.

______ (2000). *Global Public Management Revolution: Challenges for Governance*. Brookings Institution Press.

Kotler, Philip (1982). *Marketing for Nonprofit Organizations*. Englewood Cliffs, New Jersey: Prentice-Hall.

Lane, Jan-Erik (2000). *New Public Management*. New York: Routledge.

Lasswell, Harold D. (1970). The Emerging Conception of the Policy Sciences, *Policy Sciences* 1: 8-9.

Lasswell, Harold & David Lerner (1951). *Policy Sciences* (ed.). Stanford University Press.

Lebowitz, Milton M. (1982). *Practice Issues in Social Welfare Administration, Policy and Planning* (ed.). Binghamton, New York: Haworth Press, Inc.

Lee, Robert D. Jr. & Ronald W. Johnson (1977). *Public Budgeting Systems* (2nd ed.). Baltimore, Maryland: University Park Press.

Leiby, James (1978). *A History of Social Welfare and Social Work in the United States*, New York: Columbia University Press.

Levin, Richard I, Charles A. Kirkpatrick, & David S. Rubin (1982). *Quantitative Approaches to Management*. New York: McGraw-Hill Book Company.

Lewin, Kurt (1947). Frontiers in Group Dynamics: Concept, Method and Reality in Social Science, *Human Relations*, June.

Majone, Giandomenico & Aaron Wildavsky (1973). Implementation as Evolution, in Pressman & Wildavsky, *Implementation*. Berkeley. California: University of California Press.

March, James G. & Johan P. Olsen (1976). *Ambiguity and Choice in Organizations*, Bergen, Norway: Universitetsforlaget.

March, Michael S. (1986). Future Analysis. Presented in "Workshop on Policy Analysis," Unpublished Paper.

Maslow, Abraham H. (1954). *Motivation and Personality*. New York: Harper and Row, Publishers.

Mayo, Elton (1932). *The Human Problems of An Industrial Civilization*. New York: The Viking Press.

McClelland, David C. & D. Burnham (1976). Power is the great motivator. *Harvard Business Review*, 2: 100-111.

McGregor, Douglas (1960). *Human Side of Enterprise*. New York: McGraw-Hill Book Company.

McLaughlin, Eugene, John Clarke, & Sharon Gewirtz (2000). *New Managerialism, New Welfare?* (ed.). Newbury Park, California: Sage Publication.

Mehr, Joseph J. (2000). *Human Services: Concepts and Strategies*(8th ed.).

Upper Saddle River, New Jersey: Pearson Education.
Midgley, James (1995). *Social Development: The Development Perspective in Social Welfare*. Newbury Park, California: Sage Publications.
Mintzberg, Henry (1979). *The Structure of Organizations*. Englewood Cliffs, New Jersey: Prentice-Hall.
Morales, Armando T. & Bradford W. Sheafor (1992). *Social Work: A Profession of Many Faces* (6th ed.). Boston, Massachusetts: Allyn and Bacon.
Mouzelis, Nicos P. (1967). *Organization and Bureaucracy: An Analysis of Modern Theories*. Chicago: Aldine.
Murray, Charles (1984). *Losing Ground: American Social Policy, 1950~1980.* New York: Basic Books.
Nachmias, David (1979). *Public Policy Evaluation: Apporaches and Methods*. New York: St. Martin's Press.
Newland, Chester A. (1976). Policy/Program Objectives and Federal Management: The Search for Government Effectiveness, in Jong S. Jun (ed.). Symposium on Management by Objectives in the Public Sector. *Public Administration Review*. January/February. 20-27.
Novick, David (1968). The Origin and History of Program Budgeting, *California Management Review*, Vol 11, No. 1.
Osborne, David & Ted A. Gaebler (1993). *Reinventing Government: How the Entrepreneurial Spirit Is Transforming the Public Sector.* Dutton/Plume.
Overman, Sam E. (1984). Public Management: What's New and Different? *Public Administration Review*. May/June.
Parsons, Talcott (1960). *Structure and Process in Modern Societies.* New York: Free Press.
Patti, Rino J. (1983). *Social Welfare Administration: Managing Social Program in Developmental Context*. Englewood Cliffs, New Jersey: Prentice-Hall.
Patti, Rino J., Joth Poertner, & Charles A. Rapp (1989). *Managing for Service Effectiveness in Social Welfare Organizations* (ed.). Upper Saddle River, Jew Jersey: Pearson Education.
People, Philip R. & Leslie Leighninger (2000). *The Policy-Based Profession: An Introduction to Social Welfare Analysis for Social Workers*(2nd

ed.). Upper Saddle River, New Jersey: Pearson Education.

Perreault, Jr., William D. & E. Jerome McCarthy (1998). *Basic Marketing*. McGraw-Hill.

Peters, Thomas J. & Robert H. Waterman (1984). *In Search of Excellence: Lessons from America's Best-Run Companies*. Warner Books, Inc.

Pfeffer. J. & G. Salancik (1978). *The External Control of Organizations*. New York: Harper & Row.

Phyrr, Peter A. (1973). *Zero-Base Budgeting: A Practical Management Tool for Evaluating Expenses*. New York: John Wiley & Sons.

Piven, Frances Fox & Richard A. Cloward (1971). *Regulating the Poor: The Functions of Public Welfare*. New York: Pantheon Books.

Ploeg, Michele Ver (2001). *Evaluating Welfare Reform in an Era of Transition*.

Porter, Michael E. (1985). *Competitive Advantage: Creating and Staining Superior Performance*. Riverside, New Jersey: Simon & Schuster Adult Publishing Group.

Power, D. J. (2003). A Brief History of Decision Support System. DSS Resources.COM. World Wide Web. http://DSSResource.COM/histiry/dsshistory.html. version 2.8. May 31.

Quade, Edward S. (1975, 1982). *Analysis for Publi Decisions*. North Holland, New York: Elsevier Science Publishing.

Rawls, John (1971). *A Theory of Justice*. Cambridge, Massachusetts: Harvard University Press.

Resnick, Herman & Rino J. Patti (1980). *Change from Within: Humanizing Social Welfare Organizations*(ed.). Temple University Press.

Rich, R. (1977). Use of Social Science Information by Federal Bureaucrats: Knowledge for Action vs Knowledge for Understanding, in Carol Weiss(ed.). *Using Social Research in Public Policymaking*, Lexington: Lexington Books.

Richan, Willard C. (1987). *Beyond Altruism: Social Welfare Policy in American Society*. New York: Haworth Press, Inc.

Ridley, Clearence & Herbert Simon (1973). *Measuring Municipal Activities*. Washington DC: ICMA.

Riggs, Fred W. (1964). *Administration in Developing Countries: The Theory of Prismatic Society*. Boston, Massachusctts: Houghton Miffin.

Ripley, Randall & Grace Frankline (1980). *Congress, the Bureaucracy and Public Policy* (2nd ed.). Homewood, Illnois: The Dorsey Press.

Robbins, Susan P., Pranab Chatterjee, & Edward R. Canda (1998). *Contemporary Human Behavior Theory: A Critical Perspective for Social Work*. Boston, Massachusetts: Allyn and Bacon.

Rockart, John F. (1979). Chief Executives Define Their Own Data Needs, *Harvard Business Review*, Vol. 67, No.2 (March-April), 81-93.

Sauber, S. Richard & Harold J. Vetter (1983). *Human Services Delivery System: Mental Health, Criminal Justice, Social Welfare, Education, Health Services*. New York: Columbia University Press.

Schick, Allen (1966). The Road th PPB: The Stage of Budget Reform. *Public Administration Review*. December.

Scott, W. (1987). The Adolescence of Institutional Theory. *Administrative Sciences Quarterly*, 32: 493-511.

Scott-Morton, Michael S. (1971). *Management Decision Systems: Computer-based for Decision Making*. Boston, Division of Research, Graduate School of Business Administration, Harvard University.

______ (1974). Decision Support System: Some Lessons from an On-Going Application. *IFIP Congress* 1974: 1062-1066.

Shedroff, Nathan (1999). Information Interaction Design: A Unified Field Theory of Design, in Robert Jacobson (ed.). *Information Design*. MIT Press.

Sherwood, Frank P. & William J. Page. Jr. (1983). MBO and Public Management, in James L. Perry & Kenneh L. Kraemer (ed.). *Public Management: Public and Private Perspectives*. Palo Alto, California: Mayfield Publishing Company.

Silverman, Robert Stephen & D. A. Heming (1975). Exit The Organization Man: Enter the Professional Person. *Personnel Journal*. March.

Simon, Herbert A. (1946). The Proverbs of Administration. *Public Administration Review* 6: 53-67.

______ (1960). *The New Science of Management Decision*. New York: Harper & Row.

______ (1976). *Administrative Behavior*(3rd ed.). New York: The Free Press.

______ (1976). *Administrative Behavior: A Study of Decision-Mankng Process in Administrative Organization* (3rd ed). New York: The

Free Press.

Sprague, Jr., Ralph (1980). A Framework for the Development of Decision Support Systems. *MIS Quarterly*, Vol. 4, No. 4, December.

Sprague, Jr., Ralph & Hugh J. Watson (1989). *Decision Support Systems: Putting Theory into Practice* (2nd ed.). Englewood Cliffs, New Jersey: Prentice-Hall.

Stair, Ralph M. & George W. Reynolds (2001). *Fundmentals of Information Systems*. Boston, Massachusetts: Course Technology.

Taylor, Frederick W. (1911). *Principles of Management*. New York: Harper & Bros.

Terry, George R. (1960). *Principle of Management* (3rd ed.). Homewood, Illnois: Richard D. Irwin, Inc.

Thompson, P. (1983). *The Nature of Work: An Introduction to Debates on the Labour Processes.* London: McMillan.

Titmuss, Richard (1970). *Commitment to Welfare*. New York: Pantheon Books.

Trattner, Walter I. (1983). *Social Welfare or Social Control: Some Historical Reflections on Regulating the Poor*. Knoxville, Tennessee: The University of Tennessee Press.

von Bertalanffy, Ludwig (1949). *General System Theory.* New York: Braziller.

Vroom, Victor H. (1973). *Choosing a Leadership Style: Applying the Vroom & Yetton Model*. New York: AMACOM.

Watson, John B. (1924). *Behaviorism.* New York: The People's Institute Publishing Co.

Weber, Max (1947). *The Theory of Social and Economic Organization.* Translated by A. M. Henderson & Talcott Parsons. New York: Oxford University Press.

White, Leoanrd D. (1948). *Introduction to the Study of Public Administration* (3rd ed.). New York: McMillan.

Whyte, William F. (1956). *The Organization Man.* New York: Simon & Schuster.

Wildavsky, Aaron (1966). The Political Economy of Efficiency: Cost-Benefit Analysis, Systems Analysis and Program Budgeting, *Public Administration Review*, December.

_____ (1987). *Speaking Truth to Power: The Art and Craft of Policy Analysis*, Brunswick, New Jersey: Transaction Books.

Wilson, James Q. (1975). The Rise of the Bureaucratic State, *The Public Interest,* 41 Fall, 77-103.

Wilson, Woodrow (1887). The Study of Administration. *Political Science Quarterly*, June.

Wright, Deil S. (1988). *Understanding Intergovernmental Relations*. Pacific Grove, California: Brooks/Cole Publishing Company.

Zastrow, Charles (1992). *The Practice of Social Work*(4th ed.). Belmont, California: Wadsworth Publishing Company.

American Public Human Services Association. <http://www.aphsa.org/>.

Department for Work and Pensions <http://www.dwp.gov.uk>

Disabled People's International <http://www.escape.ca>

Hayek Center for Multidisciplinary Research <http://www. hayekcenter.org>

Safe Horizon. http://www.dvsheltertour.org.

Shelter. http://www.shelter.org.uk.

Social Security Administration <http://www.ssa.gov>

The Official Colorado State Website. http://www.colorado.gov.

The Official Website of the Social Security Administration. http://www.ssa.gov.

The U.S. Government's Official Web Portal. http://www.firstgov.gov.

Washington, DC: National Academy Press.

찾아보기

ㄱ

ㄴ

ㄷ

ㄹ

ㅁ

ㅂ

ㅅ

ㅇ

ㅈ

ㅊ

ㅋ

ㅌ

ㅍ

ㅎ

저자 소개

허만형(許萬亨)

건국대 행정학과를 졸업하고, 미국 콜로라도대학교(University of Colorado)에서 복지정책 전공으로 행정학 박사학위를 받았다. 미국 콜로라도주 오로라(Aurora)시 복지과에서 Cultural Service Coordinator로 근무한 바 있다. 건국대학교 사회복지학과의 교수를 거쳐 현재 중앙대학교 공공인재학부 교수로 재직 중이다.
주요 저서로는 「복지가 경제를 살린다」, 「통계분석론」 등이 있으며, "자활보호 대상자의 경제적 자활자립 성취 요인 연구," "A Comparative Study of the Relationship between Pension Plans and Individual Savings in Asian Countries from an Institutional Point of View"의 논문과 연구보고서 「사회복지서비스 지식정보화 전략계획 수립」 등이 있다.

사회복지행정론

펴낸날 / 제1판 제1쇄 2012년 2월 20일
지은이 / 허만형
펴낸이 / 임춘환
펴낸곳 / 도서출판 대영문화사
주소 / 서울 용산구 청파동 1가 178-2 ㉾ 140-869
등록 / 1975년 12월 26일 제3-16호
전화 / (02)716-3883, (02)714-3062
팩시밀리 / (02)703-3839
우체국 온라인 / 011353-02-009106

ISBN 978-89-7644-390-8

〔값 24,000원〕